Avant la haine

DU MÊME AUTEUR

J'aurais préféré vivre, Plon, 2007 ; Pocket, 2008.
Je le ferai pour toi, Flammarion, 2009 ; J'ai lu, 2010.
Longtemps, j'ai rêvé d'elle, Flammarion, 2011 ; J'ai lu, 2012.
Si tu existes ailleurs, Flammarion, 2012 ; J'ai lu, 2013.
Si un jour la vie t'arrache à moi, Flammarion, 2013 ; J'ai lu, 2014.
Je n'étais qu'un fou, Flammarion, 2014 ; J'ai lu, 2015.

Thierry Cohen

Avant la haine

Roman

Flammarion

ISBN : 978-2-0813-7235-1

À ceux qui nous ont quittés
Mais nous ont laissé leurs souvenirs pour héritage

Mes grands-parents,
Julie et Simon Cohen
Aaron et Yacote Cohen

Mon beau-père
Moïse Hadjadj

Prologue

Ce livre est à moi
Comme le Maroc est au roi
Celui qui le prendra
Le diable l'emportera

Mes pensées glissent lentement sur ces quelques phrases sans en saisir le sens. Je hume leur parfum d'un autre âge. Pendant quelques secondes, emplissant ma poitrine d'un souffle chaud, il anesthésie la douleur. Mais j'expire et, déjà, ma gorge se resserre. Le passé remonte. Avec ses images qui possèdent toujours deux faces, l'une rappelant la scène, l'autre disant son âge. Mais pourquoi ces quatre lignes ont-elles surgi du fond de ma mémoire, en cet instant précis ?

Je ne le comprends pas.

Pas tout de suite.

« Les Français sont des trouillards ! Ils abandonnent leur pays aux islamistes comme autrefois aux nazis ! Avec la même docilité tremblante et servile ! Petits face à la force, courbés face aux coups, ils se couchent devant la main levée. C'est un peuple de collabos, je l'ai toujours dit ! »

Dan accompagne ses propos de gestes vifs qui cisaillent l'air, se balance sur ses jambes, fait quelques pas nerveux de côté, puis paraît se calmer et vient s'asseoir près de moi. Mais il se redresse aussitôt et lance de nouvelles invectives qu'il pense devoir exprimer debout et à voix haute pour théâtraliser sa colère et, peut-être, provoquer ceux qui, à quelques mètres, lisent paisiblement leurs journaux du matin avant de rejoindre leur salle d'embarquement.

Ce livre est à moi

Pourquoi ces mots, ces images ?

Les paroles de mon ami ne m'atteignent plus. Je tourne la tête et mes yeux se posent sur ma femme. Elle porte un tailleur beige et des escarpins marron que je ne connais pas. Elle est prostrée, les bras croisés, le regard perdu. Elle ne s'est pas maquillée et son teint livide laisse apparaître son âge. Bizarrement, je ne l'ai jamais trouvée aussi belle. Ses yeux sont rouges. Je l'ai entendue pleurer, cette nuit, dans la salle de bains. Je ne l'ai pas rejointe, ne l'ai pas consolée. Je suis vide de la moindre compassion. Ou trop plein de mes propres émotions.

Depuis notre fatale décision, les sentiments viennent mollement heurter ma peau, rebondissent pour aller mourir ailleurs, là où je ne suis plus. Mon âme s'est rétractée de quelques centimètres, densifiée des dernières énergies me restent. La mutation s'est opérée lentement en moi. Par une sorte de réflexe. L'instinct de survie ? Pour échapper aux doutes, à la douleur, aux morsures de la réalité, à tous les sentiments capables de masquer l'avenir et de m'empêcher de prendre les décisions qui conviennent ? Mais quelles décisions conviennent ?

J'ai survolé ces dernières journées plus que je ne les ai vécues et je me retrouve dans ce hall d'aéroport, prêt à partir vers un ailleurs incertain. Mais j'ai le sentiment étrange et désagréable d'être spectateur de la situation, comme si un autre avait choisi ce départ à ma place, m'avait contraint à faire mes bagages et conduit jusqu'ici.

Comme le Maroc est au Roi

Soudain, une image surgit : mon grand-père est assis près de sa femme. Elle pleure. Ils sont sur un quai. Un bateau s'approche.

« Non, tu vois, c'est toi qui as raison, Raphaël, nous n'avons plus rien à faire dans un pays qui tolère que les juifs soient victimes d'agressions, qui n'osent pas bouger de peur de réveiller les banlieues, sous prétexte de ne pas stigmatiser les musulmans, comme ils disent ! »

J'ai entendu les propos de Dan tant de fois que je pourrais terminer ses phrases. Je me contente de hocher la tête de temps en temps tout en laissant mon regard glisser vers mes fils. Assis face à nous, ils restent étrangement calmes, comme le sont souvent les enfants après un drame d'adultes, lorsque l'air déplacé est si épais qu'il engourdit les gestes, anesthésie toute vivacité, impose une solennité qu'ils savent devoir respecter.

Aaron fait semblant d'être absorbé par son Smartphone. Mais je sais qu'il ne perd pas un mot de la diatribe. Lui aussi cherche à donner du sens aux événements des dernières semaines, à notre présence dans cette salle d'attente, à sa cicatrice sur le front.

« Ils ont perdu ! Ils ont abdiqué devant la force ! poursuit mon ami. Tu sais quand je l'ai compris ? Le soir du match entre la France et l'Algérie lorsque la *Marseillaise* a été sifflée et qu'ils ont préféré ne pas l'entendre. Ils ont justifié l'injustifiable, la peur au ventre. "Des manifestations de joies compréhensibles", ils disaient ! Tu te rends compte ? Ce soir-là, ils ont abandonné leur honneur. S'ils n'ont pas défendu leur hymne, ils ne défendront pas leur pays. Alors, défendre les juifs, imagine ! »

Sa main droite dessine un nouveau geste dans l'air et il laisse éclater un petit rire narquois. Dan n'attend pas que je donne mon avis, cherche d'autres mots, d'autres faits dans sa mémoire meurtrie et malade.

Je me souviens d'avoir, moi aussi, été choqué par ces événements, les avoir disséqués avec une rage dont j'ignorais l'origine. J'étais alors français. J'aimais mon pays. J'aimais mon hymne.

Celui qui le prendra

De leur quai, papi et mamie m'adressent un signe. Ils sourient tristement. Je comprends maintenant ce qu'ils veulent me dire. Ils se lèvent et leurs silhouettes disparaissent entre les passagers. J'aimerais les rattraper, les serrer dans mes bras. J'ai, aujourd'hui, tant besoin de certitudes.

Je sais que Dan ne ressent pas toute la haine qu'il exprime. Il accomplit un rituel, exorcise la peur en lui donnant un nom, comme tous ceux qui ne peuvent plus regarder l'avenir sans y voir des ombres menaçantes qu'ils pensaient pourtant avoir semées dans leurs pires cauchemars.

Il tente aussi, et surtout, de me rassurer, de me faire croire que mon choix est le bon.

Il est vrai que chacun de ses mots légitime notre présence ici : ces billets dans la poche intérieure de ma veste, les yeux rougis de Ghislaine, la cicatrice sur le front d'Aaron. Mais ses paroles finissent par couler jusqu'à mon cœur pour le serrer, le lacérer. Car si ma raison s'est soumise à la force des événements, mon cœur, lui, constitue le dernier bastion, encore, et sûrement imprenable, où le mot France est inscrit. Un mot-valise avec lequel il me faudra voyager et dans lequel sont délicatement rangés mes souvenirs, à côté des espoirs et des illusions.

Le mot France contient mon histoire et je sais qu'il faudra du temps, des années sans doute, avant de parvenir à l'ouvrir, là où m'attend ma nouvelle vie. Que sera-t-elle sans les paroles, les visages de ceux que je quitte ? Sans le souvenir de mes copains d'enfance, des filles que j'ai connues, de mes années de misère et celles de réussite, de mon mariage, de la naissance des enfants ? Sans tous ces paysages magnifiques que mon esprit a photographiés avec la voracité d'un amoureux ?

Ma douleur est un ruisseau de lave. Elle sortira un jour. Peut-être refroidi par les eaux rencontrées. Peut-être incandescente à jamais.

Pour l'heure, je refuse de me laisser sombrer. J'ai baissé la tête par résignation et par désir d'avancer. Pour ne voir que le mètre à parcourir. Pour guider mes enfants vers un avenir plus sûr.

Je tente alors de trouver quelques mots capables de me définir.

Je suis un juif dans un aéroport.

Je suis le père d'un enfant victime d'une agression antisémite qui laissera à jamais les traces de l'horreur sur sa peau et dans son âme.

Je suis l'héritier de l'ancestrale tradition de l'exil.

Je suis un homme à la gorge tellement serrée qu'il devra s'enfermer dans les toilettes de l'avion pour oser enfin pleurer.

Une voix appelle les passagers à destination de Tel Aviv. Nous nous levons. Dan nous embrasse.

« Tu verras, vous serez bien là-bas. C'est notre pays. Je vous rejoindrai bientôt. »

Je me lève et lui souris. L'essentiel de mon histoire lui a échappé :

Mon pays, c'est celui que je quitte.

Le diable l'emportera

Mes grands-parents ont disparu. Je suis désormais seul. C'est à mon tour de partir.

Mounir

J'ai passé la soirée à guetter les mouvements de l'autre côté de la rue. Caché derrière le rideau, j'espérais que rien ne bougerait. Leur départ n'aurait été qu'une rumeur et la boule d'angoisse coincée entre mon ventre et mon cœur se serait dissipée. Curieux sentiments. J'aimerais parfois que le temps s'arrête pour comprendre les courants troubles qui chavirent mes tripes. Stoppez tout ! Pourquoi suis-je dans cet état ? Pourquoi suis-je resté derrière cette fenêtre à épier l'immeuble de Raphaël ? Pourquoi ai-je envie de vomir, de hurler ? Pourquoi l'arabe devrait-il pleurer le départ du juif, du sioniste ? Ne pleure pas, Mounir ! Pourquoi pleurer ? Parce qu'il était ton ami ? Foutaises ! Le temps t'a prouvé le contraire ! Allez, Mounir, balance le livre des souvenirs de votre jeunesse ! Bazarde l'école, les bagarres, les premières filles, les premières manifs… Pense à ce qui vous a séparés et crie victoire !

Vers vingt heures, des bruits sourds ont attiré mon attention. J'ai écarté légèrement les rideaux et les ai vus. Les enfants ont grimpé dans le taxi. Celui qui fut mon ami est resté immobile devant l'allée tandis que le chauffeur portait de lourdes valises jusqu'au coffre. J'ai eu l'impression que Raphaël allait sentir ma présence et regarder dans ma direction, alors j'ai reculé pour disparaître dans la pénombre. Mais non, il s'est redressé et s'est précipité à l'intérieur de la berline. Sa femme est apparue ensuite, fragile, chancelante. Avant d'entrer dans le taxi, elle s'est retournée, a regardé l'immeuble, et a levé les yeux vers les fenêtres de leur appartement. À ce moment, elle était seule dans cette rue. Seule avec sa détresse. Elle a porté la main à sa bouche pour réprimer un sanglot. Et je l'ai imitée. Le même geste, le même sanglot que j'ai étouffé pour ne pas réveiller mon épouse.

Non, cette fuite n'était pas inscrite dans l'histoire qui nous liait.

« Bon débarras ! » avait crié un abruti en levant son verre, au café, lorsque la nouvelle s'était propagée. D'autres, au comptoir, avaient répondu avec le même enthousiasme. « Un de moins ! » Voilà ce qui se disait. La rumeur du départ précipité de Raphaël avait pris une importance suffisamment exagérée pour éclipser l'agression du gamin. Tous discutaient du bien-fondé de cette décision à coup de clichés éculés et de propos infamants, en raillant la lâcheté de Raphaël. Car partir, c'était fuir. « Assez ! » avais-je brusquement hurlé pour les contraindre à se taire. Des yeux craintifs et interrogateurs s'étaient levés vers moi. Les gestes s'étaient englués dans l'air chaud de cette soirée d'été.

« Vous pensez vraiment que c'est de la lâcheté ? Vous devriez savoir mieux que quiconque que partir exige au contraire beaucoup de courage. Avez-vous oublié les larmes de nos mères le jour du départ, les dents serrées de nos pères, notre propre étourdissement au milieu du concert de jérémiades ? Vous souvenez-vous de notre peur quand nous avons tourné le dos aux côtes algériennes, marocaines ou tunisiennes, pour regarder l'immensité de la mer ? Et, pourtant, nous partions pour des raisons moins dramatiques. Partir parce que l'on se sent menacé, parce que l'on est marqué dans sa chair n'est pas de la lâcheté ! La lâcheté, elle est de notre côté. Si nous avions réagi contre toute la merde que des illuminés déversent dans le cerveau de nos gosses, nous n'en serions pas là ! » Étonné par mon propre emportement, mes pensées s'étaient brouillées. Avais-je raison à ce moment-là ? Comprenaient-ils ce que je voulais dire ? Si seulement j'avais pu arrêter le temps pour trouver les bonnes paroles. Si seulement nous ne nous étions pas tous laissés embarquer par ces courants de haine qui nous avaient menés si loin les uns des autres.

J'avais alors donné un coup de pied dans une chaise, geste ridicule et pathétique point final. Et j'étais sorti.

Raphaël et moi avions nommé notre relation « amitié » et nous étions attelés à démontrer que nous avions vu juste. Nous avions presque réussi. Mais les approximations en la matière sont cruelles. Elles sapent le concept et dénaturent les faits.

Alors, que faire maintenant ? Tenter de le rattraper, lui parler, le ramener ici ? Trop tard. Il doit déjà être dans un avion.

Et que lui aurais-je dit ? Que je regrettais l'époque où nous étions des enfants, des amis, des étrangers en France avant d'être juifs et musulmans ? Que nous pouvions renouer avec cette amitié sur laquelle nous nous étions construits ?

Mais, que dis-je ? Pourquoi aurais-je voulu redevenir son ami ? Mes mots sont-ils plus prompts que mon esprit à avouer mon désir ? Oui, Mounir, renonce à ta pudeur et reconnais que tu n'as jamais perdu l'espoir de renouer ce lien. Tu n'as jamais détesté Raphaël, tu as juste haï la déchirure dans le contrat moral qui vous unissait. Tu lui en voulais de ne pas investir toute la force de son amitié dans un effort de compréhension. À chaque moment, tu espérais le voir surgir, s'asseoir à tes côtés et te dire : « Vas-y, mon frère, explique-moi calmement les choses. Parle-moi comme on parle à un ami. Je ne serai pas d'accord avec tout mais je te connais assez pour savoir qu'il n'y aura rien de mauvais dans tes propos. »

Mais ai-je moi-même un jour pensé à lui parler comme ça ? Non. J'en ai eu l'envie fugace, au détour d'une colère, mais je ne l'ai jamais fait. Et si ce jour était arrivé ? Oui, forcément, aujourd'hui. Quand il sera parti, ne restera que le gâchis. Il faudra redéfinir chaque moment du passé, les renommer. Tous deux, nous repenserons aux instants partagés, à ces événements qui ont fait de nous ce que nous sommes. Nous pèserons rétrospectivement les sentiments, les additionnerons, les pondérerons par un coefficient d'érosion relationnelle. Nous referons le parcours à l'envers pour tenter de comprendre à quel moment toute cette merde nous est tombée dessus, quels événements nous ont éloignés de ce que nous étions ou aspirions à devenir.

Comprendre l'origine de la haine.

Raphaël

Nous avançons lentement vers l'hôtesse, les billets à la main. Un pas, puis un autre, en file indienne. Lente progression, peur au ventre, uniformes… l'histoire prend, dans ma tête, la forme d'un clown triste. Il me sourit, tend ses mains. Dans la droite, un jeu de cartes. Dans la gauche ma carte d'identité. Il la place entre les autres et bat habilement le jeu avant de me le proposer. Tour de magie : elle a disparu. Le clown magicien hausse les épaules et m'offre une mimique désolée. J'ai perdu la partie.

J'hallucine ? Non, je crée des images brassant mes sentiments et avivant mes douleurs. Je veux souffrir, connaître le vrai prix du départ, payer cash. Pas de crédit pour ne pas régler les agios de la peine.

Et les discussions, les débats passionnés, les idées échangées, les engagements, les espoirs… ? Tout ça pour rien ? Oui, tout ça pour rien. Une partie de mon existence s'est vidée de son sens. La découverte de la France, les manifestations étudiantes, la lutte contre l'extrême droite, la victoire de Mitterrand, la lutte contre le racisme… Tout jeter pour partir plus léger.

Sélection, déplacement, corbeille, vider la corbeille.

Dossier Mounir Basri, déplacement, corbeille, vider la corbeille.

Message d'erreur : Cet élément ne peut être détruit, en cours d'utilisation.

En cours d'utilisation ?

Oui, son nom est lié à mon histoire, associé à mes joies comme à mes peines. Mais si je ne peux l'oublier, je ne peux rien oublier !

En cours d'utilisation ?

Vrai. Son visage m'est apparu à plusieurs reprises ces derniers jours. J'aurais voulu lui parler, lui, le pire de mes amis, mon meilleur ennemi.

Que pense-t-il de ce qui arrive ? Ce n'est pas son avis de Français musulman engagé qui m'importe, mais celui de l'ami qu'il fut. Fallait-il partir ? Lui seul aurait pu m'apaiser.

J'ai été tenté d'aller sonner à sa porte pour lui présenter mes excuses suite à notre altercation. Ou même simplement lui dire au revoir. Mais tant de choses nous séparent maintenant de ceux que nous fûmes.

Et, dans quelques heures, des milliers de kilomètres.

Partie 1

L'ENFANCE

I

Une place en France

Raphaël

Le début de l'histoire…

Les gens confondent souvent leur mémoire et leur album photo, leurs histoires et celles des conteurs de leur famille. Qui se souvient réellement de ses premiers pas, de sa première dent, de sa première chute ? Certains prétendent posséder cette faculté. Je les suspecte surtout d'avoir la mémoire des souvenirs rapportés.

Je vais donc essayer de raconter les faits sur lesquels je me suis construit et qui ont étayé mon parcours. Je tenterai d'être fidèle et objectif. L'homme d'aujourd'hui laissera l'enfant, puis le jeune homme s'exprimer. Il trahira probablement leurs propos d'alors, mais sûrement pas leur vérité.

Et parce qu'il faut commencer, je choisis comme début les jours si importants de mon entrée à « la grande école ». Notamment celui où, sous la dictée de mon grand-père, j'écrivis sur mes livres de classe une formule magique censée éloigner les voleurs.

Ce livre est à moi
Comme le Maroc est au roi
Celui qui le prendra
Le diable l'emportera

Parce que le souvenir est clair.
Parce qu'il a ressurgi le jour de mon départ.
Parce que c'est un bon début pour cette histoire.

*

J'ai six ans. Je trace les lignes avec peine, la langue coincée entre mes dents, une main posée à plat sur la page de garde, juste sous le titre. Papi se tient à mes côtés. Il surveille les courbes de mon écriture avec un sérieux emprunté, désireux de donner à cette « cérémonie » la solennité suffisante pour bousculer mon indolence d'enfant et me révéler l'importance du moment, l'enjeu de cet acte de transmission. Penché sur mon épaule, il dicte les mots, les épelle. Je sens le parfum de son eau de Cologne mêlé à l'odeur de son âge.

Il a écrit les quatre lignes sur un bout de papier afin que je puisse les recopier. Maman m'a appris à reproduire les lettres de l'alphabet, pensant que cela m'octroierait un avantage sur mes futurs camarades de classe.

— Le dia-ble l'em-por-te-ra, dit-il doucement.

Et je perçois, sans comprendre, combien le ton ne convient pas à la phrase. Le mot diable ne s'énonce pas calmement au cœur d'une journée ensoleillée, il se crie durant une nuit de cauchemar. Le diable ? Je m'arrête et aspire un peu d'air.

— Continue, Abné.

Quand je termine la dernière lettre il sourit et je suis heureux. Ses sourires sont tellement rares.

Maman fait alors irruption dans la pièce.

Son père se redresse, contrarié par cette intrusion perturbant la parenthèse intime qu'il aurait souhaitée éternelle. Puis, il se résigne à ce que l'intermède de félicité n'appartienne qu'au rêve. Il avait espéré, un instant, réconcilier les deux mondes, celui qu'il a quitté, le réel, et l'autre, chimérique, dans lequel il vit aujourd'hui.

Ma mère annonce qu'elle cherche une broche, moins pour justifier sa présence que pour inciter l'objet à lui répondre. Maman cherche toujours quelque chose, virevolte, marmonne, traverse les pièces à petites enjambées rapides et nerveuses. Elle est menue, belle, ses cheveux noirs et brillants ondulent dans l'air et tentent de la rattraper. C'est mon air satisfait qui attire son attention. Pourquoi douterais-je qu'elle sera à son tour fière de mes prouesses ? Elle se fige et son regard va de mon sourire au livre ouvert devant moi. Papi ne bouge pas. Reparti dans ses mondes, il ne sera plus là lorsque la tempête se déclenchera.

— Que fais-tu ? demande-t-elle d'une voix trop aiguë pour ne pas laisser supposer qu'elle a déjà compris.

Elle s'avance, saisit le livre et ses yeux expriment soudain l'effroi et la désolation.

— Tu écris sur tes livres ? crie-t-elle, avec le même affolement qu'elle aurait exprimé si j'avais égorgé mon frère.

Papi abandonne quelques centimètres de plus de réalité.

Maman se tourne vers lui. Elle le sait coupable et ouvre la bouche en soufflant de rage, prête à oublier tout respect filial, mais l'attitude digne de son père lui impose une certaine retenue.

— Comment as-tu pu faire ça ? Tu te rends compte ? Ce sont ses livres d'école ! Que pensera sa maîtresse ? Tu veux qu'il se fasse remarquer dès les premiers jours, qu'elle le prenne pour un petit Marocain ? Nous ne sommes plus là-bas, papa, et tu ne travailles plus sur le port de Casa. Nous avons quitté le pays depuis trois ans ! Et le roi n'est plus notre roi !

Papi pose un regard offusqué sur sa fille. Il abhorre le blasphème. Aussi, il lui tourne le dos, fait quelques pas et s'assoit lentement dans son fauteuil en velours rouge, face à la fenêtre.

Maman poursuit sa complainte, le livre à la main. Mais papi ne l'entend plus. Il n'appartient pas à la vie qu'elle décrit et appelle de ses vœux. Il ne la voit plus. Il a posé les yeux sur les ondes bleues et regarde un navire marchand s'approcher. Il devra s'occuper du déchargement, crier, porter, transpirer. Vivre. Son visage se détend.

Mounir

Mon histoire de France commence avec deux yeux sombres et cruels, des cheveux blonds ressemblant à de la paille brûlée, une peau blanche brettelée de couperose, une bouche déformée par la haine.

Chacun d'entre nous conserve au fond de lui le souvenir d'un méchant. LE méchant. L'ignoble qui a hanté nos cauchemars d'enfants, le monstre qui se cachait dans l'obscurité pour nous dépecer, faisait bouger les rideaux et dessinait des ombres sur les murs de la chambre. Née d'une rencontre, d'une ancienne terreur, d'une scène de film, cette image surgit pour donner forme aux outrances des peurs.

L'image de ma terreur est archivée dans ma mémoire sous l'étiquette « premier visage de France ». Et elle est animée tel un GIF apparaissant à chaque clic de mon cerveau sur le mot haine : le visage se penche sur moi, tord la bouche et répète deux mots, toujours les mêmes : « Sale Arabe. »

*

Nous venons de débarquer à Marseille. Papa a fébrilement regroupé les bagages près de nous. Mon frère et moi nous tenons par la chemise pour ne pas être séparés par la foule.

Le voyage a été long et difficile. En vérité, je ne sais même pas combien de temps il a duré. Sur le bateau, le temps paraissait chargé d'un air chaud et visqueux que les embruns marins ne parvenaient à dissiper. Les visages étaient sombres, inquiets. Les regards se croisaient à la recherche d'une lueur, d'un don de chaleur. Avions-nous eu raison de partir ? Serions-nous bien accueillis en France ? Aurions-nous un toit, de la nourriture ? Maman, de temps en temps, écrasait une larme de la paume de sa main teintée de henné. Son mari ne devait pas voir sa peine. Elle n'avait pas le droit d'alourdir sa conscience du poids de son chagrin. Lui faisait mine de ne s'apercevoir de rien, laissait ses yeux rivés sur la plaque azur que le bateau fendait avec une rage conquérante.

Je crois que nous n'avons pas parlé. Aucune parole n'aurait pu traduire la crainte et l'espoir qui nous ballottaient au rythme de la houle.

Quand les côtes de France sont apparues, nous avons tous esquissé un sourire.

— Papa, c'est la France ?

J'ai exagéré ma satisfaction. J'en ai fait un émerveillement. Il a hoché la tête avant de passer sa main dans mes cheveux. Il souriait.

Le front mouillé de sueur, papa scrute le quai, cherche un repère. Nous l'imitons, les yeux grands ouverts.

La France !

Un porteur s'approche. Ses petits yeux noirs nous toisent salement. Ses cheveux blonds sont abîmés, sa peau porte des marques rouges et sa bouche paraît retenir un crachat.

— Tu veux de l'aide ?

On sent qu'il n'aime pas nous poser cette question. C'est pour ça qu'il tutoie mon père.

Papa lui sourit et lève la main.

— Non, merci. C'est très gentil.

A-t-il compris qu'il s'agit d'un porteur ? Qu'il ne propose pas sa gentillesse mais des services tarifés ? Papa !

— Et tu vas les porter comment tes bagages ? reprend l'autre, hargneux.

Mon père hausse les épaules en souriant toujours.

— Ça va, ça va. On va se débrouiller. Mais merci beaucoup.

C'est sans doute ce jour-là que j'ai commencé à détester l'humilité sirupeuse de mon père, celle que tant d'autres immigrés de sa génération ont longtemps cru devoir afficher devant les Français.

Tête baissée, dos courbé, épaules rentrées, esquissant presque une révérence.

— Putain, c'est pas avec des mendiants comme ça qu'on va travailler nous ! Sale Arabe !

Le porteur libère d'un jet le crachat que ses lèvres retenaient.

Papa fronce les sourcils, regarde l'immonde tache tombée à ses pieds, un sourire gêné encore pendu aux lèvres. Puis il se redresse, prend les valises et se tourne vers sa femme.

— Hada mahboul… Zid, zid… Allez !

Nous prenons le train pour Lyon.

L'oncle Ali nous y attend. Il a effectué les démarches nécessaires à notre installation.

Papa charge rapidement les bagages dans le wagon, surveillant du coin de l'œil les porteurs qui poussent leurs chariots.

Il cale les valises dans le couloir et fait signe à maman de s'asseoir sur la plus grosse.

— Papa, y a des places dans les cabines !

Heureux de ma découverte je lui souris, le doigt pointé vers un compartiment vide.

Maman observe son mari, dans l'attente d'une décision.

Il ignore ma remarque et vérifie une dernière fois le nombre des bagages.

J'insiste.

— Papa ! Viens voir, c'est libre ici !

Il pose les yeux sur moi, met un doigt devant sa bouche pour me demander de me taire, puis esquisse un geste qui signifie que nous sommes très bien ici.

— Mais…

Je n'ai pas le temps d'argumenter.

— Ewa safé ! Scout ! clame maman.

Papa ne tient pas à se faire remarquer. Nous restons donc dans le couloir, gênant le passage. Dès qu'un voyageur se contorsionne pour passer, mon père esquisse un sourire embarrassé, balbutie quelques mots d'excuses, nous ordonne de nous lever et baisse la tête devant toute personne étonnée ou agacée de nous voir installés là alors qu'il reste des sièges inoccupés.

Un contrôleur se présente.

— Dites, faut pas rester là ! Y a des places libres. Allez, allez !

Papa remercie l'homme en uniforme et s'active fébrilement à déplacer les bagages. Il s'assoie enfin sur une banquette. Pour lui, la bienveillance du fonctionnaire récompense notre discrétion et notre politesse.

Il installe maman confortablement et pose Tarik sur ses genoux. Et moi, je me place près de la fenêtre, heureux de pouvoir découvrir les paysages. Papa m'interpelle et, d'un signe de tête, m'intime l'ordre de retourner dans le couloir. Quel genre de garnement suis-je pour abuser de l'hospitalité qui nous est offerte ? Comment ai-je pu penser une seconde que le contrôleur s'adressait aussi aux petits ?

Raphaël

Voilà plus de deux heures que nous arpentons les magasins de la rue de la République.

Maman choisit ma tenue pour la rentrée. Elle est nerveuse, anxieuse car l'enjeu est important. Ma vie et, d'une certaine manière, la sienne, commence dans quelques jours. Pas question de manquer mon entrée sur la scène de la réussite. Car ma mère ne doute pas un instant de mes capacités. Je suis le plus beau, le plus intelligent, celui qu'elle désigne par une succession de termes qui n'appartient qu'à elle. Des mots d'amour, son regard et son sourire me le disent. Si je me fiais au seul son, je pourrais croire qu'il s'agit d'une incantation magique : « Memsi kpara, mdoura, yana rlek. » Malgré ses efforts pour paraître française, l'arabe – ou le judéo-arabe – reste la langue dans laquelle elle exprime son amour. Ses réprimandes également.

Pour l'heure, elle a plutôt envie de me gifler. Mes jérémiades et mon absence de collaboration l'irritent au plus haut point.

— Je te jure, Raphaël, si tu te plains encore, si tu me dis une autre fois que tu es fatigué, que tu as faim ou je ne sais quoi, on rentre tout de suite à la maison et je te laisse aller à l'école habillé comme un mendiant !

Même pas cap' ! ai-je envie de rétorquer. Mais je m'en abstiens afin de ne pas sentir sa main atterrir sur ma joue. Maman est capable de passer du mot tendre à la gifle en moins de temps qu'il ne m'en faut pour me protéger le visage. Et de la réprimande au sourire détendu en passant le pas-de-porte d'un commerce.

— Bonjour, madame ! Je peux vous aider ?

— Oui, c'est pour mon fils, répond maman en me plaçant fièrement face à la vendeuse.

— Qu'il est mignon ! Et il a envie de quoi, ce beau petit garçon ?

C'est une bonne vendeuse.

Maman plante ses yeux dans les miens, souriant exagérément. Qu'attend-elle ? Que je réponde vraiment ? Elle sait que je n'ose pas parler. Je bégaye. Je suis timide. De toute façon, je n'ai aucun avis sur la question. Je pense qu'elle attend un miracle. Elle aimerait que j'ouvre la bouche et m'exprime comme l'un de ces enfants vus à la télévision, dans les publicités ou les films. Une phrase bien sentie, prononcée d'un ton de petit génie en herbe. J'aimerais lui faire plaisir, mais je sais que les « r » se mettraient à se battre avec les « p », les « on » avec les « en » et que je finirais par lui faire honte. Alors, comme d'habitude, je souris.

— Tu as un beau sourire toi dis donc. Il a un beau sourire, madame, vous savez. Et un regard tellement intelligent ! Il lui faut une paire de chaussures de petit écolier modèle !

C'est même une excellente vendeuse.

Mounir

« Tu verras, c'est très bien, dit l'oncle Ali. C'est là que les juifs habitent. »

Pour mes parents, la présence de juifs est une garantie de bien-être et un gage d'intégration. À Casablanca, les juifs habitaient les beaux quartiers. Ils savaient se mêler aux Français, travailler avec eux, commercer, passaient leur temps à essayer de leur ressembler et y parvenaient presque. C'est précisément ce « presque » qui les rend proches de nous : il contient toutes les failles culturelles et les habitudes traditionnelles ou religieuses qui ne manquent jamais de les trahir. Il y a les « pas assez » et les « trop ». Les « pas assez » portent mal le costume, ont la chemise tachée, le pantalon tombant, écorchent vaillamment la langue de Molière. Les « trop » sont trop bien habillés, ont des gestes empruntés, le buste droit, le menton tendu et les yeux mi-clos, et parviennent difficilement à masquer leur reste d'accent en saupoudrant leurs discours de propos malhabiles empruntés à une langue surannée.

Sans doute partageons-nous plus de choses avec les juifs qu'eux-mêmes souhaiteraient l'admettre. Nous parlons la même langue, écoutons les mêmes musiques, possédons les mêmes traditions culinaires. Nos relations sont donc assez paradoxales, faites d'affection et de crainte, de respect et de défiance. Mais ce qui nous rassemble est plus fort que le reste.

En l'occurrence, qu'ils habitent le quartier est une excellente nouvelle. Même si l'endroit nous paraît triste. Le quartier Olivier-de-Serres est composé de sept barres d'immeubles sombres. Certains abords ne sont pas aménagés et mon frère et moi n'y avons aperçu aucun espace de jeu. Les allées sont ternes, délabrées. À Casablanca, les immeubles du centre-ville avaient une autre allure ! Ceci dit, nous ne sommes pas au centre de Lyon mais à Villeurbanne, une banlieue proche. Et, pour être sincère, au Maroc, nous n'habitions pas les belles avenues de Casa mais à quelques kilomètres de la grande ville, dans un village aux logements autrement plus sommaires. Mais plus chaleureux.

L'appartement comporte trois pièces et une cuisine.

— Il faudra vous en contenter pendant un petit moment. Mais nous pourrons sûrement en avoir un plus grand dans quelques mois, explique tonton Ali.

Il sait pertinemment que, pour mes parents, ce trois pièces constitue une aubaine en regard de la précarité de notre situation mais, en disant cela, il met de la distance entre le présent et le passé et de la distinction dans son statut d'immigré.

Nous le suivons, émerveillés.

— Et voilà le balcon. Vous voyez, là-bas, c'est la boucherie. Elle est cachère, alors pas de problème. Cachère, halal… c'est kif-kif ! À côté, c'est le marchand de fruits et légumes, mais le mieux, c'est de tout acheter au marché. La marchandise est meilleure et moins chère. C'est pas loin, place Grand-Clément (que mes parents s'évertueront à prononcer « gronclimon »).

Papa hoche la tête et jette un regard à maman. Elle acquiesce pour dire qu'elle a retenu l'information.

— Les enfants iront à l'école située derrière. Elle s'appelle Jules-Perry oula Ferry, je sais plus. Mounir entrera en primaire. C'est un grand ! Pour Tarik ce sera la maternelle. Il faut rapidement les inscrire. La rentrée arrive. Mais ne vous inquiétez pas, ça va vite ici. On se rendra à la mairie demain et on s'en occupera.

À l'idée d'aller à l'école française, je suis pris d'un léger vertige. Que vont-ils dire de moi ? M'accepteront-ils ? Remarqueront-ils mon accent ? Bon, d'accord, je parle bien français… par rapport à mes copains marocains ! Mais je fais peut-être d'énormes fautes que personne n'a jamais été capable de relever !

Il faut que je sorte, que j'aille courir, dépenser mon énergie et expulser ma peur. Un signe de tête à Tarik et nous nous précipitons dans la rue.

Au pied de l'immeuble, un groupe d'Arabes discutent. Ils nous sourient. Des Algériens. Papa se méfie des Algériens. Il les dit bagarreurs. Et leur arabe, différent du nôtre, se prononce sur un ton plus dur, plus vif, ce qui fait qu'ils donnent toujours l'impression de se disputer.

Quelques garçons de notre âge discutent autour d'un ballon. Ils nous laissent approcher.

— Ça vous dit de faire un foot ? Un match suisse.

Embarrassé, je me tourne vers Tarik.

Ça veut dire quoi « faire un foot » ? Ne pourrait-on pas se contenter de jouer au foot ? Et c'est quoi un « match suisse » ? C'est bien les Algériens ça ! Ils font jamais comme tout le monde !

Mais pas le temps de tergiverser, le ballon roule jusqu'à moi et je suis prêt à leur montrer comment joue un Marocain !

Raphaël

Le jour est important. Suffisamment important pour que maman n'aille pas travailler.

Elle court partout dans la maison, passe de la chambre à la salle de bains et de l'exaspération à l'euphorie. Moi je suis devant le miroir, immobile, objet de son attention. Elle m'habille, me coiffe, me conseille, me met en garde.

— Attention, je compte sur toi pour montrer que tu as de bonnes manières. Je te l'ai déjà dit : la première impression donnée à ta maîtresse est importante. Et c'est un jour décisif. Tu rentres à la grande école ! Tu te rends compte ? Tout commence aujourd'hui ! Je suis si fière de toi !

Soudain, ma mère se fige et me détaille.

— Que tu es beau ! J'en pleurerais.

Maman pourrait pleurer pour n'importe quoi : une chanson d'amour, un feuilleton, une bise posée sur sa joue, une coiffure loupée ou un plat brûlé.

Elle affiche une satisfaction jubilatoire puis réprime une crainte et me coiffe pour la troisième fois, tire sur mes vêtements et s'immobilise à nouveau afin d'admirer le résultat.

Je ne sais pas si je suis aussi beau qu'elle le dit, mais je suis différent. Je porte un bermuda et une chemise à carreaux. J'ai de belles chaussures marron et des chaussettes très blanches qui remontent presque jusqu'aux genoux. Une tenue suffisamment surprenante pour m'interdire tout avis ou sentiment.

Cérémonieusement, maman me tend une blouse bleue, m'aide à la passer avec un soin tel qu'un instant je crois le Nylon d'une extrême fragilité.

— J'ai eu du mal à la trouver. Je voulais que tu portes une vraie blouse, comme tous les écoliers français. Au Maroc, seuls les élèves des écoles chics en avaient.

Pourquoi a-t-elle passé tant de temps à m'habiller pour tout cacher avec cette blouse ?

Julien passe derrière moi, déjà prêt. Il s'arrête, m'observe dans le reflet du miroir, hausse les épaules, guère content de me voir jouer le premier rôle. Son entrée en maternelle est moins glorieuse, maman assimilant sans doute la « petite école » à une garderie améliorée. L'école, celle où l'on apprend la lecture, l'écriture et toutes ces choses savantes ouvrant sur la connaissance et, à ses yeux, la réussite, commence au cours préparatoire. Julien a donc dû se contenter d'une de mes anciennes tenues.

— Et moi, j'ai pas de blouse ? râle-t-il.

Maman déplie une blouse rouge et l'aide à l'enfiler.

— Pourquoi j'en n'ai pas une bleue comme Raphaël ?

Notre mère ne répond pas. Elle se précipite dans la chambre pour chercher notre petit frère, Olivier qui, à deux ans, n'est pas concerné par l'agitation.

— C'est écrit quoi sur ta blouse ? m'interroge Julien.

J'ai posé la question à maman quelques minutes auparavant. « Jean de La Fontaine », a-t-elle prononcé fièrement. « Un écrivain célèbre. Vous allez sûrement apprendre quelques-unes de ses fables. »

— Le nom d'un joueur de foot.

— Ah ouais ?

Il est impressionné.

— Un bon ?

— Oui. Just Fontaine. De l'équipe de Reims. Le meilleur.

Il penche la tête et louche sur sa blouse.

— Et moi, c'est écrit quoi ?

— C'est une pub. Un produit pour déboucher les chiottes.

Il me regarde effaré.

— Maman ! hurle-t-il.

— Ça va, je rigole ! Comment tu veux que je sache ce qui est écrit, idiot. Je commence la lecture aujourd'hui !

Il est l'heure de partir.

Sur le chemin, maman, petite dame coquette et fière, sourit à des passants qui ne la regardent pas. Portée par l'ivresse de son stress, elle imagine tout le monde conscient de l'importance de ce jour et admiratif du résultat de son travail. Elle me prodigue discrètement ses derniers conseils, caressant parfois mes cheveux pour dompter un épi imaginaire. Julien et moi tenons chacun un côté de la poussette dans laquelle Olivier voit défiler le ciel.

Devant l'école, elle m'attrape par les épaules, me retourne, revoit ma tenue. Elle veut m'embrasser sur le front, se ravise de peur d'y imprimer une marque rouge grotesque, me laissant tendu vers elle, les yeux fermés. Elle regarde les autres enfants, scrute discrètement leurs tenues et celles de leurs mamans.

Nous entrons dans la cour et nous dirigeons sous le préau. Je sens son regard fier dans mon dos.

Mounir

Papa nous a acheté un cartable et des « vêtements neufs d'occasion », dit-il à son retour d'un périple place du Pont.

Place du Pont : une oasis en pleine ville. Les musulmans y retrouvent leurs amis et là, debout, chacun raconte son travail, son appartement, ses espoirs, ses désillusions. Parfois, un nouveau venu débarque, l'air hagard, un sourire embarrassé aux lèvres, attendant de reconnaître un visage familier, un homme de son village, de son quartier. Les habitués l'observent un instant. Se souvenant d'avoir été cet être perdu, hésitant et intimidé, ils ne le laissent pas dériver trop longtemps. Leur sens de l'hospitalité, la solidarité des étrangers en terre d'accueil, les incitent à l'interpeller ; le nouveau est alors convié à venir discuter, boire un café.

Sur cette place tout s'achète, tout se vend, tout se raconte, tout se rêve. Ici, une paire de baskets et un pantalon encore utilisables, un peu plus loin un stock de chaussettes ou quelques robes, biens personnels ou petits lots achetés en gros, voire « tombés du camion », posés à même le sol.

Pour sa première visite, mon père a été bien accueilli. Il est heureux de raconter qu'il a fait connaissance de « gens très bien » et a même rencontré un ami marocain.

Maman a pris les vêtements, les a lavés et repassés. Short bleu marine en coton, chemise blanche et chaussures à semelles de crêpe. Plus une blouse d'écolier. Tarik et moi nous observons pour scruter les changements opérés par cette tenue sur nos personnalités. N'est-ce pas comme ça qu'étaient habillés les petits Français à Casa ?

Notre mère a aussi préparé un copieux petit-déjeuner. D'habitude nous nous contentons d'un chocolat au lait dans lequel gonfle le pain de la veille, et je n'ai jamais d'appétit le matin. Mais là, pas question de rechigner. Maman s'est donné du mal pour dresser une belle table. Elle est sortie acheter du pain frais et a tartiné d'énormes tranches avec du beurre et une généreuse couche de confiture. Près de notre bol de Poulain fumant, il y a même un verre de jus d'orange. Tarik et moi regardons le festin sans oser faire de commentaires ; un formidable appétit naît au creux de mon ventre. Deux petits Français vont engloutir un superbe petit-déjeuner avant de prendre le chemin de l'école. J'ai faim de ce pain, de cette confiture, de cette nouvelle vie qui commence ! J'ai faim de devenir français.

Maman sourit, heureuse de nous découvrir si bien vêtus. Mais, sitôt que nous approchons de la table, elle fronce les sourcils comme si, soudain, lui revenait quelque chose de très important.

— La la la… On a fait une bêtise. Vous allez vous salir en mangeant. Déshabillez-vous !

Papa approuve d'un hochement de tête.

— Zid, zid !

— Mais on n'a qu'à se mettre une serviette autour du cou ! râle Tarik.

La proposition étant rejetée, mon frère et moi nous retrouvons en slip et chaussures sur nos tabourets de cuisine.

Les écoliers français prennent-ils leur petit-déjeuner en slip ? Toute cette mascarade m'apparaît d'un coup grotesque.

Je n'ai plus faim.

Nous arrivons devant l'école.

Maman panique. Ces Occidentales en jolies tenues l'intimident. Elle s'arrête à quelques mètres de l'entrée et son regard semble chercher une présence. Avisant un groupe d'Arabes du quartier, elle se dirige vers elles. Toutes l'accueillent chaleureusement, un ton plus bas que lorsque les rencontres ont lieu au bas de nos immeubles. Elles sont gênées. Leurs tenues, leurs accents, leurs langues les distinguent. Elles nous caressent les cheveux, félicitent maman pour nos tenues. À leurs côtés, leurs fils, leurs filles se dévisagent. Je connais certains garçons pour avoir joué au foot avec eux ou les avoir croisés.

J'entends une voix portée et distordue par un mégaphone demander aux enfants d'approcher. Une frousse me vrille le ventre. Mais de quoi ai-je peur ?

Raphaël

Nous écoutons l'appel. L'écho, renvoyé par les murs en ciment du préau, fait imploser les syllabes puis les dissipe dans le brouhaha ambiant. À plusieurs reprises, maman croit entendre mon nom. Quand il résonne enfin, elle tressaille et me conduit vers le rang désigné. Je la vois tenter en vain d'attraper le regard de la maîtresse, occupée à dompter le chaos. Celle qui va nous apprendre à lire, à écrire et à compter semble consciente de son importance. Sèche, les traits acérés, elle se tient droite, fière, et nous observe d'un œil critique, prête à reprocher à chacun son indiscipline. Elle m'intimide déjà, me fait presque peur. Je me redresse et joue au bon petit soldat.

Maman apprécie. Elle réajuste ma veste et me caresse le front, émue. Je ne sais si elle a envie de rire ou de pleurer. Moi, j'ai envie de chialer. Julien me lance un petit sourire que je lui rends.

Devant la classe, la maîtresse nous demande d'ôter nos vestes et de les poser sur les portemanteaux. Nous entrons dans la salle où une douce odeur de plastique et de produits d'entretien nous accueille. L'institutrice nous dit de choisir une place et de rester debout, près des bureaux, nos cartables aux pieds.

Je me retrouve au fond de la classe. Le regard bleu et sévère de la maîtresse parcourt les rangs et s'arrête sur moi.

Elle avance et rit. Un rire bienveillant dans lequel pointe un peu d'ironie.

— Ah, je vois que tous les parents n'ont pas encore été informés du changement dans le règlement ! Tu diras à ta maman que la blouse n'est plus obligatoire. Oh, bien sûr, tu peux continuer à la mettre si tu veux, mais sache qu'elle n'est plus exigée.

Un rire sourd éclate, à mes côtés. Je me retourne et vois le visage bouffi d'un garçon à la bouche mauvaise, aux lèvres fines tendues sur de petites dents. Je regarde les autres enfants et découvre leurs tenues de ville. Ma bouche s'assèche, ma vue se brouille et mon visage semble gonfler sous la pression de la honte. Je me sens ridicule dans cette blouse bleue avec ma raie bien faite sur le côté et mes chaussettes blanches.

« C'est valable pour toi aussi », s'exclame la maîtresse. Trois rangs devant moi, sur ma gauche, un garçon relève la tête comme pour défier silencieusement la moqueuse. « Apparemment, en Afrique du Nord, les règlements n'ont pas changé », raille-t-elle perfidement. Quelques rires fusent, dont l'un plus vif que les autres. Le même garçon, le regard torve.

Nous sommes démasqués, nous, les nouveaux Français. Encore plus Français que les vrais. Travelos de la citoyenneté. Trop apprêtés, exagérément grimés, caricaturalement habillés. L'Afrique du Nord… Je n'ai aucun souvenir du Maroc et, pourtant, il me trahit.

Quand elle fait l'appel, deux minutes plus tard, j'apprends que l'imbécile s'appelle Alexandre Blanchard et que l'autre Nord-africain se nomme Mounir Basri. Lorsque je réponds présent, ce dernier se retourne et nos regards se croisent.

À ce moment précis nous nous détestons. Chacun est, pour l'autre, le reflet de sa propre humiliation. Dans la véhémence de cette courte et silencieuse conversation nous comprenons que nous sommes liés. Nos deux histoires, si semblables et pourtant parallèles, viennent de se croiser. Au carrefour, un premier flic vient de demander nos papiers.

Seulement six années de vie et déjà un passé.

II

Le regard de l'autre

Mounir

Assis au troisième rang, je regarde chaque élève. Je lui invente une vie, une maman, un papa, un appartement, un chien ou un chat. J'observe les tenues, les manières de chacun, quelques détails volés à leurs caractères et j'imagine leurs existences, parfois plaisantes, parfois moins, selon mes observations et mon humeur. C'est ma manière d'explorer la France.

Celui dont la vie rêvée est la plus belle se prénomme François. Parce qu'il est toujours bien habillé, bien coiffé, qu'il est un très bon élève. Son cartable, sa trousse, ses vêtements, tout trahit son statut de petit Français soigneux et gâté. Parfois, le seul fait de l'observer me fait rougir. Que doit-il penser de moi ? De mes chaussettes qui tire-bouchonnent, de mon bermuda décoloré, de mes chaussures éraflées. J'ai tenté de guetter dans son regard de la pitié ou de l'ironie. Mais non, il reste toujours souriant, agréable.

J'imagine qu'il habite une maison entourée d'un jardin très vert, parfaitement entretenu. Son papa rentre le soir, accroche son pardessus, range son attaché-case. C'est un grand monsieur, mince, vif, affable. Il dépose une bise sur la joue de sa femme, assise sur le canapé, une revue entre les mains. Elle lui sourit tendrement. Elle est jolie sa maman. Forcément. Elle porte un tailleur gris et croise les jambes avec élégance. Son père est maintenant près de lui, penché sur ses cahiers. Il vérifie ses devoirs, donne une explication, lui caresse les cheveux. Il s'amuse avec lui quelques instants. Puis ils se tiennent autour de la table. Leurs assiettes sont remplies de mets délicieux et ils discutent sérieusement de sujets importants.

Enfin, sa maman s'assoit sur le bord du lit de son fils adoré. Elle lui raconte une histoire. Les yeux de François se ferment. Elle l'embrasse, remonte les draps et sort doucement. Voilà pour François. Je sais, ce n'est pas original, mais c'est mon scénario préféré : une suite de clichés sur lesquels coule une chaleur rassurante. Or tous les éléments existent pour que la réalité coïncide avec mes fantasmes. Son allure, ses vêtements, l'équilibre qui émane de son regard.

Quand j'ai annoncé à mes parents la profession du père de François, ils ont remué la tête pour marquer leur admiration et leur respect. En fait, j'en ai un peu rajouté. Je lui ai... accordé une promotion. Je sais qu'il travaille dans une banque alors je l'ai nommé directeur, pour leur faire plaisir. Leur fils dans la même classe que celui d'un directeur de banque ! Oui, l'oncle Ali a décidément bien choisi le quartier ! Comprenez que, chez nous, directeur de banque est l'un des métiers les plus nobles au monde. Ne faut-il pas posséder toutes les vertus pour se voir confier l'argent des gens honnêtes ? Dans leurs yeux gorgés de fierté, j'ai vu se jouer les mêmes scènes que celles proposées par mon imagination. Une vie de rêve.

Eh bien, un jour je serai français et tout se passera de la même manière pour moi ! Papa rentrera à la maison, posera son pardessus et son attaché-case, embrassera maman, me fera réviser mes leçons... Bien sûr, je sais que c'est impossible : maman portera toujours ses robes larges, traînera toujours ses pantoufles sur le sol, entourera toujours sa tête d'un foulard en coton, passera tout son temps dans la cuisine à fredonner ses mélopées orientales, et poussera son sempiternel « yamé » en s'affalant dans les fauteuils en velours usé de la salle à manger. Papa rentrera toujours en bleu de travail, ne saluera sa femme que d'un rapide coup d'œil, s'assoira devant la télévision, sourira de toutes ses dents abîmées ou dorées, déformera toujours les mots. Mais voilà, ce sont mes parents et ils valent ceux de François. Sûrement plus même ! Je n'ai pas à en rougir. Je les aime tellement ! Parfois, je souhaiterais juste qu'ils changent de manières, se tiennent mieux, portent des vêtements plus discrets, fassent des efforts pour parler un français convenable. Impossible. Nous sommes en France mais pas encore français. Et si nous le devenons, la carte d'identité ne sera pas créditée de coupons d'achats dans les magasins chic. Nous ne changerons pas de noms, pas de physique, pas d'habitude.

Et pourtant, de temps à autre, je me prends à rêver que je suis François. Et j'aime ce rêve. Je le fais en classe, le regard posé sur sa nuque, sur sa chemise repassée, sur ses chaussures bien cirées. Et quand je me sens suffisamment frustré par la distance qui me sépare de la chimère, je fixe mon attention sur un autre élève. Pierre, José, Marc, Enzo… J'ai l'embarras du choix. Leurs pères sont ouvriers, forains, vendeurs… des métiers plus modestes, des manières moins soignées, un langage simple. Enfin, j'imagine. Oui, je préfère imaginer cela même si je sens l'acidité de l'envie me ronger le ventre. Car, quelles que soient leurs situations, la mienne reste la moins enviable. Ils sont français, ont la peau claire, les cheveux lisses, la possibilité de devenir un jour François ou de s'en approcher.

En fait, celui dont je peux le plus facilement imaginer l'existence sans ressentir trop de jalousie, c'est Raphaël. Il a les mêmes yeux que mon frère Tarik, vient du même pays que moi. Parfois, quand il parle, je sens sa bouche s'empêtrer dans les prononciations qui me posent aussi problème. Surtout les « on », les « en », les « an ». Le Ballan, le volont… J'ai vu sa maman à la sortie de l'école. Bien entendu, elle est mieux habillée que la mienne, les juifs faisant beaucoup d'efforts pour paraître français. Mais dans sa manière de marcher, de sourire, de regarder les autres mamans, j'ai ressenti la même gêne que celle de ma mère lorsqu'elle sort du quartier.

Même l'attitude de Raphaël trahit nos points communs. Il me regarde souvent à la dérobée. Je devine de la sympathie dans son comportement mais aussi, parfois, de l'hostilité.

Au moins est-il plus habile que moi pour s'intégrer. Il est déjà copain avec la plupart des garçons de la classe. Il faut dire qu'il a la peau plus claire, porte un prénom français. Les Juifs savent se fondre dans le décor, m'a dit un jour papa. Et se lier aux autres. Moi, aucun élève ne m'en a donné envie. Ceci dit, je sens que la plupart ne souhaitent pas me voir approcher de leurs ballons ni participer à leurs jeux. Alors, je les déteste, parfois, de rire avec insouciance, d'avoir comme seule préoccupation de choisir un divertissement, constituer les équipes, compter les points. Et si j'ai rejoint le groupe des Arabes, des musulmans, si je me dis que nous sommes bien entre nous, si j'apprécie de parler librement, lardant mes phrases de mots de chez moi, je suis frustré par moments de ne pas être avec les Français et Raphaël, là-bas, au centre de la cour.

Raphaël

La manière dont Mounir et moi sommes devenus copains a joué sur la nature de notre relation. C'est arrivé peu après la rentrée. J'avais facilement intégré un groupe de petits Français. Mounir, lui, en était exclu. Plus tard, il a raconté qu'il s'agissait d'une première marque de discrimination. C'est sans doute vrai. Les Arabes étaient ignorés par les autres enfants. Rien de vraiment explicite, pas d'insultes, ou rarement, mais des regards, des attitudes qui les bannissaient et les contraignaient à former un groupe à part.

Je ne serais pas totalement honnête si je n'avouais pas avoir contribué à son isolement et même… à m'en être quelque peu réjoui. Peut-être cette situation m'exonérait-elle de mon propre statut d'immigré. J'avais pensé que nous étions semblables, deux taches sombres sur un tissu blanc. Mais mon physique presque européen et mon prénom servaient de sauf-conduits ; j'avais rapidement été invité par mes camarades à participer à leurs jeux. Pas lui.

Parfois Mounir nous regardait jouer au foot. Il ne demandait rien, n'exprimait aucun sentiment, mais suivait nos dribbles, nos passes, nos tirs avec l'impassibilité du joueur avisé observant les maladresses des gamins de son âge. Je savais qu'il attendait que nous l'invitions. Également que cela ne pouvait venir que de moi.

Je tentais de l'ignorer mais mon regard s'échappait souvent de l'action pour rencontrer le sien, brisant mes élans, ralentissant ma course, entravant mes rires. Il y avait dans les yeux de Mounir un feu particulier. Une vie que l'on ne trouve que dans le regard de ceux bousculés par l'histoire. Une curiosité mêlée de crainte qui les conduit à rester en éveil constant afin de ne jamais se laisser surprendre. Une stupeur qui réclame des explications, dévore l'extérieur pour combler les vides causés dans les âmes par les vents qui, après les avoir portés jusqu'ici, n'ont d'autre issue que de continuer à s'agiter en eux.

Mais, si je me suis rapproché de Mounir, ce n'est pas seulement parce que son regard m'a rappelé mon histoire. C'est aussi parce que ceux de mes nouveaux amis étaient courts, limités par l'immédiateté de leurs désirs. Ils vivaient l'instant présent, n'avaient pas de passé, ni d'autre idée de l'avenir que le match à jouer ou la prochaine blague à raconter. Je les regardais s'amuser, rire, s'exciter. Je me regardais jouer, rire, m'exciter à leurs côtés. Mais je n'étais jamais entièrement avec eux. Juste parmi eux. Entre nous subsistait une distance qui m'imposait d'observer l'instant tout en le vivant. Ma voix et mon image me revenaient avec un décalage. Comme les « rêveurs lucides » observent leurs propres aventures oniriques, je me voyais vivre avec eux, mimant leurs gestes et leurs expressions tout en réalisant qu'il s'agissait d'un jeu d'acteur maladroit. Le présent ne parvenait pas à m'absorber totalement. Un bout de mon histoire était resté coincé à la porte d'entrée et m'empêchait de me fondre dans le décor.

Nous sommes donc devenus copains à l'occasion d'un match de foot. Peut-être ai-je magnifié cette rencontre avec le temps et l'ai-je chargée d'un sens qu'elle n'avait pas alors. C'est mon grand défaut : croire que chaque moment de la vie est la pièce d'un grand puzzle, élément portant en lui une signification qui transcende les années. Chacun ses croyances, non ?

*

Nous jouons au football. Le ballon part en touche. Je cours le chercher mais il roule jusqu'à Mounir qui, avec assurance, l'immobilise du pied. Il amorce un mouvement pour le renvoyer, mais suspend son geste, attendant que je lève les yeux. Je souris pour le remercier. Il reste stoïque. Son regard me provoque. Tant de choses sont dites en moins d'une seconde. Je n'hésite plus :

— Tu viens jouer ?

Mounir ne répond pas. Il se contente de me suivre, balle aux pieds.

Les autres garçons ne savent trop quelle attitude adopter. Certains nous défient du regard, d'autres feignent l'indifférence. Aucun ne se rebelle. Que dire, de toute façon ?

— Tu es dans mon équipe. Allez, passe à l'avant.

Le jeu de Mounir fait le reste. Compliqués mais efficaces, ses dribbles l'imposent rapidement comme l'un des meilleurs joueurs. Ses mouvements sont saccadés, agressifs. Il a la tête baissée et lutte pour gagner chaque centimètre de terrain. Sa vigueur étonne. Je vois Alexandre, la forte tête de la classe, fulminer. Il ne m'aime pas, n'aime pas Mounir. En fait, il n'aime personne. Il fait mine d'apprécier ceux qui se sont d'emblée soumis à sa force mais je sais qu'il les méprise aussi. Il vit les relations uniquement à travers le combat. Et la supériorité du jeu de Mounir le contrarie. Jusqu'alors nous jouions de manière décontractée, esquissant quelques gestes techniques, ne forçant pas trop, attendant presque que le but nous surprenne. Mounir, lui, court, dribble, tire pour gagner. Il investit sa volonté dans chaque action. Ses yeux changent d'expression. Il regarde le but, défie les meilleurs adversaires, reproche silencieusement à ses coéquipiers la moindre indolence. J'aime cette attitude et la redoute. Il bouleverse les équilibres et impose sa personnalité. J'aurais préféré qu'il se révèle progressivement, laissant aux autres le désir de l'accepter. Pourquoi ridiculiser ses adversaires par des petits ponts et des feintes de corps ? Quelle satisfaction éprouve-t-il à marquer ces buts trop faciles ? Que veut-il prouver ?

Deux camps existent désormais au sein des équipes qui s'affrontent. Celui de ceux qu'il subjugue et intimide, les plus inoffensifs, qui voient dans sa force la source d'un conflit qu'ils préfèrent éviter ou une énergie qu'ils jugent bénéfique. Celui de ses détracteurs, les bons joueurs, les querelleurs, à la personnalité affirmée, que sa puissance agace et sa dextérité outrage.

Mais la fascination étant également source d'exaltation, je me surprends à applaudir certains gestes techniques, à rire de l'air dépité de nos adversaires, à saluer le score final en criant fièrement. Je vais vers lui en riant et lui tape dans la main. Il me sourit et baisse les yeux. D'un coup, il est redevenu le petit garçon embarrassé par le regard des autres.

Mounir

Raphaël a souvent raconté une histoire de blouse d'école qui nous aurait liés d'emblée. Je ne m'en souviens pas. Il dit aussi que nous sommes devenus copains au cours d'un match de foot. Peut-être ; nous en avons disputé tellement.

Je l'ai laissé dérouler ces récits tant de fois. C'était quand, fiers de notre amitié, nous tentions de créer une légende s'inscrivant dans une fresque plus grande. Une légende capable de rencontrer l'histoire et de nous donner en modèle d'une entente possible.

Alors, la blouse… je ne sais pas. Le match de foot… je ne m'en souviens pas. En tout cas, ces deux événements n'ont pas suffi à définir notre relation. L'amitié exige plus que des anecdotes, elle réclame des actes fondateurs.

Selon moi, la nôtre est née plus tard. Lorsque nous nous trouvions au CE2. J'ai un repère exact pour l'affirmer : c'est l'année où j'ai appris à nager.

*

Vestiaires de la piscine municipale. Premier cours de natation. Je suis fébrile, nerveux, angoissé. J'ai peu dormi. Les yeux ouverts j'ai assisté à la diffusion en boucle de mon cauchemar. Séances permanentes. Maintenant, je m'apprête à le vivre.

Je ne sais pas nager. Les Français, eux, doivent savoir. Je vais être ridicule.

Plus que quelques minutes avant le début de la séance. L'odeur du chlore perfore mes poumons et j'étouffe un peu plus. Des bruits résonnent au loin, laissant penser que d'autres classes sont déjà à l'eau. Je retire mon pull-over. Cette grande gueule d'Alexandre raconte ses exploits de nageur émérite à une bande de crétins qui préfèrent rire que risquer de l'offenser. J'ai froid. Peut-être envie de vomir aussi. Je tente de ne pas penser à l'humiliation imminente.

— Alors ? Y en a qui savent pas nager ? demande-t-il.

Je me fige. Me vise-t-il ?

Non, Alexandre s'adresse à l'ensemble de la classe.

Le calme se fait et nous nous observons en silence. Je sens mon cœur battre fort. Ils vont finir par me désigner, j'en suis sûr !

— Allez ! Que ceux qui savent nager lèvent la main !

Je guette les mouvements. Seulement trois garçons se manifestent ! Je suis stupéfait. Je sens le sang réinvestir mes muscles, me réchauffer la peau.

— Enfin, je fais la nage indienne quoi ! dit l'un des deux.

Alexandre éclate de rire.

— Quoi, c'est tout ! Et les autres ? Que des gonzesses, ma parole !

J'ai envie de le gifler, pourtant, je lui suis reconnaissant d'avoir involontairement apaisé mes craintes. Que m'importe qu'il joue le héros si je ne suis pas le bouffon !

Une voix se fait entendre. Raphaël regarde Alexandre en hochant la tête.

— Et alors, pauv' naze ! On est là pour apprendre. Toi, t'as sûrement la chance d'avoir un papa plein de fric qui t'amène en vacances et te paye des cours de natation.

Alexandre sourit pour cacher son embarras. Raphaël le déteste autant que moi et cette haine s'impose comme un autre lien.

— Houlà ! Pourquoi il s'énerve lui ? Parce que j'ai dit gonzesse ? Tu te sens visé ?

Une lueur de malice passe dans ses yeux.

— Ça va, allez ! On sait bien qu'il y a que des mecs ici. Voilà la preuve.

Il ôte son slip et prend son sexe dans la main, bassin tendu.

Des rires éclatent.

— Allez, montre le tien !

Raphaël s'est tourné face au mur. Il enlève son pantalon, ignorant l'abruti.

— Ah oui, j'oubliais ! Tu es juif ! Tu t'es fait couper les couilles à la naissance.

Le silence accueille la raillerie.

Tous les regards sont dirigés vers Raphaël, en slip, qui tarde à plier son pantalon.

— Vous saviez pas ? Les juifs se les font couper à la naissance et deviennent des gonzesses. Vous voulez voir ? Allez, Raphaël, montre-nous !

— Va te faire voir, connard ! lance l'agressé, toujours face au mur.

Je me sens insulté. Alexandre ne s'adresse pas à moi et pourtant j'ai l'impression que sa méchanceté me vise aussi. Peut-être parce que je suis moi-même circoncis. Ou bien est-ce autre chose ? Quoi qu'il en soit, la tentative d'humiliation me concerne.

— Oh ! Comment il me parle, lui ? Tu veux pas nous montrer ? Ben nous, on veut voir. Venez les mecs, aidez-moi, on lui fait une mise à l'air.

Deux ou trois suiveurs se lèvent, goguenards. Alexandre, fort de cette mobilisation, s'approche et pose la main sur l'épaule de Raphaël. Qui se retourne. Son visage témoigne à la fois de sa peur panique et d'une détermination étonnante. Alexandre ne voit que la peur et tente de l'attraper par le cou. Ses acolytes se précipitent. Raphaël se dégage alors et assène un formidable direct sur le nez d'Alexandre. Je suis certain d'entendre la cloison nasale craquer juste avant que ne résonne un cri strident de porc égorgé. Les autres, se sentant menacés, se précipitent sur Raphaël. J'avance et me place à ses côtés. D'un mouvement sec j'en projette un contre le mur.

La porte du vestiaire s'ouvre.

— Que se passe-t-il ici ?

Le maître-nageur pose les yeux sur Alexandre dont les mains et la poitrine sont tachées de sang. L'homme à la carrure impressionnante lève la tête, regarde le groupe et, au bout de leurs regards interdits, nous découvre, côte à côte, encore prêts à repousser les assaillants.

Les apparences sont contre nous, l'affaire rapidement entendue.

Raphaël est entré le premier dans le bureau du directeur. J'attends mon tour, tremblant. Tout le monde redoute monsieur

Laporte. On dit qu'il n'hésite pas à gifler les perturbateurs, que son supplice préféré est de les soulever à un mètre du sol en les tenant par les oreilles. D'une imposante stature, doté d'une voix grave et profonde, d'épais sourcils et d'un regard mauvais, sa réputation fait frissonner. Je guette donc les premiers cris de douleurs, la peur au ventre, prêt à rendre mon déjeuner. Pour l'instant, seuls des hurlements de l'ogre me parviennent. Des rugissements effrayants, des mots qui claquent comme des coups : abruti… punition… parents… correction.

Quand la porte s'ouvre, j'hésite à me sauver. Mais le monstre est déjà là, tenant Raphaël par son tee-shirt. Il le projette dans le couloir. Je dévisage mon copain, inquiet de découvrir des marques de torture. Mais il ne semble nullement affecté.

Le directeur plante ses yeux dans les miens, hésite, et je sens mes tripes se liquéfier.

— Toi, c'est bon. Retourne dans ta classe.

Je pense avoir mal entendu, puis, trop heureux, emboîte immédiatement le pas de Raphaël. Je tente de réguler ma respiration afin d'arriver à parler.

— Je lui ai dit que t'as rien fait. Que t'as juste voulu nous séparer.

— Merci.

Je n'ai pas suffisamment d'air dans les poumons pour mieux exprimer ma reconnaissance.

Il tourne la tête vers moi et sourit.

— Merci ? C'est moi qui devrais te remercier.

— Non, non.

En fait, à cet instant précis je me fous de savoir qui est redevable de quoi et à qui. Je veux seulement reprendre mon souffle et savoir si…

— Il t'a frappé ?

— Non, pas vraiment, répond Raphaël d'un ton neutre.

— Il t'a pris par les oreilles ?

— Oui.

— Ça t'a fait mal ?

— Oui.

— T'as pleuré ?

— Non. Je crois que c'est ça qui l'a le plus énervé.

Je regarde ses oreilles. Elles sont rouges.

— Il t'a soulevé haut ?

Je n'ai pas pu m'empêcher de poser la question.

— Non. Il m'a pas soulevé. Il m'a juste secoué.

— Ah !

— Il m'a interdit de piscine pendant un trimestre. Qu'est-ce que je m'en fous ! Et j'ai une punition.

— Quoi ?

— Écrire trois cents fois : « Je ne dois pas me battre avec mes camarades. »

— Zob !

— C'est pas tout. Il a fait un mot à mes parents. Ils sont convoqués demain. Je vais me faire tuer.

— Tu m'étonnes !

À ce moment-là, je pense à la chance d'avoir été disculpé. J'imagine ma mère en train de pleurer, mon père la main levée…

— Mais c'est pas ça le pire.

J'abandonne mes parents dans leurs tragiques attitudes qui, pour moi, constituaient un pire suffisant.

— Ah c'est quoi ?

— Je dois faire un mot d'excuse à ce con d'Alexandre.

— Ah ouais. Ça, c'est trop la honte.

Raphaël

Je crains la réaction de mon père. Papa est calme et gentil mais dès que surgit un problème de comportement ou de travail à l'école, sa personnalité change. Pour lui, l'école est l'avant-scène de la vie, le révélateur des défauts et des qualités, des échecs et des réussites que l'avenir prépare.

Il lit le mot et me considère avec étonnement.

— Tu t'es battu ?

Cette incrédulité révèle que la non-violence était l'une des qualités qu'il m'attribuait jusqu'alors.

— Je me suis défendu, c'est tout.

Il lève la voix.

— Tu sais très bien que je ne veux pas que tu te défendes ! Dès qu'un enfant t'agresse ou t'embête tu dois aller voir ta maîtresse ou un surveillant et non pas jouer les gros bras !

— Oui, mais il m'a…

— Je ne veux rien savoir ! dit-il, regard dur, mâchoire contractée. Tu n'avais pas à le frapper, un point c'est tout !

Face à sa colère, ma gorge se serre.

— Non, mais écoute-moi ! Il m'a dit que… Il voulait…

— Tais-toi ! Tu n'as pas à frapper un camarade de classe !

J'éclate en sanglots. Une journée trop dure pour un enfant de mon âge. La bagarre, les cris de Laporte, mes oreilles douloureuses, la crainte d'une correction…

— Tu peux pleurer maintenant ! hurle mon père. Et je vais avoir l'air de quoi demain dans le bureau du directeur ? D'un imbécile !

— Calme-toi, Jacques, dit maman, sentant son mari capable de s'enflammer au-delà du raisonnable.

— Que je me calme ? Est-ce comme ça que nous avons élevé nos enfants ? Ai-je voulu en faire des boxeurs, des voyous ? Je vais lui dire quoi, moi, au directeur ? Et si ses parents ont porté plainte, qui ira en prison, toi ou moi ?

Papa aime exagérer, mais la vision de mon père menottes aux poignets et de ma mère pleurant à ses genoux me fait frissonner. Il m'empoigne le bras et commence à me secouer. Les adultes doivent penser que la bêtise est une pulpe qui encombre le cerveau des enfants.

Julien sort de sa chambre, l'index pointé vers mon père. Suivant vraisemblablement la scène embusqué derrière la porte, il s'est retenu jusqu'à maintenant mais là, pour lui, trop c'est trop !

— Lâche-le ! T'as pas le droit de lui faire mal !

Les interventions de Julien sont connues dans la famille. Il s'interpose dans chaque conflit, prenant systématiquement la défense du plus faible. D'où son surnom « d'avocat des causes perdues ». Si j'admire son courage, cette intervention m'exaspère. Elle va sans doute attiser la colère de papa. La première claque risque d'être pour lui, les suivantes pour moi.

Il continue, en baissant la tête pour se faire plus menaçant, tremblant de rage autant que de peur.

— Il a dit qu'il était juif ! Alors quand même ! Et il a parlé de sa… de sa… truc !

Julien hésite, esquisse un geste en direction de son entrejambe… et renonce.

— Alors, il avait le droit de se défendre ! conclut-il, troublé.

Fin de la plaidoirie. Courte, brouillonne, mais efficace. Ses mots ont l'effet d'une formule magique, gelant la scène et laissant chacun suspendu à son geste. Papa a la bouche ouverte sur une menace qui ne veut plus sortir, tient mon bras fermement mais ne le secoue plus. Maman a conservé la mimique désapprobatrice qui a accueilli l'irruption de son fils et moi, mon regard à la fois admiratif et désabusé. Mon frère a toujours le doigt pointé et seule sa forte respiration trouble le silence. Papa relâche mon bras.

— Qu'est-ce que tu racontes ? Qui est juif ?

— Ben, Raphaël ! Tu le sais quand même ! répond Julien, scandalisé par la stupidité de la question.

— Oui, ça, je le sais ! rétorque papa, irrité.

— Ben, pourquoi tu poses la question, alors ? dit Julien en me lançant un regard ahuri et en haussant les épaules.

— On s'est moqué de toi parce que tu es juif? me demande papa, sourcils froncés.

Julien comprend qu'il a utilisé le bon argument. Il a entendu parler de l'affaire à la récréation. À la sortie de l'école il m'a harcelé de questions, tournant autour de moi tel un caniche teigneux. Comme je ne voulais pas répondre, il s'est rabattu sur mes copains avec lesquels il s'entend bien. Avocat et juge d'instruction.

Je hoche la tête en essuyant les larmes qui coulent sur mon visage.

Papa et maman se regardent, décontenancés. Puis mon père s'affale dans le fauteuil, en soufflant.

— Viens ici, dit-il.

Je m'approche, encore craintif.

— Oui, reprend Julien, victorieux, il lui a même dit que les juifs ils ont pas de… zizi, quoi ! Et il a voulu lui enlever sa culotte, et…

Papa se tourne vers mon frère et lui désigne sa chambre.

— Toi, file au lit. Et ne t'avise pas de me parler une autre fois sur ce ton !

— Mais ce n'est pas juste ! lance mon cadet avec véhémence.

— File !

— Pourquoi je pourrais pas rester ? C'est grâce à moi si tu sais la vérité ! Si j'avais rien dit, tu lui aurais mis une claque et après t'aurais eu l'air de quoi, hein ?

— Dans ta chambre, j'ai dit !

L'ordre est sans appel. Julien baisse les épaules, prend un air accablé.

— Ouais, mais quand même c'est pas juste ! marmonne-t-il en s'éloignant, martelant le sol de ses pieds nus.

— Raphaël, viens me raconter ce qui s'est réellement passé.

Je fais le récit des événements de la matinée. Je remarque son visage fermé, son air grave. Quand j'ai fini, il souffle et lance un regard dépité vers ma mère. Elle, dans son fauteuil, les mains croisées, semble perdue.

— Tu as bien fait de casser la figure à cet imbécile, lâche-t-il, contre toute attente.

Il regrette aussitôt sa concession.

— Enfin… Je veux dire que je comprends… Mais, à l'avenir, je préférerais que tu t'adresses à moi avant de prendre une décision de ce genre.

Il paraît embarrassé. La situation ne correspond à aucune autre et il manque de références pour proposer une réaction appropriée.

— Mais enfin… Si je les avais laissés faire, ils m'auraient mis tout nu.

Papa se mordille la lèvre.

— Je comprends. Bon, allez, au lit ! lance-t-il à court d'idées. On en reparlera demain.

Dans la chambre Julien m'attend. Inutile de lui raconter, il a tout entendu, l'oreille collée à la porte.

— Merci, je murmure.

— Je peux dormir avec toi ? demande-t-il, profitant de son avantage.

J'accepte et nous nous glissons dans mes draps. J'ai la tête pleine d'images et de mots qu'il va me falloir ranger pour arriver à m'endormir.

Quelques minutes plus tard, la porte s'ouvre et papa apparaît dans le rayon de lumière que la lampe du salon projette dans notre chambre.

— Bonne nuit mes fils.

— Merci p'pa, répond-on à l'unisson.

Il ferme la porte derrière lui, puis se ravise.

— Elle était belle la pêche que tu as mise à cet imbécile ? chuchote-t-il sur un ton complice.

Je crois avoir mal entendu.

— Heu… oui.

Julien se redresse, excité.

— Trop belle papa ! Il paraît que le nez de l'autre a fait du bruit, comme s'il se cassait. Il est tombé en arrière. Un vrai coup de poing de boxe. Et même que…

— Dis, je t'ai demandé quelque chose à toi ?

— Non, mais je…

— Alors, tu te couches et tu dors.

— C'est injuste.

*

Le coup de poing asséné à Alexandre fut la première étape de la réalisation de mon identité. Jusqu'alors je me disais juif comme certains s'annoncent bourguignons ou d'autres s'affirment supporters de Saint-Étienne ou Paris. Un particularisme associé à quelques rendez-vous (la synagogue deux ou trois fois par an), quelques objets (un boîtier porte-bonheur à l'entrée de la maison, un livre de prières neuf sur la bibliothèque) et quelques plats traditionnels (plutôt associés à mon pays de naissance). Mais cet épisode m'a transporté au cœur d'une histoire qu'on me disait mienne. Une histoire d'une violence inouïe capable d'engloutir mes rêves, mon insouciance d'enfant, de m'ensevelir sous une poussière froide qui, plus jamais, ne laisserait les couleurs et la lumière m'atteindre.

Je ne sais si papa a bien fait de m'en parler si tôt. Peut-être, suite à cet incident, craignait-il de laisser les événements lui ravir son rôle de passeur. Il avait programmé ce moment depuis ma naissance, peut-être même avant. Mais sans doute avait-il pensé qu'il aurait lieu plus tard, après ma bar-mitsva, quand je serai devenu un homme.

Quoi qu'il en soit, il était trop tôt. Mon esprit était encore vierge de haine. De la matière meuble en pleine croissance. Les mots de mon père l'ont dévasté.

*

— Tu sais, ce sont des bêtises, m'a-t-il expliqué le lendemain. Beaucoup de choses sont dites par ceux qui n'aiment pas les juifs pour semer le trouble dans nos esprits et amener les autres à nous haïr.

— Qu'est-ce qu'on leur a fait pour qu'ils ne nous aiment pas ?

— Rien. Rien du tout.

— Quand on n'aime pas quelqu'un c'est pas pour rien !

Il a réfléchi un instant, décontenancé par l'objection.

— C'est une si longue histoire... a-t-il murmuré, dépité.

— Une histoire ? Quel genre d'histoire ?

— Une histoire de haine, de jalousie, d'incompréhension...

Je sens qu'il hésite à se lancer. Ou alors, il ne sait par où commencer. Puis il trouve un angle. Pas le plus simple.

— Les hommes ont un fâcheux défaut : ils pensent toujours détenir la vérité et cherchent à l'imposer aux autres. Ils ne supportent pas que certains puissent penser différemment, vivre autrement. Alors ils font la guerre. Pour obliger tout le monde à croire en leurs idées, à adopter leur mode de vie, à servir leur puissance.

— Je ne comprends pas... Je pensais que les hommes faisaient la guerre pour voler les richesses des autres.

— C'est la même chose. Vouloir prendre les richesses des autres, c'est penser qu'on les mérite plus qu'eux.

— Et alors ? Quelle richesse ils veulent nous voler ?

Papa soupire devant l'immensité de la tâche.

— Une idée a révolutionné la pensée des peuples et ce sont les juifs qui l'ont affirmée.

— Laquelle ?

— Ils furent les premiers à dire qu'il n'y avait qu'un Dieu. Ils ont donc été combattus par ceux qui croyaient en une multitude de divinités. Puis, d'autres religions ont été créées selon ce même principe de Dieu unique. Mais, pour exister, elles ont pensé qu'il fallait d'abord en finir avec les juifs. Ceux-ci devaient se convertir ou disparaître.

— Et les juifs n'ont pas accepté ?

— Non. Mais, en plus, ils ont traversé l'histoire en conservant leurs croyances. Les oppressions, les massacres, les humiliations n'ont jamais eu raison de leur foi.

— Des massacres ? Quels massacres ?

— Il y en a eu tant... bredouille papa. L'Inquisition, les pogroms... la Shoah. Tu étudieras ça un jour.

— C'était il y a longtemps ?

— La Shoah c'était, c'était… hier.

— Hier ? Comment ça hier ? ai-je demandé, paniqué.

Il prend une décision, LA décision, se lève, se dirige vers la bibliothèque et saisit un livre.

Je ne peux lire le titre tout de suite. Le mot est compliqué et les lettres déformées par des flammes en train de les consumer.

Mon père ouvre l'épais volume. Sur la première page, des fantômes me dévisagent d'un regard empli d'effroi. Porteurs de pyjamas rayés.

Des fantômes juifs qui hantent aujourd'hui encore mes nuits.

Un, l'homme pressé en costume fripé : mort gazé. Deux, la femme au fichu blanc : morte gazée. Trois, quatre, cette jeune femme et son bébé (mon Dieu, un bébé !) : morts gazés. Toutes les personnes dans ce bus, trente peut-être : mortes gazées. Le motard, les automobilistes, tous les passants que je croise. Tous morts gazés.

Je compte jusqu'à mille. Le millième est un petit enfant jouant dans un bac à sable. Il m'est impossible de continuer. Je ne peux plus marcher tant j'ai les yeux voilés de larmes. De toute façon, il me faudrait croiser plusieurs fois toute la population de Villeurbanne et de Lyon pour parvenir à six millions.

Six millions ! Six millions, de femmes, d'enfants, de bébés, de personnes âgées, de pères, de mères, de fils, de filles, de grands-pères, de grands-mères. Six millions de visages, de sourires, de regards, de voix, de passé, d'avenir. Six millions ? Impossible de réaliser la portée du nombre, de donner à chaque unité une enveloppe humaine, un visage, une histoire, une vie de famille. Six millions c'est presque l'infini. C'est l'abîme en tout cas. Et l'abîme, c'est l'infini pour un enfant de mon âge. Tenter de toucher l'horizon en comptant les personnes que je croise ne me mène nulle part.

J'ai parcouru toute la ville. Parti de Villeurbanne j'ai pris le cours Émile-Zola pour ensuite rejoindre le cours Lafayette et arriver sur la presqu'île. En fait, je n'ai que l'autorisation de traverser la rue pour aller chercher du pain, mais cet acte d'émancipation m'a semblé salutaire. Une transgression permise par mon nouvel âge. Car j'ai grandi hier. De plusieurs années en quelques minutes.

Je ne pouvais pas rester au quartier et pleurer devant mes copains. J'avais besoin de me sentir différent. Presque un homme. Que valait cette prise de risque face aux horreurs que je venais de découvrir ?

Je m'assois sur un banc du petit square de la place Bellecour. Quelques enfants plus jeunes que moi et d'autres, de mon âge, s'amusent. Je ne leur en veux pas d'être indifférents à ma peine. Ils ne savent sans doute pas, et, tout comme moi hier encore, pensent vivre dans un monde-juste-pour-rire.

Au réveil, ce matin, l'âme qui m'a été rendue n'était plus la même. Elle était plus lourde de l'histoire de toutes celles qui l'avaient précédée. Des millions d'âmes que je passerai désormais ma vie à compter.

Mounir

Arabe. Cinq lettres pour nous définir, nous distinguer, nous identifier, nous appeler, nous insulter aussi. Cinq. Hamsa. Chiffre protecteur ? Il est une main couvrant notre visage pour éviter le viol des regards, ces regards racistes en quête du détail physique (génétique ?) qui prouverait notre infériorité raciale et légitimerait les violences.

Être arabe, c'est être un sale Arabe. Toujours. À chaque moment.

Dans la rue, dans les magasins, dans la file d'attente au cinéma… Vous êtes un Arabe parce que des yeux, des attitudes, des silences vous le disent. Vous n'êtes jamais juste un piéton, un client, un enfant. Peu importe que vous soyez tunisien, marocain, algérien ; peu leur importe que le mot ne nous désigne pas.

Nationalité ? Arabe. Un peuple à la peau mate, aux cheveux sombres et drus, aux yeux noirs. Un peuple belliqueux, irrespectueux, ingrat et forcément capable de mordre la main qui le nourrit.

Pays ? Ici, là-bas, un peu partout. Nous sommes des envahisseurs. Ceux de David Vincent avaient le petit doigt rigide. Nous, c'est le majeur. Tendu pour défier, pour riposter, pour dire la révolte. Comme le doigt de la Corse grattant le cul de la France.

Je suis marocain. Rien à voir avec les autres. Pas le même physique, pas la même langue, pas les mêmes traditions. Nous autres, Marocains, savons que nous ne ressemblons pas aux Algériens qui, eux-mêmes, ne ressemblent pas aux Tunisiens. Mais pour ceux dont la peur a rabougri l'intelligence et l'humanité, ces différences n'existent pas. Nous sommes un portrait-robot rapidement dessiné pour stigmatiser le « mal ». Avec quelques traits et signes dits distinctifs. « Oui, c'est lui M'sieur l'agent. Enfin, j'sais pas, ils se ressemblent tous ! » Mais non, nous ne sommes pas identiques. Nous n'avons pas la même culture, n'employons pas les mêmes mots, ne savourons pas la même cuisine ! « Allez, arrêtez vos simagrées ! Couscous pour tout le monde ! Yallah, Yallah, Musique ! »

*

Mon premier anniversaire. L'angoisse m'étreint. D'habitude, je ne suis pas invité. Mais, ce coup-ci, c'est François qui fait une fête. Et François est le moins con de tous les petits Blancs de la classe. Le moins raciste ou le pas raciste du tout. Il m'a filé un bout de papier sur lequel étaient inscrits le jour, l'heure et l'adresse. Et je rêve depuis tellement longtemps de découvrir sa vie.

Je m'arrête en chemin. Et si je n'y allais pas ? Je garderais pour moi le cadeau que maman a acheté et personne n'en saurait rien. Rien ne m'oblige à endurer cette épreuve ! J'irais me promener aux Gratte-Ciel. Non, trop dangereux. Il y aura toujours des connaissances de mes parents pour balancer. Et puis que ferais-je d'une petite voiture ? Personne ne joue aux petites voitures dans le quartier. Qui a bien pu conseiller un tel achat à ma mère ? Et, plus important, je veux savoir comment se passent ces fameux anniversaires, ce que l'on y mange. Je veux voir un appartement de Français, de banquier, leur salle à manger, leurs chambres, leur salle de bains, leurs toilettes. Par une sorte d'intérêt anthropologique envers cet autre que je côtoie chaque jour mais connais si peu. Par curiosité de découvrir cette famille si souvent fantasmée.

Je suis déçu par l'immeuble. Presque choqué même. C'est une HLM qui, de l'extérieur, essaie prétentieusement de paraître résidence. L'intérieur ressemble étrangement au mien : une entrée sans charme, un couloir froid, des portes vert criard et une odeur de poubelle. Je sonne. Une femme mince en tailleur beige apparaît. Elle devait sourire avant de m'ouvrir mais son expression s'est figée.

— Oui ?

Elle espère, sans y croire, que je me suis trompé d'étage.

— Je viens pour l'anniversaire de François.

J'ai prononcé Fronçois.

« Voilà autre chose », me disent ses yeux.

Quelle déception ! La voici donc la maman de François, celle que j'imaginais belle et distinguée. Je la trouve moche. Elle ne l'est sans doute pas plus que la plupart de ces mères neurasthéniques qui ont déjà grillé dix années de leur vie à s'user au travail, en tirant nerveusement sur leurs cigarettes, en avalant des cachets et en continuant à espérer que leur vie s'améliorera, qu'elles finiront par ressembler à Jacky Kennedy et que leur HLM n'est qu'une étape vers la maison de leurs rêves. Mais son aigreur la rend laide. Elle distingue en moi le nouvel indice de son échec annoncé. Je lui rappelle que son fils n'est pas inscrit dans une école privée et qu'elle vit dans un quartier pourri.

François se précipite.

— Salut Mounir. C'est mon cadeau ?

Il me débarrasse du paquet et m'entraîne vers la salle à manger. La pièce est petite, les meubles vieillots et la peinture défraîchie.

C'est ça une salle à manger de Français ?

Un mange-disque diffuse « Comme d'habitude » de Claude François.

Le désespoir du chanteur doit faire écho à celui de la mère de mon copain.

Les autres enfants sont assis autour d'une table sur laquelle sont posés quelques biscuits et bonbons. Ils semblent intimidés, parlent peu ou à voix basse. Raphaël m'adresse un petit signe. Il paraît aussi embarrassé que moi. Ou également déçu ?

— On va boire un coup, ensuite on descendra jouer. On fera un foot. Et après on remontera prendre un goûter et ouvrir les cadeaux, déclare François, visiblement heureux.

C'est ça, un anniversaire de Français ! Si seulement ils pouvaient voir ce qu'est une table de fête chez nous ! Les gâteaux au miel, les couleurs, les parfums, la profusion, les rires, les chants. Bon, pas tous les jours, mais pour mon anniversaire j'y ai déjà eu droit. Et à chaque fête aussi.

François sert un verre de limonade à l'orange que nous buvons dévotement comme s'il s'agissait d'une potion magique.

La présence de sa mère, qui nous observe du coin de la pièce, nous empêche d'être naturels. Nous jouons tous aux petits enfants bien élevés. François tente de lancer une discussion sur un film de Jerry Lewis, diffusé la veille à la télévision. Chacun raconte une scène qui l'a fait rire.

— On descend faire un foot ? propose-t-il enfin. Suggestion reçue comme une délivrance.

— Je peux aller aux toilettes ? demande Lucien.

— Oui. C'est au fond du couloir.

— Moi aussi, dis-je, avant de le suivre.

En vérité, je n'ai aucune envie de faire pipi, juste de découvrir l'appartement. Quand mon tour arrive, j'entre, curieux. Des chiottes de Français ! Une petite pièce éclairée par une lumière trop faible. L'abattant est fendu. Le tartre a envahi le fond de la cuvette. Maman aurait honte de laisser entrer son mari et ses enfants dans un tel lieu.

Je tire la chasse et passe à la salle de bains. Comment font-ils pour se laver dans une baignoire si petite ? Le carrelage mural est ébréché et des traces d'humidité apparaissent à divers endroits.

Je sors et longe le couloir. Une porte est entrouverte. J'aperçois la chambre des parents. Poussé par une envie irrépressible de voir, je pénètre doucement dans la pièce. Une chambre de Français. Tout aussi banale que celle de mes parents. Un lit, une commode, une armoire. J'entends les autres commencer à sortir. Il faut que je les rejoigne.

Je me retourne et mon cœur cesse de battre.

La maman de François est face à moi.

— Que fais-tu là ?

Je comprends immédiatement le sens de sa question.

J'ai envie de la pousser et de partir en courant mais l'affolement n'a pas étouffé ma lucidité.

— Je… Je me suis trompé, je réponds, pétrifié.

— Tu t'es trompé ? C'est ça ! Viens donc voir ici.

Son visage s'est durci.

— Montre-moi tes mains ! ordonne-t-elle en les prenant dans les siennes.

N'y trouvant rien, elle fouille mes poches.

Je tremble. J'ai envie de pleurer. Je pense aux autres, en train de sortir de l'appartement. Et s'ils me voyaient ?

Son inspection terminée, elle se redresse, sûrement déçue.

— Je suis sans doute arrivée à temps ! Tu n'as rien à faire dans cette chambre ! Allez ouste ! Rejoins les autres !

Docilement je me dirige vers la sortie. Je l'entends soupirer dans mon dos.

— Un Arabe ! Pourquoi pas un Noir aussi ?

Je dévale les escaliers quatre à quatre manquant plusieurs fois de tomber. Au bord des larmes. Arrivé au rez-de-chaussée je prends la sortie de gauche, celle qui mène à la rue. Et je cours, je cours, je cours. Les larmes glissent sur mes joues, l'air froid glace leurs sillons. Quand je n'ai plus de souffle, je m'arrête. Je dois ralentir le défilement d'images qui sème la panique dans mon cerveau et revoir chaque scène, les analyser. Je pense à tous les mots que j'aurais pu prononcer, imagine les attitudes que j'aurais dû adopter pour sortir la tête haute de ce malentendu. Mais je suis parti sans rien dire, humilié. Alors je fais un serment : je jure de ne plus jamais laisser personne me traiter ainsi ! Si je devais revivre ce genre de situation, je répondrai, je parlerai aussi bien qu'eux qui ne me sont en rien supérieurs ! De la frime. Que de la frime ! Leur appartement ? Mais le mien est plus beau et plus propre ! Leur salle à manger est miteuse, les toilettes sales, la salle de bains défraîchie. Et les yeux cernés de cette femme haineuse et désabusée ! Alors un rire salvateur m'envahit, isole ma douleur, l'enferme et la fait exploser. L'Arabe vit dans un appartement plus beau que le tien, connasse ! Il n'a rien à t'envier, rien à convoiter, aucune raison de te voler !

J'étais un enfant. Pas un Arabe. Un enfant curieux. Pas un voleur.

Arabe. Cinq lettres.

« Hamsa fé ainik ! »

*

Tous les musulmans ont un souvenir précis de la première insulte, de la première humiliation et de leur première bagarre. Autant d'étapes dans la vie d'un immigré, presque des passages obligés. Souvent, la première expression de violence est celle des frustrations cumulées, des colères étouffées. La première bagarre ne se réduit pas aux coups échangés, elle a une histoire ; celui qui ne la connaît pas l'appréhende seulement dans l'instant et n'y voit souvent que sauvagerie et fureur injustifiées alors qu'elle vient de bien plus loin.

*

Je traverse la cour pour rejoindre Raphaël. Au centre d'un petit groupe, il tente de constituer deux équipes pour un match.

« Sale raton ! »

Pressé d'arriver suffisamment tôt pour intégrer une équipe, je doute d'avoir entendu l'insulte. Mais la seconde attaque stoppe ma course.

« Oh bougnoule ! »

Je me retourne et vois Alexandre et sa bande de petits Blancs. Ils ne me regardent pas, font mine de discuter, sourire idiot aux lèvres.

J'hésite quand même : le match va commencer. C'est le visage d'Alexandre qui me décide. Je ne supporte plus ses airs supérieurs quand il est entouré de ses copains, gloriole qui disparaît dès qu'on le fixe droit dans les yeux. Je ne supporte plus son dédain envers moi, son mépris de mes tenues, mes paroles, mon accent… J'ai failli baisser la tête et continuer sous prétexte qu'un match allait débuter… Mais quel imbécile je suis ! Relève la tête Mounir ! L'image du porteur nous agressant au débarquement à Marseille et celle de la mère de François m'insultant reviennent à ma mémoire comme deux gifles. Stop.

Je laisse tomber mon cartable et me dirige vers lui, muscles bandés. Sans doute ai-je l'air effrayant car ses copains s'écartent.

— Qu'est-ce que tu as dit ?

Alexandre feint l'étonnement.

— Qui ? Moi ?

Je sais comment cela va se passer : la danse des peureux, la parade des bluffeurs. Nous allons nous empoigner, nous bousculer, nous insulter, les injures deviendront les ambassadrices de la force et du courage qui nous feront défaut. Peut-être irons-nous jusqu'à rouler l'un sur l'autre, attendant qu'un enseignant nous sépare. Mais pas aujourd'hui, pas cette fois. La haine a balayé la frousse que m'inspire depuis longtemps la musculature d'Alexandre. Il me faut en finir avec ses moqueries chuchotées, ses regards provocateurs, ses sourires ironiques... Le salaud est passé à l'injure ; je frappe. Un coup de poing en pleine figure.

Alexandre recule sous l'impact. Je lui assène alors deux coups de pied dans le ventre, puis un coup de poing qui parvient sur son épaule sans lui faire trop de mal, mais dont le choc l'envoie à terre. Ses copains tentent de s'interposer.

Les miens arrivent en courant. Raphaël se trouve parmi eux. Nouvelles insultes, bousculades, coups... Jusqu'à ce que le combat s'arrête faute de combattants. Les petits Français ont disparu, réfugiés près des enseignants. Deux d'entre eux fondent vers nous, sifflet à la bouche.

Alexandre est au sol. Moi debout, les poings fermés, l'insulte à la bouche.

— Vous êtes tous les mêmes ! Vous ne savez qu'insulter mon dos ! Vous êtes des lâches ! lui lançai-je, pas encore calmé.

Madame Gélin, notre institutrice, me voit, m'entend. J'ai déjà l'impression d'avoir vécu la scène. La prochaine fois je frapperai et m'allongerai aussitôt.

Je suis conduit au bureau du directeur. L'affaire telle qu'elle lui est rapportée ne m'accorde aucune circonstance atténuante. Qui a entendu les insultes d'Alexandre ? Et comment m'en plaindre quand les miennes ont clairement résonné dans la cour ?

Quand j'arrive à la maison, maman est en train de cuisiner. Seule issue, la rallier à ma cause.

Je lui tends mon carnet. Elle examine le mot, cherche mon regard, fixe à nouveau le mot.

— Arlech tu me montres le carnet, barda ? Tu sais très bien que je ne sais pas lire le français.

Je sais pertinemment qu'elle ne sait lire aucune langue. Je veux seulement lui faire comprendre que les faits sont graves.

— Achtarmel ? Tu as fait des bêtises ?

— Je suis renvoyé de l'école.

J'ai dit cela en baissant les yeux, simulant un désespoir contenu. Ça marche et je m'en veux de la berner.

Elle ouvre des yeux effarés et se frappe la joue.

— Ya nari ! Tu es renvoyé de l'école ? Musiba ! Mais… Qu'est-ce que tu as fait ? Et qu'est-ce que tu vas devenir si l'école ne veut plus de toi ?

Je la laisse se perdre quelques secondes dans les sombres images de son fils mendiant des pièces pour vivre avant de compléter le récit :

— Non, je ne suis pas renvoyé pour toujours. Juste deux jours.

Elle respire profondément, soulagée.

— Ya rebbi ! Iwa, tu m'as fait trop peur !

Elle est presque sur le point de sourire mais réalise combien l'information conserve une portée dramatique.

— Et pourquoi ?

Je lui donne ma version des faits, accordant beaucoup plus d'importance à la première phase de l'événement qu'à la seconde et m'octroyant l'exclusivité du statut de victime. Elle gobe mes explications et le soulagement que je ressens atténue ma culpabilité. C'est la version qu'elle aurait préférée, de toute façon. Je lui explique aussi avoir été molesté par le directeur. Il m'a soulevé en me tenant par les oreilles. Elle se frappe la joue. Je me mets à pleurer et vois immédiatement de la compassion sur son visage.

— Et papa il va me tuer maintenant !

Elle réfléchit intensément.

— Bon, on va pas le dire à ton père. Il a trop de soucis en ce moment. Tu fais sa signature et tu caches ça.

Je sais qu'elle culpabilise terriblement de dissimuler quelque chose à son mari, mais elle veut me protéger. Et lui éviter une contrariété.

Le lendemain, je me lève, je prends mon petit-déjeuner, m'habille. Et dès que papa part au travail, me déshabille et me recouche.

Le plus dur est de gagner la complicité de Tarik. Ça me coûte un jeu d'osselets et un paquet de billes. Peu importe. Je suis devenu plus grand pendant cette bagarre.

Raphaël vient me voir après l'école. Il jubile.

— Comme tu l'as massacré, ce con ! Il a l'œil enflé.

— Qu'est-ce que disent les autres ?

— Les autres ? T'es un héros ! Alexandre dit qu'il se vengera, que tu l'as eu par surprise. Mais tout le monde a vu.

Je devrais me sentir fier, heureux d'avoir mis un abruti à terre, de m'en tirer à si bon compte, pourtant, je regrette d'avoir donné de moi l'image d'un hystérique. Aux profs, à mes copains français.

— Il s'est fait casser la gueule par un juif, maintenant par un Arabe. Sûr qu'il va devenir plus raciste qu'avant, plaisante Raphaël.

Nous avons dorénavant un ennemi en commun. Nous en aurons d'autres dans les années à venir. D'autres Alexandre, d'autres cons, d'autres racistes, d'autres idiots, petits frimeurs sans envergure, grandes gueules sans courage.

III

Être différent

Raphaël

— Nous devons arrêter de manger du non-cachère !

Maman me dévisage en haussant les sourcils. Papa, surpris, lève la tête de son assiette.

— Oui, il faut cesser de manger du pas cachère… à la maison.

Je crois bon d'ajouter cette précision, espérant qu'elle atténuerait la démesure d'une telle requête.

Papa expire pour marquer son exaspération.

— Une nouvelle revendication ?

— Heu… oui, nous sommes juifs et les juifs mangent cachère !

Depuis l'histoire de la piscine et les explications qui ont suivi, je suis obsédé par ma judéité. Du haut de mes neuf ans, je porte un regard plus critique sur tout ce qui touche à la religion. Depuis aussi ma discussion avec Jacky, copain du quartier et fils de rabbin. Enfin, je ne sais pas s'il est vraiment rabbin, mais il s'habille comme les rabbins. Jacky, lui, porte toujours une casquette et ne l'enlève que pour entrer en classe. Il est l'aîné d'une famille de sept enfants.

— Tu ne devrais pas avaler de la viande non-cachère à la cantine, m'a-t-il dit un jour d'un air réprobateur. C'est un péché terrible.

— Je ne mange pas de porc ! me suis-je défendu.

— Oui, mais la viande servie n'est pas cachère ! C'est aussi péché que le porc !

— Mais… mon père ne voudra jamais !

— C'est difficile, je sais. Mais vous êtes juifs et… vous devez vivre comme des juifs.

La remarque m'a ébranlé. Une phrase magique provoquant un bouleversement total dans mes convictions et habitudes. Comme si j'attendais d'entendre ce genre de propos pour m'approprier cette part de moi jusque-là enfouie.

— Oui… bien sûr… Mais on se sent juif ! On vit comme des juifs !

J'ai tenté cette défense sans vraiment y croire. Simplement pour revendiquer une identité qui ne cesse de me fuir.

Ma réponse l'a étonné.

— Oui, mais se sentir juif quand on ne pratique pas la religion c'est comme… se croire footballeur sans avoir jamais joué au foot. Tu vois ce que je veux dire ? On ne peut se sentir juif qu'en faisant les efforts nécessaires. Être juif, c'est croire en Dieu.

— Je crois en Dieu. Mes parents aussi.

— Oui, mais croire en Dieu c'est aussi respecter la Torah. J'ai vu tes parents à Carrefour une fois. Ils achetaient plein de choses interdites pour fêter Noël. Un juif ne fête pas Noël. Un juif ne mange pas ça.

Le dernier Noël ne m'avait pas plu. Je tournais autour de la table en regardant mes parents et leurs invités se goberger d'aliments interdits. Une sorte de « journée portes ouvertes » aux produits prohibés, de marathon de l'infraction religieuse. Et ce sans la moindre logique culinaire voire gastronomique : escargots, crevettes (quelle que soit la taille, ils les nommaient avec délectation « gambas », laissant la résonance bondissante leur ouvrir l'estomac), moules, huîtres, foie gras avaient été accueillis par des cris de joie. Seul le porc, du fait de je ne sais quel ostracisme mystique, était banni. Un repas pantagruélique arrosé de vins et de champagne autour duquel les enfants tournaient, voyant disparaître avec écœurement ces mets bizarres dans la bouche de leurs parents. Pour calmer toute velléité de mutinerie des plus grands, susceptible de gâcher leur plaisir, ils nous autorisaient à manger autant de chips, de cacahuètes, de frites imbibées de mayonnaise et de friandises que nous le voulions. De toute façon, le lendemain matin, si nous jouions le jeu, la mascarade se poursuivrait et nous ouvririons nos cadeaux comme de gentils petits Français.

— Mais papa ne voudra jamais, ai-je rétorqué à Jacky.

— Mon père dit que tous les juifs veulent vivre comme des juifs et qu'il faut simplement leur montrer la voie.

Il réfléchit un instant avant de reprendre :

— La Torah affirme que ce sont les enfants qui ramèneront leurs parents à la religion.

Là, face à papa, je commence à douter de l'assertion.

— Merci pour cette précision, rétorque mon père. Et jusqu'où penses-tu aller ainsi ? Tu vas bientôt vouloir que je me couvre la tête ? Que je me laisse pousser la barbe ? Que je porte un costume noir ?

Je comprends qu'il ne faut pas répondre à sa provocation. Il est contrarié et cherche dans le regard de maman une réponse adaptée. D'un simple mouvement des yeux, elle lui recommande de temporiser, de ne rien dire. La sainte femme sait qu'une réaction immédiate pourrait s'avérer démesurée.

Papa se lève et quitte la pièce en contenant sa colère.

C'est avec maman que je continue la conversation, le lendemain en rentrant de l'école.

— Tu ne trouves pas ça normal, toi ?

— Bien entendu ! C'est normal. Ton père aussi trouve ça normal. Mais c'est compliqué. Tu le connais : il n'aime pas trop s'entendre dire ce qu'il doit faire. Alors, ne reviens plus sur le sujet. J'en discuterai avec lui et tenterai de le convaincre.

— Mais si tu es d'accord avec moi, pourquoi n'avoir jamais rien dit ? Parce que c'est franchement péché tout ça !

Elle me caresse les cheveux.

— Cachère, péché… Tu ne sais même pas ce que cela veut dire ! Nous-mêmes avons du mal à le comprendre. Mais sache que nous ne nous sentons jamais réellement à l'aise quand nous mangeons ces choses-là. Disons que nous avons eu envie d'oublier durant une soirée ce que nous étions, de nous inventer une nouvelle vie… Jusqu'à ce que notre fils nous mette face à notre bêtise.

Je lui rapporte la phrase de Jacky sur le rôle des enfants envers leurs parents. Elle sourit tendrement et m'assure qu'elle l'utilisera pour convaincre mon père.

Mounir

Ma pratique de la religion se résumait, quasiment, à un seul précepte : ne pas manger de porc. Il est vrai qu'en France cette règle suffisait à se différencier. En fait, je ne me disais pas musulman : j'étais un Marocain au régime sélectif. La religion faisait partie des bagages que nous avions décidé de laisser au pays parce qu'inutiles dans notre nouvelle vie. Jusqu'au départ, elle était indissociable de la terre marocaine, collée au décor, intégrée à l'écosystème. Nous la respirions, vivions à son rythme, entendions le doux murmure des sourates onduler sur l'air chaud. Il suffisait d'être marocain pour être musulman. Musulman et sujet du roi, statuts innés. Et si, parfois, la liberté faisait entendre son chant mélodieux, porté sur nos plages par les vents fougueux de la mer, notre voix se feutrait pour oser contester, tête basse, l'ordre établi. Contester qui ? Dieu ? Le roi ? Surtout pas ! Plutôt leurs représentants ou leurs valeurs, leurs lois, leurs préceptes, les passe-droits et les injustices responsables à nos yeux de nos propres difficultés.

Arrivés en France, nous pouvions échapper à ces coutumes, être des citoyens, devenir français. Et si, hors des frontières du Maroc, le pouvoir du roi ne nous atteignait plus, nous restions sous son influence. Quant à Dieu, il était difficile de lui échapper, mais les rites et les pratiques de l'islam s'étaient édulcorés. Fini les minarets, les représentations graphiques, les couleurs orientales… En revanche, la religion était en nous. Elle alimentait notre cœur de l'énergie suffisante à la survie de nos valeurs. Des petites décharges électriques, un courant basse tension. Sans doute plus fort dans le cas de mes parents. Il leur était en effet impossible de ne pas culpabiliser, même si leur renoncement s'avérait partielle et temporaire. Leur génération baissait les yeux et ouvrait son cœur à chaque manifestation du sacré. Toute critique explicite envers Dieu ou le roi constituait un blasphème qui pouvait attirer la malédiction sur la famille. La politique, la religion et la superstition se mélangeaient pour créer une soupe que nous buvions comme une tisane de grand-mère : sans en connaître la composition mais avec une foi héritée d'une culture ancestrale et le vœu (pieux) d'échapper au mauvais sort, à la maladie comme à la mort.

En fait, nous avions mis notre islam entre parenthèses le temps de voir, de nous installer.

Si bien que nous allions très rarement à la mosquée, petit appartement aménagé en salle de prière rempli seulement le vendredi et les jours de fêtes. J'y avais accompagné papa une fois ou deux, et j'avais été troublé par l'atmosphère confinée et la ferveur irraisonnée qui habitait les participants dès les premières paroles prononcées. Quelle était cette force étrange capable de saisir les hommes et de les élever si haut ? Pour papa et de nombreux musulmans, la prière était aussi un moment de rencontre. Les adultes avaient besoin de se voir, d'échanger des mots familiers, de retrouver des souvenirs d'avant et d'ailleurs.

Quel écartèlement ! Il y avait tant de frustrations à toujours essayer d'être autre et tant de difficultés à demeurer soi-même. Les plus forts d'entre nous étaient ceux qui donnaient l'impression de concilier les deux : une tenue de Français pour la semaine, une autre, traditionnelle, pour le vendredi soir, un français sans accent (à les en croire !) et un arabe sans retenue, un sourire avenant et des dents en or…

« Chouf hada ! Quil riussite ! »

Et de hocher les têtes pour marquer leur admiration pendant que leurs yeux glissaient avec convoitise sur les plis du costume du « hada » en question, un contremaître à peine mieux payé qu'eux. À y regarder de plus près, ils auraient pu voir l'ourlet grossièrement cousu à la main, le pantalon pendant à l'entrejambe, les manches de la veste trop courtes et la chemise maculée d'une auréole jaunâtre. Mais en avaient-ils envie ?

Il y avait en tout musulman la volonté de marcher droit, le regard fier, de porter le costume, d'utiliser des mots compliqués sans accent, d'être beau et admiré. Et chacun de croire qu'il suffisait de sentir la France, de la boire, de la manger jusqu'à ce qu'elle sue par tous les pores de notre peau mate pour délaver celle-ci et être accepté. Illusion, je le sais depuis. Nos efforts ne suffiraient jamais.

Raphaël

La campagne ! Partir à la campagne était un fantasme. Une obsession dont j'accablais mes parents certains dimanches matins, principalement ceux où le quartier ne semblait pas vouloir se réveiller et annonçait une journée dédiée à l'indolence.

Mais quelle était cette campagne vers laquelle se ruaient des familles entières de Français pour y passer de merveilleux week-ends ? Avaient-elles chacune la leur ou était-ce la même, une étendue où tous se retrouvaient pour se détendre et profiter des joies de la nature ?

— Papa, pourquoi n'allons-nous jamais à la campagne ?

— À la campagne ?

Mon père délaisse son journal quelques secondes pour m'opposer une mine décontenancée.

— Oui, à la campagne ! Il y a plein d'animaux, des fleurs que l'on peut cueillir gratuitement. Tous mes copains y vont.

— Oui, je sais, tu me l'as déjà dit. Mais, tes copains ont des maisons de campagne ou rendent visite à leurs grands-parents… Nous, où veux-tu que nous allions ? Voir Pépé et Mémé ? Ils habitent l'allée d'à côté.

Il sourit, fier de sa repartie, et replonge dans la lecture des faits divers. Je n'ai jamais su s'il les lisait pour apprécier le fait de ne pas s'y trouver ou parce qu'il pensait mieux comprendre la France à travers ses déviances.

— Mais il y a des campagnes pour ceux qui n'ont pas de maisons et pas de famille là-bas ! reprend Julien, mon assistant ès réclamations. Certains vont juste y passer la journée !

— Bon, les enfants… Je suis en train de lire le journal. Allez jouer plus loin !

— Ouais, c'est ça ! Tu lis toujours le journal ou tu dors. Et nous, on s'ennuie dans ce quartier nul !

Là, je sens que mon frère est allé un peu trop loin.

— Je travaille six jours sur sept, espèce de petit morveux ! J'ai le droit de me reposer le dimanche, non ? hurle alors papa.

Je pense que Julien défend cette idée uniquement par esprit revendicatif, il ne m'avait jamais confié le moindre désir d'une journée champêtre. Quant au quartier, nous l'aimons.

Mon envie de campagne était attisée par les histoires racontées par les copains le lundi matin. Les vaches, les chevaux, les poules, les grandes courses dans la nature, la recherche de champignons, la cueillette de framboises, de groseilles, les confitures… Le bonheur paraissait simple, accessible. Être français, c'était aussi tout ça !

Mais pas seulement. À chaque fois que la maîtresse demandait de rapporter le lundi matin des feuilles, des fleurs, des pommes de pin ou toute autre ressource naturelle, si rares dans nos rues, pour animer une leçon de choses, mon cœur se serrait à la pensée de mon père somnolant devant la télévision, le journal entre les mains. J'étais pris d'une fureur intérieure qui ne pouvait s'apaiser qu'en visualisant une autre image : le même père suant au-dessus des bacs de linges sales ou de la repasseuse. Ayant racheté un pressing il usait sa santé au milieu de la chaleur et des odeurs de perchloréthylène. Pour pas grand-chose car la chaîne de Cinq-à-sec s'était installée à cent mètres et proposait des tarifs plus attractifs.

Ma haine se retournait alors contre cette idiote de maîtresse incapable de discerner que 75 % de ses élèves ne connaissaient pas la campagne.

Nous avions donc deux solutions : parcourir le quartier à la recherche des rares richesses naturelles préservées par les promoteurs ou engager des négociations avec les privilégiés afin d'échanger images, billes ou tout autre objet de valeur contre un échantillon des éléments demandés.

Mais je ne voulais plus me contenter de ces pis-aller. J'avais mon plan.

« Et toi, Raphaël ? Qu'as-tu rapporté ? »

Rien dans les mains, rien dans le cartable ! Flagrant délit d'oisiveté. Veuillez constater le méfait ! Punition : recopier cinquante fois : « Je participe aux activités pratiques en ramenant à l'école des feuilles de la campagne. » En fait, la punition se résume à la première partie de la phrase. J'ai ajouté la seconde afin d'augmenter mes chances de réussite. La maîtresse ne se plaindra pas de cet excès de zèle.

Je fais mes cinquante lignes et cours les porter à papa pour obtenir sa signature. Attention : me calmer, étouffer mes craintes, prendre un air désolé.

Mon père, après avoir lu plusieurs lignes de la punition, comme si l'une d'entre elles pouvait démentir les autres, affiche l'attitude que j'attends : une perplexité teintée de malaise, le tout maquillé d'une fausse colère de circonstance.

— Hum… Encore une punition ?

Là, il exagère. La seconde occurrence d'un fait suffit-elle à désigner une habitude ?

— Ben, ouais… J'allais les trouver où, les feuilles ? Sur le balcon ?

Papa hésite entre plusieurs expressions mais aucune ne lui semble appropriée. Alors, pris au piège il s'emporte.

— Je trouve ça invraisemblable ! Non mais elle ne va pas me dire comment occuper mon temps libre, ta maîtresse. Je vais lui faire un mot et lui expliquer ma façon de penser.

Panique ! Situation non envisagée ! Mon institutrice ne comprendra pas. Elle lui dira la vérité : « Il aurait tout simplement pu rapporter quelques feuilles ramassées en ville ! » Je dois répondre, éviter qu'il engage une correspondance avec elle.

— Non, pas de mot ! Je ne veux pas me faire remarquer. Elle a dit que nous aurions pu aller à quelques kilomètres seulement. De toute façon, la signature n'est pas obligatoire !

Je saisis mon cahier, le ferme et pars précipitamment vers ma chambre. Je m'attends à ce qu'il me rappelle ou me rejoigne. Je retiens mon souffle quelques instants, puis m'allonge dans mon lit pour laisser mon cœur se calmer et analyser l'échec.

Mon plan a finalement fonctionné.

Le dimanche suivant, au réveil, papa annonce que nous allons pique-niquer. À la campagne.

A-t-il compris ma manœuvre ? Veut-il se faire pardonner ? Peu importe. En route pour l'aventure !

Nous nous engouffrons dans la 504. Maman a préparé un déjeuner froid qui pourrait suffire à nourrir une colonie de vacances. Fébrile, elle n'aime pas trop bouleverser ses habitudes, mais notre excitation la console.

— Bon... la campagne... C'est où ça ?

Silence dans la voiture.

— Raphaël, où vont tes copains ?

Nouveau silence.

— Ben, je sais pas. À la campagne quoi !

Papa grogne.

— Je vais prendre la direction de Villefranche. C'est plutôt vert par là-bas... ensuite, nous verrons bien.

Une profonde angoisse me saisit. Et si nous nous perdions ? Sommes-nous donc si stupides ? Pensions-nous trouver une flèche indicatrice « campagne » en sortant du parking ? Il aurait été malin de se renseigner !

Nous traversons Villefranche et roulons sur des petites routes entourées de champs verdoyants, de vignes luxuriantes. Personne ne parle. À ma droite, Julien colle son visage contre la vitre. À ma gauche, Olivier fredonne l'air de la série *Belle et Sébastien*.

Papa, désemparé, passe les vitesses de plus en plus nerveusement en balayant l'horizon du regard. Maman tente quelques suggestions d'une voix douce : « À droite peut-être », « Tiens par ici, ça fait très... campagne, non ? »

Papa marmonne. Il finit par se garer sur le bas-côté.

— C'est peut-être ça, non ? On pourrait s'arrêter là et manger dans l'herbe ! On ne va pas rouler des heures !

Nous regardons le paysage. Une étendue verte, des arbres à perte de vue.

— Heu… Non, je ne crois pas. Il n'y a pas de vaches, pas de chevaux !

— Et même pas une poule ou un coq ! ajoute Julien, déçu.

— Hé, les enfants ! nous sommes à la campagne ! Ça se voit ! C'est la nature. Il y a de quoi remplir dix camions de feuilles ! Et les animaux… Eh ben, les animaux sont peut-être simplement rentrés !

— Rentrés où ? Y a pas de ferme ! Non, c'est pas ça la campagne ! affirme mon frère.

— Et puis on est partis y a pas longtemps. Peut-être qu'il faut rouler encore un peu.

Ma proposition est prudente. Papa pourrait s'énerver et décider de rebrousser chemin. L'image de la famille assise dans le salon en train de manger les sandwichs me fait frémir.

— Et si nous nous arrêtions quelque part pour demander la route ? avance maman.

— Et on demanderait quoi ? « La route pour la campagne s'il vous plaît ? » Et à qui ? Il n'y a personne dans ce coin ! répond mon père d'un ton excédé.

— Cherchons des habitations. Les habitants nous diront s'il y a un coin pour pique-niquer, reprend maman, conciliatrice.

Papa grommelle. L'idée est bonne mais il ne le reconnaîtra pas. Il reprend la route en quête d'un providentiel promeneur.

Quelques kilomètres plus loin, il avise une petite vieille assise sur une chaise, devant une maison, et s'arrête.

Maman baisse sa vitre.

— S'il vous plaît madame, nous recherchons un endroit où pique-niquer…

La vieille femme se met à rire, ouvrant une large bouche où subsistent quelques dents trop isolées les unes des autres pour réellement posséder une fonction. Ma mère paraît hypnotisée par cette vision. Une moue d'écœurement se dessine discrètement sur son visage. L'autre marmonne quelques mots que nous ne comprenons pas et fait un signe de la main indiquant une direction.

— Jacques, démarre, elle postillonne ! murmure maman.

Elle remercie rapidement la vieille femme et remonte sa vitre.

— Par là-bas. Elle a montré cette direction, ajoute-t-elle.

— Je crois surtout qu'elle s'est foutue de nous, grogne mon père.

Julien, qui s'est retourné sur la banquette pour saluer la dame de la main, se rassoit.

— Elle avait quoi à la bouche ? demande-t-il, inquiet.

— Plus grand-chose justement, répond papa.

Et il éclate d'un grand rire qui couvre le bruit du moteur. Nous nous joignons à lui, heureux de voir l'ambiance se détendre de si surprenante manière.

Mon père tente alors de l'imiter et nous nous tordons de rire ; il fait si rarement l'imbécile.

Peu après, nous apercevons un espace où quelques voitures sont garées.

— Voilà, ça doit être là !

Entre les arbres, une petite clairière est occupée par quelques familles assises autour de tables pliantes ou sur de vastes couvertures. Nous nous arrêtons.

Papa sort les sacs plastiques dans lesquels maman a rangé les victuailles. Nous remarquons immédiatement que nous ne sommes pas équipés, n'ayant ni panier, ni glacière. Et la quantité de nourriture posée de manière désordonnée contraste avec les quelques boîtes Tupperware soigneusement empilées des voisins.

Papa mange en regardant la végétation alentour avec une mine exagérément réjouie. Il semble se croire observé et essaie de composer l'attitude qu'il pense de mise.

— Beaux arbres ! Vraiment beaux ! dit-il en hochant la tête. Tu vas pouvoir ramasser quelques feuilles pour la maîtresse, hein ? Tiens, dis-nous ce que c'est comme arbre, ça ? Tu as dû l'apprendre ! Un bon élève comme toi !

Je n'ose lever la tête, refusant de voir son sourire. Il ne pourrait pas se contenter de manger comme les autres et parler moins fort ?

Le repas est morose. Nous avalons ce que maman nous tend avec des gestes automatiques. Paranoïaques, nous pensons être au cœur de toutes les attentions. Chaque rire semble moqueur et chaque chuchotement un commentaire. Pourtant, dès que je lève la tête je vois les voisins pique-niquer dans la plus totale indifférence.

— Bon, et si nous allions faire un petit tour maintenant ? lance papa. Ça nous aidera à digérer un peu.

Nous débarrassons et regardons la nature alentour. Où se promener ? Entrer dans le bois ? Marcher dans les hautes herbes ?

Mon père opte pour la forêt. Dès que nous avons mis un peu de distance entre nous et la clairière, il se penche vers maman :

— Tu as vu, c'étaient des gens bien. Ils doivent avoir une bonne situation. De belles voitures, des tenues de week-end, un équipement moderne... Il faudra venir plus souvent ici.

Après quinze minutes de marche, nous retournons près de la 504.

— On rentre ? demande Julien.

— Non, je vais faire une petite sieste, déclare papa. Profitez-en pour vous amuser et remplir vos poumons d'air frais et sain. Et n'oubliez pas de ramasser des feuilles !

Il s'endort rapidement, allongé sur une couverture, pendant que maman feuillette une revue. Julien et moi partons explorer les environs et remplir un sac de richesses inutiles. Sans enthousiasme, tant nous sommes déçus. Est-ce donc ça la campagne ? Il n'y a pas de fermes, pas d'animaux, pas de fruits ? Et au quartier, les copains doivent s'amuser.

Papa sitôt réveillé, la famille réintègre la berline achetée d'occasion avec pas mal de kilomètres au compteur.

Sur le chemin du retour, chacun tente de masquer sa déception. Julien et moi regardons avec dépit le paysage, Olivier fredonne et maman se lime les ongles.

— Alors, les enfants ! C'était bien, non ? questionne papa d'un ton badin. Avec un peu de chance, nous allons revoir madame Colgate.

Il rit, nous l'imitons, mais le cœur n'y est plus.

J'ai même envie de m'excuser de l'avoir traîné jusqu'ici.

— Quelle heure est-il ? interroge maman.

— Quinze heures trente. Avec un peu de chance, on arrivera avant le départ du tiercé.

— Comme ça, au moins, on verra des chevaux, grince Julien nonchalamment, en regardant à travers la vitre.

Mounir

J'aimais et redoutais la période de Noël.

Couleurs, musiques, odeurs… l'esprit de Noël ! Quelle joie de voir les rues illuminées, les magasins décorés, les passants souriants ! Et quand la neige décidait de s'associer à la fête, elle effaçait les tracas du quotidien pour offrir à nos rêveries un paysage approprié. Les flocons blancs, sous leur apparente légèreté, avaient la force de plaquer au sol les odeurs âcres de la ville, de les étouffer, pour laisser les parfums festifs se répandre en filets discrets et envoûtants. Les senteurs de bois, les effluves de marrons chauds et même ces fragrances aigres-douces de plastique, de tissu et de cuir mêlées dégagées par les grands magasins, chatouillaient notre nez, gonflaient nos poumons puis se vrillaient dans nos cœurs. La magie de Noël.

J'étais un enfant aux yeux, aux narines et aux oreilles grands ouverts. Mais, quelque part au fond de moi, je raillais cette béatitude. « Ferme la bouche hmar ! Tu es ridicule ! Tout ceci ne t'est pas destiné ! Tu n'es pas concerné ! Ne tombe pas dans le panneau. » Car le magicien s'adressait à la foule d'enfants bien habillés, bien coiffés et souriants, assis dans la salle et se délectant du spectacle. Moi, j'avais les fesses posées sur un strapontin, dans les coulisses. Je comprenais qu'il s'agissait d'une comédie, d'une énorme farce. Que tout était faux : le père Noël, les sapins des grands magasins, la gentillesse soudaine des passants… Une immense tromperie ! Et pourtant, que n'aurais-je donné pour être dans la salle, être moi aussi dupé, mystifié, abusé mais si heureux d'applaudir, de rire et de crier avec la même innocence qu'eux.

Et il y avait Noël à l'école. Les petits de la maternelle venaient décorer le préau, les couloirs, heureux de fouler le territoire des grands, terre promise qu'ils rejoindraient bientôt.

La veille des vacances scolaires nous avions droit à un spectacle, un repas spécial et un goûter avec jeux. Avant de nous quitter en nous souhaitant de joyeuses fêtes.

— Joyeux Noël Mounir !

— Merci madame. Joyeux Noël !

Le sourire qu'elle me décrochait alors ! Idiote ! Hmara ! Peut-être souhaitait-elle seulement gommer les différences ? Naïveté ! La différence est là, maîtresse ! Je suis la différence ! Je ne fête pas Noël ! Je ne passerai pas d'excellentes fêtes ! Si vous vous intéressiez un peu à moi, juste avant de sourire et de me présenter vos vœux, vous le sauriez ! Les Arabes ne fêtent pas Noël. Le petit Jésus, ils s'en tapent. Oh, d'accord, ils le mentionnent dans le Coran, mais ils ne fêtent pas sa naissance. Vous voyez ma mère préparer un couscous spécial 24 décembre ? Mais vous rêvez ou quoi ? Le 24 décembre, nous mangerons un plat de pâtes, de frites, de riz ou de je ne sais quoi d'incroyablement banal. Nous regarderons la télé en souriant niaisement à chaque allusion à la douce nuit de la Nativité ! Puis, à l'heure de la messe, nous irons nous coucher. Et j'aurais quelques larmes de dépit (de jalousie ?) en pensant à tous ces enfants qui, repus de sucreries, s'endormiront en rêvant aux délices du lendemain. Oui, madame, je pleurerai sûrement ! Je pleurerai parce que je suis un enfant et qu'un enfant peut être peiné de ne pas faire partie de la fête ! Le lendemain, je les verrai envahir les rues avec leurs vélos neufs, leurs ballons en cuir, leurs patins à roulettes. Moi je n'ai pas de vélo. Et vu le prix, ce n'est pas demain la veille que papa m'en achètera un ! J'ai un ballon en plastique qui s'envole à chaque coup de vent ; allez donc marquer un but à distance avec ça. Et mes patins à roulettes sont tellement rouillés qu'à force de pousser sur mes pieds pour les faire avancer j'ai troué une paire de chaussettes neuves.

Ne me souhaitez pas de joyeux Noël ! Je suis bon comédien, je sais donner le change et cacher mon trouble quand la raillerie me vise, je sais jouer le désinvolte quand les regards m'écrasent, mais lorsqu'il s'agit de Noël je n'y arrive plus. Trop dur de faire semblant ! Impossible de singer le petit Français au sourire ahuri.

Quelques rares familles de musulmans font un repas de Noël. Pas la nôtre. Des juifs fêtent Noël également. Les moins religieux. Ceux qui veulent se la jouer Français. La bûche, la dinde (cachère ?), les cadeaux ! Ridicules ! Comment peuvent-ils oublier qui ils sont ? Puis je finis par les envier. Pourquoi ne pas nous comporter comme eux, nous aussi ? Épouser ces fêtes juste pour une soirée ! Évidemment, ni crèche, ni petit Jésus et sans sapin, juste un bon repas de Noël ! Et quelques cadeaux ! Et des papillotes, celles qui ont des pétards dedans ! Impossible ? Oui, je sais. Autour de la table, papa n'oserait pas nous regarder. Notre joie lui ferait honte. Sa volonté d'intégration a des limites. D'ailleurs, lorsqu'il apporte les cadeaux de Noël de son comité d'entreprise, il se contente de les poser sur la table. Nous voyons une fierté briller dans ses yeux quand nous traversons l'appartement avec nos déguisements, nos pistolets et nos carabines, le devinons content de montrer que l'entreprise qui l'emploie est assez sérieuse pour avoir ce genre d'attention, mais le panier garni, il le donne au concierge de l'immeuble. Nous lui avons expliqué que la petite boîte contenait du foie d'oie et non pas du pâté de porc, mais lui répond : « Non, non, non… C'est tout hlam ! » Bon, si ça peut acheter la sympathie de monsieur Laplume et de sa femme, alcooliques par dépit et emmerdeurs par goût ! Mais je suis certain qu'ils se moquent de nous et de notre générosité idiote.

Raphaël

Nous sommes à la cantine. À la *table des enfants qui ne mangent pas de porc*. À mes côtés, uniquement des musulmans. Mounir m'a accueilli avec un plaisir non feint. Sûrement était-il heureux de me voir partager une énième différence, mais c'est un autre argument qu'il a utilisé pour expliquer sa joie.

— Vous allez voir, Raphaël raconte trop bien les histoires! a-t-il lancé à ses copains, dubitatifs.

Il est vrai que ce talent, on me le reconnaît. Je raconte bien les histoires. Toutes sortes d'histoires : les films de la veille, mes vacances, les anecdotes de récréation… Je peux raconter une aventure à laquelle mes interlocuteurs ont participé et leur donner l'impression qu'ils n'y étaient pas ou, tout au moins, en ont manqué l'essentiel. Sans mentir. Juste en choisissant les bons mots, en mimant les personnages et en revisitant le récit de manière à faire naître un suspense là où il n'y en avait aucun.

Ce jour-là, au moment où la viande est servie, je suis en train de rejouer l'un des meilleurs passages du film *Le Gendarme de Saint-Tropez* avec Louis de Funès. Nous l'avons tous vu mais jubilons de partager ce moment d'hilarité. Sûrement rions-nous plus que devant le poste de télévision. D'ailleurs, nous rions trop. Et le surveillant aboie :

— Oh, la casbah ! Vous la fermez !

L'effet est immédiat. Les rires cessent.

Je déteste ce mec. Petit, mince, moche, perdu dans un jean trop large, il roule les mécaniques devant les gamins apeurés par ses santiags. Et prend un malin plaisir à se venger sur nous des complexes qu'il doit à son physique de perdant en donnant des coups de pied avec la pointe de ses bottes. L'aigle, c'est comme ça que tout le monde l'appelle. Pour son regard cruel, son long nez busqué et sa capacité à fondre sur les enfants sans être repéré.

Mounir, qui a du mal à cacher sa colère, lui jette un mauvais regard.

— Qu'est-ce qu'il a Mohamed ? Il a un problème ? lance le pion.

— Je m'appelle Mounir, pas Mohamed.

— Quelle différence ça fait ? répond l'autre en riant avant de retourner s'asseoir à la *table des maîtres.*

— Quel con ce mec !

Mounir me regarde et hausse les épaules.

— Hé ! Vous trouvez pas qu'il ressemble un peu à de Funès ?

Nous éclatons de rire.

Je considère le steak que l'on vient de déposer dans mon assiette.

— Quelqu'un veut ma viande ?

— C'est pas du porc ! Tu peux la manger ! dit le petit Ali en écarquillant ses grands yeux noirs.

— Oui, je sais, mais j'ai pas droit à la viande non plus.

— C'est nouveau ? questionne Mounir. Jusqu'à maintenant tu mangeais du bœuf.

— J'ai décidé d'arrêter.

Julien s'est figé, la fourchette dans la bouche. Il la retire délicatement en fronçant les sourcils.

— On n'avale plus de viande non plus ? s'enquiert-il, excédé.

— Je ne mange plus de viande non cachère. Toi, tu fais ce que tu veux. Quelqu'un veut mon steak ?

Deux secondes de flottement, deux mains se lèvent. J'avance mon assiette. Julien, après une petite hésitation et un long soupir, fait de même. Au moment où Ali et Lagdar font glisser le bifteck dans leurs assiettes, une voix nous fait sursauter.

— C'est quoi ce trafic ?

L'aigle est derrière nous, les bras croisés, un sourire mauvais aux lèvres.

— Je… nous ne mangeons pas de viande, dis-je, en tentant de soutenir le regard de l'apprenti SS.

— Ce n'est pas du porc que je sache.

Je sens le conflit arriver et m'y prépare.

— Oui, mais c'est de la viande interdite. Je suis juif et…

— Qu'est-ce que j'en ai à foutre que tu sois arabe ou youpin ? Je n'ai pas eu de consigne de tes parents. Alors tu vas me faire le plaisir d'avaler ta barbaque. Remets-la dans ton assiette et mange-la. Pareil pour le petit merdeux.

Ali et Lagdar ont déjà restitué les steaks.

— Je vous ai à l'œil ! lance-t-il en retournant à sa place.

Le regard posé sur mon assiette, je sens l'émotion me gagner.

Nous avons tous suspendu nos gestes. Excepté Julien.

— Ouais, bon ben si on est obligés ! marmonne-t-il en coupant un morceau.

Mais le silence qui enveloppe notre table rend insupportable le bruit de ses couverts et mon frère, cédant à cette fatalité qui empêche la viande d'arriver à sa bouche, délaisse son couteau et pose les yeux sur moi, attendant une indication sur l'attitude à adopter.

— Il a dit youpin ! je grogne, les dents serrées.

Je ne connais pas vraiment la signification de ce terme mais je sais qu'il s'agit d'une injure. Et le mauvais regard de l'aigle, son sourire puant, ajoute à l'humiliation. Les larmes me montent aux yeux, ma gorge se noue. Je ne vais quand même pas me mettre à pleurer comme une gonzesse devant tous les copains ! Il faut que je trouve un moyen d'évacuer ma rage.

— Ouais, c'est vrai il a dit ça ! répond Ali, pensant qu'il s'agissait d'une question.

— C'est quoi un youpin ? interroge Julien.

— Ça veut dire juif mais… en insulte, explique Mounir.

Alors, sous les regards médusés des autres, je me lève et me dirige vers la table où déjeunent les deux surveillants et les enseignants.

Je me plante à côté de l'aigle, la poitrine gonflée par la colère et la peur. Il ne me voit pas tout de suite, mais mon attitude surprend les professeurs et leur impose le silence. Le pion lève le nez de son assiette, se retourne et me découvre à un mètre de lui, le regard sombre, le souffle court.

— Qu'est-ce que tu veux encore ? s'étonne-t-il.

— Vous n'avez pas le droit de me traiter de youpin !

J'ai articulé ces mots la bouche tremblante mais le ton ferme.

Il est embarrassé. À la table, deux profs froncent les sourcils et l'interrogent du regard.

— Hé là ! Je n'ai pas dit youpin ! Je t'ai juste dit de manger ta viande ! Alors ne va pas inventer des choses pour te dérober ! Allez, ouste, à ta place !

— Vous avez dit youpin. J'ai bien entendu. Les autres aussi.

Le surveillant bloque sa respiration et se mord la lèvre. Il se dresse brusquement.

— Et depuis quand on se lève sans autorisation ?

Il me saisit par le bras, me ramène à la table sans ménagement, m'assoit avec rudesse et se penche sur moi.

— Si tu crois que tu vas te moquer de moi comme ça ! Je reviens dans cinq minutes. Je vous conseille, à ton frère et toi, d'avoir fini vos assiettes.

Puis, tout doucement, il me susurre :

— Compris youpin ? avec un sourire méchant que l'absence de lèvres et l'alignement désordonné de ses trop petites dents transforment en rictus sadique.

J'ai la tête baissée. Une émotion confuse et puissante sourd dans mon ventre. Je ne sais si j'ai envie de crier, de me battre ou de pleurer. Tout à la fois sûrement.

— Laisse tomber, Raph. Il est taré ce mec.

Je redresse la tête et plante mes yeux dans ceux de Mounir. Je le sens révolté mais soucieux d'apaiser le conflit.

— C'est un con, laisse tomber.

— Tu le mangerais toi ce steak à ma place ?

Ma voix révèle l'impétuosité de mon émotion.

Mounir hausse les épaules ; j'ignore s'il veut me dire qu'il ne sait pas ou que je dois m'en foutre et obtempérer.

Je demeure un instant silencieux. Julien remue sur sa chaise, révolté lui aussi mais sans savoir quelle attitude adopter.

— Oui, c'est un con, un con, un con, répète-t-il avec hargne.

— Il me regarde encore ? je demande à Mounir.

Mon copain jette un coup d'œil par-dessus mon épaule.

— Non, il s'est assis.

— Dis-moi quand il sera occupé.

— C'est bon là. Il parle à l'autre surveillant.

Alors, prestement, je sors un mouchoir, y pose le steak, le roule et range le tout dans ma poche.

Les enfants à ma table paraissent stupéfaits. Ils admirent mon acte de bravoure, ma rébellion. Et la tension des derniers instants se mue en excitation extrême.

— Fais comme moi au lieu de rester planté ! je lance à Julien.

Mon frère gonfle la poitrine et fouille les poches de son pantalon à la recherche d'un mouchoir avec l'air décidé de celui qui souhaite également démontrer son courage. Après quelques instants d'exploration, il affiche un air désespéré.

— Heu, j'ai pas de mouchoir.

— Tiens, prends le mien ! intervient Ali en lui lançant une boule de tissus fripée.

Julien la saisit entre deux doigts, dégoûté.

— Mais il est crade !

— Ben quoi. J'ai un rhume, dit Ali en guise d'excuse. Le hmar, je lui donne un coup de main et il râle !

Mon frère me regarde en quête d'une autre solution.

— Magne-toi !

Julien, écœuré, ouvre le mouchoir en faisant sauter les mucosités sèches. Il pose la viande dessus et l'escamote rapidement.

Puis il se fige un instant avant de déclarer, inquiet :

— Et si jamais il s'en rend compte et nous oblige à manger la viande ?

L'image de Julien décollant le steak de son infect emballage puis le découpant pour le mettre à la bouche nous fait grimacer.

— Eh bien, faut pas qu'il s'en rende compte, réponds-je.

— Steak à la Hnouna ! rit Ali.

Quand le surveillant se penche sur notre table, quelques minutes plus tard, il affiche un sourire satisfait.

— Eh bien voilà ! Elle était bonne, non ?

Je me contente de le fixer. Julien, lui, affiche une attitude bravache.

— Et tu vas baisser les yeux quand je te parle ! Toi aussi, petit morveux. Non mais, pour qui vous vous prenez ? Vous viendrez me voir à la fin de la cantine. Je vais vous régler votre compte, moi !

La remarque nous saisit. Un véritable conseil de guerre s'ensuit.

— Il faut vous débarrasser de la viande, affirme Tarik. Il risque de la voir.

Julien se lève et fait mine de saisir un broc d'eau.

— Ça se voit là ? demande-t-il à Mounir.

Celui-ci regarde le pantalon et y découvre avec effarement une grosse tache de graisse.

— Merde !

Les regards convergent maintenant vers moi. La tache est moins impressionnante, plus facilement dissimulable.

— Allez aux toilettes et virez la barbaque dans les chiottes ! conseille Mounir. Dépêchez-vous ! Tiens, demandez à l'autre surveillant l'autorisation de sortir pisser.

L'ambiance est électrique. À la table, nous sommes les héros d'un film d'aventure, les personnages de *La Grande Évasion* craignant que leur tunnel ne soit découvert, tous unis face à l'ennemi.

Je me rends aux toilettes, coupe le steak en petits morceaux et tire la chasse.

C'est au tour de Julien. Quand il revient, il affiche un air embarrassé.

— Je l'ai jeté dans la cuvette mais il ne voulait pas passer.

— Tu l'as balancé comme ça ?

— Ben oui.

— Imbécile ! Il fallait le déchiqueter ! Ou le déposer dans la poubelle ! Tu te rends compte si quelqu'un le voit et le dit au surveillant ?

— Fallait me prévenir !

Nous échangeons des regards afin d'évaluer les risques.

— Bon, ne vous inquiétez pas, déclare Mounir. Pendant que vous irez voir le surveillant, on essaiera de faire passer tout ça.

Ses paroles rassurent le groupe.

— Tu as fait quoi de mon mouchoir ? demande alors Ali.

— Tiens, le voilà, dit Julien en exhumant le bout de tissus devenu graisseux que nous observons avec dégoût. Ali le prend, le contemple puis tente de reconstituer un semblant de pli avant de le ranger dans sa poche.

— Ben quoi ? dit-il, en découvrant nos visages étonnés.

Après le dessert, au moment de sortir, le surveillant nous interpelle.

— Vous deux, vous restez à table. On a un compte à régler.

Le flot mouvementé des dizaines d'enfants se précipite dans la cour. Alors que tous sont maintenant sortis, nous voyons Alexandre rentrer à nouveau dans la cantine et se précipiter vers le surveillant. Il nous toise, souriant triomphalement. Je comprends immédiatement : durant le repas, je l'ai vu nous épier à plusieurs reprises. Lorsque nous nous sommes fait sermonner, ses copains et lui jubilaient.

Je découvre alors Mounir près de la porte, laissant tomber ses bras le long de son corps, affichant une mine désolée. Il est arrivé trop tard.

L'aigle se lève et se rend aux toilettes.

— Merde ! Il a tout balancé, ce con.

Julien, apeuré, se met à frotter désespérément la tache de graisse avec sa manche.

Le surveillant fond sur nous, fulminant.

— Dis-moi, c'est toi qui as jeté ta viande dans les toilettes, demande-t-il à mon frère, qui frotte encore son pantalon ?

— Non, c'est moi !

Le surveillant découvre la tache de gras sur mon pantalon. Il sourit et son sadisme devient presque palpable. Les enseignants étant partis prendre leur café, il a le champ libre.

Il m'attrape par une oreille et me tire vers lui.

— Viens avec moi. Tu vas me nettoyer tout ça !

Et de me traîner à l'extérieur de la cantine. La douleur que je ressens à l'oreille n'est rien en regard de l'humiliation qui me brûle le ventre. Tous les élèves sont là, yeux écarquillés. L'événement est énorme. Mon humiliation devient rage et je tente de me débarrasser de sa prise en me débattant maladroitement. Excédé, l'aigle m'attrape alors par les cheveux :

— Tu veux me frapper ? C'est ça ? Tu crois que tu peux me frapper, sale youpin !

Il me gifle. Deux claques qui retentissent sur mes joues et m'auraient envoyé au sol s'il ne me tenait par les cheveux.

Je laisse échapper une plainte, un sanglot contenu.

Julien surgit alors, hurlant et pleurant.

— Laissez mon frère. Vous n'avez pas le droit de le frapper !

Mais le surveillant ne l'entend pas. Il secoue maintenant ma tête. Je suis devenu un pantin désarticulé.

— Tu crois que tu peux me prendre pour un con ?

— Lâchez-le ! Lâchez-le ! enrage Julien en tentant de me saisir et de me tirer vers lui. Des paroles à peine compréhensibles car déformées par les sanglots et la peur. Désespéré, il se jette sur l'aigle et lui bourre les mollets de coups de pied.

Fou de rage, celui-ci me lâche pour attraper l'assaillant. Cédant à sa fureur il le gifle plusieurs fois. Je ne comprends plus rien à la situation. J'ai l'impression d'être dans un cauchemar. Le surveillant a perdu la raison. Nous l'avons déjà tous vu administrer des corrections mais jamais avec un tel acharnement. Dois-je tenter de les séparer ? Aller chercher le directeur ? Frapper le surveillant ? Non, agir ainsi serait vain. Alors, je pars en courant vers le portail, l'ouvre et me précipite dans la rue.

Je me retourne un instant.

Le surveillant hésite à me poursuivre. Il tient Julien à bout de bras.

Je pointe le doigt vers lui :

— T'es mort ! T'es mort ! je crie.

Mon frère se débat. L'aigle le jette au sol pour tenter de me rattraper.

Mais je m'enfuis à toutes jambes, la vue brouillée par les larmes. Je ne respire plus. Je suis deux jambes qui courent et un cœur qui bat à tout rompre.

Mon père est un héros. Les fils portent souvent ce genre de jugement sur leur géniteur, émanation concrète de la toute-puissance. En vérité, ils le souhaitent tellement que n'importe quel acte justifie cette certitude.

Mon père, lui, est un véritable héros. Et si je l'affirme avec assurance c'est parce que je ne suis pas le seul à lui avoir attribué ce titre. La plupart des enfants de l'école l'ont désigné comme tel. Imaginez ma fierté ! Un héros aux yeux de tous ! Comme Tarzan ou Superman ! Quel enfant n'a pas rêvé d'être le fils de Tarzan ou Superman ? Plutôt Superman d'ailleurs car, dans son état « normal », papa, à l'instar de Clark Kent, est gentil, réservé, presque timide. Pourtant, ce jour-là, papa a endossé la panoplie du justicier et volé au secours de ses fils. Plus de sagesse, de douceur, de respect des institutions, envolée la timidité… Superman ne s'excuse pas quand il punit les méchants.

L'histoire est si théâtrale que vous penserez que je l'ai enjolivée, polie à la patine du temps. Pourtant, je le jure, je vous la livre avec toute la fidélité rendue possible par son élévation au rang de fait d'armes historico-familial.

Quand je pousse la porte du pressing, il est treize heures trente. Mon père sue à grosses gouttes derrière la repasseuse. L'odeur de perchlo forme des nuages ouatés qui pèsent sur l'air chaud et brûlent la gorge.

Lorsque maman me voit, elle prend peur. Je suis censé être à l'école.

— Raphaël ? Qu'arrive-t-il ? Que fais-tu là ? Pourquoi pleures-tu ?

Elle panique.

— Jacques ! Mon dieu ! Il est arrivé quelque chose aux enfants !

Mon père émerge.

— Quoi ? Qu'est-ce que tu racontes ? Qu'est-ce qu'il fait là, lui ?

— Il est arrivé quelque chose, Jacques ! Julien ? C'est Julien, c'est ça ?

J'éclate en sanglots. Je n'arrive plus à respirer. Je pense à Julien, là-bas, battu, terrifié.

Mes parents se précipitent, effrayés. Ils hurlent presque.

— Qu'est qu'il y a ? Parle ! Où est ton frère ?

Mais plus ils crient, plus je pleure.

Entre mes larmes je vois l'expression de leur visage et comprends qu'ils envisagent le pire. Je n'ai pas le droit de laisser leur imagination les noyer sous d'effroyables images. Je dois respirer, reprendre mon souffle, expliquer.

— C'est le surveillant… Il nous a frappés… Il a frappé Julien… Il nous a traités de youpins.

Mes mots sont à peine compréhensibles, mais mes parents en saisissent le sens, la portée, la gravité. Derrière l'inquiétude qui s'estompe apparaît une indignation mêlée de colère.

— Qu'est-ce que c'est que cette histoire ? grogne mon père. Hélène, donne-lui un verre d'eau. Ça va le calmer.

Je bois un peu d'eau, respire profondément et raconte tout.

Une fureur froide envahit papa.

— C'est lui qui t'a fait ces marques sur le visage ? demande-t-il.

— Oui. Et il a massacré Julien aussi. Vite ! Vite ! Peut-être qu'il le frappe encore.

Je le tire par la manche.

Mon père pose sa main sur mon épaule et ce contact calme d'un coup peur et douleur.

— Viens, lance-t-il en me poussant vers la porte.

— Jacques ! Calme-toi ! Ne fais pas n'importe quoi ! crie ma mère, complètement dépassée.

Durant le trajet, entre deux sanglots nerveux, je lâche quelques précisions qui, je le sais, attisent sa rage.

— Il m'a giflé… tiré par les cheveux… traité de youpin… Julien criait tellement il lui faisait mal.

Son pas est ferme, rapide, hargneux. Je cours à ses côtés.

Quand nous arrivons devant l'école, le surveillant est en train de parler à un collègue.

— C'est lui ? demande mon père.

J'opine du chef.

Papa pousse le portail avec une violence telle que l'un des battants frappe le muret. La déflagration métallique déchire le grondement régulier de la cour, imposant un silence total. Le surveillant comprend immédiatement. Il hésite, regarde son confrère, réalise qu'il ne doit rien en espérer, recule de deux pas.

— Je vais te tuer !

Ce rugissement, c'est mon père qui vient de le pousser. Un cri terrifiant. Sa haine le devance. Son corps, ses yeux, son imposante stature annoncent une violence animale. Il n'est plus un homme de raison mais un tueur potentiel.

Il avance à grands pas vers l'agresseur tandis que je le suis à quelques mètres en croisant les regards admiratifs, étonnés, apeurés, des enfants qui, lentement, s'écartent puis se rangent dans notre sillage.

Le surveillant tente de parler.

— Attendez, on va s'expliquer…

— Nardine Babek ! Ton sang, je vais le boire ! assène maintenant papa sur un ton froid et résolu, plus effrayant encore.

— Soyez raisonnable ! lance l'autre pion, en tentant de s'interposer. Nous allons parler.

Mon père l'écarte d'un geste.

L'aigle recule jusqu'au préau. Il y a quelques instants, il était l'homme fort, celui qui injuriait, humiliait, frappait. Cette fois, il ressemble à un enfant tremblant devant un monstre de cauchemar.

Quand papa arrive sur lui, il a un petit mouvement ridicule. Une sorte d'hésitation entre attaque et dérobade. Sûrement un geste de défense retenu par sa lâcheté.

— Alors, comme ça, tu frappes mes fils ? dit mon père en lui assénant une gifle monumentale qui l'envoie contre le mur. Tu frappes des enfants ! Regarde j'ai ton âge ! Vas-y défends-toi ! Bats-toi !

Mais l'autre se dérobe, le regard fou.

— T'es pas un homme ! Juste une petite merde !

Je suis étourdi. La scène se déroulant devant mes yeux est surréaliste. Papa frappe le surveillant. Papa assène des gros mots. La même stupéfaction ahurie court sur le visage des autres enfants.

— À moi, tu n'as même pas le courage de me rendre un seul coup ! Et eux, tu les as frappés ! Tu as frappé mes fils, sale pourriture !

Papa retourne le surveillant aussi facilement qu'il manipule les costumes sur cintres au pressing et lui fait face.

L'aigle prend alors le parti de s'enfuir. Il se débat, se libère et court vers la sortie.

Mon père tente de le rattraper mais la peur est plus stimulante que la rage et le surveillant passe le portail.

Papa s'adresse alors au collègue du tortionnaire.

— Où est mon autre fils ?

— Chez, chez… le directeur, répond celui-ci en reculant.

Il me fait un signe de tête et je lui ouvre la voie. J'ai l'impression que nous formons une équipe, deux justiciers prêts à soumettre les méchants. Bien entendu mon rôle est moins glorieux, plus discret, pas physique, mais dans une équipe personne ne se soucie des prouesses individuelles. Seule la réussite de la mission compte.

Arrivés devant le bureau, je m'arrête. Mon père passe devant moi et pousse la porte d'un geste large.

Julien, debout face au mur, se tourne vers nous. Il a les cheveux en l'air, les yeux mouillés et des marques rouges sur la joue. Il ouvre de grands yeux en découvrant papa et réprime un sanglot. J'ai envie de courir et de le prendre dans mes bras, de lui crier qu'il est maintenant délivré, de lui raconter la raclée infligée à son bourreau.

— Mais qu'est-ce que cela signifie ? demande alors monsieur Laporte d'une voix cassante.

— Que fait mon fils face au mur ? interroge mon père d'un ton vindicatif.

— Monsieur, je ne vous permets pas…

— Vous ne me permettez pas ? Vous ne me permettez pas ! répète papa en passant du questionnement étonné à l'impossibilité de contenir sa rage. Et pourtant vous permettez à votre surveillant de frapper mes enfants ! De les traiter de youpins !

— Qu'est-ce que c'est que cette histoire ? reprend l'arracheur d'oreilles en tentant de retrouver la maîtrise de la situation. De toute façon, monsieur, je ne tolère pas que vous pénétriez dans mon bureau de la sorte et vous adressiez à moi ainsi !

— Vous ne tolérez pas ? s'étrangle mon père.

Il s'approche, se penche, l'attrape par le col de son costume, le tire vers lui, le faisant passer par-dessus le bureau avec une surprenante facilité. De la main gauche, il saisit mon épaule et me place face au directeur.

— Avez-vous vu ce qu'a fait votre surveillant à mes fils ? Il les frappe, les traite de youpins et vous ne voyez rien. Au contraire, vous les punissez !

Il ramène le visage de Laporte face à lui, comme il tenait précédemment le surveillant. Ses mots sifflent, durs, résolus.

— On ne touche pas à mes fils. On n'insulte pas mes fils. Je vais vous coller un procès ! Je connais suffisamment de monde pour vous causer de gros problèmes. Coups et blessures sur enfant, insultes racistes… Vous allez en chier.

Je m'interroge alors sur les relations de papa. À qui fait-il allusion ? Je ne vois pas comment Gérard le boucher, Jean le cafetier ou le patron du PMU pourraient constituer une menace pour un directeur d'école.

Quoi qu'il en soit, ce dernier imagine rapidement la perspective de devoir se justifier des actes de son surveillant comme de sa passivité. D'un coup, il se fait conciliant.

— Attendez, je ne savais rien de tout ça ! Il m'a amené votre fils et dit qu'il avait volontairement bouché les toilettes avec un morceau de viande. Je l'ai simplement puni en le mettant face au mur. Je ne savais pas… je vous assure.

Papa hésite un instant, jauge la sincérité de son interlocuteur en fouillant ses yeux.

— Toujours la même chose ! Je ne savais pas ! Je n'ai rien vu ! C'est pas moi !

Il lâche alors monsieur Laporte et se tourne vers Julien.

— Viens mon fils… on rentre !

— Attendez monsieur Levy ! Nous devons discuter. Je vais prendre les mesures qui s'imposent.

Mais nous sommes déjà partis. Les enfants, admiratifs, marchent à nos côtés, nous raccompagnent jusqu'au portail. La journée d'école est terminée pour nous.

Voilà. Chaque famille a ses scènes fondatrices. Des images fortes, des mots gravés dans les mémoires qui aident à grandir, à savoir qui nous sommes, à quelles valeurs nous devons nous fier. Des histoires qui permettent de nous arrêter un moment pour comprendre et ensuite garder le souvenir de cette pause comme un repère dans l'écoulement des jours. Il y en eut d'autres. Beaucoup d'autres. J'en raconterai ici, plus loin. Mais cet épisode fut le premier, le plus beau, parce que le plus intense de la geste familiale.

Papa n'a pas porté plainte contre l'école. Le directeur l'a reçu avec déférence et lui a présenté ses excuses ainsi que celles, écrites, du surveillant. Celui-ci a reçu un blâme et été muté. Il aurait été plus logique de le laisser dans l'école dans laquelle il avait publiquement perdu la face plutôt que de l'envoyer sévir ailleurs. Petite justice. Mais justice quand même.

Mounir

Raphaël et moi étions devenus amis. À cet âge-là, ami se dit « meilleur copain ». Non, en fait, on n'ose pas nommer ce qui appartient au registre du sentiment. Ce serait trop la honte. Une sorte d'aveu de faiblesse. Tout s'exprime sans emphase, s'inscrit dans le quotidien. Les mots sont des ennemis ou des objets étranges qu'il faudra apprendre à apprivoiser mais qui, pour l'heure, ne savent que trahir. Les mots, un truc de gonzesses. Elles seules se risquent à raconter leurs émotions. D'ailleurs, chez nous, seule maman a le droit d'employer des mots d'amour. Papa ne nous dit jamais qu'il nous aime, qu'il nous trouve beaux, qu'il est fier de nous. Nous le lisons dans ses yeux et ça nous suffit.

Avec Raphaël, c'est pareil. Depuis l'affaire de la viande, nous sommes toujours ensemble. Le premier arrivé à l'école attend l'autre. On ne se salue pas. On ne se remercie pas non plus.

Il comprend ce que je pense, anticipe mes réactions et un rapide coup d'œil suffit à faire passer plus de messages que nos propos pudiques pourraient prononcer.

Je ne sais pas comment expliquer ça. C'est un truc à nous, une finesse d'esprit je pense, une pudeur aussi. Le même genre de pudeur qui unit deux frères se connaissant trop pour avoir besoin de parler. Oui, nous sommes comme deux frères s'étant retrouvés après des années de séparation, heureux de constater ce qui les lie, indifférents à ce qui les sépare.

Quand je suis avec Raphaël, je suis moi-même. Mes complexes n'ankylosent plus ma langue et je m'exprime sans me surveiller. Côte à côte, nous observons le monde avec la même avidité, plus forts de nous savoir semblables. Nos regards sont nettoyés de toute inquiétude. Nous ponctuons nos phrases de mots arabes. Nous parlons des Français avec ironie, de la France avec envie, de nos parents avec tendresse et pudeur.

Nos parents sont différents. Les siens savent mieux jouer aux Français que les miens. En fait, une génération les sépare. S'ils ont presque le même âge, ceux de Raphaël ont vingt années d'intégration d'avance. Au Maroc, monsieur et madame Levy avaient appris à composer avec les Français, à emprunter leurs manières, leurs modes vestimentaires, leur culture. Les miens étaient seulement marocains. Les traditions étaient leurs politesses.

La maman de Raphaël porte parfois des tailleurs genre Chanel et son père des costumes style Cardin.

Franchement, ma mère en tailleur Chanel ! Soupçonne-t-elle seulement l'existence de la haute couture, elle qui achète les tissus et les vêtements au marché ou place du Pont ? Et si demain mon père lui offrait un tailleur (événement très improbable) elle n'oserait pas le porter. Comme à chaque fois qu'elle reçoit un beau cadeau ou achète un bel objet (une parure de drap, un service à café), elle le rangerait précautionneusement dans du papier de soie et le remiserait sur l'étagère la plus haute du placard. Les belles choses se conservent à l'abri des regards. Pour ne pas susciter l'envie, l'œil de Satan. Parce qu'il n'est pas sain de parader.

En fait, mes parents ressembleraient plutôt aux grands-parents paternels de Raphaël. Sa grand-mère possède d'ailleurs le même accent que ma mère et fait les mêmes fautes grossières.

« Aji lahna, nahobes. Ti peux aller mi chercher un litre de lait dans le Casino ? Ti garde la monnaie, ti l'achète un Mars et aussi pour ton copain, Mchekpara. » C'est ce qu'elle lui a dit la dernière fois que nous l'avons rencontrée en bas de son immeuble. Raphaël et moi avons échangé un sourire dans lequel il y avait la joie de nous savoir si proches.

Et puis, n'oublions pas que la plupart des juifs ont un avantage sur nous : ils sont moins typés. Si certains sont assez basanés pour ressembler à des Arabes, beaucoup pourraient passer pour des Italiens, des Espagnols et, quelques-uns, pour des Français purs beurre.

Raphaël est de ceux-là. Avec ses cheveux fins et plats, coiffés genre fayot, et sa peau blanche, il donne l'impression d'être né de ce côté-là de la Méditerranée. Seuls ses yeux le trahissent. Ils sont de là-bas, du pays. Des yeux de Marocain, noirs, grands, ronds, ouverts sur la lumière. Nos yeux se parlent. J'aime les moments de complicité où, d'un seul regard, nous saisissons l'instant et en rions. Souvent au détriment des Français. Enfin, quand ils sont trop français. Quand ils font des manières, laissent le vent des campagnes porter leur accent ou minaudent sur des choses pas vraiment importantes. Alors là, juste l'échange d'un coup d'œil entre nous et nous éclatons de rire ! Les autres ne comprennent pas et nous aimons cela.

Oui, Raphaël est devenu mon meilleur copain.

Raphaël

Julien fait la grimace. Il n'a pas très faim et boude son entrecôte.

— Tu vas me faire le plaisir de manger ta viande. Tu sais combien coûte la viande cachère ? As-tu idée du prix du kilo d'entrecôte ? Faut être riche pour être pratiquant !

— Elle n'est pas assez cuite ! Elle est toute rouge ! proteste mon frère.

— Toute rouge ? s'insurge papa. Avec la cacherout, elle perd tout son sang ! Nous achetons à prix d'or une viande sèche et blanche !

Voilà un mois que nous mangeons cachère mais papa ne décolère pas. Il se plaint du coût excessif des produits, de leur fraîcheur, de leur goût.

Dans ces moments-là, je répète mentalement des formules magiques afin de disparaître. Je sais qu'il me tient pour responsable de cette révolution domestique et chaque reproche me semble directement adressé.

— En fait, il est satisfait de ces changements, m'a confié maman il y a quelques jours alors qu'elle ouvrait de grands yeux devant les prix de la boucherie Mazel Tov. Je vais même te dire : il est fier que cela vienne de ses enfants.

— Ouais, ben on dirait pas !

— Tu le connais, il aime râler. Mais je sais que votre demande l'a soulagé des remords qui le rongeaient pour avoir transgressé les règles.

— Ça ne l'empêche pas de manger non-cachère au restaurant.

— C'est vrai. Il faut qu'il résiste un peu quand même, a-t-elle dit en riant. À lui d'avancer tout seul maintenant.

Julien se résout à avaler un morceau de bœuf.

— Bon, j'ai pris une décision, annonce papa goguenard. Non, en fait deux décisions.

Je déteste ce genre d'entrée en matière. Julien doit avoir le même pressentiment car son regard me dit quelque chose comme : « On va s'en prendre plein la tête ! »

— Vous souhaitez que nous vivions comme des juifs, n'est-ce pas ?

Mes doutes se confirment.

Tête baissée, je m'applique méticuleusement à faire disparaître toute trace de nourriture de mon assiette.

— Je t'ai posé une question, Raphaël, insiste papa.

— Heu… Oui, bien sûr.

J'ai du mal à soutenir son regard.

— Eh bien, je t'ai inscrit au Talmud Torah. Tu vas apprendre l'histoire juive mais aussi à lire l'hébreu. Tu vas préparer ta bar-mitsva. Tous les dimanches matin, tu te rendras à la synagogue pour prendre des cours. Qu'en dis-tu ?

La perspective de me lever le dimanche matin ne m'emballe pas vraiment.

— Je ne suis pas trop jeune ? La bar-mitsva c'est à treize ans, non ?

— Oui, mais plus tôt tu commenceras, plus vite tu seras prêt.

— J'irai, moi aussi ? s'enquiert Julien, inquiet.

— Non, pas cette année.

Mon frère exprime son soulagement en mordant férocement dans son entrecôte.

— Raphaël ?

Ce n'est pas le moment de me dégonfler.

— Oui, sans problème. Il faut bien que j'apprenne tout ça. Si, si, ça m'intéresse.

Papa ouvre les mains pour marquer l'évidence de notre accord et sourit à maman.

— C'est quoi la seconde... décision ? demande alors Julien.

— Il s'agit de Noël. Nous ne fêterons plus cet événement qui, en effet, ne nous concerne pas.

— Plus de Noël ? hurle Julien. Plus de cadeaux ? Plus de sapin ?

Papa laisse le silence peser avant de continuer :

— Plus de Noël. Nous célébrerons Hanouka.

— Hanou... quoi ?

— Hanouka. La fête des lumières.

— La fête des lumières ? répète mon cadet, décontenancé. Et on fait quoi pendant la fête des lumières ?

Papa affiche un sourire malicieux.

— On allume des bougies tous les soirs.

— Ben ça va être super, râle mon frère en regardant son assiette. Des cadeaux contre des bougies : génial !

Papa se lève, hilare, et quitte la cuisine.

L'ambiance est morose. Mais maman se penche sur nous.

— Nous allumons des bougies et nous offrons des cadeaux aux enfants ! précise-t-elle.

Julien tressaille et un grand sourire éclaire alors son visage.

Si je ressens un peu de tristesse à devoir abandonner la fête colorée et sucrée de Noël, un autre sentiment me réchauffe le cœur. Mes choix ont été écoutés. Et ils bouleversent notre vie parce que nous devenons un peu plus ce que nous désirons être.

Mounir

« Chauffeur, si t'es champion… » Cela doit bien faire la vingtième fois qu'ils reprennent ce refrain. Je ne connaissais pas la rengaine et, au début, je l'ai trouvée plutôt sympa. Le conducteur a fait un signe de tête accompagné d'un sourire que j'ai pris pour de la complicité. Je comprends maintenant qu'il s'agissait juste d'une politesse douloureuse. Maintenant, son visage est fermé. Il fixe la route en se demandant si, au même âge, il était aussi con que ces gosses, et paraît déplorer la réponse.

Mon baptême d'autocar sur long trajet. Ma première fois, aussi, à la montagne. Et, autre première fois, mes débuts sur des skis. L'appréhension m'empêche d'apprécier l'instant.

Raphaël, à mes côtés, lit un Astérix. Astérix le Gaulois, franchement ! Pourquoi les Français s'identifient-ils à ce moustachu dont la seule prouesse est d'avaler de la potion magique ? Le petit village qui résiste aux méchants : quelle blague !

— Tu as déjà pris le car toi ?

Raphaël détache les yeux de sa BD, un sourire encore accroché aux lèvres. Il me scrute, incrédule.

— Ben oui. Pas toi ?

— Si, si.

— Ben alors ?

— Non, je connaissais pas cette chanson, c'est tout.

Je me demande si mes joues sont rouges. Parfois, quand je mens, elles me trahissent.

— Ah ouais. Trop nulle.

J'acquiesce d'un mouvement de tête, hésitant à poser ma seconde question.

Raphaël ne m'en laisse pas le temps.

— Par contre, j'ai jamais skié.

J'ai soudain l'impression que les fenêtres du car se sont ouvertes et que de l'air frais s'y est engouffré.

En fait, nous sommes nombreux dans cette situation. Plusieurs indices, certains flagrants, trahissent les novices : des jeans, baskets, anoraks ou des tenues de ski trop grandes ou trop petites car empruntées aux voisins. Nous avons eu le même regard médusé lorsque quelques vantards (ceux qui, d'ailleurs, portaient les plus belles tenues) ont exhibé leurs Flocons ou Étoiles, racontant dans quelles conditions difficiles ils les avaient obtenus. Merde, ça en jetait !

— Ça doit pas être trop difficile, de toute façon. Tu te laisses glisser sur deux planches. À mon avis, un sport de cons.

J'ai admiré Raphaël d'oser un avis si tranché et décidé de me rallier à son opinion.

À la descente du car, une sensation de vertige m'étreint. Mes sens ne sont pas préparés à autant de blanc ni d'espace. Une lumière intense me brûle les yeux. L'air froid consume ma gorge et mes poumons.

— Putain comme c'est beau ! s'exclame Raphaël, saisi par la même émotion.

Après un instant de panique, une excitation quasi euphorique agite mes muscles. J'ai envie de courir, de me jeter dans la neige, de m'y rouler, de la manger même.

Magasin de location de skis. Raphaël et moi échangeons des regards amusés en découvrant nos chaussures. Et quand nous tentons de marcher, le fou rire gagne. Un fou rire que nous essayons de dissimuler pour ne pas trahir notre inexpérience.

— Ceux qui savent skier à ma droite, les débutants à ma gauche, crie le moniteur.

Pendant un court instant, ces derniers hésitent. Chacun tente de résoudre une équation dans laquelle les composantes

« bravoure » et « mensonge » viennent à bout de l'inconnue « risque ». Je jette un coup d'œil vers la piste, les tire-fesses et pose un regard interrogateur à Raphaël. Il paraît tout aussi désorienté. Un premier débutant se place à la gauche du maître, attirant aussitôt un petit groupe. Le mouvement nous convainc de rallier ces élèves raisonnables quand Alexandre ouvre sa grande gueule :

— N'ayez pas peur ! On va vous donner une luge, les filles.

Nous chaussons nos skis, et le moniteur nous délivre les premiers conseils sur la manière de se tenir.

Mes parents ont failli refuser que j'aille à cette sortie. Tout d'abord, parce qu'ils ne comprenaient pas pourquoi l'école organisait une telle activité. La classe c'est pour apprendre, pas pour s'amuser. Ensuite, parce qu'ils ont craint pour ma sécurité. Enfin, parce que le coût de la journée, même s'il n'est pas très élevé, leur a semblé une dépense superflue.

J'ai argumenté : toute la classe y participait ; j'allais être le seul à rester à l'école.

Puis j'ai menti : nous n'allions pas faire de ski, juste de la luge ; nous allions étudier les plantes et la neige pour un futur devoir…

Ils ont fini par accepter. Et, à l'excitation s'est substituée la crainte du ridicule.

Mais maintenant, sur mes skis, je n'ai plus peur. Car nous sommes tous ridicules ! Beaucoup glissent en arrière, tombent, ne parviennent pas à se relever et tout le monde s'amuse.

Raphaël et moi restons côte à côte, pliés de rire, nous moquant l'un de l'autre, de nos accoutrements, de nos hésitations, de nos chutes.

Qu'il est dur et jouissif de devenir français !

Un copain d'Alexandre passe près de nous alors que nous sommes allongés dans la poudreuse, incapables de détricoter nos jambes.

— Ça va les tapettes ? crie-t-il, en ralentissant.

Je saisis rapidement de la neige, la comprime et l'envoie dans sa direction. La boule atterrit sur sa nuque. Surpris, il dérape et chute. Médusés, nous suivons sa dégringolade, puis partons dans un nouvel éclat de rire. Le froid rafraîchit les larmes qui coulent sur nos joues.

Ces rires et le grotesque de la situation sont un autre ciment de notre amitié.

Raphaël

« Raphaël, lève-toi ! Allez c'est l'heure ! »

Bon sang, que ne donnerais-je pas pour paresser encore au lit par cette froide matinée de décembre !

Mais pas le choix. Papa ne quittera pas la chambre avant que je ne m'extirpe des draps.

J'ouvre les yeux. De son lit, Julien me lance son sourire moqueur. Un sourire emprunté à un film de Jerry Lewis que nous utilisons pour nous narguer dans le dos des parents. Une déclaration de guerre. Je le soupçonne d'être réveillé depuis un moment déjà et d'avoir attendu avec délectation l'instant où il me provoquerait. N'ayant pas la force de me jeter sur lui, pas même celle de me lever, je tente une diversion.

— Papa, j'ai mal au ventre.

— Ben voyons ! Si je t'écoutais, le jour de ta bar-mitsva tu n'aurais que des ordonnances à réciter.

Le ton est ferme. Aucune faille dans l'autorité paternelle.

Mon frère accentue son sourire codé : échec et mat. Je lui lance une chaussure. Il l'évite et se vautre ostensiblement dans ses draps imprimés. Je grogne. Et me mets debout, frissonnant.

Je déteste le Talmud Torah. Se lever aux aurores le dimanche matin, traverser les rues vides et froides, imaginer mes copains encore ensommeillés… Mais ce n'est pas seulement la fatigue, la fraîcheur, l'envie de dormir qui alourdissent mes pas, c'est le sentiment de vacuité qui m'emplit quand j'arrive à neuf heures devant la lourde porte de bois. Je me fige alors quelques secondes, hésitant, me faisant croire que j'ai la possibilité de repartir. J'aimerais être une sorte de super héros capable de s'envoler pour rejoindre son lit chaud. Concentration, désactivation de mes pouvoirs, soupirs… J'entre.

En vérité, j'ai l'impression d'être un figurant dans un film réalisé avec des moyens amateurs et dont je ne comprends pas le scénario. Oui, aller au Talmud Torah c'est comme jouer un mauvais remake de la vraie vie scolaire. À la place de l'école, la synagogue. Avec des classes plus petites, moins conviviales. Le maître ? Le rabbin, son adjoint, sa fille ou son fils. Le matériel ? Des livres déchirés, des cahiers froissés, des stylos mâchouillés. À défaut de méthode pédagogique, le pseudo-enseignant fait appel à une autorité suffisamment bruyante pour nous ôter l'envie de nous endormir ou discuter. Les cours sont déstructurés, lénifiants. Je ne discerne pas toujours leur intérêt dans l'apprentissage de mon identité. Je suis nul en lecture, ânonne des sons supposés correspondre à des lettres dont je confonds les formes. Et, comble de l'absurde, je ne comprends pas ce que je lis. Je n'apprends pas une langue mais sa prononciation !

Certains tentent vaillamment de participer. D'autres dessinent ou rêvassent. Tous attendent la récréation.

Elle a lieu dans le couloir. Bousculades, cris, débuts de bagarres… les fauves ont vingt minutes pour laisser l'agressivité cumulée s'exprimer.

Seul le cours d'histoire, donné par le rabbin, m'intéresse. Je sors de ma léthargie dès les premières paroles et mon imagination prend alors le contrôle. Elle capte les mots et les transforme en visages, paysages, couleurs, personnages, matières et lumières. Je rencontre ceux qui m'ont précédé dans cette longue lignée d'hommes et de femmes aux vertus exemplaires et aux pouvoirs stupéfiants. Quelle belle histoire que la nôtre ! Une histoire qui conduit jusqu'à moi, jusqu'à eux, ici dans cette salle. Et mon nom me raconte un lien invisible, et solide, au sein d'une filiation qui remonte jusqu'au plus grand des héros : Moïse.

Mounir

À l'école, après la cantine, nous avons trois quarts d'heure de récréation. Les clans se rassemblent, les équipes se forment, les jeux commencent et de la cour s'élève un dense et joyeux brouhaha.

Je rejoins Raphaël et notre petite bande pour participer à un match de foot ou discuter. Excepté le lundi. Chaque début de semaine, mon meilleur copain m'ignore pour s'asseoir sur le marchepied de l'entrée de l'infirmerie face à cinq copains, toujours les mêmes. Il prend la parole, s'agite, grimace, se lève pour mimer un personnage, une action. Son petit public semble subjugué par ces spectacles.

— Il nous raconte l'histoire des juifs, m'a confié Jean-Luc, un de ses disciples. Tu savais, toi, que Moïse a ouvert la mer en deux pour que les Hébreux puissent échapper au Pharaon ?

Quelle connerie ! Voilà donc le sujet de ses représentations très privées. L'histoire des juifs ! Encore et toujours les juifs ! C'est devenu un de ses sujets préférés.

— Les juifs sont nos ennemis, a dit Momo, l'autre jour, au quartier.

Nous l'avons regardé, surpris. Bien entendu, critiquer les juifs n'est pas nouveau. J'ai même entendu certains les insulter. Mais, au quartier, la critique est juste une façon de parler de l'autre en se prétendant plus fort que lui. Et l'insulte pas forcément une marque de mépris, plutôt une ponctuation, une expression fétiche, un mot appuyé pour rythmer une phrase. Cette fois, il s'agit d'une affirmation.

— C'est une race de voleurs. Là où ils s'installent, ils s'emparent de tout. Ils prennent les meilleures places dans les entreprises, les plus belles maisons… Ils ont volé le pays des Palestiniens ! Ils pensent que le monde leur appartient. De toute façon, dans le Coran il est écrit qu'il faut tous les tuer.

Des têtes ont bougé pour exprimer accord ou étonnement.

Quant à moi, seule la référence au Coran m'a ébranlé. Se peut-il que le Prophète ait lancé un tel appel au meurtre ?

— Ouais. Regarde la place du Pont. Tout leur appartient ! approuve Houcine.

Houcine est un suiveur. Il est hargneux, pas très futé et cherche à en imposer au-delà de ce que son physique ou son intelligence peuvent lui permettre.

C'est vrai, place du Pont, les juifs vendent et les musulmans achètent. Tissus orientaux, jeans, robes, bijoux… Ils savent ce qui plaît aux Arabes et le leur proposent dans une atmosphère de kermesse permanente. La place est située à l'intersection de la rue Paul-Bert, du cours Gambetta et de la Grande-Rue de la Guillotière, des rues commerçantes, aux boutiques sommairement agencées et regorgeant de marchandises de toutes sortes. J'y accompagne papa de temps en temps et n'y ai jamais relevé une quelconque forme d'hostilité, de rivalité ou de haine entre juifs et musulmans. Au contraire, tous s'apostrophent, plaisantent, négocient. Papa se sent à l'aise dans cette ambiance dont les chaleurs et les couleurs lui rappellent le pays. Il n'a à craindre ni le mépris des regards ni l'ironie des sourires. Toutefois, sous la cordialité des relations, je sens percer parfois des signes de méfiance. Les ressentiments de certains juifs sont-ils seulement anesthésiés par l'intérêt de la relation ? Et, derrière le sourire des Arabes, se cache la jalousie de constater la réussite de ces cousins doués.

Je suis moi-même un peu perdu, tiraillé entre la sympathie immédiate que j'éprouve envers les juifs et ces jugements péremptoires, non argumentés, que profèrent les plus extrémistes d'entre nous. Si ces derniers sont rares, ils ne sont pas forcément contredits, ce qui laisse planer un doute sur la véracité des récriminations formulées. Sûrement existe-t-il aussi, chez les juifs, des hommes malveillants et des paroles assassines tant la haine se nourrit toujours de deux feux.

J'ai interrogé papa.

— Quelle bêtise ! s'est-il emporté. L'islam n'a jamais réclamé la mort des juifs !

Ce propos m'a rassuré. Mais qu'il est difficile d'y voir clair ! S'ils étaient réellement nos ennemis, pourquoi nous sentirions-nous si proches ? Pourquoi achèterions-nous nos produits dans leurs commerces, accepterions-nous de leur parler, de les côtoyer ?

Raphaël est mon meilleur copain, le seul non-arabe avec qui je me sens capable d'être moi-même tout en m'ouvrant sur le monde. Les juifs nous offrent le reflet de ce que nous pourrions devenir lorsque nous aurons mieux intégré la société française.

C'est peut-être la raison pour laquelle je n'apprécie pas de le voir faire son intéressant avec ses récits bibliques. Plus il se sent juif, plus il s'éloigne de moi, qui aspire tant à n'être que français. J'ai d'ailleurs essayé de l'attirer vers le terrain de foot le lundi en inventant des défis et en le motivant pour qu'il m'aide à les relever, mais, invariablement, ce jour-là, Raphaël se dirige vers son lieu de « représentation », suivi par ces imbéciles en quête d'histoires merveilleuses.

En fait, je suis vexé qu'il ne m'ait jamais proposé d'y venir. Cette exclusion est injuste. Notre amitié n'est-elle pas née de ce qui nous différenciait des Français ? Or c'est à eux qu'il confie sa différence. Moi, je ne sais pas grand-chose de l'histoire des musulmans. Enfin, je connais les phases essentielles de la vie de notre prophète mais je serais bien incapable de tenir plus de quinze minutes devant un public.

Raphaël découvre son judaïsme et le revendique. Moi, je ne veux pas me faire aimer pour ma différence. Je veux juste que l'on ne me déteste pas !

Raphaël

Septembre 1972

Je suis devenu juif progressivement. Par à-coups. Et coups de pied aux fesses.

L'histoire de la piscine, celle du surveillant raciste, ont éveillé ma différence. Jusqu'alors je pensais que chaque enfant possédait sa part d'histoire, venue de souvenirs ancrés dans une contrée de France, d'Espagne ou d'Italie ; et j'attribuais à l'école le rôle de nous laver de ces taches pour nous transformer en nouveaux petits hommes, bien français. Échec. Mauvaise interprétation. En définitive, je suis devenu juif parce que les autres l'ont voulu. Parce que leurs regards, leurs propos, leur racisme m'ont imposé de prendre conscience de cette singularité.

Je suis devenu sioniste de la même manière.

La haine et la guerre sont-elles forcément les principaux ferments de l'identité ?

Je sais quels faits et événements précis ont tissé entre la terre d'Israël et moi des liens invisibles, difficilement définissables et pourtant affectifs et puissants. Car c'est de cela que je parle : de ce rapport spirituel autant que charnel entretenu par les juifs avec un pays à travers le temps et l'espace. Un rapport incompréhensible aux autres. Comment le comprendraient-ils d'ailleurs quand nous-mêmes sommes seulement capables de le ressentir ?

Je ne parle pas du sionisme comme mouvement politique, encore moins de l'insulte que créeront plus tard les ignorants et les antisémites trop lâches pour revendiquer de l'être, déformant le sens du terme. Je parle de ce vent chaud qui, de temps à autre, traverse les frontières et les murs pour s'infiltrer dans nos maisons, nous envelopper, caresser notre peau, porter à nos narines des senteurs sucrées et exalter nos âmes, y réveillant d'impossibles souvenirs, nous rappelant le sens du mot exil. Autant de perceptions que l'on pourrait comparer à celles qui visitent les immigrés lorsqu'ils pensent à leur pays de naissance. Israël est notre pays de naissance. Notre histoire y est ancrée.

Israël. Un mot prononcé par-ci par-là à la maison. Une préoccupation pour mes parents. Un mystère pour l'enfant que j'étais. Un sujet sur Jérusalem, Tel Aviv au journal de la première chaîne et papa ou maman montaient le son, imposaient le silence, hochaient la tête avec inquiétude.

Donc Israël avait quelque chose à voir avec nous, notre famille.

Au Talmud Torah, Israël désignait un lieu et une période de l'histoire. Un cadre exceptionnel pour des aventures qui l'étaient tout autant. Israël c'était hier et demain.

Donc Israël avait quelque chose à voir avec l'histoire d'un peuple auquel j'appartenais dans sa dimension historique.

Personnellement, je ne me situais pas encore entre tous ces fragments de sens : le pays des douze tribus, celui de maintenant, la religion… J'avais déjà assez de mal à trouver ma place dans le présent immédiat, entre le Maroc, la France et mon judaïsme.

Si les événements n'étaient pas venus m'interroger, j'aurais sûrement été aspiré par mon identité française en construction. Elle aurait éclairé mon chemin de l'éclat de l'évidence et fait disparaître les ombres déformées qui, dans l'obscurité de l'ignorance, me suivaient. Car la France m'était alors le seul devenir possible : un pays, une langue, un avenir. Bien entendu, il aurait pour y parvenir pleinement fallu abandonner en chemin les images du livre sur la Shoah qui avait marqué ma conscience, mais quel enfant ne souhaite pas troquer ses cauchemars contre des rêves ?

Je suis devenu israélite, donc juif lié à la terre d'Israël, un jour de septembre 1972.

*

5 septembre. Le téléphone sonne. Maman répond. Je la vois brusquement blêmir puis articuler faiblement quelques mots traduisant de l'étonnement autant que de l'accablement.

— Mon Dieu… Quand est-ce arrivé ? À la radio ? Mais qui ?

Nous arrêtons de jouer et attendons qu'elle raccroche pour l'interroger.

Mais sitôt le téléphone posé, elle se précipite dans la cuisine en invoquant les saints. Puis allume la radio et s'assoit, attentive et inquiète.

Nous n'avons pas le temps de dire un seul mot qu'un flash info nous révèle les raisons de son effroi.

« Ce matin, aux environ de cinq heures, un commando de terroristes s'est introduit dans le village olympique et a investi les appartements occupés par la délégation israélienne. Le commando a ouvert le feu et tué deux Israéliens avant de prendre en otage les neufs autres membres présents sur les lieux. Le village olympique a été bouclé par plusieurs centaines de policiers… »

— Mon Dieu ! Comment ont-ils osé faire cela ? Des sportifs. Des gamins.

Soudain, l'air devient lourd et nous devons ouvrir la bouche et la gorge pour aspirer des goulées d'oxygène. Nous approchons de maman, voulant comprendre pourquoi la nouvelle est si terrible. Nous sentant près d'elle, elle nous prend dans ses bras et nous serre fortement.

— Qu'est-ce qui se passe ? demande Julien, du bout des lèvres.

— Rien, mes enfants, rien.

Comment se satisfaire d'une telle réponse ? Mais nous n'osons pas insister. Notre mère a les yeux rivés sur le poste, l'oreille aux aguets. La respiration courte, elle profère, de temps en temps, quelques supplications.

— Mon Dieu… Rabbi Haïm Pinto. Rabbi Meïr Baal Ness.

Dieux et ses saints étant convoqués, l'instant est grave. Maman ne les appelle que dans les situations difficiles. Avant, je croyais qu'il s'agissait de super héros. Je les voyais franchir les cieux sur un char de feu, poings tendus, capes au vent. Et puis, un jour, je suis tombé sur une photo de Rabbi Haïm Pinto, posée sur la table de chevet de ma grand-mère : un vieil homme, habillé en Oriental, avec une longue barbe blanche. Je fus d'abord déçu : à mes yeux les super héros ne vieillissaient pas. Et puis j'ai compris que son super pouvoir se cachait quelque part derrière ses yeux, dans son regard plein de sagesse.

— Tu sais qui c'est ? m'avait interrogé mamie.

J'ai hoché la tête.

— Rabbi Haïm Pinto. C'est marqué dessus.

— Un saint homme. Il vient de la même ville que nous. Si tu savais combien de miracles il a accomplis.

J'avais tressailli. Des miracles ? Des supers pouvoirs donc. J'avais alors réclamé à ma grand-mère de me raconter. Mamie Jacote ne demandait pas mieux. Je ne relaterai pas ce qu'elle m'a confié ce jour-là. Votre sourire me blesserait. Il faut avoir vécu au Maroc ou croire en Dieu pour comprendre.

La matinée est rythmée par les flashs d'informations. Maman se fige à chaque jingle musical, stoppe toute activité et s'assoit près du poste en murmurant les noms sacrés. Nous jouons silencieusement. Pas de rires, pas de cris. Petit à petit, elle nous explique. Mais pourquoi est-ce grave ? Parce qu'il s'agit de sportifs ou car ceux-ci sont israéliens ? Certains sont peut-être de la famille ? Si oui, pourquoi mes parents ne nous en ont-ils jamais parlé ? Nous posons la question.

— Ils les ont pris en otage parce qu'ils sont juifs. Comme nous.

Comme nous. Alors, nous aussi pourrions être capturés ainsi ? Il y a donc encore des gens qui haïssent les juifs au point de vouloir les tuer ? Pourtant, papa avait dit que cette haine n'existait plus, que personne maintenant ne s'attaquerait à eux… à nous, parce qu'*ils* avaient… parce que… *nous* avions un pays.

Exceptionnellement, notre père rentre déjeuner. Il ouvre la porte, lance un regard consterné à maman, puis se jette sur le poste de radio. C'est l'heure du flash info.

Il nous attire à lui et nous serre dans ses bras, lui aussi. Geste de protection envers ses enfants, victimes potentielles.

Il en sera ainsi toute la journée, jusque tard dans la nuit. Au lit, nous guetterons leurs commentaires, le ton des voix de nos parents.

Quand ils apprendront l'horrible nouvelle, nous serons endormis. Le lendemain, les yeux rouges de maman, les traits tirés de papa, leurs démonstrations d'affection, révéleront le dénouement avant que la voix grave d'un journaliste ne nous atteigne. Onze athlètes israéliens ont été tués par les terroristes suite à l'assaut désordonné de la police ouest-allemande.

Et puis il y aura les images des athlètes survivants en deuil, d'une nation entière pleurant ses enfants, de ces mères soutenues devant la tombe de leurs fils.

Je suis devenu sioniste débutant à cause de terroristes, comme j'étais devenu juif en herbe grâce aux ombres des nazis. Je ne les remercierai pas.

J'applaudirai cependant, plus tard, la nouvelle de leur élimination par le Mossad.

Mounir

J'ai demandé à papa de m'expliquer pourquoi tout le monde parlait tant de Septembre noir et de cette prise d'otages, mes pensées étant secouées par les propos que mon copain Salim avait tenus quelques minutes auparavant.

— Quand c'est des juifs qui meurent, le monde entier pleure ! Quand c'est des Arabes, ils s'en foutent !

— Arrête, c'étaient juste des sportifs, a répondu Abdel.

Abdel est un gentil, un calme. Il passe pour le sage du quartier tandis que Salim fait figure de terreur. Pourtant, tous deux puisent dans leurs querelles fréquentes la force de leur amitié. Salim apprécie l'intelligence d'Abdel, ce dernier est fasciné par la force animale de celui qui compte parmi les leaders de la bande.

— Des sportifs ? Ce sont des militaires. À dix-huit ans ils font tous l'armée. Ils apprennent à tuer des Palestiniens, ces enculés !

Salim s'est alors lancé dans une charge ponctuée de mots grossiers. Abdel a répondu calmement. Il s'exprimait si doucement que nous nous sommes approchés pour mieux l'entendre, mais un regard de Salim nous a dissuadés d'aller plus loin : les grands du quartier n'aiment pas nous voir traîner dans leurs pattes.

En rentrant, je ressassais les mêmes questions. Des militaires ou des sportifs ? Des victimes ou des enculés ? Tout le monde parlait de cet attentat. La radio, la télé, les jeunes, les vieux, la boulangère, le boucher, les voisins. Alors, qu'en penser ? Avoir un avis ou s'en foutre ? Et comment comprendre les sentiments qui me tiraillaient, m'ébranlaient ? Il y avait de la compassion, peut-être, ou de la pitié. De la honte aussi, parce que les terroristes étaient arabes et que tout le monde les détestait. Et de la curiosité pour cet acte de révolte dont la violence cachait forcément un désespoir profond. Papa m'aiderait. Une fois à la maison, je l'ai donc interrogé.

— Ce n'est pas bien ce qu'ils ont fait, mon fils. C'étaient des gamins.

— Mais il paraît que tous les Israéliens sont des militaires et qu'ils tuent des Palestiniens.

— Pas eux. C'étaient des sportifs. On n'a pas le droit de tuer des jeunes !

— Mais les Israéliens ils tuent aussi des jeunes ! Et le monde entier s'en fout !

— Ne pense pas comme ça, mon fils. De toute façon, c'est une guerre qui ne nous regarde pas ! Elle sépare les juifs et les Arabes.

Il fait un geste de la main pour marquer son inquiétude et s'éloigne. Non seulement il n'a pas répondu à mes interrogations mais il en a rajouté une.

Pourquoi redouter d'être séparés des juifs ?

Je songe à Raphaël. Que pense-t-il de tout ça ? Est-il en colère contre les Arabes ? Dois-je en parler avec lui ? Nous n'abordons jamais de sujets polémiques, étant trop jeunes pour discuter d'événements si sérieux. Peut-être ressentons-nous le besoin de nous retrouver autour de ce qui nous rapproche plutôt que mettre en péril notre relation en osant aborder des sujets qui n'appartiennent qu'aux adultes, suscitent colère et insultes. Et puis quoi ! Qu'est-ce que j'en ai à faire, moi, des Palestiniens ! Et des Israéliens ! Pourquoi m'en soucier ? N'ai-je pas suffisamment de mal à savoir qui je suis et à m'inventer un avenir pour aller me préoccuper de deux peuples qui passent leur temps à se combattre ?

Non, sincèrement, cette haine ne m'intéresse pas.

Raphaël

Mounir et moi nous entendons bien. Nous rions des mêmes choses, avons les mêmes inquiétudes, partageons les mêmes plaisirs, les mêmes hontes aussi. Il a appris à naviguer entre la petite bande de Français que je fréquente et ses copains arabes. Ces derniers m'apprécient également, soit pour ma personnalité soit par procuration, Mounir exerçant sur eux une autorité naturelle.

Parmi les Français, Mounir et moi formons un petit clan. Complices. Intégrés mais différents. Acceptés malgré nos différences. Mounir a la peau mate, comme Julien. Ses grands-parents étaient berbères. Sa mère est née dans un village près de Mogador, tout comme ma grand-mère maternelle. Ils disent Essaouira maintenant. Mais mamie refuse de le prononcer ainsi. « Le feuilleton s'appelle *Les Gens de Mogador* ou *Les Gens d'Essaouira* ? » demande-t-elle, malicieuse, en parlant de cette saga qui passionne les spectateurs de la première chaîne et la majorité des Juifs marocains.

Ce feuilleton est l'une de ses plus grandes joies. Les Français ont découvert sa ville, les magnifiques paysages, le savoir-vivre des Marocains. Que croyaient-ils ? Qu'ils étaient des bouseux incultes ? Oh, elle voyait bien, auparavant, le dédain qu'ils avaient pour tout ce qui touchait, de près ou de loin, au monde arabe. Mais il ne fallait pas confondre les Marocains et les Algériens ! Les pieds-noirs rapatriés en catastrophe, « une main devant, une main derrière », honteux de s'être fait chasser par ceux qu'ils considéraient comme leurs serviteurs, et les Marocains ayant volontairement quitté leur pays. Même le roi regrettait le départ des juifs ! C'est dire s'ils vivaient en parfaite harmonie avec les musulmans !

Bon, bien entendu, ils avaient eu tort de partir, ils s'en rendaient compte maintenant.

Et, parmi les juifs du Maroc, il fallait également distinguer le bon grain de l'ivraie. Et Mogador occupait une position privilégiée dans son échelle de valeur personnelle. Là-bas on savait vivre ! On était cultivés ! Elle-même connaissait la littérature française, maîtrisait toutes les règles de grammaire. Alors pourquoi tant de mépris lorsqu'elle annonçait être née à Mogador ?

Mamie était fière de sa ville, fière de son enfance, fière de son pays. Je doutais parfois qu'il s'agissait de celui que connaissaient monsieur et madame Basri, puisqu'elle prenait plaisir à répéter le nom de sa cité dans des phrases débutant par « Nous autres à Mogador... » regrettant le plus souvent une superbe déchue, une époque révolue. Ya'hasra... Le bon vieux temps. Mogador, un éden de couleurs, de mouvements, de vie, qui s'était figé et transformé en cimetière de sel lorsqu'elle s'était retournée pour le regarder une dernière fois. Alors, elle évoquait sa ville, encore et toujours, pensant que ses mots finiraient par composer un sortilège capable de nous téléporter dans son univers chamarré et épicé.

Mamie vivait pour se souvenir. Le présent n'existait pas. Elle retenait chaque journée le plaisir d'avoir visité son immense galerie d'images ou d'y avoir guidé ceux qui, patients, l'écoutaient raconter en buvant un verre de thé à la menthe. Ses petits enfants, la plupart du temps, venus se régaler d'un goûter de gâteaux orientaux.

Et lorsque nous nous extasions à l'évocation d'une anecdote (ce qui arrivait de moins en moins, compte tenu des limites de son histoire) son visage irradiait et elle répétait : « Ha, ça vous étonne, n'est-ce pas ? Mais c'était comme ça là-bas. » Alors elle parlait, ressassait, radotait. Comme si elle craignait de ne pas avoir assez de temps pour nous raconter les cinquante années ayant précédé leur « erreur ». Car avoir fui le Maroc pour nous réfugier à Lyon relevait selon elle de l'erreur. Il n'y avait, à l'entendre, aucune raison à cet exil. Et, là-bas, elle « était quelqu'un ».

Son histoire étant notre héritage, elle tenait à nous le léguer dans son intégralité. « À tes cent vingt ans, mamie », lui avait-on souhaité lors de son dernier anniversaire. « Cent vingt ans ? Pour quoi faire ? » avait-elle répondu.

Pour faire comme Moïse. Vivre afin de transmettre ton récit, tes connaissances.

Papi, lui, avait choisi le mutisme. Dans son fauteuil rouge, il prêtait une oreille distraite aux premières paroles de sa femme. Le temps de situer l'anecdote. Alors il souriait ou hochait la tête avec douleur, puis cédait au silence qui le gagnait. Une façon de baisser le volume assourdissant de la ville afin d'entendre le bruit des vagues claquant contre le quai.

— Papi ?

Il n'entend pas.

— Papi ?

Il quitte le pays et revient à moi.

— Oui, abné ?

Son regard est doux.

— Comment ça se passait avec les musulmans, là-bas, au Maroc ?

— Bien, mon fils, bien.

— Les juifs et les musulmans étaient amis ?

Ma question paraît l'étonner.

— Oui bien sûr. Nous étions comme des frères.

— Mais vous vous entendiez mieux avec les Français marocains ou les musulmans ?

— Les Français n'étaient pas Marocains. Ils étaient là pour gagner de l'argent, c'est tout. Les juifs et les musulmans étaient marocains. Nous sommes nés là-bas !

Il a dit cette dernière phrase en souriant pour souligner son évidence.

— Oui, mais les juifs et les musulmans sont aussi ennemis.

Grand-père réfléchit deux secondes.

— En Israël, oui. Mais ce ne sont pas les mêmes musulmans. Et ce n'est pas la même histoire.

Il cherche un argument fort pour exprimer la différence.

— On était amis ! On jouait ensemble !

— Maman m'a dit qu'elle allait à l'école française.

Il soupire.

— Les Français ont construit des écoles pour leurs enfants et les juifs ont voulu y mettre les leurs… pour… faire zarma le grand monde quoi ! Nous avons fait comme tout le monde. Mais bon, les Français ne nous aimaient pas vraiment. Nous leur étions simplement utiles pour travailler avec les Arabes.

— Alors, pourquoi on est partis ?

La question déchire son regard et je le vois saigner. Il se tait, réfléchit, puis se replace confortablement au fond de son fauteuil et regarde vers la fenêtre. J'attends un instant. Mais il a oublié ma présence, ma question. Non, en fait c'est la réponse qu'il a oubliée. D'habitude, quand il est ainsi, nous préférons nous lever et le laisser voyager. Mais j'ai besoin d'une explication et ne lui laisse pas le temps de voguer vers d'autres rives.

— Papi ?

Il me regarde et sourit, comme s'il me découvrait à ses côtés.

— Yawouldi ?

— Tu ne m'as pas répondu. Pourquoi sommes-nous partis du Maroc ?

Il fait un signe de la main pour dire son hébétude.

— Je ne sais pas. Je crois qu'on a eu peur… Les événements en Algérie… Là-bas ils tuaient les Français et les juifs. Alors, on a cru qu'ils allaient faire la même chose chez nous. Nous sommes partis. Nous les avons insultés.

— Insultés ?

— Ils nous disaient : « Ne craignez rien, nous ne sommes pas comme les Algériens. » Et c'est vrai, ils étaient différents. On ne les a pas crus. On a eu peur. Même le roi a tenté de nous rassurer.

— Vous l'aimiez bien, le roi ?

Grand-père fronce les sourcils pour souligner la stupidité de cette question.

— Si on l'aimait bien ? Mais c'était notre roi !

Il pense à quelque chose, se concentre et baisse la voix comme pour livrer un secret.

— Quand son père Mohamed V, paix à son âme, était mourant, nous avons eu très peur. Des rumeurs disaient que, dès qu'il serait parti pour l'autre monde, certains envieux se jetteraient sur les juifs pour les dépouiller et les tuer. Alors, nous nous sommes enfermés dans nos maisons. L'histoire nous a appris que c'est souvent sur les juifs que les nouveaux rois s'essuyaient les pieds, aux marches de leurs palais. Mais dès que Mohamed V est mort, son fils, Hassan II, a pris la parole et a déclaré : « Ne craignez rien. Sur son lit de mort, mon père m'a dit : "Veille sur les juifs de notre pays. Ce sont nos sujets. Ils sont l'une des richesses de notre royaume." » Nous avons pleuré. Nous étions tellement émus que le roi ait parlé ainsi de nous, tellement soulagés et honteux d'avoir douté de nos frères. Mais quand, quelques années plus tard, la peur est revenue, nous avons fui. Les juifs n'apprennent jamais rien de l'histoire. Même la Torah le dit. Nous sommes « un peuple à la nuque raide ».

Je laisse papi se perdre dans ses doutes. J'ai rendez-vous avec Mounir. Mon frère d'histoire, sujet du même roi, ami d'exil.

IV

La séparation

Raphaël

Nous allons déménager. La nouvelle, assénée sans précautions particulières, nous a laissés bras ballants, Julien et moi.

Maman s'en réjouit et ne cesse de visiter des appartements. Le soir, elle dresse un compte rendu à papa. Mon frère et moi résumons notre intérêt pour ce bouleversement à deux questions : est-ce loin du quartier ? Devrons-nous changer d'école ?

La quasi-totalité des familles juives a quitté les lieux pour s'établir dans le centre de Villeurbanne. Depuis l'arrivée massive d'immigrés algériens, les différends se multiplient, notamment avec les pieds-noirs, les harkis ou les juifs d'Algérie. Les immeubles se délabrent et les espaces communs sont peu ou pas entretenus, donnant à l'ensemble l'image d'une zone urbaine digne d'un pays du tiers-monde peu concerné par le bien-être de ses citoyens. Alors, ceux qui peuvent partir n'hésitent pas. Une érosion progressive mais constante.

L'esprit grégaire de notre communauté est un courant trop fort pour y résister encore.

Au début, continuer à habiter les uns près des autres, se croiser le matin dans la rue, rendre visite à la famille, aux amis comme au pays, avaient créé une sociabilité forte, une sorte de solidarité des égarés. Juifs et Arabes recherchaient une proximité capable de donner un peu de sens à leurs identités malmenées par les événements. L'exclusion et la douleur de l'exil scellaient leur entente. En surface, la vie pouvait être douce. Les odeurs d'épices étaient les mêmes d'un domicile à l'autre, les accents et les rires se mêlaient pour créer un fond sonore apaisant et, le vendredi soir, tout le monde se retrouvait aux pieds des immeubles pour discuter, plaisanter, jouer aux cartes. Hélas, ce n'est plus le cas.

En fait, pour les juifs, le quartier Olivier-de-Serres était une étape. Un sas de décompression avant de monter à l'assaut de la France. La plupart n'y sont restés que quelques mois, craignant d'étouffer leurs chances d'intégration. Rester enfermé dans un ghetto de traditions faisait courir le risque de ne jamais devenir un vrai Français.

Mes parents sont souvent choqués par la véhémence de leurs amis juifs venus d'Algérie quand ces derniers parlent des Arabes. Mais ils les contredisent rarement. « Ça les concerne, c'est leur histoire », a dit papa un jour. Eux se revendiquent marocains, ont les yeux mouillés quand Hassan II apparaît à l'écran ou dans les pages d'un journal et sont heureux d'échanger avec un compatriote, quelle que soit sa religion.

La rancœur que nourrissent nos coreligionnaires algériens à l'égard des Arabes, et la défiance de ces derniers en retour, sont deux ruisseaux d'acide coulant insidieusement sous les pavés et dans les cœurs. La guerre d'Algérie n'a pas fini de faire des ravages.

— En fait, c'est comme si chacun tentait de sortir d'une mare boueuse où il s'enlise en marchant sur celui qu'il considère responsable du naufrage, a un jour expliqué mon père à un ami. Les Français, honteux de leur défaite, marchent sur les pieds-noirs, qui marchent sur les juifs et les Arabes, les premiers piétinant les Algériens et les seconds les harkis. Résultat, tout le monde se noie.

— Et nous aussi on marche sur les Arabes ? ai-je osé demander.

Mon intérêt pour le sujet m'ayant poussé à enfreindre l'une des règles d'or édictées par mon père – interdiction de nous immiscer dans une conversation d'adultes –, j'ai craint une engueulade mais, étonnamment, il a posé sur moi un regard amusé.

— Nous ? Nous sommes marocains. Nous n'avons aucune raison d'en vouloir aux musulmans de notre pays. Mais, ici, les choses sont plus complexes.

— C'est-à-dire ?

— Nous sommes liés à notre communauté, donc solidaires des autres juifs, bien que nous n'ayons ni la même mentalité, ni la même façon de voir. En vivant parmi les Arabes, durant des siècles, nous avons fini par leur ressembler. Et, en fin de compte il y a autant de différences entre les juifs du Maroc, d'Algérie et de Tunisie qu'entre les musulmans de ces mêmes pays. Et, sans doute, plus de différences entre les Séfarades et les Ashkénazes qu'avec les musulmans.

Qu'il est compliqué d'être juif, d'être juif marocain, d'être français de religion juive et d'origine marocaine !

Qui doit-on fréquenter, aimer, soutenir ? Qui sont les amis, les ennemis ? Parce qu'à cet âge, se sentir exister revient avant tout à pouvoir se définir, à bénéficier d'une histoire commune, de traditions, d'une manière de voir les choses, avec des amis et des ennemis. Les événements récents me rapprochent des Marocains, le lointain passé plutôt des juifs. Il en est de même pour les traditions : la religion définit une frontière, les coutumes m'en présentent d'autres.

Et le futur sent la division.

Mounir

— Je vais déménager, m'a annoncé Raphaël, alors que nous reprenions notre souffle après un match de foot.

La nouvelle m'a surpris, choqué, mais j'ai tenté de n'en rien laisser paraître.

— Vous aussi, ai-je marmonné. Tous les juifs se cassent.

— On va pas loin. Vers les Gratte-Ciel.

— Comme les autres.

Il y avait du ressentiment dans ma voix. Le quartier changeait, l'ambiance n'était plus la même. Les juifs avaient quitté le Maroc, emportant avec eux une partie de l'histoire, ils s'apprêtaient à nous laisser encore, et c'est une parcelle du présent que Raphaël m'arracherait.

— Tu vas changer d'école ?

— Je crois.

J'ai hoché la tête à la manière des adultes devant affronter la fatalité, le cœur gros. J'ai jeté un coup d'œil rapide vers mon copain et vu que lui aussi était troublé. Ça m'a fait du bien et attristé à la fois.

— Papa dit que les juifs et les Arabes ne peuvent plus vivre ensemble. Enfin, les Algériens, a-t-il immédiatement rectifié.

— On n'est pas comme les Algériens, ai-je répondu, trop vivement sans doute.

— C'est ce que papa dit. Mais il n'y a pas beaucoup de Marocains ici.

Un long silence s'est installé. Pas le genre de silence dont nous avions appris à nous accommoder, l'appréciant même quand il était tendu sur les fils d'une complicité tissée jour après jour. Un silence un peu pesant, débordant de questions, plein d'embarras. Comme si nous nous découvrions différents. Comme s'il annonçait d'autres divergences, plus cruelles encore.

— Tu sais, je viendrai te voir, a-t-il repris. Toi aussi, tu pourras venir.

— Ouais.

C'était possible, mais je savais que ça n'arriverait pas.

— Tu déménages quand ?

— En juillet.

Le délai nous accordait encore quelques mois de répit ; je me suis accroché à cette consolation.

— Bon, je rentre, ai-je annoncé.

— Déjà ?

— On a des devoirs, tu sais.

— Oui, je vais y aller aussi.

Nous nous sommes quittés et avons rejoint nos allées respectives.

— Qu'est-ce que tu as ? interroge maman alors que je tartine rageusement mon pain de Nutella.

— Rien.

— Yawouldi, je t'ai fait, je t'ai nourri, je t'ai élevé… Je sais quand tu vas bien et quand tu vas mal.

Je suis gêné de lui parler. Se confier à sa mère, c'est un peu la honte quand même. Mais j'ai le cœur trop lourd pour ne pas répondre.

— La famille de Raphaël déménage.

— Ah, eux aussi s'en vont, soupire-t-elle.

— Il dit que c'est à cause des Algériens. Les juifs s'entendent pas avec eux.

Elle soupire de nouveau, en posant lourdement sa main droite sur celle de gauche, signe de résignation.

— Il faut pas dire du mal des Algériens, c'est des musulmans comme nous, finit-elle par répondre. Et la plupart d'entre eux se comportent très bien.

— Ils sont vraiment comme nous ?

— On n'a pas la même culture, pas la même façon de voir les choses, mais la même religion.

— C'est quoi cette culture, cette façon de voir les choses, comme tu dis ? Même papa dit qu'on est différents !

Elle hoche la tête, cherche si ce genre de conversation entre dans ses prérogatives, puis, fataliste, lève les mains vers le ciel.

— On n'a pas grandi de la même manière. Au Maroc il y a un roi, des villes, des écoles, des institutions, des artistes. Le pays est riche. La plupart des Algériens venus en France vivaient au bled. Il n'y avait pas de roi mais comme des tribus, dirigées par des chefs. Ils habitaient des petites maisons sans rien, et il y en a même qui mangeaient par terre. Comme ceux des villages, chez nous. Et puis, les Algériens sont râleurs, bagarreurs.

— Au moins, ils ne se sont pas laissés faire par les Français. Révoltés, ils les ont mis dehors.

— C'est vrai. Ce sont des guerriers.

— Et les Tunisiens ?

— Ils sont un peu fous, toujours en train de rire mais gentils.

— Les musulmans sont unis ?

Elle hausse les sourcils.

— Oui oui.

Deux oui chez maman équivalent à un non ou, tout au moins, à un « pas vraiment ». La nuance réside dans le ton.

— Les juifs sont unis.

Je l'affirme sans en être sûr, par provocation.

— C'est vrai. Nous aussi nous devons l'être.

— Les copains se moquent toujours les uns des autres. Même entre Algériens, ils se disputent. Parce qu'ils ne viennent pas de la même ville. Parce qu'il y a ceux d'Alger, de Constantine, des bleds…

— Ils sont jeunes.

— Leurs parents n'agissent pas ainsi ?

— Non non.

Donc oui.

— On est arabes ou musulmans.

— On est musulmans. Mais ici tout le monde dit arabe. Alors on dit pareil.

— Moi je me sens plus proche de Raphaël que des autres... musulmans.

— C'est normal, il est marocain.

— Mais il est juif.

— Au Maroc, on est d'abord marocain, après... on est ce qu'on veut.

— Nous allons déménager aussi ?

— Aïwa... ça, je sais pas mon fils, répond-elle en se tapant les cuisses, signe que je commence à la saouler. C'est ton père qui décide. J'aime bien ce quartier mais, bon, l'appartement est trop petit. Peut-être, on verra.

Des fois, je pense que j'aurais été plus heureux au Maroc. Je n'aurais pas eu à me poser toutes ces questions. J'aurais été un Marocain, musulman, c'est tout. Et ça m'aurait suffi.

La vie du quartier paraissait porteuse de promesses. À d'autres moments elle était désespérante. Les garçons jouaient au foot sur le trottoir ou les terrains vagues, les femmes bavardaient entre elles de leurs villages, de leur cuisine, de leurs enfants, les hommes parlaient de travail et découvraient les plaisirs du tiercé. Certains tentaient de s'imposer au sommet d'une hiérarchie implicite en faisant valoir des biens, une position sociale, des relations familiales ou un métier intéressant. D'autres voulaient juste se réchauffer le cœur au contact de frères et sœurs afin d'anesthésier quelques instants le mal du pays et gommer les humiliations infligées par une vie nouvelle si déroutante. Pour les maris, les lendemains heureux justifiaient d'avoir échangé leurs souvenirs d'hommes fiers contre des situations moins valorisantes.

Baisser les yeux, courber le dos, sourire. Il fallait faire oublier la guerre d'Algérie, notre présence encombrante, nos fautes de français et notre accent gênant.

Un peu plus loin, à l'écart, regroupés autour de quelques bancs, d'autres avaient en revanche pris le parti de relever la tête, de gonfler la poitrine, de bander leurs muscles. Venus ici pour travailler, parce que l'on avait fait appel à eux, ils n'avaient aucune faute à confesser, aucune tare à cacher. L'histoire qui traumatisait les adultes n'était en rien la leur. Leur jeunesse bouillonnait. Ils avaient un avenir à écrire et l'écriraient avec les moyens à leur disposition. Les plus hargneux allaient créer une bande parce que l'époque leur offrait ce seul mode d'expression. Posséder un territoire, définir une identité, élaborer un code et donner à sa rage la possibilité de rencontrer celle des autres. La bande de la rue Olivier-de-Serres est sûrement née ainsi. Être un homme voulait dire marcher droit, le regard fier. Dans un univers hostile cela impliquait de savoir se battre.

Raphaël

Emménager à la Cité constituait un changement important en termes de qualité de vie. Les trois immeubles, bien qu'imposants, proposaient tous les attributs de la modernité : volets roulants, couloirs, haies bien taillées, emplacements de parking privés, gardiens dans chaque bâtiment. En outre, les deux barres et la tour encadraient une petite place dédiée aux loisirs accueillant trois balançoires, un toboggan, un bac à sable et quelques espaces verts.

Bref, un luxe suffisamment ostentatoire pour permettre à mes parents de considérer cette migration comme une étape importante de leur intégration. Et la présence de familles françaises était une autre sources de fierté. Selon eux, des « familles biens » : des employés de bureau, dont beaucoup dans le service public, des vendeurs, des représentants de cette classe moyenne émergeante à laquelle ils espéraient rapidement appartenir. Il y avait même deux fonctionnaires de police, gage pour papa et maman de la respectabilité des lieux.

La réalité était cependant différente. Les Français ne représentaient qu'une moitié – discrète – de la population. L'autre moitié se composait d'immigrés de toutes origines. Contrairement aux seconds, les premiers n'étaient pas là par choix. Ils paraissaient plutôt subir leur situation. Pour les plus optimistes, il s'agissait d'un lieu de transit vers d'autres quartiers dignes du niveau social auquel ils aspiraient. Pour les plus pessimistes, cette adresse constituait l'aveu d'un échec. Ce que nous ignorions.

Les gamins ne se posaient pas ce genre de questions. La « place », comme nous l'appelions, était un espace propice aux jeux, aux matchs de foot, aux rencontres, aux échanges. Elle attirait d'ailleurs les gosses des rues voisines.

Nous ne parlions jamais de nos parents ni de leurs situations professionnelles. Le sujet était délicat, et les susceptibilités exacerbées. En revanche, la religion ou nos pays d'origine suscitaient nombre de conversations. Dans les moments d'excitation, nous appuyions sur certains particularismes pour nous moquer les uns des autres – jamais méchamment. Nos coutumes, nous avions besoin de les revendiquer, d'inventer un passé, une histoire, des pratiques, de nous sentir unis, poussés par la même volonté de conquête, indifférents à l'ostracisme des Français. Qui devenaient notre cible fétiche. Nos sentiments à leur égard étaient, en effet, comment dire : contrastés. En vérité, je crois que nous leur reprochions de ne pas être à la hauteur de nos fantasmes. Nos parents nous avaient entraînés dans une course à la francité sur le mode quête du Graal, qui réclamait volonté, abnégation et abandon d'une partie de nos habitudes culturelles. Or les Français rencontrés dénaturaient la légitimité de ces efforts.

Tout d'abord, centrés sur eux-mêmes, ils ne comprenaient rien à ce que nous vivions. Ensuite, leur apparente tranquillité ressemblait pour nous à l'immobilisme. Le passé ne leur parlait pas, le futur ne les inquiétait pas. Ils n'avaient et n'auraient pas à se battre, à faire preuve de volonté pour s'affirmer, se créer un destin. Ils étaient seulement des Français en France.

Enfin, ils nous semblaient suspects. N'étaient-ils pas enfants et petits-enfants de collabos ? Leur histoire n'offrait aucun fait de gloire suffisamment fort pour susciter notre intérêt. Et quand nous les défiions dans la cour de l'école ou la rue, ils baissaient les yeux, se dérobaient. Hormis quelques rares exceptions, ils ne se défendaient pas, acceptaient les railleries, riaient jaune, jamais ne se rebellaient. Une résignation qui agaçait, nous révoltait parfois.

Pour nous, les vrais héros c'étaient les Américains. Leur bravoure, leur mode de vie, leur esprit de conquête. Les westerns et les films d'aventure (avec John Wayne, Robert Mitchum, Charles Bronson, Kirk Douglas) s'avéraient autrement plus passionnants que les films français (ceux de Godard et Truffaut) « sans queue ni tête », comme disait papa.

Je crois que nous moquer d'eux permettait de relativiser l'enjeu de l'intégration à tout crin qui obsédait nos parents.

Ils étaient *les fromages, les Céfrans, les Gaulois, les patosses, les purs beurre*. Nous étions le monde.

*

Il est quinze heures et le soleil lèche les vitres de notre chambre. Je pose mon front sur la surface lisse.

— Tiens, ils vont jouer aux gendarmes et aux voleurs, dit Julien.

— Mince, la chance ! répond mon frère Olivier.

— Non, je crois qu'ils font les équipes pour une partie de foot.

— Pas du tout, rétorque Julien du ton agressif typique de ses interventions contrariées, ils viennent de finir un match !

— Oui, mais José se trouvait dans les perdants. Alors, à mon avis, il refait les équipes pour une nouvelle partie.

Mon frère bougonne quelque chose que je n'entends pas.

— La chance ! répète Olivier.

— Oui, eux, au moins, leurs parents ne les obligent pas à rester à la maison pendant l'heure de la sieste.

— Y sont pas nuls comme les nôtres ! ajoute Olivier sur un air de rébellion.

Je lui assène une claque sur le sommet du crâne et Julien un coup de coude.

Il geint et affiche un rictus menaçant de laisser éclater des pleurs.

— C'est ça, vas-y, chiche ! Et on expliquera à maman pourquoi on t'a frappé !

Olivier suspend sa plainte le temps d'évaluer les risques, puis, son visage reprend une mine boudeuse.

— Parle encore comme ça de papa et maman et je t'explose, grogne Julien sans le regarder.

Notre petit frère hausse les épaules.

Un après-midi de vacances. Nous avons interdiction de sortir avant seize heures pour éviter… les risques de mort par déshydratation. C'est ainsi que papa a justifié cette nouvelle règle, ayant entendu une émission à la radio sur le sujet. Pour lui, tout ce que disent les journalistes est vrai.

A-t-il oublié le Maroc et les matchs de foot qu'il entreprenait en plein soleil, place de Verdun ?

Nous regardons donc nos copains jouer sept étages plus bas. Parfois, l'un d'entre nous quitte son poste d'observation et ouvre une BD. Jamais les trois ensemble pour ne pas passer à côté d'un événement majeur. Les bagarres sont nombreuses et il faut se tenir informés des relations entre les clans pour, une fois lâchés, après un rapide goûter, ne pas perdre de temps en prises d'informations et intégrer les groupes.

Le caïd sur la place se prénomme José. Il est plus fort, parle plus fort, s'énerve plus fort. Il a, autour de lui, un premier cercle de fidèles qu'il appelle sans pudeur ses « esclaves ». Quatre garçons faibles et sans caractère. Il leur donne des ordres et eux les exécutent sans manifester le moindre état d'âme. José est le seul à pouvoir les qualifier ainsi. Mario s'est fait casser la figure l'autre jour pour avoir ironisé sur cette soumission. José décide de presque tout sur la place : à quoi jouer, qui participe, quand la partie commence, lorsqu'elle finit. La seule liberté que nous possédons est de créer un autre cercle de jeu, plus loin, à condition de recruter moins de monde que lui.

Mais il dispose d'une prérogative indiscutable terriblement honorifique : lui seul peut lancer un match de foot « France contre le reste du monde ». Et quand il l'annonce, les cris de joie résonnent contre les façades des trois immeubles de la Cité. Personne n'a jamais osé prendre une telle initiative en son absence. Il est créateur du concept et seul producteur.

Or, à en croire les clameurs entendues aussitôt les portes de l'allée franchies, José a décidé le début d'un match. Polack, Gaby, Moïse, Jacky, Juda, le Porto, Zorba, Houcine sautent encore de joie lorsque nous déboulons. Les quatre esclaves de José font la gueule et rejoignent Ignas, Bertrand, Jean-Pierre, Johnny et Eddy qui, eux, se placent déjà, stoïques, bien décidés à ne pas se laisser trop rapidement déborder.

D'autres, attirés par les cris, arrivent en courant et tentent de rejoindre l'une des deux équipes. José, en stratège rusé et dictateur, écarte les Français les plus dangereux. « Toi, trop tard ! Toi casse-toi ! » Les bannis baissent la tête et s'éloignent, n'osant ajouter à la déception de ne pas jouer l'humiliation d'une correction.

Julien et moi nous glissons discrètement dans l'équipe du « Reste du Monde », non par crainte d'être évincés – José nous respecte suffisamment pour ne pas user de ce droit – mais afin de ne pas être désignés comme supplétifs français. Car seuls les juifs sont susceptibles – il l'a décidé – de se retrouver dans l'équipe de France. « Juif c'est une religion, pas un pays », a-t-il un jour déclamé. Et lorsque nous lui avons rétorqué qu'Israël était le pays des juifs, il a tranché : « C'est pas encore dit. Ils vont finir pas se faire éclater la gueule, c'est sûr, vu le nombre de crouilles qui les entourent. » Depuis, parce qu'il n'a pas entendu parler de la guerre d'Indépendance ni de celle des Six Jours, nous occupons le rôle de membres virtuels de l'équipe du reste du monde et de remplaçants dans l'équipe de France.

Aujourd'hui, les Français étant assez nombreux, nous gagnons nos places dans l'équipe des étrangers. Grâce à la dextérité du jeu de Julien également.

Le match commence. José engage. Excellent joueur, ses dribbles sont vifs, saillants, efficaces. Il faut dire qu'il bénéficie de deux conditions favorables : tous ses équipiers jouent sur lui et tous ses adversaires hésitent à aller au contact. Il arrive devant les « cages », extrémités de deux bancs placés en bordure de la place.

Le plongeon d'Eddy est craintif, retenu. Il sait ne pas avoir intérêt à faucher le caïd s'il souhaite continuer sa carrière de goal dans l'équipe de France. José l'évite et pousse le ballon.

La clameur est stupéfiante. Douze enfants hurlent à pleins poumons en se jetant sur leur capitaine. La joie est exagérée, comme tout sentiment dans notre monde pétri de pudeur. Crier sa joie, c'est exprimer que l'émotion est une faiblesse et que seule son exagération semble acceptable. De la même manière, face à quelqu'un qui vous énerve, vous ne devez pas vous montrer énervé, ce qui révélerait une fragilité, mais insulter ou, mieux, frapper. L'émotion, c'est pour les gonzesses ; le rapport de force, pour les mecs.

Mounir

Elle s'appelle Djamila. « La première Française de la famille », a clamé papa à tonton Ali en rentrant de l'hôpital. Je ne sais pas si c'était ce qui le rendait heureux ou le fait d'avoir une fille.

— Une Française, a répété Tarik, songeur. Tu crois qu'elle est blonde ? Si ça se trouve, elle a les yeux bleus !

Parfois je me demande si j'ai été aussi con à son âge.

— Les enfants, je vous amène voir votre sœur, lance notre père, euphorique. Allez vous habiller. Mettez de beaux vêtements.

La naissance de cette petite l'a transfiguré. Il est heureux et le montre. Et nous remercions le bébé, que nous ne connaissons pas encore, d'avoir réussi ce prodige.

Je suis frappé par l'ambiance de la maternité. C'est comme débarquer sur une autre planète. Tout le monde sourit, parle doucement, marche lentement, affiche un air heureux qui confine à la béatitude ou à la stupidité. Même mon père paraît shooté. Il nous conduit vers la chambre de maman avec un air guilleret, saluant tout le monde sur le passage.

Quand nous entrons, maman offre un sourire radieux. Elle est visiblement satisfaite de nous voir aussi bien habillés et coiffés. Elle jette un rapide coup d'œil à sa voisine afin de vérifier qu'elle ne perd rien de cette jolie scène de retrouvailles. Papa nous pousse dans le dos pour que nous saluions la dite voisine et embrassions maman. Bon, nous avons compris : il faut jouer aux petits Français. Nous nous exécutons et, tandis que notre père s'adresse à notre mère, Tarik et moi nous penchons sur le berceau.

— C'est pas du tout une Française ! marmonne mon frère, déçu. Franchement, elle est moche.

Djamila possède une petite bouche aux lèvres bien dessinées, des yeux sombres. Quelques cheveux noirs et lisses tentent de conquérir son crâne.

— Tu dis n'importe quoi ! Elle est super belle.

Il me dévisage avec curiosité.

— T'es sérieux ?

— Ben oui. T'es vraiment nul de parler comme ça, toi !

— J'dis c'que je pense c'est tout. Regarde sa peau pleine de taches. Et son nez, il est tellement petit qu'on dirait qu'ils lui ont fait des trous sur le visage. L'autre là-bas, il est beaucoup plus beau, non ?

Il me désigne le bébé de la voisine de chambre, au visage rond, au teint clair.

— Si c'est pour balancer des conneries pareilles, vaut mieux que tu la fermes.

Mon frère hausse les épaules et reprend son observation inquiète.

— Faut toujours que tu dises le contraire de moi, geint-il. Non, elle est pas française du tout du tout !

Sur ce point-là, je ne peux le contredire.

— En tout cas, moi j'aurais préféré un garçon, continue Tarik. À quoi j'vais jouer avec elle ?

Avec près de dix ans de plus que le nouveau-né, il n'aurait de toute façon pas pu s'amuser avec un petit frère.

Maman se penche sur Djamila, la prend dans ses bras, heureuse. Elle a honoré son mari et sa famille en leur donnant une descendance masculine mais elle avait envie d'une fille, de robes, de poupées.

« Et avec qui je vais discuter plus tard ? Mes fils ? Ils parlent pas à leur mère ! Et qui va m'aider ? Déjà qu'avec deux garçons c'est difficile et que je fais tout toute seule », avait-elle confié à la voisine. Laquelle avait opiné du chef pour exprimer sa compassion, elle qui, avec deux grandes filles et trois garçons, avait le temps d'aller prendre le café chez les copines.

C'est vrai, maman n'arrête pas de travailler. Elle cuisine, fait les courses, le ménage afin que nous trouvions la maison propre et la table dressée le soir. Quand papa rentre, elle le surveille du coin de l'œil, cherchant à anticiper ses attentes, à repérer les menues manifestations de sa satisfaction. Les remerciements étant rarement formulés, elle les cherche dans d'imperceptibles signes. Il s'assoit à table, regarde ses deux enfants en pyjama, les salades posées devant lui, respire le fumet du faitout encore sur le feu et sourit. Son visage se détend et, alors, il pose les yeux sur son épouse. Un échange rapide, presque imperceptible, à travers lequel passent tellement de mots. Alors maman redresse ses épaules, relève la tête, saisit le plat et sert.

J'ai tendance à être comme papa. Quand je reviens de classe elle me regarde avec une tendresse infinie. J'ai envie de courir vers elle, de l'embrasser, de lui dire que je l'aime, mais j'en suis incapable. Je me contente donc de lui sourire. De déposer un rapide baiser sur sa joue de temps en temps. J'ai le sentiment qu'un homme doit se comporter ainsi. Elle ne m'en veut pas, je pense, elle comprend. Je suis d'ailleurs sûr qu'elle lit l'amour que j'éprouve pour elle dans mes yeux.

Tarik s'avère plus expressif. Il se blottit dans ses bras, la couvre de baisers, la fait rire. Maman dit qu'il lui rappelle son frère Hassan. Elle nous parle souvent de sa famille, restée au Maroc. Les oncles, les tantes, les cousins et les cousines ont un prénom, une qualité et quelques anecdotes qui les caractérisent. « Samir, l'acrobate ? » « Zora qui fait des Mounas ? » « Morad qui raconte les histoires ? » Des formes floues qui habitent avec nous et dont les mouvements, au détour d'une histoire, derrière l'arôme d'un plat ou à une date anniversaire, viennent embuer les yeux de notre mère.

— J'ai trouvé un autre logement, annonce papa à la maternité.

L'information nous surprend.

— On va déménager ? s'enquiert Tarik.

— Oui, avec Djamila, l'appartement sera trop petit.

Nous n'avions pas pensé à ça. Et papa et maman n'ont jamais évoqué ce projet. Je me mets un instant à espérer que nous irons à notre tour habiter vers les Gratte-Ciel et retrouver Raphaël.

— On part où ?

— À Vaulx-en-Velin.

Je suis déçu mais ne veux pas le montrer, papa a tellement l'air de se réjouir.

— C'est où ça ?

— Pas très loin. Après le marché aux puces.

J'ai accompagné mon père là-bas à plusieurs reprises. Nous avions pris le bus. C'était long, donc loin. Plus loin que les Gratte-Ciel.

— Tous mes collègues vont y habiter, explique-t-il, afin de justifier sa décision.

Pour lui, collègue veut dire copain ou connaissance.

Je jette un regard circonspect sur Djamila. C'est à cause d'elle que nous quittons le quartier.

— Et nous irons au Maroc présenter votre petite sœur à la famille, ajoute maman en couvant le bébé d'un regard tendre.

Décidément, à peine débarquée, la gamine chamboule nos vies ! Mais, ce coup-ci, la nouvelle est plutôt bonne. Car si, chaque année, les parents projettent de passer les vacances au Maroc, papa renonce systématiquement quelques semaines avant le départ. Maman murmure qu'il veut retourner voir les siens les mains pleines, couvrir la famille de cadeaux, leur montrer que son exil n'était pas une erreur. Je pense plutôt qu'il souhaite s'endurcir, se sentir suffisamment devenu français pour, de retour chez lui, face aux siens, sur la terre qu'il a mouillée de ses larmes d'enfants, ne pas se laisser emporter par une nostalgie plus forte que sa fierté.

Raphaël

Il n'y a pas réellement de bande de la Cité. Pour créer une vraie bande, il faut être nombreux, unis, entraînés. Or, on compte juste une vingtaine de grands au quartier dont, parmi eux, bien peu capables d'accepter la discipline ou de posséder le courage nécessaire à la création d'un gang de guerriers urbains. La dizaine de vrais durs a donc intégré la horde du quartier voisin : Bonneterre.

La bande de Bonneterre ! Un mythe ! De vrais héros pour les gamins que nous sommes. Nous en parlons avec admiration et crainte et le sujet nourrit de multiples conversations, plus souvent fondées sur des supputations ou des mensonges que de véritables faits.

Car nous savons peu de choses d'eux. Le secret est de mise dans ce milieu mais les quelques révélations, les rares anecdotes et récits parvenus ont suffi à façonner la légende.

La bande, c'est une confrérie de mauvais garçons de plus de vingt ans, investissant rage et révoltes dans la défense d'un code d'honneur fondé sur la préservation d'un territoire, le culte de la force physique, la solidarité.

Entrer dans un clan de ce genre impose de se soumettre à un ensemble de rites d'initiation. Pour Bonneterre, on raconte que tout candidat, coopté par un ou plusieurs membres, doit accepter des épreuves physiques dont l'une des moindres serait de faire deux cents pompes avec un poids de vingt kilos sur le dos. La pire consiste, paraît-il, à recevoir cinquante coups de fouets sans montrer le moindre signe de souffrance ! C'est Miguel, le petit frère de Manuel Dominguez, qui nous l'a dit. Son aîné serait rentré un jour le dos en sang. Et même si Miguel a la réputation d'être un sacré baratineur, nous avons voulu y croire. Ce genre d'histoires, nous nous en gargarisons à longueur de journée ; sur elles nous élaborons notre définition de la bravoure.

Bonneterre a longtemps eu pour rivale une autre bande de Villeurbanne, celle des Buers. Leurs affrontements, visant à jauger leurs forces et définir une sorte de suprématie sur la ville, se traduisaient, selon les rumeurs, par des batailles violentes. Les deux camps se donnaient rendez-vous sur un terrain vague, se faisaient face dans un silence lourd de ressentiments et menaces, puis, une fois l'ordre lancé par les chefs, se ruaient l'un sur l'autre en hurlant. À coups de poings, de chaînes, de barres à mine, chacune tentait de faire reculer l'autre jusqu'à l'abandon. Mais la violence était soumise à un code tacitement accepté, des règles dont la dynamique tendait vers un idéal : l'honneur. Partageant ces valeurs, les deux clans se portaient un certain respect. Une considération renforcée par l'absence de suprématie d'un gang sur l'autre. Elles finirent par s'allier pour affronter un ennemi commun. Un ennemi idéal : agressif, ambitieux, irrespectueux des codes, situé à quelques rues seulement, et, surtout, différent. La bande d'Olivier-de-Serres.

La réputation de ce clan a vite gagné Villeurbanne, Lyon, puis l'ensemble des communes voisines par voie d'histoires parfois vraies, souvent fausses, toujours exagérées. La hargne que vouent à Olivier-de-Serres les autres clans, tourne autour de deux chefs d'accusation. Le premier : cette bande ne respecte aucune règle ; ses membres manient le couteau et la lame de rasoir, s'attaquent à des éléments isolés, lancent des attaques surprises, volent leurs victimes. La seconde est, sans doute, celle qui donne une dimension irréversible à ce qui est vite devenu une haine. Au cours d'une bagarre, un jeune d'Olivier-de-Serres aurait tué le chef de Bonneterre en lui plantant une hache dans le dos. Jusqu'alors, les rixes n'avaient jamais fait de mort, le code interdisant les coups mortels et l'utilisation de lames. Bonneterre a enterré son leader, en a désigné un autre et a entamé une lutte sans merci contre

Olivier-de-Serres. Une guerre qui a conduit d'autres groupes à se rallier à Bonneterre contre Olivier-de-Serres.

Nous, les petits du quartier, âgés entre dix et quinze ans, avons vite senti que les choses changeaient. La tension est plus forte avant une rencontre, tout comme le ressentiment, après. Ceux qui ont habité la célèbre rue ne s'en vantent pas trop. Je pense parfois à Mounir, resté là-bas. Côtoie-t-il les monstres ? S'agit-il des grands frères de ceux qui étaient nos copains ? Lui-même est-il proche d'eux ? Les admire-t-il ?

Je ne suis jamais retourné dans mon ancien quartier. Je pense parfois à Mounir, à notre amitié. Il me manque mais je me sens incapable de lui rendre visite. Peut-être a-t-il changé ? Est-il devenu lui aussi un bagarreur ? Je n'ose le croire. On raconte que les jeunes du coin ne laissent entrer aucun inconnu dans leur zone, que certains se sont vus détroussés après s'être fait casser la figure. On rapporte même qu'un Français en est revenu en slip. Je n'ai pas peur d'y aller ; ils ne me feraient rien et il y aura toujours une connaissance pour les en empêcher. Mais il me semble que revenir là-bas reviendrait à trahir mon nouveau territoire.

Mounir

De légers tremblements agitent mes mains, et mon corps semble doucement échapper à tout contrôle. Des ondes électriques flottent sur mon crâne et je suis certain de pouvoir compter mes cheveux. J'ai envie de faire demi-tour et de m'enfuir.

Mais je ne peux pas me dégonfler. Trop la honte ! Les autres ne l'oublieraient jamais et se foutraient ensuite de moi. Non, ne pas penser à la fuite.

« C'est super simple, je vous dis. Je l'ai déjà fait plein de fois. Comment vous croyez que j'ai vu tous ces films de kung-fu ? C'est Bruce Lee cette semaine, les mecs ! nous avait dit Moktar. Le plus grand. Le roi du kung-fu ! Vous ne pouvez pas rater ça quand même ! »

Je me suis laissé entraîner sans songer aux risques, à la trouille. J'ai juste imaginé le plaisir d'être assis dans une salle de cinéma pour voir un des films dont Moktar nous rebat les oreilles.

Tarik est à mes côtés. Quelle idée de l'avoir embarqué dans cette stupide aventure. Je pense à ce qui pourrait nous arriver si on se faisait chopper. Je songe aussi à papa et maman. Ils auraient honte, m'en voudraient d'avoir entraîné mon frère. Ne suis-je pas responsable de lui, comme papa ne cesse de me le rappeler ? « Un grand frère c'est comme un autre père ! »

Je le regarde, adossé au mur. J'ai envie de lui demander pardon, de lui conseiller de partir tant qu'il en est encore temps ! Oui, le prendre par la main et courir. Après tout, que m'importe que les autres se moquent. Mais Tarik m'en voudrait. Je ne serais plus son héros, son modèle. Nos yeux se croisent, mon frère semble serein.

Me faisant totalement confiance, il doit penser que j'ai évalué les dangers. Un grand frère raisonnable et responsable.

— Attention, je les entends arriver ! Krim, tu retiens la porte dès que le dernier est passé !

— Pourquoi moi ? murmure Krim sans attendre de réponse.

Les portes s'ouvrent et les spectateurs sortent lentement. Ils ne sont pas nombreux. Une vingtaine de jeunes affichant un sourire idiot. Certains tentent quelques gestes de kung-fu ou poussent des cris de chat en riant.

— Voilà la resquille ! lance un mec de dix-huit ans environ en nous désignant à ses copains.

Tous rient en découvrant six gamins adossés au mur du ciné.

Merde ! On est repérés ! Tant mieux. Nous allons pouvoir faire demi-tour sans crainte du ridicule. Je sens mes muscles se décontracter et une onde chaude me parcourir. Au moment où j'amorce le mouvement de retrait, Moktar me prend le bras.

— Où tu vas ?

— Ben… ils nous ont vus.

— Et alors ? C'est eux les patrons du ciné ? C'est juste des petits cons qui ont payé leurs places.

Il me fait signe de reprendre mon poste.

— Ah, d'accord… Super.

La peur revient immédiatement avec un goût de bile.

Quand le dernier spectateur sort, Krim bloque la porte du pied.

— C'est bon, dit-il. Y a plus personne.

Moktar fait un signe, genre capitaine signalant l'ordre de marche à sa troupe. Nous pénétrons dans un couloir lugubre. Tarik est derrière moi. Je cherche sa main mais ne la trouve pas. Mes jambes tremblent.

Nous parcourons une dizaine de mètres avant d'arriver devant une autre porte à battants.

Moktar colle son visage entre les deux.

— Qu'est-ce qu'il fait ? chuchote Karim.

— Il regarde qu'il n'y a personne dans la salle, répond Krim.

— Zob, s'il en reste un et qu'il a envie de sortir, Moktar va manger ses dents, souffle Ahmed.

Tarik pouffe ; son rire me détend. Une libération nerveuse qui transforme mon stress en ricanements. Gloussements, bruits de gorge, étranglements et nous voici atteints d'un fou rire.

— Vos gueules ! marmonne Krim, imperturbable.

— On peut y aller, annonce Moktar.

Le chef sort de son blouson une tige en fer qui ressemble à un bout de cintre, la glisse entre les battants, exerce un mouvement de levier jusqu'à ce que l'ouverture soit suffisante pour glisser une main entre les deux jointures de caoutchouc. Il ouvre la porte et nous nous engouffrons dans la salle éclairée.

— Par ici, dit-il.

Moktar se glisse au deuxième rang, plonge au sol et nous indique de l'imiter.

Nous nous allongeons sur la moquette.

Le visage de Krim se trouve face au mien.

— Des fois, ils passent la tête dans la salle pour vérifier. Dès qu'on entend les premiers spectateurs entrer, on se relève.

Tarik se trouve à mes côtés. Nous regardons la moquette poisseuse. Des papiers de bonbons, des chocolats écrasés et divers résidus indéterminés jonchent les motifs sombres du tissu. Mon frère fait la grimace.

Nous nous taisons quelques secondes.

— Putain, c'est plein de Hnouna ! plaisante Karim.

Tarik éclate alors d'un rire nerveux.

— Ta gueule, connard. Wallah, si on se fait choper à cause de toi je t'explose la tête ! menace Moktar.

— Tu fais quoi ? je demande en serrant les dents, soudain menaçant. Tu vas exploser la tête de mon frère ? La putain de ta mère ! Si tu lui parles encore comme ça, c'est moi qui te nique la gueule !

Je ne suis pas un grand bagarreur, j'ai juste enregistré les postures, les mimiques et les mots nécessaires pour me faire respecter. Un jeu convaincant car Moktar hausse les épaules.

— Ça va, t'énerve pas, répond-il, conciliant. C'est juste qu'il déconne ton frère et qu'on risque de se faire paner.

Le silence revient. Je perçois des bruits lointains. La moquette dégage une odeur de moisi qui agresse mes narines.

Brusquement, je me sens ridicule. Qu'est-ce que je fous, là, allongé comme un chien, silencieux comme un chat et grelottant de trac tel un rat ?

Merde, en être réduit à ça pour voir un film !

Je pense à tous les petits blonds qui doivent faire la queue devant un cinéma moderne pour le dernier Disney. Ils s'installeront confortablement dans des fauteuils moelleux (ceux-là sont en bois et graffités au stylo et au canif) et leurs parents leur achèteront des bonbons La pie qui chante ou un esquimau Miko.

Mon père et ma mère ne sont jamais allés au cinéma. Je ne sais même pas s'ils y ont songé un jour. J'ai pensé à leur proposer une sortie en famille une fois. Aller jouer les Français, un dimanche après-midi. Mais je n'ai pas osé, trouvant l'idée déplacée. Je ne saurais dire clairement pourquoi. Peut-être parce que papa et maman se seraient sentis mal à l'aise. Parce qu'ils n'auraient pas su où se diriger, quoi demander, comment se comporter. Parce que leurs zones de vie, leurs quartiers, leurs habitudes, ils ne les quittent jamais. Le travail, le pâté d'immeuble et ses bancs, le marché et, une fois par mois, la grande sortie à Carrefour. De toute façon, ils auraient jugé les places trop chères.

— C'est bon, on se relève les mecs.

Nous nous asseyons le plus discrètement possible. Les regards de quelques clients réguliers coulent vers nous. Certains paraissent agacés par cette présence clandestine, sans doute jaloux de nous voir profiter gratuitement de la séance.

Mon stress ne cesse que lorsque la lumière s'éteint enfin. Je me réjouis : je vais enfin voir un film du roi du kung-fu. Bruce Lee… l'un des hommes les plus forts du monde !

Mais, quand il apparaît à l'écran, l'allure chétive de l'acteur chinois me surprend. Est-ce bien lui le roi du kung-fu ? Ce petit homme au regard gêné, se courbant devant chaque Occidental pour exprimer sa gêne d'être différent ? Cet asiatique à la démarche curieuse qui porte des chaussons de danse ? Arrive alors la scène de l'humiliation. On ne l'aime pas parce qu'il est étranger. On se moque de lui, mais il ne répond rien, baisse les yeux, sourit timidement. Allez Bruce, ne les laisse pas te traiter ainsi ! Comme s'il m'avait entendu, enfin, le voilà bandant les incroyables muscles que cachait sa tenue ! Brusquement guerrier, il retrouve sa fierté, sa rage de vaincre et massacre les méchants à la seule force de son art. Je suis hypnotisé par les scènes de combat. Tarik, les yeux écarquillés, se tortille dans son fauteuil, accompagnant les mouvements du héros de légers soubresauts. Il jubile ; sa joie amplifie la mienne.

Fin du film *La Fureur du dragon.*

À l'extérieur, les copains se remémorent les meilleurs passages, miment des gestes, exultent. J'essaie, pour ma part, de maîtriser mon excitation, de comprendre pourquoi j'ai pris tant de plaisir.

Puis je réalise m'être identifié à cet individu d'apparence faible qui, après avoir été humilié, montre sa véritable valeur et parvient à réduire en bouillie ses agresseurs.

V

La guerre, ici, là-bas

Raphaël

Octobre 1973

Je jeûne pour la première fois. Je n'ai pas encore l'âge de la bar-mitsva, celui d'homme, mais je me suis décidé à imiter mes copains. Vingt-quatre heures sans rien avaler : l'aventure m'a paru hasardeuse, voire impossible, mais je me suis lancé pour faire comme les autres et entrer dans cette communauté à laquelle je ne me sens pas encore suffisamment appartenir. Je me suis rendu à la synagogue à onze heures du matin. Les plus pratiquants, levés bien plus tôt, prient avec ferveur, tête baissée, se frappant la poitrine à l'évocation de leurs fautes. Dans quelques heures arriveront ceux moins accrochés à la religion qu'aux traditions. Ils paraderont dans les tenues à la mode et resteront à discuter dans les couloirs. Puis, au dernier moment, avant la sonnerie du chofar annonçant la fin du jeûne, « les juifs de Kippour » pointeront le bout de leur nez. Nous les appelons ainsi car, bien souvent, seule cette fête les relie encore au judaïsme. Ils apparaîtront épuisés par une épreuve dont ils auront tenté d'amoindrir les effets en passant le plus clair de leur temps au lit ou devant la télé. Ils placeront sur leurs épaules un châle de prière en forme d'écharpe, comme ceux dont on affuble les enfants, attendront les plaintes lancinantes que le rabbin parviendra à extraire de la corne de bélier, puis se jetteront sur les gâteaux, dont ils auront bourré leurs poches, comme si leur vie en dépendait.

Pour ma part, ne sachant pas encore bien lire l'hébreu, je me contente d'écouter les prières, assis entre mon père et mon grand-père. Je suis tenté de rejoindre Julien et les copains à l'extérieur de la synagogue pour jouer mais être là, parmi les hommes, dans cette atmosphère de recueillement, me comble de fierté.

L'air est chaud et lourd des haleines expulsées au rythme des incantations. Je guette les morsures de la faim, m'étonne qu'elles ne soient pas plus virulentes.

— Je suis fier de toi, murmure mon grand-père en me caressant le dos.

Ses mots me touchent. Il parle de moins en moins, papi. Ou alors tout seul.

Soudain un homme pousse les portes avec vigueur, les faisant claquer, attirant les regards. Ignorant les reproches et les incitations à la discrétion, il traverse la salle de prière pour fondre vers le rabbin, se penche sur lui et lui glisse quelques mots à l'oreille. Le rabbin relève la tête et le dévisage avec un étonnement teinté d'horreur. S'ensuit une conversation vive, à voix basse. Des murmures s'élèvent, chacun tentant de comprendre les raisons de cette interruption du rite et la panique inscrite sur le visage du rabbin.

Celui-ci se lève alors et rejoint le pupitre, le visage ravagé par une indicible souffrance.

— Mes chers amis… Je viens d'apprendre une terrible nouvelle, annonce-t-il en désignant d'un léger mouvement de tête son informateur.

Ce dernier s'est placé à ses côtés, grave et plein d'importance.

— Je viens d'apprendre… Qu'Israël a été attaqué par plusieurs pays arabes.

L'information déclenche un incroyable vacarme. Des cris, des exclamations de surprise et d'indignation.

— Ils ont attendu que nous soyons en pleine fête de Kippour, affaiblis par le jeûne, concentrés sur nos prières pour lancer leur assaut ! s'enflamme alors le rabbin, scandalisé.

Des hommes se mettent à crier « Pourritures ! », « Ce sont des lâches », « C'est ça les Arabes ! » et autres invectives que chacun n'aurait jamais pensé entendre en un tel lieu.

— Je n'ai pas plus d'informations à vous délivrer pour l'instant. Alors, la seule chose que nous puissions faire, c'est de prier !

Prions pour les soldats ! Prions pour Israël ! Prions pour que Dieu punisse les scélérats et donne la victoire à nos frères ! Ham Israël Haï ! Le peuple d'Israël vivra !

Ses mots ont électrisé les fidèles.

Tout le monde se lève et entonne avec ferveur une prière. Ceux qui, comme moi, ne connaissent pas les paroles des litanies entonnées se contentent de répondre amen à chaque fin de phrase. Des amen gorgés de force, débordant de rage, chargés de conviction. Des amen comme des armes. Des amen plein de larmes. Car nos frères seront nombreux à tomber, nous le savons.

Mais nous avons l'espoir qu'ils viendront à bout des agresseurs. Parce qu'ils n'ont pas d'autres choix. Parce que c'est Kippour et que nous sommes là. Parce que nos prières sont belles, sincères et fortes.

Les portes du ciel s'ouvrent à Kippour. Dieu nous entendra. Dieu nous jugera. Dieu nous pardonnera. Et les punira.

« Israël vivra, Israël vaincra », avaient scandé les juifs du monde entier. Ce fut le cas. L'armée israélienne finit par repousser les attaques et prit le Sinaï aux Égyptiens et une partie du Golan aux Syriens. Mais le nombre de morts interdit à mes parents toute manifestation de joie et imposa le recueillement.

Mounir

La nouvelle a fusé à travers le quartier. Les pays arabes ont attaqué Israël !

— Ils sont en train de les défoncer ! se réjouit Momo.

— Et alors, qu'est-ce que t'en as à foutre toi ? T'es Algérien, pas Palestinien, lui rétorque Toufik.

— Je suis solidaire ! Ils sont musulmans comme nous !

— Et depuis quand les musulmans sont solidaires ?

Je ne comprends pas l'enjeu de cette guerre ni celui de cette conversation mais la question de Toufik m'interpelle. Sommes-nous solidaires ? Il paraît que les juifs le sont, qu'ils s'entraident, se soutiennent humainement et financièrement. On raconte même qu'ils agissent comme dans les films, telle une sorte de société secrète se retrouvant pour se filer de bons tuyaux et faire du fric. Alors, nous autres musulmans, sommes-nous capables d'être unis à propos de ce conflit ?

— On doit l'être, c'est un devoir.

— Regarde, rien qu'ici on a du mal à ne pas se foutre les uns des autres !

— Pour se charrier !

— Sincèrement, moi j'en ai rien à faire des palos. Et pareil pour les juifs. Je vais même te dire un truc, j'ai pas mal de potes juifs. Et c'est chez eux que je vais me saper.

— Y a des juifs qui volent la terre de musulmans et toi tu te ranges du côté de ces pourris ? s'indigne Momo.

— Je t'explique que cette guerre, je m'en tape ! Elle ne me concerne pas ! Enfin, un peu quand même puisque les armées arabes ont attaqué en plein jour de Kippour et qu'on va encore en prendre plein la gueule du genre « les Arabes sont des traîtres » !

— Et alors ? Tu voulais quoi ? Qu'ils leur envoient un préavis par courrier ? C'est la guerre mon pote, pas un jeu !

— Et les Syriens disent que c'est pas vrai, que c'est Israël qui a commencé, ajoute Mourad.

Les ondes de la déflagration provoquée par la guerre de Kippour, comme l'appellent déjà les journalistes, sont parvenues jusqu'à nous. Selon les premières informations, les troupes arabes, profitant de l'effet de surprise, ont en effet « défoncé » les lignes ennemies. Israël compte de nombreuses pertes.

Israël peut donc perdre ? Les juifs être vaincus ? Malgré leur fric, leurs armes ? J'avais fini par les croire tout-puissants, nourris de cette rage propre aux victimes lorsqu'elles se relèvent et se promettent de ne plus jamais donner aux ennemis l'occasion de les martyriser. Enfin, je ne le formalisais pas ainsi, mais, pour moi, les juifs c'étaient un peu comme dans les films de Bruce Lee : la rage de vaincre ou, tout au moins, de ne plus être vaincus.

— Tu vois le problème de ces connards, c'est leur arrogance, explique Momo, comme s'il avait entendu mes pensées. Ils se sont crus intouchables, invincibles. C'est ça les juifs. Comment il disait déjà cet abruti de De Gaulle ? « Un peuple sûr de lui et dominateur », je crois.

— Ouais. Il a aussi dit « Je vous ai compris », ironise Toufik.

— Bon, ça va être l'heure, annonce Mourad en regardant sa montre.

Nous sommes en plein ramadan et la nuit ne va pas tarder à tomber.

Le mois saint n'est pas respecté de la même manière par les habitants du quartier. Il y a ceux qui pratiquent le jeûne avec dévotion, ceux qui trouvent de nombreuses justifications à leurs manquements et, enfin, les rebelles, catégorie principalement constituée de jeunes désirant profiter des attraits de la vie occidentale : cigarettes, alcool, femmes… À la maison, papa et maman suivent le jeûne, mais ils nous en dispensent, arguant qu'il n'est pas possible d'étudier sans manger. J'ai été tenté de répondre à mon père qu'il travaillait dur sans manger ni boire mais m'en suis abstenu. Après tout, la dispense m'arrange. Nous ne nous privons donc de nourriture que durant les week-ends.

Le soir, devant la table somptueusement dressée, recouverte de plats aux couleurs séduisantes, aux délicieuses odeurs, nous nous sentons gagnés par une joie et une sérénité qu'aucun autre moment de l'année ne procure. Parce que nous sommes ensemble, dînant comme des princes, affranchis du stress quotidien, ignorant la guerre, évacuant les problèmes qui, demain, ressurgiront. Parce que, dans les appartements voisins, les autres familles font de même tout comme, ailleurs dans le monde, des millions de fidèles.

C'est peut-être ce partage qui nous unit aux autres musulmans.

Raphaël

Juin-juillet 1976

Nous pique-niquons au bord de l'eau, au camping de Jassans, près de Villefranche. Ce lieu, devenu le point de ralliement de la famille et des amis parce qu'il offre la possibilité aux citadins de venir passer la journée sur des étendues d'herbes rares tout en ayant accès à la piscine, est notre sortie préférée. Nous passons le temps à plonger et nager pendant que les adultes se prélassent à l'ombre des arbres. L'ambiance leur rappelle le Maroc. À treize heures, nous les rejoignons pour dévorer merguez et brochettes.

Nous sommes en train de manger en écoutant les discussions et la musique diffusée par la radio que papa transporte pour suivre les infos et les résultats du tiercé, quand il pousse un cri.

— Taisez-vous ! Israël !

Chacun tend l'oreille. Un flash spécial annonce qu'un avion en provenance de Tel Aviv a été détourné vers une destination inconnue.

Le flash se termine et notre joie s'évanouit d'un coup. Les visages des adultes sont figés. Les plus petits réclament des explications. Les aînés échangent des considérations consternées.

Personne n'a le cœur à s'amuser.

Durant la semaine, nous vivons au rythme des journaux télévisés. Les terroristes sont palestiniens, information, pour papa, de mauvais augure.

— Ils vont les tuer. Ils ont tué des athlètes, des enfants dans une crèche, ils tueront aussi les passagers.

— Non, Israël ne laissera pas faire.

— Que veux-tu que l'armée fasse ? L'avion et ses otages sont à des milliers de kilomètres, en Ouganda, chez ce dingue d'Idi Amin Dada.

— J'ai appris que monsieur et madame Hadjadj, de Meyzieu, font partie des otages, lâche maman.

— Les parents de Moïse ?

— Oui.

— Je ne les connais pas. J'ai seulement rencontré Moïse à deux ou trois reprises.

La nouvelle le plonge dans l'hébétude. La prise d'otages devient plus concrète, les terroristes menaçants. Il réalise que nous pouvons, tous, finir un jour entre les mains de tueurs.

Deux semaines plus tard, nous reprenons la route de Jassans. Les négociations n'avancent pas. Les nouvelles sont pessimistes mais papa, maman, les tantes et les oncles, ont décidé de ne pas priver les enfants d'une journée de plaisir.

Nous allons nous tremper sans que le cœur y soit. Seuls les petits s'amusent.

Lorsque nous rentrons déjeuner, un flash info retentit ; j'ai l'impression de revivre la même scène que deux semaines plus tôt.

On tend l'oreille. Le journaliste, d'une voix enthousiaste, énonce l'incroyable nouvelle. L'armée israélienne a mené un raid durant la nuit. Une opération spéciale qui… a libéré les otages.

Papa et tonton Jo poussent des cris de joie. Nous les imitons et nous jetons dans les bras les uns des autres. Les adultes pleurent, dansent sous les regards médusés des familles qui pique-niquent à côté.

— Israël vivra ! Israël vaincra ! se met à crier papa à tue-tête.

Nous ne l'avons jamais vu si heureux, si expansif. Et nous reprenons à notre tour ses paroles en sautant sur place.

Puis la nouvelle se diffuse et de nombreuses personnes nous saluent, certaines nous applaudissent, comme si nous étions les représentants de cette armée de héros.

À cet instant, nous le sommes pleinement.

Mounir

Le feu d'artifice vient de se terminer. Le ciel s'est éteint. La place du Jet-d'Eau se vide. La foule s'écoule dans les rues comme un fleuve trop longtemps retenu. Dans la bousculade, j'ai perdu le reste de la bande. Je retourne vers le banc autour duquel nous étions regroupés quelques minutes auparavant quand une ombre approche en même temps que moi. La lumière d'un lampadaire me révèle son visage.

Il est face à moi. Nous ne nous sommes pas revus depuis longtemps, il est plus grand mais son visage a conservé la même fragilité.

— Oh, putain ! Raphaël !

L'ado me sourit. J'hésite à lui tendre la main. Il le fait avant moi.

— J'étais là avec des potes, dit-il. Je les ai paumés.

— Moi aussi.

Que se dire d'autre ? Nous sommes trop pudiques pour exprimer le plaisir de nous revoir, embarrassés de ne jamais avoir renoué contact et surpris de nous rencontrer.

— Il était bien ce feu d'artifice !

Je n'ai trouvé que cette banalité pour rompre le silence trop lourd mais la regrette aussitôt.

— Tu as le droit de sortir tard ? interroge Raphaël.

— Oui. Mes parents sont cools. Et c'est le 14 juillet !

— Moi, je vais me faire tuer. Mes parents ne veulent pas que je sorte avec mes potes. J'ai fait ma bar-mitsva, j'ai presque quatorze ans mais ils disent que je suis encore trop jeune. Alors je les ai baratinés en leur faisant croire que j'allais voir le feu d'artifice avec ma cousine.

— Tu devrais peut-être rentrer alors !

— Bof. Maintenant je suis plus à dix minutes près.

— Ouais, tu as raison.

— Ouais.

Empêtrés dans des émotions puériles, nous sommes incapables d'exprimer la plus importante : la joie de se revoir.

Je me lève.

— Moi je vais y aller, j'annonce.

Je me sens nul de partir déjà.

— Je vais marcher avec toi, comme ça on discutera.

Sur le chemin, Raphaël se creuse la tête pour trouver un sujet de conversation. Pour ma part, j'ai abdiqué. Je me fie à ses compétences en bavardage. Il a dû les conserver.

— C'est comment le quartier maintenant ? demande-t-il enfin.

— J'habite à Vaulx-en-Velin. Mais j'y suis retourné deux ou trois fois. C'est… Comme avant. Enfin… presque. Et toi ?

— On se marre bien.

— Comme nous.

— Tu connais la bande de la rue Olivier-de-Serres… C'est de vrais durs, hein ?

Je comprends qu'il regrette aussitôt d'avoir posé la question. Le sujet est délicat et pourrait tout gâcher.

— Des cons plutôt. Des mecs qui glandent toute la journée et parlent que de se battre.

— Ah, ouais ?

— Oui. La plupart. Et dans ton quartier, il y a une bande ?

— Pas vraiment. Les grands font partie de celle de Bonneterre.

— Bonneterre… Leurs ennemis.

— Oui… je sais.

S'ensuit un bref silence.

— C'est vrai que les mecs d'Olivier-de-Serres ont tué le chef de Bonneterre ? reprend-il alors.

— Qui t'a raconté ça ?

— C'est ce qu'on dit chez nous.

— J'en ai jamais entendu parler.

— Ça doit être des conneries alors.

Les rues sont maintenant désertes. Je me sens grand. Fort. Je n'ai peur de rien. Le contact soyeux de l'air chaud agit en révélateur de maturité. Nous discutons comme deux grands habitués à se retrouver dehors à cette heure et en sommes fiers.

Nos pas nous conduisent au cours Émile-Zola.

— Putain les chtars, souffle Raphaël en me montrant une fourgonnette garée.

L'ambiance de la rue, la singularité de cette rencontre, la crainte de voir les policiers se ruer sur nous pour vérifier nos identités, provoquent une montée d'adrénaline qui accroît mon sentiment de puissance.

— Merde, j'ai pas de papiers, annonce Raphaël. S'ils nous contrôlent, ils vont appeler mes parents. Je vais me faire tuer.

Un mélange de crainte et de résignation perce dans sa voix. Je me sens plus fort que lui maintenant.

La fourgonnette effectue une marche arrière tous feux éteints pour se retirer dans une rue adjacente. Les policiers nous observent avec étonnement. J'ai l'impression qu'ils essaient de nous dire quelque chose, mais je soutiens leurs regards et continue à avancer. Décidément, ce soir, je me sens capable de tout. Raphaël me prend le bras. Me retient-il craignant que je brave les flics ?

— Ça va, laisse tomber ! On les emmerde ! je lui lance en me dégageant.

Il me lâche et cesse de marcher. Je surprends alors sur son visage un effroi à mes yeux disproportionné, mais je me retourne pour scruter l'horizon et comprends. Là, sur le bitume noir, des ombres avancent avec souplesse à un rythme régulier. Des masses sombres percées de fugaces éclats lumineux. Elles stoppent et commencent à onduler sur place comme bercées par une musique que nous n'entendons pas. Je fais volte-face. À quelques dizaines de mètres, à l'autre bout de la rue, d'autres silhouettes ont surgi. Au moment où elles passent sous la lumière d'un lampadaire, je comprends tout : c'est ici qu'aura lieu la bagarre entre Olivier-de-Serres et Bonneterre !

Serrés les uns contre les autres, les grands de mon ex-quartier avancent d'un pas félin, en balayant l'air de leurs armes. Puis, ils s'arrêtent et s'immobilisent. Il fait trop sombre pour que j'identifie les protagonistes. Raphaël, lui, est statufié. Il attend que je prenne une décision. Non, il n'attend plus rien, il n'est plus qu'une peur cherchant à s'exprimer. C'est à ce moment que je réalise l'horreur de la situation : deux bandes rivales sont sur le point de s'affronter et nous sommes… au centre de leur champ de bataille.

Je m'agite pour trouver une issue mais n'en vois aucune. C'est alors que ceux situés devant nous donnent le signal. Des vociférations guerrières retentissent et les gars se mettent à courir dans notre direction. Aussitôt des hurlements s'élèvent dans notre dos, l'autre bande court aussi vers nous. Raphaël a la bouche ouverte sur un cri qui ne se résout pas à sortir. Je le prends par le bras et tente d'avancer avant d'aussitôt y renoncer. Trop tard pour fuir. Tous seront sur nous dans quelques secondes.

Je vois maintenant les visages tordus par la haine. Je vois aussi les chaînes tourner dans la nuit claire et des barres de fer pourfendre l'air. Et j'entends de nouveaux cris inhumains. Un montage d'images trop rapides et de sons trop bruyants paralyse mon cerveau. Je ne sais quoi faire. Mon corps ne m'appartient plus. Les bandes sont à moins de dix mètres. Je sens quasiment les souffles, les odeurs corporelles, l'agressivité. Je vois dans les yeux des assaillants qu'ils ont déjà engagé la lutte avec ceux venant dans notre dos et en déduis le contact imminent. Ils ne nous voient pas. Nous n'existons pas pour eux. Nous ne mourrons pas tabassés, juste piétinés.

C'est alors qu'un des molosses me fixe avec une méchanceté effrayante. Il s'avance vers moi. Oui, c'est moi qu'il regarde. Il tient une barre de fer, levée au-dessus de l'épaule. Je vois l'arme avec une netteté incroyable. J'ai l'impression d'avoir arrêté la scène pour mieux observer l'outil qui, dans une seconde, tombera sur le haut de mon crâne. Je ferme les yeux. Je pense à mon frère, à ma sœur, tendrement blottis contre leurs oreillers, à mon père et à ma mère qui, demain, apprendront la terrible nouvelle. Contre toute attente, l'impact a lieu au niveau de ma poitrine. Mais je ne sens pas la douleur. Et pourtant, il a été si fort qu'il m'a projeté dans les airs. Je suis étonné que la mort soit indolore. « Même pas mal », ai-je envie de crier pour décéder en héros et exorciser la peur.

Les clameurs de la bagarre semblent diminuer. Mon corps rentre en contact avec le sol. J'ai dû enfin retomber. J'ouvre les yeux et vois Raphaël propulsé à mes côtés par un bras musclé.

Raphaël

« Putain, qu'est-ce que vous faites là, les merdeux ! Restez ici et ne bougez plus ! »

Je le reconnais. C'est Rémy. Il nous a soulevés avec une faculté déconcertante, a ouvert la porte d'une allée d'un pied et nous y a projetés. Il se retourne, se met à hurler et entre dans la bagarre, dont le point d'impact se situe juste devant l'entrée de l'immeuble où nous sommes réfugiés.

Pendant trente secondes, Mounir et moi n'osons pas bouger. Puis nous approchons, tels des zombies revenus à la vie, chancelant sur nos jambes cotonneuses. De l'autre côté de la porte vitrée se déroulent des scènes d'une incroyable furie. Les corps s'élancent les uns contre les autres, les chaînes et les barres de fer laissent l'éclat de leur métal flotter dans l'air bleu de la nuit avant de s'abattre sur les masses noires et mouvantes. Des cris retentissent, pour traduire la haine ou la douleur, effrayer ou exprimer l'effroi. La fureur du combat nous éclabousse, nous électrise et imprègne dans nos âmes une définition réelle, concrète, crue du mot violence. À l'esthétique de la bagarre de rue telle que nous l'imaginions, au mythe du héros, auquel nous voulions nous identifier, se substituent des images impossibles à comprendre, à accepter. Avec le temps, la cruauté disparaîtra pour leur donner un sens, construire une histoire, mais pas maintenant. Ni demain. D'ailleurs, je ne me confierai (partiellement) à mon frère que quelques jours plus tard. Pour ne plus subir les cauchemars. Je n'en parlerai pas sur la place. Jamais. Comme on ne raconte pas ses premiers poils pubiens ou sa première jouissance nocturne. Parce que l'on n'ose jamais confier ce qui nous fait grandir.

Je ne sais combien de temps dure l'affrontement. Dans mon esprit il fut long ; dans la réalité sans doute deux ou trois minutes.

Je ne sais pas non plus ce qui les a conduits à stopper le combat. La présence des flics ? J'en doute. Le sentiment d'en avoir assez fait ? La nécessité de s'arrêter avant que la brutalité dérive en sauvagerie meurtrière ?

Les deux bandes se séparent. Certains aident les blessés à se relever, à marcher.

— Allez on se casse ! ordonne Mounir.

— Tu crois ?

— Ils se replient pour souffler mais il y aura sûrement un nouvel assaut.

Nous sortons prudemment. De fait, les deux groupes ont rejoint leurs points de départ mais sans se résigner à partir.

— Viens, cours ! crie Mounir en s'élançant.

Je le suis, le cœur battant à tout rompre. Nous parvenons à l'angle de la rue, tournons, courons encore quelques instants et nous arrêtons, essoufflés comme au bout d'un marathon.

Nous nous affalons sur le sol, le temps de reprendre notre respiration.

— Putain de bagarre !

J'ai dit ça pour rompre le silence, reprendre pied, tenter d'évacuer la peur.

— Tu savais que ça se passait comme ça ? je lui demande.

— Pas vraiment.

— Moi non plus. J'ignorais que c'était aussi violent.

Après quelques minutes de répit durant lesquelles nous tentons de reprendre la maîtrise de nos corps et de nos esprits. On décide de rentrer.

Nous nous levons et marchons sans dire un mot. Parvenus à l'endroit où il faut se séparer, je ne sais quoi dire. Pourquoi cette gêne subite ? Pourquoi Mounir semble-t-il si taciturne ?

— Bon, on se revoit bientôt ? j'interroge en lui tendant la main.

— Oui, dit-il en la serrant.

J'esquisse un sourire mais lui reste stoïque.

Nous faisons quelques pas chacun vers notre direction puis je l'entends m'interpeller.

— Raph !

— Oui ?

— J'étais content de te rencontrer mais… je pense qu'on ne se reverra plus.

Interloqué, je laisse passer deux secondes avant de poser la question qu'il attend.

— Pourquoi ?

— Tu as vu ce qu'il s'est passé ce soir ?

— Et alors ?

— C'était pas juste une baston. C'était une guerre entre deux mondes. Entre les Arabes et les autres. Je suis arabe. Pas toi.

— Tu déconnes là.

— Peut-être, je sais pas. Mais j'ai l'impression de vivre dans un ghetto. Je pense que j'en sortirai jamais. Je resterai toujours un immigré. Alors que toi… tu vis aux Gratte-Ciel, tu es juif, tu fréquentes sûrement des Français…

Je ne sais pas quoi répondre. Il paraît si triste, si désespéré. Tellement adulte.

— On a les mêmes chances.

J'ai dit ça pour déclarer quelque chose de positif. Comme c'est la première phrase qui m'est venue à l'esprit, il doit s'agir d'une vérité. J'y réfléchis une seconde puis comprends ce que j'ai voulu exprimer.

— Seule la volonté compte. Soit on la met au service de la force, et nous nous retrouverons chacun d'un côté de la rue un prochain 14 juillet. Soit on s'en sert pour réussir, et on avancera ensemble.

Il sourit, revient vers moi, me tend la main. Je projette la mienne pour la faire claquer, comme font les grands, les hommes.

— Prie pour que nous ne soyons jamais face à face. J'ai toujours été plus fort que toi.

— Rêve !

Nous rions et nous quittons sur cette complicité retrouvée.

Je marche dans les rues noires en songeant à notre échange troublant. Je me sens plus adulte. Mounir m'a élevé à son niveau de conscience. Quand un bruit me fait sursauter, les images de l'affrontement me reviennent en mémoire. Je regarde alentour, craignant de croiser des voyous. Il n'y a personne. Alors, je me mets à courir pour avaler les dernières centaines de mètres qui me séparent de chez moi.

Je ne dirai rien de cette discussion. Parce que personne ne pourrait la comprendre. Parce que l'on n'ose jamais parler de ce qui fait grandir.

Partie 2

L'adolescence

VI

Nos retrouvailles

Mounir

Après le fameux 14 juillet, nous nous sommes croisés deux ou trois fois. Un salut rapide, des sourires gênés, quelques mots échangés, chacun dans sa petite bande. Mais je pensais souvent à lui. Il était l'autre. Si différent et si proche.

À chaque fois que j'entendais parler des juifs, son visage m'apparaissait, comme s'il les représentait, les résumait. La petite photo au-dessus de la définition dans le dictionnaire Mounir de la langue française. Quand nous discutions des juifs au quartier, c'était souvent avec une animosité mêlée d'envie. Et d'autres sentiments diffus, obscurs.

La manière la plus courante d'aborder le sujet était l'ironie : leurs grosses bagnoles, leurs grosses chaînes en or, leur frime. Pas de l'humour à proprement parler. Une sorte de rancœur mâtinée de moquerie.

Leurs brushings, par exemple ! Celui qui n'a pas vu un brushing de feuj à la fin des années soixante-dix ne connaît pas la réelle définition du mot volonté. Quelle force fallait-il pour obliger des cheveux épais à défier les lois de l'attraction crânienne afin de créer un volume et des courbes si gigantesques ? John Travolta était passé par là et la *shabbat night fever* lâchait dans les rues de Lyon des hordes d'Aliens aux casques noirs et flottants. Pour la plupart de petite taille, ils semblaient composés de deux tiers de corps et un tiers de cheveux. Dans leurs costumes pattes d'éléphants et leurs chaussures à talons compensés, ils ressemblaient à des avatars disco miniatures, glissant sur le sol telles des danseuses russes. Mais nos rires et nos imitations ne tenaient-ils pas à l'envie de pouvoir un jour les imiter ? Combien d'Arabes ne se sont pas, un jour, battus avec leur sèche-cheveux pour tenter de dompter les plis cassants d'une masse capillaire tout aussi rebelle, vite sentis envahis de désespoir à la vue du résultat ? Pire, et plus grave, combien d'Arabes entraient en boîte ?

Si, de temps en temps, nous parlions des Israéliens, d'une manière générale la guerre en Palestine suscitait peu de passions. Nous n'y comprenions rien. Qui étaient ces Arabes qui avaient quitté leur pays et, maintenant, le réclamaient à coups d'attaques aussi spectaculaires qu'impopulaires ? Pourquoi n'avaient-ils pas réussi, aidés de leurs puissants alliés, à reconquérir leur terre ? Étaient-ils seulement considérés par leurs voisins pour que nous, lointains cousins, prêtions attention à eux ? À vrai dire, certains d'entre nous en avaient un peu honte, jugeant que les Palestiniens militants offraient à l'Occident le visage de l'Arabe belliqueux, incapable de s'entendre avec ses frères, d'élaborer un plan, de construire une attaque, tout juste bon à fomenter des assauts terroristes contre des kibboutz, des crèches, des sportifs. En somme, dans l'impossibilité de vaincre. Même les Algériens, si prompts à se montrer agressifs envers les juifs, rechignaient à se dire solidaires de tels combattants.

De toute façon, Marocains, Tunisiens et Algériens avaient déjà assez de mal à se sentir proches les uns des autres pour s'inventer un quelconque lien affectif avec d'aussi improbables cousins.

Et, là encore, les juifs nous prenaient en défaut.

Leur histoire était assez forte pour gommer les différences liées à leurs pays d'origine, leur terre promise suffisamment menacée pour effacer la distance qui les séparait de ceux qui la défendaient. Je pense que nous admirions cette solidarité qui donnait à leurs ambitions un souffle unique. Là où il y avait un juif, ils pouvaient exister. Et comme il y avait des juifs partout, leurs frontières étaient l'horizon.

Voilà, grossièrement, où j'en suis de mon rapport aux juifs lorsque j'arrive dans la cour du lycée pour mon entrée en seconde. Aussi, quand je vois Raphaël se diriger vers moi, plus grand, plus musclé, affichant une décontraction adaptée à notre nouveau statut, souriant franchement pour signifier son plaisir de me retrouver, une certaine joie m'envahit. Je lui tends la main, lui rends son sourire, presque tenté de le serrer dans mes bras.

— Mounir ! Génial, tu es inscrit ici ?

— Oui. Vaulx-en-Velin dépend de ce bahut.

— Trop bien ! Ça me fait super plaisir de te voir ! Tu vois pas que l'on soit dans la même classe ?

Il ouvre ma veste, mime un regard effaré et dit, sur un ton aigu et pincé : « Une blouse d'écolier ? Eh bien je vois que le règlement n'a pas changé en Afrique du nord ! » Nous rions de bon cœur.

Je trouve Raphaël presque adulte. J'arrive pourtant à déceler ses anciens traits d'enfant derrière son masque encore mal dégrossi d'ado. Je me demande s'il pense la même chose de moi, un peu plus grand que lui, plus mince aussi.

Il se tourne vers mes amis et les salue. La confiance qu'il affiche me surprend.

Nous nous asseyons sur un banc et parlons de nos frères et sœurs, de nos parents, de nos souvenirs d'enfance, de notre quartier. En découvrant que nous avons un passé et que celui-ci possède une force suffisante pour nous porter vers l'avenir.

Raphaël et moi sommes sincèrement heureux d'affronter ensemble cette intimidante entrée en seconde.

Raphaël

Quel bonheur de le revoir ! C'était comme si une partie de ma vie m'était rendue après avoir été injustement confisquée.

J'ai d'abord éprouvé de la culpabilité en le découvrant devant le lycée. Pourquoi n'avais-je jamais cherché à renouer le contact ? Certes, lui non plus n'avait pas entrepris une telle démarche, mais il me semblait que l'initiative aurait dû m'appartenir. Sans doute à cause des mots qu'il avait prononcés avant de me quitter le soir du 14 juillet. L'histoire lui avait donné raison. J'avais plusieurs fois pensé à lui rendre visite au quartier. Mais, il habitait à Vaulx-en-Velin, au Mas du Taureau. Je ne connaissais donc pas son adresse et ne me voyais guère débarquer là-bas en me mettant à sa recherche. De plus, ce qu'on disait de cette banlieue n'incitait pas à y tenter la moindre incursion. Les Arabes avaient acquis une sale réputation : on les prétendait agressifs, bagarreurs. Il suffisait de croiser le regard des plus hargneux pour qu'ils vous interpellent sur le mode : « T'as un problème ? Pourquoi tu me mates ? » Un prétexte pour entrer en conflit. On racontait même que, parmi ces voyous, des fêlés s'étaient distingués en découpant le visage de victimes avec une lame. Une torture appelée « faire une toile » car le martyr se retrouvait défiguré par d'ignobles cicatrices ressemblant à une toile d'araignée. J'étais sceptique quant à la véracité de ce genre d'histoires. Sans doute en rajoutait-on pour transformer les voyous musulmans en espèce particulière, affranchie des règles d'honneur en vigueur dans les bandes. Bandes qui disparaissaient peu à peu, car les grands devenaient adultes, se mariaient, se rangeaient ou se dirigeaient vers le petit banditisme. Et, pour ces derniers, l'objectif n'était plus de faire des démonstrations de force mais de prendre du fric là où c'était possible. Les jeunes, quant à eux, ne les remplaçaient pas. Soit le mouvement d'intégration fonctionnait et ils rentraient dans le rang, soit ils organisaient des groupes de petits délinquants spécialisés dans le vol de mobylettes, d'autoradios et autres équipements facilement refourgables.

Nous parlions rarement de cela, Mounir et moi. Nous étions au lycée pour construire un avenir loin des banlieues, de leur fureur.

Pour ma part, je me rendais moins souvent sur la place. Je préférais rester à la maison afin de travailler et, durant mon temps libre, lire différents romans empruntés à la bibliothèque municipale. Grandir signifiait s'éloigner du passé et chercher les voies qui me conduiraient vers des jours forcément flamboyants.

Mounir et moi nous sommes donc naturellement rapprochés au lycée. Nous allions souvent prendre un café après les cours. Autour de nous gravitait une petite bande dans laquelle musulmans et juifs s'entendaient à merveille. Adolescents, on ne possède sans doute pas la finesse d'esprit suffisante pour intégrer les nuances existant entre deux positions opposées. Et une vision manichéenne offre plus d'opportunités à un esprit rebelle : les bons et les méchants, les étudiants et les profs, la gauche et les fachos, les Français et les autres. Et nous étions les autres.

Nous formions même un clan. Nous, c'étaient les « étrangers », ceux qui possédaient une histoire nourrie d'ailleurs. Juifs et Arabes parlaient la même langue. Un français parsemé d'expressions de là-bas. Des mots faciles, amusants, des insultes aussi. Juste pour dire que nous avions entre nous plus de choses en commun qu'avec les Français.

Notre opinion à leur égard était férocement tranchée et teintée d'un racisme qui ne disait pas son nom mais se dissimulait derrière un humour moqueur. Nous raillions leur fadeur, leurs peurs, leur lâcheté ou, tout au moins, leurs attitudes réservées, prudentes, contrites même.

Bien entendu, certains étaient des amis et nous étions totalement intégrés à la vie du lycée. Mais nous jouions une sorte de double jeu. Parfois entre nous, histoire de nous moquer d'eux ou, simplement, de nous penser hors d'atteinte de leurs jugements.

Parfois, avec eux, parce qu'il fallait apprendre à composer ou par affinités électives. Il y avait une façon de parler avec eux et une façon de parler entre nous et d'eux.

J'apprendrai plus tard que les sociologues ont très tôt identifié cette schizophrénie sociale en la qualifiant de « double langage ».

Se juxtaposaient et se côtoyaient deux mondes : celui des Français, codifié, réglementé, aseptisé dans lequel les rôles étaient définis et l'autre, le nôtre, en pleine ébullition, foisonnant d'idées, de désirs et de frustrations.

Entre les deux, s'édifiait lentement un pont que Mounir et moi empruntions plus souvent que les autres. Nous comptions en effet parmi les plus tempérés. Nous avions compris, sans jamais l'exprimer explicitement, que la vraie vie, celle sur laquelle se construit l'avenir, se trouvait de l'autre côté. Alors nous y participions en prenant garde, de temps en temps, à revenir charger nos batteries affectives grâce à l'humour, aux mots, aux ambiances de nos familles et potes.

Nous nous étions également positionnés politiquement. Il le fallait pour devenir adulte.

D'un côté, la gauche. Et la gauche, au lycée, c'était les babas, les communistes, les bons sentiments, les idées, l'amour, le partage, l'humanisme, la solidarité. De l'autre, la droite, les bourges, les riches, les propriétaires et les fachos. Nous étions donc de gauche. Hasta la victoria, siempre !

Mais quel était vraiment notre combat ?

Mounir

J'arrive au lycée les yeux encore lourds. Je crois être en retard mais voir des étudiants massés devant le portail laisse penser que je me trompe. Ma montre indique huit heures dix. Je suis bel et bien à la bourre ! Je m'arrête à quelques mètres pour comprendre ce qui se passe.

Un groupe s'agite devant les grilles. Je repère Béatrice, tentant de se faire entendre d'une poignée d'élèves. Béa est grande, mince, et pourrait être jolie si sa panoplie de militante communiste ne l'avait transformée en zonarde asexuée et grande gueule invétérée. Elle est la plus active des cocos du lycée. Le grand soir, elle y croit ferme et ne cesse de harceler les étudiants pour les rallier à sa cause.

J'ai compris : encore une grève.

Raphaël apparaît à mes côtés, hilare.

— Putain Mounir, il est trop cool ce bahut ! Grève, mon pote ! Et tu ne devineras jamais pourquoi ?

— Manque d'effectif ? Fermeture de la bibliothèque ?

— Non, ça, c'est déjà fait.

— Alors, je ne sais pas.

— La direction a confisqué la chaîne stéréo du foyer ! Le proviseur dit que le son est beaucoup trop fort et empêche les classes situées au-dessus du local de travailler tranquillement.

— Et les cocos déclenchent un mouvement pour ça ?

— Eh oui. Ils ont qualifié l'acte « d'atteinte à la liberté des étudiants ». Regarde Béatrice qui joue la pasionaria. Grève jusqu'à restitution de la chaîne ! Et, en plus, manifestation sans autorisation dans une heure. On fait l'avenue Henri-Barbusse et le cours Émile-Zola. Je te le dis, j'adore ce bahut.

— Bon, ça nous laisse le temps d'aller boire un café.

Le bar Le Palais est situé en face du lycée. Nous y rencontrons Ahmed, Lagdar et Farouz. Ahmed et Lagdar sont frères et pourraient passer pour des jumeaux. De taille moyenne, assez épais, les cheveux noirs, drus et courts, les traits du visage réguliers et la peau mate, il n'est possible de les différencier qu'à d'infimes détails. Ils ont également la même jovialité. Un débordement d'énergie qui a valu à Lagdar de redoubler sa seconde et de se retrouver dans la même classe que son cadet. Farouz est petit et fluet. Son apparente fragilité physique détonne avec la dureté de ses traits. Ses yeux rapprochés, ses arcades sourcilières aplaties, sa bouche épaisse et son nez épaté lui donnent l'allure d'un boxeur poids plume en fin de carrière.

Le trio nous salue et nous tend un sachet de viennoiseries.

Au Palais, le patron s'appelle Pierre. Un mec sympa, la quarantaine bien conservée. Il voit le sac et hoche la tête.

— Je sais pas si vous avez vu, les mecs, mais je propose des croissants.

— Oui, mais plus chers que ceux-là, répond Lagdar en riant.

— Peut-être, mais quand tu vas aux putes, t'emmènes pas ta poupée gonflable, si tu vois ce que je veux dire ?

— Putain, t'es un poète toi ! lance Farouz.

— Hé, je vais pas aux putes, moi ! Pas besoin, rétorque Lagdar.

— C'est vrai, surenchérit Pierre, avec le physique de play-boy que tu as…

— Allez, fais pas chier ! On va te prendre cinq cafés, alors…

— Zarma je devrais faire les youyous pour cinq cafés ? rétorque Pierre, toujours heureux de montrer qu'il maîtrise trois ou quatre mots de notre vocabulaire.

C'est Patricia, sa fille, qui nous sert. Une pure Française, timide, la peau blanche, les pommettes rouges. Je crois que nous sommes tous amoureux d'elle. Elle est mince, avec des cheveux décolorés en bataille et un sourire à vous arracher un bout de cœur. On sent qu'elle lutte contre sa nature introvertie pour paraître plus cool. Elle tend vers le look punk sans y parvenir tout à fait.

Nous l'observons silencieusement poser les tasses devant nous. Elle croise mon regard et me sourit. Ses deux joues deviennent un peu plus rouges.

Pierre, derrière son comptoir, essuie des verres en nous observant.

Quand elle quitte la table, nos yeux l'accompagnent.

— Hé, les mecs ! Même pas en rêve ! lance son père.

Nous sourions et Farouz lui montre son majeur.

David et Maxime nous rejoignent. Tous deux sont dans ma classe. Je les connaissais de vue pour les avoir croisés au Talmud Torah et nous sommes rapidement devenus potes. David, petit, mince, brun, est toujours bien sapé, possède un sourire ravageur et un vrai talent pour parler aux filles. On le surnomme « Tony Montana ». En fait, il sait parler à tout le monde, connaît toutes les nuances du verbe, pose sa voix, compose des tonalités selon la situation, caresse ses interlocuteurs du regard ou les foudroie d'un œil noir. Maxime est sa pâle réplique. Il essaie de lui ressembler mais ses efforts le conduisent à composer un personnage plutôt grotesque. Il n'est pas beau, pas vraiment élégant et ponctue chacune de ses phrases d'une insulte. Une manière d'extérioriser son agressivité.

— Salut les youps, lance Lagdar.

— Daaaaavid ! Mon frèèère ! surenchérit Farouz en prenant un accent pied-noir.

— Allez, commencez pas, les rolotos, rétorque David d'un air las. Putain vous êtes lourds quand vous essayez de faire de l'humour ! Laissez ça aux juifs ! Vous avez déjà entendu parler de l'humour arabe, vous ?

— Daaaaaviiiid ! Il est énervé, David ? Tu peux me dire pourquoi tous les juifs s'appellent David ? interroge Farouz en prenant un air faussement intéressé.

— Je pourrais te répondre « Et pourquoi tous les Arabes s'appellent Mohamed ? » mais je ne le ferai pas, ce serait trop méchant. Donc… parce que David est un prénom à connotation romantique. C'est celui d'un roi mais aussi de nombreux chanteurs et acteurs américains. Les filles adorent. Elles l'écrivent amoureusement sur leur classeur, entouré d'un cœur… Alors que si on prend Mohamed ou Farouz… Avant qu'il y en ait une qui ose écrire « I love Mohamed » ou « Farouz forever », il va s'en passer du temps mon pote !

— Nous, on se cache pas derrière un prénom passe-partout, rétorque Farouz, atteint. On n'est pas hypocrites, on annonce la couleur.

— C'est pas un choix, Farouz ! C'est une fatalité ! Vous ne l'annonceriez pas, on la verrait tout de suite, la couleur. Au fait tu connais le singulier de l'expression « avoir des mèches rebelles » ?

— Allez, sors-la ta blague à deux balles ! lâche Farouz, las.

— « Avoir une mèche rebeu ! »

Nous rions de dépit.

— T'es trop lourd, David, s'exclame Lagdar.

— Putain, si c'est ça l'humour juif… marmonne Farouz.

Ce genre de duel verbal se déroule plusieurs fois par jour. « Nous les juifs. » « Vous les Arabes. » « Eux les Français. » Des moqueries sans animosité, des insultes, des joutes qui ne mènent à rien, ne portent pas à conséquence et divertissent. Il n'y a jamais d'hostilité, juste le plaisir de rire ensemble et de démontrer notre capacité à manier la langue. Dialectique du pauvre.

— Vous allez à la manif ? s'enquiert David.

— Oui, nous les rejoindrons dès qu'ils partiront.

— Mais qu'est-ce qu'on en a à foutre ! grogne Maxime. La chaîne stéréo, je suis bien content que le dirlo l'ait prise, ils passaient que de la musique de merde, ces connards.

— Il a raison, approuve Farouz. On n'a qu'à rester ici, au chaud. Une manif pour une chaîne stéréo ! N'importe quoi !

— Moi j'y vais, conteste Raphaël. Premièrement, une manif c'est marrant. Deuxièmement, que ce soit pour une chaîne stéréo ne compte pas. On doit juste prendre en compte la confiscation comme un abus d'autorité. Troisièmement, c'est cette dimension puérile qui fait la beauté de la contestation, les mecs. On devrait se réjouir de vivre dans un pays où il est possible de faire grève pour deux enceintes et un ampli.

— Ça y est, il pète un câble, l'autre. Tu crois pas que tu te prends un peu la tête, là ? raille Lagdar. Et puis c'est quoi cette habitude de toujours répondre en trois points ?

— T'as raison ! ajoute Ahmed. Premièrement, deuxièmement, troisièmement… Tu peux plus rien lui demander sans qu'il te réponde comme ça.

— C'est l'art de convaincre, les mecs ! Toujours trois arguments. Les vendeurs et les politiciens s'expriment ainsi. Mais qu'est-ce que vous connaissez, vous, à l'argumentation ? Vous ouvrez la bouche comme d'autres leurs braguettes ! Pour se soulager de toutes les saloperies qui encombrent vos esprits.

— Je suis d'accord avec Raphaël, renchérit David. J'ai adopté la technique des trois arguments avec ceux qui me contredisent et plus personne ne me résiste. C'est comme au combat : uppercut au foie pour faire plier le pantin, coup de genoux au visage pour le redresser et crochet du droit pour l'achever. Je vous jure qu'ensuite, le mec est d'accord avec vous.

Les rires se mêlent aux cris et nous sautons sur lui pour lui pincer les joues. Une tradition marquant notre admiration.

— Salut les tafioles !

Arthur vient d'arriver. Arthur est l'un des rares Français pur beurre à fréquenter notre bande. Parce qu'il est cool, nous fournit en bonne musique et en shit. Il doit mesurer un mètre quatre-vingts, est mince, porte un jean serré, une veste de treillis sur laquelle est dessinée la couverture de l'album « Black » de Queen. Avec ses cheveux longs, sa dégaine de rock-star et sa moto, il squatte le peloton de tête des séducteurs du bahut.

— Moi ça me gave cette manif à la con, dit-il d'emblée. Les cocos saisissent toutes les occasions de rallier de nouveaux adhérents. Pas question de marcher dans la combine.

— On a décidé d'y aller, je réponds. Et ne demande pas pourquoi, sinon l'autre politicard va nous ressortir son trio d'arguments.

— Oh les jeunes, une partie ?

C'est Enzo qui nous interpelle. Lui et son copain Tony passent le plus clair de leur temps au café, à jouer au flipper. De temps en temps, ils s'éclipsent pour une heure ou deux puis reviennent. Ils doivent avoir la trentaine, plutôt beaux gosses, ils soignent leurs tenues et se sont pris d'amitié pour nous. Résultat, ils payent souvent nos boissons et les parties de flipper que nous disputons contre eux. À les entendre, ils sont dans les affaires : achat et revente de lots divers.

— Pas le temps, on va à une manif.

— Une manif ? répète Tony, incrédule.

— Vous feriez mieux de bosser les gamins, sermonne Enzo. À moins que vous souhaitiez finir comme nous.

— Tu veux dire businessmen sans bureau ? ricane Raphaël.

Les deux compères échangent un clin d'œil et se marrent.

Dès que le cortège passe devant le bar, Raphaël et moi nous levons.

— Va te faire voir. Moi je reste ! dit Farouz.

— Pareil, répondent en chœur Maxime, Ahmed et Lagdar.

Arthur, éternel indécis, hésite.

— Putain, mate toutes les gonzesses ! braille Raphaël. Regardez, il y a même Cécile et ses copines. Je vous le dis, les mecs, une manif c'est le terrain de chasse idéal pour accrocher. Elles sont comme des folles, se sentent libres, indépendantes… Vous savez combien de baises il y a eu pendant les manifs de 68.

— Tu vois, Raphaël, parfois un seul argument suffit. Le bon, déclame Farouz en quittant sa chaise.

Nous entrons dans le défilé.

« Mu-sique con-fis-quée, a-bus d'au-to-ri-té. »

« Pro-vi-seur fa-cho, rend nous la sté-ré-o. »

— Putain, ils sont cons leurs slogans ! marmonne Ahmed.

— Comme ils m'énervent ces putains de babs ! râle Maxime. Oh, Mai 68, c'est fini, bande de connards ! Tout ce bordel pour une chaîne stéréo. La vie de ma mère, j'ai envie de leur péter les dents !

Très vite nous sommes gagnés par l'atmosphère bon enfant qui électrise la manif, grisés par un sentiment de liberté nouveau. Crier dans la rue ! Voir la mine dépitée des vieux et vieilles et le sourire rayonnant et nostalgique des jeunes parents. Rires, bousculades, cris, saluts, toutes les attitudes excessives se savourent. Du haut de nos quinze ou seize ans, nous jouons aux grands mais c'est notre nature d'enfant que nous libérons. Cécile repérée, nous nous frayons un passage jusqu'à elle. Elle crie à tue-tête tout en riant. Ses cheveux châtains sont à quelques centimètres seulement de mon visage et je peux sentir l'odeur de son shampoing. Elle se retourne, ses yeux verts se plantent dans les miens. Je suis électrifié, ne sachant quelle attitude composer. Elle sourit, un peu gênée d'être prise en flagrant délit de divagation. Des dents blanches, alignées, deux belles fossettes pour encadrer ses lèvres. Je ne connais pas une fille du quartier qui possède une aussi jolie bouche, ni de lycéenne aussi séduisante. C'est Raphaël qui réagit le premier. Il attrape le slogan au vol et se met à crier. Je l'imite. Cécile hésite, recule et Raphaël lui saisit le bras et la place entre nous. Et nous voici formant un trio de manifestants exaltés. Rebelles, la belle, le rebeu et le rabbi. Je n'ose pas me retourner de peur de voir les autres se foutre de nous. Mais ils comprennent assez rapidement l'intérêt de la situation et se mettent à hurler en rythme tout en se plaçant près des copines de Cécile, les prenant par les épaules pour former une rangée sautillante.

Parfois, un instant se prend pour un bout d'histoire. Il s'approprie quelques images et sensations fortes, s'élève au statut de souvenir fondateur et accapare une part plus importante que nécessaire de nos mémoires.

Cette journée, ce moment, pourtant puérils, font partie de mes éclats de souvenirs les plus sublimes. Sans doute scellent-ils le début de ma foi militante.

Nous sommes donc entrés en politique par la petite porte, soulevés par les vents chauds de la jeunesse. En réclamant la restitution d'une chaîne stéréo !

Raphaël

Au fil du temps, Mounir et moi avions créé notre propre petite bande. Un groupe solide reposant sur des affinités électives sincères. Nous écoutions les mêmes musiques, portions le même genre de vêtements – jean, baskets, tee-shirt et veste de treillis – et partagions la même vision du monde.

Je fréquentais moins les autres juifs. Parce qu'il y avait quelque chose d'étouffant à se retrouver au milieu d'une troupe de garçons et filles pensant pouvoir résumer le monde à une seule dimension. Et puis, le stéréotype du juif moyen d'alors – cheveux longs savamment balayés vers l'arrière par un brushing, jean Levis 501, tee-shirt Lacoste, veste croisée, chaîne en or aux maillons suffisamment gros pour porter une Magen David de quelques centaines de grammes –, ne me correspondait en rien. Pas plus que les attitudes adoptées par nombre de mes coreligionnaires : la démarche chaloupée empruntée à John Travolta et la capacité à placer des « sur la Torah ! » ou « sur la vie de ma mère » en guise de ponctuation à tout propos. Si bien que lorsqu'ils me voyaient arriver, les cheveux longs en bataille, sapé comme un zonard, tous ricanaient intérieurement. Mais ils m'accueillaient toujours avec la bienveillance réservée à n'importe quel juif, fut-il différent ou original.

J'étais parfois tenté de les retrouver à la terrasse d'un café, de partager leur détachement, leur joie de vivre, leurs exaltations pour des sujets futiles mais, après un moment parmi eux, un sentiment inverse s'amorçait en moi et notre trop grande ressemblance agissait comme une force répulsive. Avec eux, j'étais moi. Or, je souhaitais m'oublier, ne pas lire dans leurs comportements, leurs regards, leurs propos, mes propres contradictions. Un geste, un mot, une intonation et les questions m'assaillaient. Suis-je un Marocain ? Un Oriental ? Un Méditerranéen ? Un juif ? Un Séfarade ? Un Français ? Dans quel ordre devais-je organiser ces mots ? Tentative : un Français d'origine marocaine, au type méditerranéen, de religion juive, de culture séfarade et amateur de cuisine orientale. Satisfaisant mais complexe. Trop de termes pour appréhender la réalité. Ma dynamique de vie pouvait se perdre dans ce Scrabble de l'identité. Il fallait quelque chose de plus simple. Nouvelle tentative : Français de religion juive, de gauche et aimant le hard-rock. Mieux. Incomplet toutefois. Mais, à cet âge-là, il faut accepter de poser les bagages les plus embarrassants pour se sentir plus léger.

Durant les manifestations organisées par les lycéens communistes, nous avions en tout cas ressenti le plaisir de partager notre révolte avec les autres, d'appartenir à une jeunesse aux profils variés, de sortir d'un monde trop confiné. Et de savourer le goût de défendre des idées. Il fallait des combats pour canaliser ce désir d'entreprendre, avoir des ennemis communs pour nous sentir liés au même destin.

VII

Premiers combats

Raphaël

« Les fachos ! Ils l'ont attrapé ! Ils étaient six. Des skins. »

Farouz peine à s'exprimer. L'émotion et la course qui l'ont mené jusqu'à nous coupent sa respiration. Nous ne savons pas encore de quoi il parle mais comprenons la gravité de la situation.

Nous sommes assis sur un banc, dans la cour. Point de vue stratégique durant les heures de permanence pour voir entrer et sortir les filles, émettre des commentaires, essayer quelques approches. Farouz et Lagdar étaient allés se promener sur l'avenue Henri-Barbusse. Là, Farouz nous pousse à le suivre d'urgence, dit qu'il nous racontera en route.

Il existe différents types de fachos. Il y a le père de famille qui se range derrière les idées nauséabondes de l'extrême droite émergente, l'étudiant en droit membre du GUD ou le skinhead.

Sans doute trouve-t-on d'autres profils, mais ceux-ci sont les typologies principales, celles auxquelles nous sommes confrontés à cette époque. Anti-Arabes et antijuifs, cela suffit à en faire des ennemis communs. En fait, la menace vient surtout des skins. S'ils ne sont pas nombreux, on raconte pas mal d'histoire à propos des ratonnades qu'ils organisent ou de leurs agressions contre des juifs. Et la plupart ne s'avèrent pas glorieuses. La légende les présente comme des bagarreurs accomplis mais, dans les faits, ceux qui se griment en skinheads, sont surtout des paumés marchant en bande pour se croire courageux, tout juste capables de s'en prendre aux faibles, aux plus jeunes. Et ce n'est pas parce qu'ils portent un jean ou un pantalon militaire, des rangers, un bombers et se rasent le crâne qu'ils nous impressionnent.

Laissant nos sacs sur le banc, nous courons après Farouz.

Les explications arrivent par saccades.

— Six skins, crânes rasés, bombers... Ils nous ont traités de sales melons... On a répondu... Ils ont voulu nous frapper... on s'est sauvés... trop nombreux... on voulait venir vous chercher... je crois qu'ils l'ont attrapé... je l'ai plus vu... j'ai entendu crier... Vite ! Vite !

Chacun de ses mots gifle, inocule une dose d'adrénaline qui fait courir plus vite. Les passants s'écartent. Leurs réactions laissent penser que nous ressemblons à une bande de voyous sur le point de commettre un méfait. De fait, les visages de Mounir, David, Arthur, Ahmed et Maxime expriment la stupeur et l'envie d'en découdre.

Maxime ponctue la cadence d'insultes :

— La putain de leur mère ! Pourriture ! Lâches ! Six contre deux ! Connards ! Enculés !

Sur l'avenue Henri-Barbusse, un attroupement. Fondant sur le groupe, effrayant quelques badauds, nous repérons Lagdar, assis par terre. Il se tient la mâchoire. Son nez pisse le sang.

— Ils m'ont attrapé ces enculés ! enrage-t-il. J'me suis défendu ! Ils ont commencé à me frapper. Y a pas un seul de ces connards qui a bougé ! dit-il en désignant les passants.

Certains hochent la tête pour exprimer leur impuissance, d'autres préfèrent partir.

Puis, il avise Farouz.

— Et toi, t'es pas mieux ! Tu m'as laissé tomber, espèce d'enculé !

— Qu'est-ce que tu voulais que je fasse ! se défend son ami. On s'est mis à courir pour rejoindre les autres ! Après j'ai rien vu !

— Ils m'ont traité de sale melon ! De race de merde ! De raton ! À six contre un ! Ils m'ont craché au visage, ces pédés !

L'émotion, l'humiliation, la douleur. Nous prenons tout cela en pleine gueule.

Le pauvre s'essuie le visage, maculant sa veste de longues traînées de sang.

— Bon, ils sont partis par où ? s'enquiert Mounir, calmement.

— Vers le cours Émile-Zola, en direction du Carrefour.

— On y va, lance Farouz, souhaitant se racheter d'une faute qu'il n'a pas commise.

— Attendez les gars ! intervient Arthur. Là, on va faire n'importe quoi ! Mieux vaut appeler les flics. Enfin, quoi… ce sont des skins…

Nos regards doivent être suffisamment éloquents car il renonce à argumenter.

— Hé ! Arthur ! C'est sûrement des petits connards de bourgeois déguisés en méchants. Ils sont tombés à six sur lui et il est encore debout.

— Allez, putain, on y va ! clame Ahmed, débordant de rage face à son frère.

C'est presque un cri de guerre. Car nous sommes des guerriers assoiffés de vengeance. Les paroles de Lagdar résonnent dans nos cerveaux. Derrière nous, il tente de suivre. Il court moins vite et son visage tuméfié, taché de sang séché offre une vision de cauchemar à ceux qui le croisent. Arthur reste à son niveau, tenant son bras, trouvant un bon prétexte pour ne pas se retrouver en première ligne.

Maxime, pris d'une rage folle, accélère son débit d'insultes.

Arrivés devant Carrefour, nous ralentissons. Mounir prend les rênes.

— Vous trois, continuez sur le cours ; nous, on va par là. On se rejoint vers Le Palais des Sports.

David, Ahmed et moi reprenons notre course. L'absence de Maxime nous permet d'entendre nos souffles saccadés et la détermination de nos foulées.

Près du centre sportif, nous ralentissons, histoire de reprendre notre respiration en guettant l'arrivée de nos trois copains. Et s'ils étaient tombés sur eux ? Se battent-ils ? À trois contre six ? Nous précipitons le pas.

Heureusement, nos amis avancent vers nous. Ils lèvent les bras, dépités de ne pas avoir trouvé les skins.

Alors, dépité, le groupe s'assoit sur un petit muret. Seules les insultes de Maxime troublent le silence.

— Merde, j'aurais voulu leur faire la peau à ces connards, lâche Ahmed.

Nous acquiesçons d'un mouvement de tête, récupérant souffle et esprits.

Lagdar et Arthur arrivent.

— Ils ont dû prendre une autre rue, mais t'inquiète pas, on les retrouvera, répond Ahmed.

— Ah ouais ? Et comment ? Tu comptes passer un avis de recherche ?

— Arrête Lagdar. Nous aussi on a les nerfs !

C'est Mounir qui intervient et la sincérité de sa voix désamorce les récriminations. Il s'assoit à nos côtés.

— Vous voulez vraiment pas aller voir les flics ? demande Arthur.

Nos regards noirs valent réponse. Il hausse les épaules et s'assoit à son tour.

— LA PUTAIN DE LEUR MÈRE !

Maxime vient de proférer une nouvelle insulte à voix haute sur un ton suffisamment surprenant pour que nous l'interrogions du regard. Ses yeux sont plantés sur un point précis, de l'autre côté de la rue. Les skins viennent d'apparaître. Ils rient, se bousculent, se passent des canettes de bière, fêtant peut-être leur lynchage.

La troupe se lève d'un seul homme. Je sens un courant me parcourir le corps et doper les muscles. Les autres sont gagnés par la même exaltation. Est-ce de la peur, de la haine ou la joie de les voir arriver droit sur nous ? La confusion des sentiments est telle qu'il faut libérer cette surcharge émotionnelle.

— Alla ouakbar ! clame Ahmed en souriant. Livrés sur un plateau, les mecs ! Vous êtes prêts ?

— On les saigne ces enculés, gronde Maxime.

— Ouais. On va les défoncer ! siffle Farouz.

— Laissez-moi le brun à droite ! demande Lagdar. C'est lui qui m'a craché à la gueule !

— Attendez les mecs… Là, vous allez faire une connerie ! répète Arthur d'une voix tremblante. On doit pas se mettre à leur niveau !

Personne ne l'entend.

— N'oubliez pas, on est des ratons ! Des melons ! Une race de merde ! scande Mounir pour galvaniser l'équipe et canaliser sa propre hargne.

Les skins arrivent presque à notre niveau, de l'autre côté de la rue.

Farouz avance.

— Oh ! Les tapettes !

Les fachos l'aperçoivent. Une morgue méprisante fige leurs visages. Quand ils nous voient, leur expression change.

— Voilà, maintenant on est aussi nombreux que vous ! leur crie Mounir. Alors on va se cogner à la loyale ! La loyale, vous connaissez ?

Lagdar fait un pas en avant. Il fixe le petit brun.

— Toi, t'es à moi !

Les autres hésitent, échangent quelques mots. Hormis un grand blond assez musclé et un châtain trapu qui affichent une relative placidité, nous sentons la peur gagner la bande.

— Attention, ils vont essayer de se barrer !

À peine ai-je prononcé ces mots que Maxime remonte la rue avec Ahmed tandis que David et Farouz marchent dans l'autre sens. Les agresseurs ne pourront nous échapper.

Le grand blond me fixe.

— Alors comme ça, les Français fricotent avec les ratons ? lance-t-il dans un sourire calme et dédaigneux.

Je devine ses efforts pour laisser croire qu'il n'a pas la frousse. La phase d'intimidation est déterminante dans un combat. À cet instant, je n'éprouve moi-même aucune peur. Ma haine a atteint un niveau d'intensité maximal.

— Non, c'est un youpin qui va te péter la gueule, connard.

Alors, je me lance à travers la rue. Une voiture manque de me percuter, freine dans un bruit assourdissant. Les autres m'ont suivi. L'effet est tel que les skins font quelques pas en arrière. Trois essaient de fuir par les côtés mais sont bloqués par Ahmed,

Maxime et Farouz. J'arrive droit sur le grand blond. Compte tenu de sa corpulence, impossible de le laisser frapper le premier. Alors je cogne et cogne encore. De manière désordonnée mais avec une telle violence que je le vois reculer, puis plier. À mes côtés des cris, des coups. Des corps chutent. J'ai juste le temps d'apercevoir Mounir assener un coup de tête au brun trapu qui lâche un cri strident, presque féminin. En fait, très peu d'images précises se figent durant ces quelques secondes. Ensuite, je recule. Mon adversaire gît par terre. Mounir est lui aussi sorti victorieux de son duel, son sparring-partner est adossé au mur. Maxime a empoigné le crâne rasé, l'a projeté contre une voiture garée, l'a récupéré et s'emploie maintenant à taper sa tête contre la carrosserie, en marquant chaque choc d'une insulte.

— Enculé ! Pourriture ! Tapette !

Mais, de l'autre côté, Lagdar et Ahmed sont en difficulté. Deux skins hurlent leur rage et leur trouille. Maxime vient à leur secours et, en quelques mouvements, les fachos se retrouvent au sol. Alors nous reculons pour contempler le tableau. Deux skins sont parvenus à se lever et fuir. Les quatre autres gémissent sur le bitume. L'un est KO, les autres, étourdis par la bagarre, nous regardent avec crainte. La victoire est totale, nette, belle.

Lagdar approche du petit brun et lui crache au visage. Maxime l'imite.

— Allez, répétez ce que vous disiez tout à l'heure ! crie le premier.

— C'est bon. Ces mecs-là sont des merdes. On se casse, ordonne Mounir.

— Non, pas tout de suite, intervient Farouz. On va leur faire une toile. Comme ça, ils penseront toute leur vie à nous et auront une bonne raison de nous détester.

Je tressaille, scrute le visage de Farouz à la recherche d'un indice indiquant qu'il bluffe.

— Oui t'as raison, une toile, acquiesce Ahmed.

Mes copains sont sérieux. Ahmed sort même un objet de sa poche, qu'il dissimule dans sa main. Une autre peur me gagne. Celle de la connerie irrécupérable, de la vengeance imbécile qu'on regrettera toute notre vie, de la situation qui échappe. Je vais être témoin d'une atrocité.

— Vous savez ce qu'est une toile ? s'enquiert Ahmed, l'œil en feu.

L'un d'entre eux a saisi et ouvre des yeux horrifiés. Il guette la rue pour espérer y trouver une aide. Mais les passants sont rares et les quelques quidams à proximité ont choisi le trottoir d'en face.

— Ça consiste à découper un visage à la lame de rasoir. Dans tous les sens, pour que votre gueule ressemble à une toile d'araignée. Vous allez devenir des monstres ! Plus de gonzesses ! Plus personne n'osera vous regarder.

Sur ces paroles Farouz fait tournoyer dans l'air un objet métallique.

— On commence par lui ? interroge-t-il en désignant le petit brun à Lagdar. Tu me le tiens ?

— Mais vous déconnez complètement, les mecs ! s'insurge alors Arthur.

La victime désignée éclate en sanglots. Et marmonne des mots à peine compréhensibles d'une voix enfantine.

— Arrêtez ! Arrêtez ! Je regrette ! S'il vous plaît… pas ça…

L'autre est tétanisé.

— Putain, ne les laisse pas faire Raph ! me supplie Arthur.

Oui, il faut que j'intervienne.

— Faites pas les cons, les mecs ! On n'a pas le droit de se comporter comme eux ! Je ne vous laisserai pas faire !

La situation étant devenue insupportable, je suis capable de me placer devant les skins pour les défendre. L'un d'entre eux m'adresse un regard suppliant, espérant que son salut viendra de ma détermination.

Je jette un coup d'œil vers Mounir, impassible. Quand une lueur traverse son œil, je comprends qu'il s'agit de bluff.

— Fais pas chier, me dit-il. Faut qu'ils payent !

Je devrais afficher plus de résistance pour crédibiliser la mise en scène mais m'en sens incapable. Je lance donc un discret clin d'œil à Arthur histoire de calmer son effroi.

Farouz approche du petit brun et entame un geste fatal. Les cris deviennent des supplications. Alors il ouvre sa main et expose… un double décimètre en fer.

— Les rats, c'est vous, pauvres nazes ! La prochaine fois, je me servirai d'un rasoir et vous défigurerai.

— Allez faut y aller, intervient Arthur, soulagé. Je suis sûr que quelqu'un a dû appeler les flics.

— Et alors ? Tu voulais les voir, non ?

Nous nous éloignons. Personne n'ose parler. Un petit sourire barre le visage de chacun.

— Je vous laisserai pas faire !

C'est Ahmed qui vient de m'imiter. Nous éclatons tous d'un rire jubilatoire, presque spasmodique.

— Il faut qu'ils payent ! surenchérit David.

— Wallah, tu joues mieux qu'Al Pacino, Farouz !

— T'as vraiment cru qu'ils allaient les torturer ? me demande Mounir.

— Ben… Tout était possible ! Qui aurait dit, il y a une demi-heure, qu'on allait fracasser des skins ?

Alors le débriefing commence et chacun commente sa bagarre et celle des autres dans l'hilarité générale.

Nous ne sommes pas retournés en cours, mais partis au Palais. Où nous avons passé la journée à rire et à jouer au flipper. Nous avions partagé une véritable aventure et étions maintenant frères de sang. Le sang de nos ennemis.

Mounir

L'époque l'exigeait : il fallait prendre position. Politiquement et musicalement, les deux étant étroitement liés. Se définir musicalement revenait à adopter un style vestimentaire, une manière de penser, de parler. Donc, forcément, la musique menait à la politique. Ou à l'absence de politique. Au lycée Brossolette, il y avait les BCBG, les discos, les zonards, les babas, les mod's, les punks. Chaque famille se subdivisait en une kyrielle de sous-catégories, nées de transmutations claniques ou d'allégeances à un groupe particulier. Par exemple, vous pouviez être zonard mais vous ranger sous les bannières de Pink Floyd, Genesis, ACDC ou Scorpions. Les zonards, les babas, les punks s'affichaient de gauche, PS, PC ou anarchistes. Les discos et les BCBG de droite.

Le lycée penchait majoritairement à gauche, en cette fin des années soixante-dix. D'abord parce que, situé sur une commune historiquement socialiste, ensuite car principalement fréquenté par des enfants d'employés, d'ouvriers, d'immigrés. La droite était peu représentée et discrète, le PC en revanche omniprésent. Les lycéens encartés menaient de véritables campagnes de propagande, discrètes dans l'enceinte de l'établissement, plus démonstratives hors des grilles. Le seul facho estampillé était le proviseur. En fait, nous avions décidé qu'il l'était. Sa manière de parler, son autoritarisme, sa facilité à confisquer telle ou telle liberté, le désignaient comme le représentant d'une lignée de fascistes. En vérité nous avions besoin de classer, de créer des catégories, d'identifier les amis, les ennemis, les bons et les méchants, les cools et les beaufs. Et, sans doute, commettions-nous de multiples erreurs de jugement.

Les juifs et les musulmans, eux, n'appartenaient réellement à aucune famille. La plupart étaient habillés à la mode, écoutaient tous les genres de musique, avec un penchant pour la soul et le disco, se disaient apolitiques même s'ils se sentaient plus proches des étudiants de gauche qui prônaient la tolérance, l'intégration, la reconnaissance des différences. Nous possédions nos propres réseaux, nos propres codes vestimentaires, notre musique, nos blagues, nos mots.

Raphaël et moi vivions plutôt mal cette schizophrénie politique et sociale. Nos goûts artistiques nous portaient vers la pop et notre sensibilité politique vers une gauche modérée. Cependant, nous n'avions pas osé révéler de manière trop évidente ces inclinations, de peur de voir railler notre engagement et notre goût pour Genesis, The Who, Queen, Supertramp et ACDC.

Béatrice tracte devant le lycée.

« Eh les gars ! Vous voulez bien parler avec moi un moment ? »

— T'es gentille, Béatrice, mais va faire ta déballe à d'autres. On ne s'inscrira jamais au PC.

Raphaël la gratifie d'un sourire chaleureux qui désamorce l'agressivité de sa réplique.

— Je ne veux pas vous convaincre de prendre votre carte, juste savoir comment vous vous positionnez dans la construction d'une société plus juste. C'est bien de discuter, d'échanger des idées, non ?

— Arrête Béatrice ! Je vous sais entraînés à l'argumentation politique. Tu veux nous faire parler pour ébranler nos convictions et glisser deux ou trois bombes à retardement dans nos esprits.

— Tu dis avoir des convictions ? Alors, explique ! En quoi crois-tu ? En la justice des hommes, en celle de Dieu ? La réussite professionnelle, l'argent, la solidarité ? Tu vois, moi si je veux discuter c'est parce que toi t'es juif et lui est musulman, et qu'en devenant copains vous créez les bases d'une société fondée sur des valeurs humanistes. Et ça m'intéresse !

— Bon, tu lâcheras pas le morceau ? Alors, premièrement, sache que j'ai l'intime conviction que les communistes sont animés de véritables sentiments humanistes, que ce sont des gens bons. Deuxièmement, je crois que leur idéalisme les amène à complètement se gourer en s'alignant sur l'Union soviétique. Troisièmement, pour moi les bolchéviques sont les nouveaux dictateurs.

— Ce sont les bolchéviques qui ont renversé le nazisme ! répond-elle, fièrement.

— Pas du tout ! Et les Américains et les Anglais, t'en fais quoi ? Les Soviétiques se sont ralliés par pur opportunisme, après avoir signé le pacte de non-agression avec Berlin. Et Staline a sûrement autant de sang sur les mains que Hitler !

— Tu es victime de la propagande capitaliste, Raphaël.

— OK. Alors laisse-moi me vautrer dans cette ignorance, s'il te plaît.

Le ton de mon ami est ferme. Béatrice tente une réponse, pour la forme, mais s'écarte afin de nous laisser passer.

Je reste silencieux un moment puis pose la question qui me brûle les lèvres.

— Tu es sûr de ce que tu avances ?

— Non, pas vraiment.

— Alors pourquoi tu balances ça avec autant d'assurance ?

— Parce que c'est ce que font les politiciens. Tu n'as pas remarqué qu'ils sont sûrs d'eux. Ils peuvent dire des conneries énormes avec un ton tellement naturel qu'elles passent sans problème. Or je suis persuadé que, derrière cette assurance, ils doutent. Mais le doute ne peut pas exister en politique. Tu dois affirmer.

— Et d'où tu sors ces infos sur les Soviétiques ?

— J'ai lu Bernard-Henri Lévy, *La Barbarie à visage humain*, et *La Cuisinière et le Mangeur d'homme* d'André Glucksmann.

— Tu lis des bouquins comme ça, toi ?

Je suis perplexe. Je savais que Raphaël dévorait Strange et Gotlib, qu'il aimait également Frédéric Dard, mais pas qu'il s'arrachait les neurones en puisant dans les pensées de ces fameux nouveaux philosophes.

— Oui.

Il sait qu'il m'impressionne.

— Attends, j'y crois pas. J'ai essayé de lire Bernard Machin. C'est gonflant ! Pour dire un truc simple il fait des phrases impossibles à piger.

— Tu crois vraiment que j'ai lu chaque ligne de son bouquin ?

— Ben, je sais pas. C'est toi qui disais que…

— Écoute je vais t'expliquer une chose essentielle pour te débarrasser de tes complexes d'immigré.

Son sourire est à la fois tendre et ironique. Il pose sa main sur mon épaule, me dirige vers un banc, m'incite à m'asseoir et se place face à moi.

— Avant, je croyais que dire qu'on avait lu tel ou tel auteur signifiait qu'on avait avalé toute son œuvre. Et je me sentais écrasé par le poids de la culture. Je pensais impossible de combler le retard pris sur ceux qui, en guise de berceuse, écoutent la douce lecture des *Pensées* de Pascal. En fait, hormis quelques génies, personne ne se fade l'intégrale de tous les auteurs. Les gens ouvrent les bouquins qu'il faut avoir lus. Et encore, la plupart se contentent de l'essentiel : la préface, la première partie, quelques morceaux choisis de chapitres et ce qui tient lieu de conclusion. Tu vois, c'est comme pour *Le Monde*. Je m'imaginais que lire *Le Monde* signifiait gober la totalité des articles, du premier au dernier mot, et que cet exercice permettait d'acquérir la connaissance universelle. Alors, je l'ai acheté et j'ai essayé. En une heure je n'avais lu que deux pages ! Lire *Le Monde* en entier est impossible. Et inutile. Ton cerveau ne peut pas tout enregistrer. Alors, tu parcours l'édito, les articles en une, puis tu te contentes des titres et des chapeaux des articles des pages suivantes, sans oublier quelques chroniques. D'ailleurs l'essentiel est dans l'édito et les chroniques. Ils t'offrent un concentré de pensées habiles et de mots savants. Tu te focalises dessus et tu deviens capable de te la péter comme tous les autres.

— Attends, tu veux dire que tout le monde fait comme ça ?

— La plupart des gens, j'en suis persuadé.

— Mais, alors, à quoi ça sert ce cinéma ?

— À faire en sorte que toi et moi nous restions à notre place.

— Je ne comprends pas.

Il m'offre un autre sourire, plein de bienveillance.

— Écoute bien ce que je vais te dire. C'est l'une des clés de la réussite, j'en suis convaincu.

Il s'excite, passe sa langue sur les lèvres, cherche ses mots et se lance.

— Quand Bernard-Henri Lévy, André Glucksmann ou tous les autres intellos écrivent des bouquins, ils proposent une idée, une vision neuve. Une seule idée et quelques arguments pour la défendre. Cette idée et ces arguments peuvent tenir sur une page. Mais eux souhaitent en faire un bouquin parce qu'ils ont compris qu'une idée dite en une phrase revient juste à un slogan. Exprimée en une page, c'est une chronique. Étalée sur trois cents, ça devient une pensée. Le livre anoblit les auteurs ! Alors ils se cassent le cul à étaler cette idée, à l'expliquer, l'argumenter, et en profitent pour montrer qu'ils ont des références, sont cultivés et qu'il faudra compter avec eux pour parler de société et de politique. Et, afin que leurs talents soient reconnus par les intellos déjà en place, ils se débrouillent pour utiliser un langage qu'eux seuls peuvent comprendre.

— Mais… pourquoi ?

— Pour tenir à distance des gens comme toi et moi. Pour que la culture reste entre les mains d'une élite.

— Tu deviens coco ? Anar ?

— Non, mais je ne veux pas me faire baiser par l'ordre établi. Leur système, je veux le comprendre pour l'utiliser. J'ai un parcours à faire, une vie à mener et je ne me laisserai pas écraser, c'est tout.

Raphaël devient tout à coup sombre, absorbé par l'enjeu. Il entre déjà dans la lutte, le combat.

— Alors, quelles sont les solutions ?

— Faire comme eux, aller sur leur terrain, nous battre, comprendre leurs règles, devenir de grands hommes.

— Et l'idéal, il n'existe pas ?

— Devenir un grand homme représente un idéal.

— Je trouve ça plutôt égoïste.

— Tu n'as pas compris. Je ne pense pas à moi. Pas seulement du moins. Je pense que nous avons un rôle à jouer auprès de tous ceux qui, comme nous, subissent le pouvoir, le fric. Pour cela, il faut repérer les failles du système, comprendre les codes, utiliser leurs méthodes et viser haut pour entraîner avec nous tous ceux qui trouvent anormal qu'on soit si peu à se partager le gâteau.

— Quel genre de révolutionnaire es-tu ? Tu ne veux pas soulever les foules pour renverser le système mais les faire accéder aux richesses.

— Que tu parles bien ! Tu as tout compris.

— J'essaie d'être au niveau !

— Alors nous avons déjà entamé notre révolution. Nous deviendrons des gens importants parce qu'animés de valeurs de partage. Le juif et l'Arabe.

— L'Arabe et le juif !

Il me prend par les épaules et me serre contre lui. Raphaël est capable de ces gestes d'affection que la plupart des mecs de notre âge voient comme une menace à leur virilité.

Je me souviens de cette conversation mot pour mot. Enfin, non, je ne peux pas dire cela. Je l'ai sûrement rénovée et enrichie d'un langage d'adulte habité du rêve d'une adolescence intense. Elle fait en tout cas partie des actes fondateurs de ma démarche militante. Parce qu'à partir de ce jour, nous avons décidé de nous lancer dans l'action, pour apprendre plus vite, devenir plus forts. Nous avons assisté à des réunions politiques, des conférences, des débats, entamé des joutes verbales sans fin ni parfois conviction, juste pour nous aguerrir, sommes devenus des guerriers sur la piste de l'ennemi, l'observant et testant ses réflexes.

Je peux dire, aujourd'hui, que Raphaël était à l'époque bien plus mûr que moi. Il était travaillé par une angoisse existentielle qui, parfois, l'animait d'une fougue quasi animale puis le faisait sombrer dans un état mélancolique traversé de mauvaises pensées, peuplé de mauvais rêves. Oui, c'est en partie à Raphaël que je dois ma conscience politique. Il m'a permis d'envisager le monde comme une matière meuble où inscrire mon empreinte. À l'en croire, il suffisait de le vouloir, de tendre la main. Il était convaincu que la réussite résultait d'un cocktail précis de règles, de comportements et d'opportunisme. Une seule erreur de dosage et vous étiez démasqués. La ruse nous permettrait d'en connaître les composants, l'expérience, la subtilité. Oui, nous étions en lutte. Nous avions un ennemi. Nous étions les gentils, jeunes, idéalistes, rusés et déterminés face à une force censée être toute puissante, machiavélique, vieillissante, égocentrique. D'intrépides héros embarqués dans une fantastique aventure qui conduirait à la victoire du bien sur le mal.

En déclenchant ce processus, jouissif, sans doute Raphaël a-t-il également fait de moi son futur ennemi.

Raphaël

Cours d'histoire. Monsieur Gouttenoire, notre prof, malade, a été remplacé par une femme d'une quarantaine d'années, mince, sèche, à l'allure étrange. Avec son nez fin et allongé, ses joues creuses, ses yeux tombant, son menton pointu, ses cheveux noirs tirés en arrière et son cou trop long, elle fait penser à une hache prête à s'abattre sur un bureau pour le briser. Sa bouche s'ouvre mais les mots hésitent à se faufiler entre ses dents mal alignées. Alors, elle les projette trop rapidement, puis baisse la voix pour atténuer son ton agressif. Résultat, la classe a majoritairement renoncé à l'écouter.

Je suis assis près de la fenêtre. Dans la cour, des terminales suivent un cours de gymnastique. La plupart des élèves traînent, résignés, dans une longue file irrégulière, attendant leur tour pour entamer un cent mètres sans conviction. Les filles les plus jolies sont les plus revêches à l'exercice. Elles portent des tenues sexy, paradent, adoptent une mine boudeuse pour exprimer leur ennui. L'effort n'est pas à la mode.

Soudain, quelques mots me réveillent. « Troisième Reich », « nazis », « Vichy ». Je me reconnecte. Le cours porte sur la Seconde Guerre mondiale. J'aurais préféré le sujet abordé par monsieur Gouttenoire, à son retour, tant il possède de talent pour faire vivre les pages d'histoire, les scénariser, exhumer des scènes vivantes de nos livres ternes.

Cécile croise mon regard. Et sourit tendrement.

Je lui adresse un clin d'œil et une grimace. Elle rit doucement en hochant la tête.

Je retourne à la contemplation du cours de gym, dans la cour.

« Hitler… grand homme. »

Le propos me fait sursauter. La prof déambule tranquillement au milieu des élèves amorphes. J'ai dû mal comprendre. Je capte alors le regard tout aussi médusé de Mounir. Il porte le doigt à son oreille pour me demander si j'ai entendu. Confusion totale. Lagdar, assis derrière moi, se penche pour me parler à l'oreille.

— T'as pas rêvé, elle a bien dit que Hitler était un grand homme.

Je me retourne pour chercher sur les traits de Mounir l'indice d'une mauvaise plaisanterie.

— Sur la vie de ma mère ! murmure-t-il en haussant les sourcils pour indiquer n'avoir aucun intérêt à mentir.

Nouveau regard à la classe. Personne ne semble choqué.

Je tape sur l'épaule de Laurent Dugas, un des bons élèves. Il note tout ce que les profs disent. Léger et nerveux mouvement de tête pour m'exprimer qu'il n'a pas vraiment envie de m'écouter ; il craint toujours de se faire remarquer. Je lui donne une nouvelle tape, plus forte. Il recule et lève le menton, interrogatif.

— Elle a bien dit que Hitler était un grand homme ?

Laurent lit les dernières lignes de son cahier et confirme d'un nouveau hochement de tête.

Je reste stupéfait.

— S'il vous plaît !

J'ai levé la main et la voix.

La prof paraît courroucée par l'intervention.

— Vous attendrez que je termine ! Gardez vos questions pour la fin du cours !

Je n'aime pas son ton. Elle me défie. De toute façon, je suis trop troublé pour patienter.

— Non, je n'attendrai pas la fin du cours. Je veux juste savoir si vous avez bien qualifié Hitler de grand homme.

Elle me fixe froidement, semble hésiter, puis laisse un sourire affleurer sur ses lèvres.

— Il fallait écouter plutôt que regarder par la fenêtre. Je ne vous répondrai donc pas. Je continue.

Elle reprend sa péroraison. Mais je l'interromps à nouveau.

— Je veux juste savoir si vous avez dit que Hitler était un grand homme !

— Et moi, je vous ai conseillé de vous taire. Ou alors, je serai contrainte de vous demander de quitter la classe.

Tous les élèves s'extirpent de leur léthargie, posent leurs yeux sur moi, dans l'attente d'une réaction.

— Mais enfin, je demande simplement de confirmer ou pas ce que je crois avoir entendu !

L'enseignante respire profondément pour m'engueuler lorsqu'une autre voix intervient.

— Oui, elle a dit que Hitler était un grand homme ! assène Mounir.

Je vois alors quelques étudiants confirmer, le brouhaha s'amplifie.

— Restez silencieux, ordonne-t-elle. Nous allons continuer le cours et je répondrai à vos questions plus tard. C'est la règle !

Énervée, nullement déstabilisée.

— Excusez-moi, mais si vous avez réellement dit ça… c'est grave. Très grave. Et s'il s'agit de votre opinion, défendez-la.

— Je n'ai pas à me justifier devant vous.

— Qui parle de justification ? Vous être prof, vous avancez un propos, nous souhaitons des explications. Il n'y a rien d'étonnant à cela !

De nouveau, elle me fixe froidement. Je la sens satisfaite de m'avoir irrité.

— D'accord. J'ai dit que Hitler était un grand homme car il fait partie des grands personnages de l'histoire.

Je réfléchis une seconde à la validité d'une telle pensée. Mes idées se bousculent et je lutte pour ne pas perdre pied. L'ironie que je crois déceler sur son visage m'incite à continuer.

— Oui, je comprends. Mais moi, ça me choque que vous lc qualifiiez de grand homme. Je préfère, en effet, que vous parliez de personnage historique.

Je la sens hésiter et m'engouffre dans la brèche.

— Car je pense que nous sommes tous d'accord, ici, pour dire que Hitler était un psychopathe, un meurtrier, un barbare.

Elle respire profondément en me dévisageant.

— Le propos d'un historien n'est pas de juger un personnage selon des termes appartenant à une logique juridique, psychologique ou affective. Est-ce clair ?

Un torrent de lave monte de mon ventre.

— Non, ce n'est pas clair du tout ! Je cherche à savoir le fond de votre pensée ! Hitler était-il, selon vous, un grand homme ou non ? Ayez le courage de vos opinions !

N'ayant pu me contrôler, mes paroles sont presque devenues des cris. Je sens des regards effarés, étonnés ou amusés, aller d'elle à moi.

La prof, elle, paraît choquée. Elle comprend que la situation lui échappe et veut me faire plier.

— Disons que je pense que Hitler est un des personnages historiques les plus impressionnants. Au même titre que César, Alexandre le Grand ou Napoléon. Comme eux, il possédait une vision absolument personnelle du monde, de la grandeur, de son rôle dans l'histoire.

— Moi, je vous parle de l'homme, du chef d'État, du chef militaire.

Elle se fige, hésite puis décide de poursuivre sur le même ton doux-amer.

— Le chef militaire ? L'un des meilleurs stratèges de l'Histoire. L'homme d'État ? Un être adulé par son peuple. Il a su redonner aux Allemands leur fierté perdue, les entraîner derrière lui. Il a également relancé l'économie allemande, résorbé le chômage… L'homme ? Un petit Allemand d'origine modeste devenu le leader charismatique d'une nation.

Son attitude, ses propos… ma colère gagne. Je tremble, respire difficilement.

— Ce que vous dites est écœurant !

Le sourire ironique réapparaît.

— Ce sont les faits. Je ne comprends pas pourquoi vous vous mettez dans un état pareil !

— Et les camps ? La solution finale ? Les millions de morts ?

— Toutes les guerres provoquent des massacres ! Napoléon est, lui aussi, très contesté par certains du fait de ses choix militaires.

— Mais on ne parle pas de guerre ! On parle de crimes contre l'humanité ! Il a décidé et organisé l'éradication de millions de personnes car elles étaient juives, tziganes ou communistes !

Son visage se durcit.

— L'histoire réclame du temps. Les faits sont trop récents et on ne peut avoir d'avis formels sur ce dont vous parlez. Des historiens contestent ces faits, ces chiffres.

Abasourdi, je redoute l'irruption d'une colère qui me conduirait à l'insulter, mais, contre toute attente, un calme incroyable m'envahit. C'est comme si, soudain, on avait soulevé un bouchon dans mon ventre et que mon agressivité, ma haine, s'étaient évacuées, laissant corps et esprit s'apaiser.

— Dire cela est révoltant ! J'avais entendu parler de pseudos-historiens comme vous, capables de nier l'évidence, mais je n'en avais encore jamais rencontré.

Un rictus tord sa bouche.

— Je ne vous permets pas de me parler ainsi, monsieur Levy !

Le mépris avec lequel elle prononce mon nom la démasque plus que n'importe quel aveu.

— Je vous rappelle que je suis votre professeur et que vous me devez le respect !

— Je n'ai aucun respect pour vous. Vous n'en méritez pas. Tout comme vous ne devriez pas avoir le droit d'enseigner. D'ailleurs… je me casse.

Elle perd toute contenance, ouvre de grands yeux, cherche des mots, des arguments, des reproches capables de lui faire reprendre le contrôle de la situation.

— Restez à votre place, c'est un ordre ! hurle-t-elle.

Calme, je me dirige vers la sortie. Un mouvement surgit derrière moi. Mounir ramasse ses affaires. Cécile l'imite. Puis c'est le tour de Lagdar. Les autres élèves se regardent, hésitent.

— Que faites-vous ? demande la prof, excédée. Rasseyez-vous !

J'ouvre la porte. Mes comparses me rejoignent.

Alors Mounir se retourne, considère la classe.

— Quatre sur trente-deux. Ça doit être à peu près la proportion de résistants durant la guerre. Les autres s'appelaient des collabos.

La remarque fait réagir la majorité des élèves qui, à leur tour, nous rejoignent.

L'enseignante amorce quelques mouvements qu'elle n'achève pas, puis se décide et tente de nous pousser vers l'extérieur pour fermer la classe et ainsi stopper l'hémorragie.

— Vous allez rester ici ! Je vous interdis de sortir ! Les sanctions seront graves ! lance-t-elle aux suiveurs.

Mais le courant étant trop fort, de crainte d'être bousculée, elle recule et croise les bras. Certains me tapent sur l'épaule pour exprimer leur solidarité, d'autres m'adressent un sourire ou un clin d'œil.

Mounir examine le groupe dissident.

— Mate-moi ça ! Que des étrangers ! Les Arabes, les Espagnols, les Italiens... Et les Français, ils sont où ?

Arthur lève la voix.

— Hé, oh ! Je suis là moi !

— Ben encore heureux ! répond Lagdar.

— Hé ! On est là nous aussi !

Pierre et Jean-Marc se signalent.

— Normal. Des communistes ! Ça m'aurait fait chier de vous voir rester ! Mais observez les autres ! La tête baissée, le regard fuyant.

Il a élevé la voix pour être entendu de ceux encore assis.

À juste titre car, dans la pièce, reste une dizaine d'élèves, parmi les meilleurs ; presque tous sont français.

— Laisse tomber Mounir, dis-je histoire de l'apaiser.

— Non, tu vois, ça me dégoûte. Elle est là la France de Vichy. La France des collabos !

Il a accompagné l'invective d'un geste désignant dédaigneusement les couards.

— Oui, c'est ça ! Faites les malins ! On verra la tête que vous ferez lorsque vous serez virés du lycée.

C'est Serge qui s'adresse à nous. Un fier à bras. Orgueilleux de ses muscles et de ses prouesses physiques. Un garçon que je pensais courageux. À notre âge on confond force et bravoure.

— Pauvre tapette ! lui crie Lagdar. T'as raison, ne prends pas de risque. Reste fidèle à tes convictions.

Les élèves restant ont suivi l'échange d'une mine penaude ou honteuse. Trois autres se lèvent alors. Nous tapons dans leur dos quand ils passent la porte.

Ils ne sont plus que sept dans la classe, résolus à ne pas bouger.

Alors, la prof sort de sa réserve.

— Partez, dit-elle au petit groupe. Allez, partez tous !

Les collabos, interloqués, ne bougent pas.

— Sortez ! hurle-t-elle, presque hystérique. Je ne veux plus personne dans cette classe ! Le cours est fini !

Quand ils passent la porte, ils essuient quelques insultes et des claques sur la nuque.

Nous voilà maintenant dans le couloir. Lagdar lève le poing et crie : « El pueblo, unido, jamas sera vencido ! » Fou rire absolu, réaction libératrice après avoir vécu une situation capable de nous engloutir. Nous nous en sommes sortis, avec les honneurs. Nous avons grandi. Vaincu l'ennemi. Cela vaut une fête. Le seul vin d'ivresse à notre portée est le rire, jusqu'à l'étourdissement.

Mounir

Avec cet épisode épique, j'ai compris que je pouvais avoir une opinion et la défendre, même face à des adultes. Dans cette première rébellion, nous n'étions pas des anonymes perdus au milieu d'une foule, reprenant des slogans pour leur rythme ou leur pouvoir cathartique, mais des mutins refusant la barbarie du capitaine, les fomenteurs d'une révolte visant à rétablir un ordre plus juste, plus humain. Je me souviens d'avoir eu l'impression de rendre justice à l'histoire. Les pantins fantomatiques d'Auschwitz nous avaient regardés nous lever, braver la bêtise de cette enseignante. Ils nous avaient suivis dans le couloir en traînant leurs membres désarticulés. L'image semble trop forte ? Le fruit d'une prétention d'adolescent frustré ? Peut-être. Mais nous nous étions dressés pour défendre les fondements de la justice des hommes. Et nous avions été flamboyants. Nous avions fait ce qu'il fallait faire. Nous étions à notre place.

Jusqu'alors, je pensais que cette partie de l'histoire n'était pas mienne. Les juifs, les Allemands et les Français n'avaient qu'à se dépêtrer avec cette horreur. Or, les propos de cette prof m'avaient giflé, je m'étais senti concerné. Car sa bêtise me menaçait également. J'étais devenu juif quelques instants puis citoyen d'un monde dans lequel j'avais mon mot à dire, où je voulais grandir. J'avais découvert ma conscience d'homme.

Ces moments renforcèrent l'union sacrée scellée entre Raphaël et moi. J'avais entaillé ma peau et mêlé mon sang au sien, comme à celui des victimes de la barbarie. Raphaël s'était battu contre des skins casseurs d'Arabes et moi je m'étais élevé, à ses côtés, contre une révisionniste incendiaire de vérité.

Dans la salle d'attente du proviseur, nous étions donc deux hommes, deux amis prêts à se battre pour défendre leurs positions. Les deux seuls à avoir été convoqués. Les meneurs.

Nos explications, le soutien des étudiants, la menace d'une grève orchestrée par les cocos et la crainte que l'affaire s'ébruite au-delà des murs du lycée parvinrent à convaincre le directeur de la légitimité de notre mutinerie et de la nécessité de suspendre cette remplaçante facho jusqu'au retour de M. Gouttenoire. Une belle victoire pour Raphaël et moi.

Raphaël

L'article est paru dans *Les Échos lycéens*, le journal du bahut. Depuis ce matin, il circule entre les mains de tous les juifs et musulmans. Et, à chaque fois, sa lecture est ponctuée de « Putain de sa mère ! », « Enculé ! » et autres insultes. En guise de signature, deux initiales. Le papier évoque un prétendu déclin de la France, aux mains des juifs, envahie par les Arabes, et salue « l'émergence de l'extrême droite ».

— On va le retrouver, ce fils de pute, et lui exploser la tronche ! s'exclame Maxime en lisant le texte.

— Ils sont peut-être plusieurs à se cacher derrière cette signature, marmonne David.

— Eh, comment il s'appelle déjà, le mec déguisé en skinhead ? s'enquiert Mickaël. Le grand avec les cheveux courts, en terminale B je crois ?

— Marc Frémont ou Crémont, quelque chose comme ça, répond Lagdar.

Nous sommes assis sur un banc, dans la cour. David trépigne.

— Ça colle pas.

— Attends, tu ne crois pas que le mec a mis ses vraies initiales.

David m'adresse un regard furtif puis donne un violent coup de journal contre le banc.

— Oui, t'as raison. Allons quand même le voir. C'est un faf. Il connaît sûrement ceux qui ont écrit ce truc de merde.

— On peut aussi parler au type qui s'occupe du journal. C'est à lui que l'on a remis l'article. Il doit connaître l'auteur.

David accueille l'idée de Mounir par un large sourire.

Ils feuillettent ensemble la feuille de chou à la recherche du responsable.

— Tiens voilà : Marc-Louis Sonanes. Un terminale.

— Oui, un petit maigrichon avec des lunettes. Genre le personnage de BD Sam Bot.

— Sonanes ? Je le croyais juif, s'étonne Lagdar.

— Impossible. On le saurait, répond David.

Quand il sort de sa classe, Marc-Louis Sonanes ne nous voit pas tout de suite. Il marche tête basse, fixant le sol.

David lui tape sur l'épaule. L'autre lève les yeux et considère la petite bande avec étonnement. Il ne paraît pas inquiet.

— C'est toi le responsable de ça ?

Mon ami désigne le journal, ouvert à la page de l'article. Sonanes comprend et ses petits yeux s'agitent derrière ses lunettes, évaluent notre nombre et notre degré de contrariété. Fébrile, inquiet, certes, mais sa voix demeure neutre.

— Oui. Enfin, je collecte les articles, je les mets en page et je distribue le journal.

David le prend par l'épaule et l'entraîne à l'écart du flot des étudiants se ruant vers la sortie. Puis le pousse dans un coin isolé. Sonanes nous regarde avec anxiété. Ses jambes frêles semblent ne plus pouvoir le porter.

David le plaque contre le mur, s'avance, lève la main. Il prend l'attitude d'un voyou prêt à cogner.

— Qui a écrit cet article ?

Sonanes a maintenant la voix hésitante.

— Heu… Je ne sais pas. Il a été déposé dans la boîte aux lettres de la rédaction.

Un léger coup de journal vient caresser sa joue.

— Ne joue pas au con avec moi. Tu me dis qui t'a passé cet article ou je te pète la gueule.

Sonanes, choqué, tente de se ressaisir.

— Hé ! Ça va pas, non ? Tu n'as pas le droit de me toucher ! Et je te dis que je ne connais pas l'auteur.

David lève le bras mais c'est Lagdar qui administre la gifle.

Sonanes réajuste ses lunettes et porte la main à sa joue.

— Oh ! Vous êtes pas bien !

Dans un élan désespéré, il baisse la tête et tente de forcer le passage. Maxime le rattrape et le projette à nouveau contre le mur.

— Écoute, tu vas nous dire qui a écrit ce papier de merde ou je t'assure que je t'explose la gueule.

— J'en sais rien !

Mounir avance. Il adresse un signe à David lui conseillant de se calmer.

Sonanes hoche la tête.

— Tu l'as lu ?

Nouvel assentiment.

— Et tu as décidé de le publier ?

— Je ne suis pas responsable de ce que les étudiants écrivent. Je collecte les articles et les mets en page.

— Et pourtant, tu t'attribues le rôle de « rédacteur en chef ». Tu te la joues, tu te dotes d'un titre pompeux mais quand faut répondre du contenu, y a plus personne. À moins que l'article ne t'ait pas choqué.

— Bien sûr qu'il m'a choqué, mais je m'interdis de pratiquer la censure. Le journal doit refléter les opinions des élèves. Toutes les opinions.

— Ah d'accord, marmonne David. C'est ainsi que tu conçois ton rôle de… rédacteur en chef.

Mon ami marque une pause, semble hésiter à infliger une autre gifle.

— Alors tu sais quoi ? Dans le prochain numéro, je vais envoyer un article où j'écrirai que ta mère est une pute. Et je compte sur toi pour le publier.

Sonanes hausse les épaules, effaré par la bêtise de la comparaison.

— Ça n'a rien à voir.

Lagdar lance son bras mais Mounir bloque le coup.

— On m'a dit que tu étais juif… c'est vrai ?

Ma question le surprend. Il ne sait pas si elle relève du piège ou constitue une ouverture vers un apaisement.

— Oui. Enfin… mon père est juif. Mais nous sommes athées.

— Et ça ne t'a pas fait chier de publier un tel torchon ?

Cette curiosité laisse penser que je cherche à discuter, à comprendre. Les yeux globuleux tanguent un instant derrière les verres épais. L'intelligence du regard perce derrière la peur.

— Si, bien sûr. Mais je m'interdis de faire valoir mes opinions personnelles. Je vous l'ai dit : je ne suis pas un censeur.

— Le problème, c'est que tu n'es rien du tout en fin de compte. Juste une putain de boîte aux lettres.

— Ouais. T'es même pas un homme, ajoute Maxime.

Sonanes semble réfléchir un instant puis baisse la tête.

La vérité est, qu'à ce moment, j'hésite entre considérer ce mec comme un abruti fini ou, au contraire, à le voir comme un petit génie planant au-dessus de nos considérations d'ados.

Quand Marc Brémond sort de classe, il balaye du regard le couloir avant de nous trouver. Notre enquête et l'interrogatoire de Sonanes ont fait le tour du lycée. Il examine la petite bande non sans assurance et s'avance. Avec son mètre quatre-vingt-dix, son imposante carrure, son visage massif, ses yeux bleus et froids, il impressionne. Il compte en jouer.

— Vous voulez me parler ?

— Comment tu le sais ? interroge Maxime.

— On me l'a rapporté. Qu'est-ce que vous voulez, j'ai pas beaucoup de temps.

Il fixe Maxime.

— Zarma, comment il parle celui-là ! grince Ahmed. Si c'est pas un bouffon !

Brémond le dévisage avec dédain.

— Pourquoi tu me mates ?

Ahmed avance d'un pas. Il arrive tout juste à la hauteur d'imposants pectoraux qu'un pull à col roulé noir met en valeur.

— Alors ? Qu'est-ce que vous voulez ?

La question exige une réponse rapide.

— C'est toi qui as écrit cet article ? demande David en tendant le journal.

Brémond dévisage David, jette un coup d'œil sur sa tenue de minet et un léger sourire se dessine sur ses lèvres.

Je déteste son arrogance.

— Non, répond-il sans même regarder le journal. C'est tout ? Je me casse.

Le costaud tente de partir. Je le saisis par l'épaule et le retourne. Il réagit aussitôt et avance sur moi, menaçant. David lui envoie alors son poing sur la tempe. Il recule et sa tête cogne le mur.

Les autres n'ont pas bougé, surpris par la rapidité de l'action.

Quand il se redresse, Ahmed, Lagdar et David, le saisissent et l'immobilisent. Un peu sonné, Brémond se débat peu.

— Amenez-le par ici, ordonne Mounir.

Quelques élèves qui s'étaient attardés pour assister à la confrontation, se dirigent vers la sortie.

— Hé, si les surveillants arrivent dans la minute, je saurai que c'est vous ! les prévient Lagdar.

Ils font un rapide signe de tête et s'empressent de s'engouffrer dans l'escalier.

Mounir hésite un instant puis s'adresse au groupe.

— On va au gymnase.

Je m'approche et l'interroge silencieusement.

— On va faire le coup de l'interrogatoire gestapiste à ce facho de mes deux.

Brémond assis sur une chaise au milieu du gymnase. Maxime et Ahmed ont ligoté ses pieds et mains.

Il ne dit rien, paraît absent. Mais ses yeux trahissent l'angoisse. Nous discutons à quelques mètres.

— Putain, si on se fait chopper avec un mec attaché à une chaise on mange bon ! dit Lagdar, que la situation excite.

— Oui, inutile de perdre du temps, analyse Mounir. Micka surveille l'extérieur. Il avertira si quelqu'un arrive. On va jouer la scène comme dans les films. David, pour lui tu es le méchant. J'interpréterai le gentil qui tente la conciliation et refuse de te laisser le frapper. OK ?

Nous nous dirigeons vers notre cible. L'inquiétude perce le masque de son visage dur.

— Bon, alors, tu nous dis qui a écrit l'article ? Tu n'es pas dans les meilleures dispositions pour jouer au héros.

— C'est pas moi l'auteur.

Brémond semble sincère.

— Mais tu sais qui l'a rédigé.

Silence.

— Alors, tu vas nous le révéler.

— Je sais qui l'a écrit et je ne vous raconterai rien.

— Putain, je te jure que tu vas balancer, sinon…

David s'est avancé, menaçant ; Mounir brise son élan.

— Sinon quoi ? Vous me torturerez ? Vous jouez à quoi là ? Vous ne vous trouvez pas un peu ridicules ? C'est quoi cette mise en scène à la con ? Vous m'attachez les mains et me frappez. Vous êtes forts les mecs. De vrais hommes ! Allez vous faire foutre !

Brémond n'a pas le temps de finir sa phrase qu'un mouvement s'entend derrière nous.

Maxime s'emporte.

— Putain, détachez-le cet enculé. Il a raison, c'est pas des manières de frapper un mec attaché. Détachez-le et je vais déchirer sa face de rat.

Mounir avance pour l'arrêter mais je l'en empêche.

Brémond regarde le gringalet dénouer ses liens puis nous interroge d'un coup d'œil. Je souris posément.

— C'est ce qui pouvait t'arriver de pire.

Je sais que la dégaine de Maxime laisse sceptique quant à ses aptitudes au combat mais sa détermination et sa nervosité ont de quoi impressionner. Libéré de ses liens, Brémond se redresse et amorce une garde. Mais à peine tente-t-il de se mettre en position qu'une première gifle lui cingle la joue. D'une puissance si incroyable que sa tête paraît un instant désaxée.

— Regarde, espèce d'enculé, pas besoin de te donner des coups de poing. Ce genre de bagarre, je la réserve aux hommes. Moi, je vais te gifler comme une gonzesse jusqu'à ce que ton nez pisse le sang. Putain de facho de merde !

Maxime se déplace sur la gauche et assène une seconde gifle, puis une troisième. Le colosse vacille.

Du sang commence à s'écouler de son nez. Brémond a conservé sa garde mais pas encore esquissé le moindre mouvement de défense.

— C'est bon Maxime, arrête !

Mounir le saisit aux épaules.

Le facho retombe sur la chaise. Il doute.

— Écoute, t'es plutôt courageux, intervient un Mounir soudain amical. T'es là, t'as pas peur, tu te défends. T'es un mec quoi ! Alors pourquoi couvrir un lâche qui écrit des saloperies de manière anonyme ?

L'argument fonctionne. L'autre déballe tout.

L'article a, selon lui, été rédigé pas un élève de terminale, Franck Spinetti. Un complexé qui tente de faire oublier ses origines italiennes en accrochant à son revers de blouson le label « 100 % bonne race » décerné par un groupuscule d'extrême droite.

Le plumitif masqué a été attrapé au moment où il sortait du lycée. Look terne, apparence banale, le genre passe-muraille couard se fondant dans la masse et préférant cracher son venin anonymement. Dans ses yeux intelligents, j'ai deviné qu'il n'en était qu'à son coup d'essai, qu'il avait peur mais considérait notre correction comme une épreuve dans une existence déjà dévouée au combat.

Il a pleuré dès le premier coup reçu et demandé pardon. Sans pudeur. Parce qu'il nous méprisait assez pour nous duper en s'humiliant.

Nous en sommes restés là. Ni heureux, ni fiers. Écœurés.

Que sont devenus Brémond et Spinetti ? L'épisode a sans doute renforcé leur haine des juifs et des musulmans. À moins qu'ils aient changé et regardent cette période de leur vie avec effarement. Mais j'ai des doutes.

Quant à Sonanes, il est devenu, un temps, une figure de la presse et de l'édition. Comme quoi…

Mounir

Juifs et musulmans formaient désormais un groupe uni. La multiplication des actes racistes et antisémites incitait à nous enfermer petit à petit dans une logique d'opposition. Face à nous, il y avait cette France qui nous rejetait, excluait ou, au mieux, se foutait de l'émergence d'une haine décomplexée dont nous étions les cibles. Tous les Français ? Non, bien sûr, mais à notre âge, il était plus facile de suspecter chacun. En fait, nous nous focalisions sur la haine de certains pour exclure tout le monde. L'indifférence des autres suffisait, à nos yeux, à les rendre coupables. Ce genre de syncrétisme est l'apanage de la jeunesse quand elle cherche à se définir.

Les Français constituaient plus que jamais l'un de nos principaux sujets de conversation. Qui étaient-ils vraiment ? Que pensaient-ils ? Quels étaient leurs faits de gloire ? Pourquoi tenions-nous tant à devenir français alors qu'ils ne voulaient pas de nous ?

Nous tentions de cerner leur caractère, leur personnalité, sur un registre humoristique, ironique voire critique, cédant à notre tour aux stéréotypes, généralisant certaines observations, forçant le trait.

Notre frustration nous incitait à leur trouver tous les défauts possibles : ils manquaient de courage, étaient fades, sans aspérités, sans ambition. Il suffisait de voir leur comportement lors des compétitions sportives ! Ils ne gagnaient jamais ! Pire, ils se satisfaisaient toujours des défaites. « L'essentiel n'est pas de gagner mais de participer », répétaient à l'envi les journalistes et cadres sportifs, érigeant la formule de Pierre de Coubertin en credo absolu pour justifier leurs ratages ! Pour nous, jeunes pleins d'énergie en quête de fierté nationale, cette posture était aberrante, navrante ! S'engager dans une compétition sportive n'avait aucun sens sans désir de victoire, sans désolation en cas de fiasco. L'essentiel était au contraire de gagner afin de voir flotter les couleurs de la France sur tous les podiums du monde !

Mais, à nos yeux, les Français préféraient la fuite à l'affrontement, l'esquive au combat et l'euphémisme à la sincérité. Ainsi, ils disaient israélites et maghrébins au lieu de juifs et musulmans. Par crainte d'utiliser des mots trop connotés ? Afin de ne nous lier à un ailleurs lointain et souhaitable ?

Nous les critiquions exagérément, nous moquions d'eux sans vergogne… au risque de devenir à notre tour racistes. Une attitude stupide qui, je pense, avait seulement pour but de les désacraliser un peu. Devenir français était si difficile !

Cour du lycée. Énième discussion sur les fachos, le racisme, l'antisémitisme.

— Mais ils s'en battent les couilles les Céfrans ! clame Farouz. Qu'est-ce qu'ils en ont à foutre du retour des fachos, que l'on casse du bougnoule ou du youpin ? Je vais même te dire un truc : ça les arrange.

— Tu as raison, reprend David. Ça les a pas vraiment emmerdés que l'on déporte et gaze les juifs. Ils ont accueilli Hitler, lui ont filé les clés du pays, fait des courbettes, livré des listes. Alors, les agressions de juifs, les ratonnades… Ils s'en tapent !

Lagdar, d'un mouvement de tête, nous signale l'arrivée d'Arthur. Un silence embarrassé l'accueille.

— Salut les rebuts de la société !

Nous le saluons mollement.

— Qu'est-ce qu'il y a ? Je dérange ? Putain, vous craignez vraiment, les mecs ! Vous donnez toujours l'impression de comploter.

— On daubait sur les Français, avoue Mickaël.

— Hey, vous devenez paranos ! Faut arrêter avec ça !

— On ne devient pas paranos ! On constate les faits, précise Lagdar.

— Ah ? Quels faits ? Vas-y, expose.

— Quoi, t'es pas au courant ? Les agressions racistes ? Les ratonnades ? Plus de cent morts et des centaines de blessés depuis le début des années soixante-dix ! Les nostalgiques de l'Algérie française continuent à tuer, à tabasser, à torturer ! Certains ont même intégré la police. À Genevilliers un flic a crevé l'œil d'Ali Thouami en lui tapant dessus. Ici, à Lyon, Norredine s'est fait tabasser par les keufs, à Saint-Quentin, deux flics ont torturé un Black ! Tu veux que je continue ?

— Et tu as entendu parler de ce facho de Darquier de Pellepoix ? enchaîne Mickaël. Ce connard a déclaré dans *L'Express* qu'à Auschwitz on n'avait gazé que des poux ! Et cette pourriture de prof de l'université de Lyon qui nie l'existence des chambres à gaz !

— Faurisson, précise Raphaël.

— Ouais, c'est ça. Et l'autre borgne et son parti d'extrême droite ouvertement raciste et antisémite ? Et ces groupes de nazillons qui cherchent la merde aux juifs et aux musulmans ?

— Faut t'informer mon pote ! vitupère Lagdar. Tu sais que les Arabes n'ont pas le droit d'entrer en boîte ? Tu trouves ça normal, toi ?

— Oui, je sais tout ça et non, je ne trouve pas cela normal. Mais qu'est-ce que ça démontre ? Que certains Français sont complètement tarés ? OK. De là à généraliser et à dauber sur la France ! Vous jouez le jeu de ces illuminés. Ils veulent monter les Français de toutes origines les uns contre les autres, foutre le bordel. Vous comprenez ça ?

— C'est plus compliqué, Arthur, répond David. On a juste l'impression que tout ça ne concerne pas les Français. Ils s'en foutent.

— Mais merde, pourquoi vous distinguez les Français, les juifs, les Arabes, les Noirs, les musulmans… Vous mélangez tout. Nationalité, religion, ethnie, race, origines…

— Ce n'est pas nous qui faisons la distinction mais les racistes, s'exclame Farouz. Et la passivité des Français fait le jeu des fachos.

— Je ne vois pas pourquoi vous parlez de passivité. *Libé* ou *L'Huma* dénoncent tout ça ! Vous donnez trop d'importance à ce qui arrive actuellement. Les Français moyens n'y voient sans doute qu'un léger hoquet de l'histoire.

— Eh bien tu vois, c'est ce qui nous gêne chez les Français moyens ! dit David. C'est que repus de confort, ils restent à hoqueter dans leurs fauteuils. Comme pendant la guerre, ils pataugent dans une sorte de collaboration passive.

— La guerre ? Putain, tu vas pas remettre ça ! Tu oublies que des Français ont résisté ?

— Et voilà ! La résistance ! Putain, mais ils étaient combien à résister ? Une poignée de héros ! La population était derrière Pétain et Laval ou se contentait de la fermer ! Mais, aujourd'hui, quand tu parles à un Français, il te répond Résistance. C'est ce que nous ont fait croire nos livres d'histoire ! Mais ce n'est pas la réalité mon pote !

Le ton s'envenime sérieusement. Le visage d'Arthur s'empourpre. Je décide d'intervenir.

— Oh, les mecs, on s'égare là.

David ne souhaite pas en rester là.

— Non, on ne s'égare pas. C'est cette mentalité de collabo qui fait qu'aujourd'hui des apprentis nazillons peuvent s'attaquer à des Arabes ou à des juifs. Le mal est profond.

— Ah bon ? Et pourquoi les Français se comporteraient-ils ainsi ? objecte Arthur.

— Parce qu'ils ont peur ! rétorque Farouz avec conviction. C'est un peuple de trouillards qui redoute ce qu'il ne connaît pas ! Ils ont peur des Arabes qui sont de méchants barbares prêts à les agresser ! Ils ont peur des juifs parce qu'ils les croient puissants ! Ils ont peur des Allemands, des pédés, des femmes, de la guerre, de la compétition… Ils vivent avec des clichés.

Arthur, les joues rouges, secoue la tête, atterré.

— N'importe quoi !

Farouz se lève.

— T'en veux une preuve ?

Nous nous regardons, surpris. Va-t-il le défier ?

Farouz s'adresse à Mickaël.

— La boulangerie, dit-il.

Micka sourit.

— Viens, Arthur, suis-nous.

Toute la bande se met alors à marcher en direction de La mie des Gratte-Ciel située à cinquante mètres du lycée.

Arrivés devant la boutique, Farouz demande de l'attendre à l'extérieur.

— Je vais entrer avec Lagdar et Mickaël. Regarde bien ce que l'on va faire, Arthur. Et, surtout, observe l'attitude des patrons.

À l'intérieur, le boulanger range sa dernière fournée dans des paniers pendant que sa femme nettoie la vitrine. Dès qu'elle aperçoit Farouz, Mickaël et Lagdar pousser la porte vitrée, elle se raidit. Un début d'affolement la gagne.

Les trois compères observent la vitrine comme des clients effectuant leur choix. Puis, Farouz saisit un flan et nous le montre en nous faisant un clin d'œil. Il mord dedans, grimace comme surpris par le goût, puis le repose. Il prend une autre part et recommence. La boulangère se tourne vers son mari mais celui-ci reste figé. Nous sommes stupéfaits. Sous leurs yeux, Mickaël glisse alors la main entre deux rayons et saisit une poignée de barres de chocolat qu'il met dans sa poche.

— Putain, ils sont barges ces mecs ! s'exclame Arthur.

— Complètement frappés ! confirme David.

Je rencontre alors les yeux de la boulangère. Remplis de larmes. J'ai l'impression qu'elle veut me parler, m'insulter, me supplier. Et je me sens ridicule, honteux même. Je baisse la tête.

Nos trois copains sortent enfin.

— Alors, t'as vu Arthur ? interroge Farouz. Ils n'ont rien fait.

— Mais… je ne comprends pas… balbutie Arthur. C'est du vol… Comment saviez-vous qu'ils ne diraient rien ?

— Ça a commencé comme un jeu, la semaine passée. J'aimais pas la façon dont ils nous surveillaient quand on achetait des viennoiseries. Putain, on était clients, on payait ! Mais pour eux, nous étions étrangers, donc suspects. Alors je suis rentré dans le rôle de l'Arabe tel qu'ils le fantasment. Et, juste pour voir, j'ai croqué dans un gâteau et l'ai reposé. Pour voir. Je te jure que je balisais. S'ils avaient gueulé j'aurais fermé ma gueule et payé. Mais ils sont restés silencieux. Alors, avec Micka et Lagdar on y est retournés et on s'est lancé des défis. On en est arrivés à se servir sans payer et ils n'ont rien dit ! Ils n'ont même pas essayé de discuter.

Arthur reste interloqué.

— Mais… pourquoi ?

— Parce qu'ils ont peur !

— Oui, j'ai vu de la peur, confirme Arthur, mais également de la haine, parce que vous les voliez !

— Vrai, mais leur haine étant moins forte que leur peur, ils ne bronchent pas.

— Mais ils ont peur de quoi ? Vous avez dû les menacer !

— Non, même pas ! Ils ont seulement peur de nous ! Des Arabes ! Quand ils en voient un, ils pensent à l'Arabe des Minguettes avec une lame de rasoir dans les mains, ou au voleur, au bagarreur, au sanguinaire... Qu'est-ce que j'en sais ! Ils sont racistes parce qu'ils sont lâches !

Nous sommes atterrés.

J'interviens :

— Mais tu te rends compte qu'en faisant ça tu attises les ressentiments et les clichés dont on nous accable ?

— Je sais. Mais t'inquiète, on ne compte pas continuer. C'était juste pour voir, pour rigoler. Allez, venez, on va manger notre butin sur la place de la mairie.

— Sans moi, rétorque Arthur. Je ne cautionne pas. Vous ne m'avez rien prouvé. Vous êtes juste tombés sur un couple traumatisé et vous l'avez volé. C'est tout ce que j'ai vu. Je trouve ça... inutile, dangereux, écœurant. Je préfère me casser.

— Comme tu veux, rigole Lagdar en mordant dans un Bounty.

Raphaël et moi échangeons un rapide regard.

— Ouais, moi aussi je me casse. Je dois aller avec Raphaël à la bibliothèque.

Il valide le mensonge. Les quatre autres nous saluent et s'éloignent.

Raphaël et moi marchons lentement en direction du lycée.

— Arthur a raison, il y avait de la haine dans leurs yeux.

Mon ami, pensif, ne répond pas.

— Je ne sais pas qui est le plus fautif, finit-il par dire.

VIII

Pour une fille

Raphaël

Elle traverse la cour comme elle traverse nos cœurs, avec une insouciance qui confine à la candeur, inconsciente du trouble que sa silhouette gracile suscite dans nos esprits affectivement et sexuellement tourmentés. Feint-elle de ne pas se rendre compte de l'admiration que les garçons lui vouent ?

C'est vers moi que Cécile se dirige. Je relève la tête, me concentre pour dissimuler mes émotions derrière une mine enjouée.

— On va assister à une réunion du Parti Socialiste, dit-elle. À la mairie de Villeurbanne, ce soir. Tu y vas ?

Je n'ose m'attarder sur ses éventuelles motivations.

— Oui. Avec Mounir. À dix-huit heures, c'est ça ?

— Oui. On se rejoint au Palais à dix-sept heures ?

Qu'attend-elle de moi ?

— Heu… OK. Dix-sept heures.

Elle plante ses yeux dans les miens, sourit, tient la pose deux secondes.

— Bon, alors… à tout à l'heure.

Elle recule d'un pas puis se tourne et me salut d'un petit signe de main.

Bon sang, pourquoi n'ai-je pas le courage de la rattraper, de lui parler ? Pourquoi suis-je à l'aise avec les filles uniquement lorsque nous sommes en bande. Alors là, oui, je trouve la force, l'esprit et le courage de me rendre intéressant. Mais dès que je suis seul avec l'une d'elles, a fortiori s'il s'agit de Cécile, mon cerveau se dessèche, mes mots se fossilisent et je deviens bête comme un ado paralysé. Que je suis…

— Pas mal le regard.

Mounir vient d'arriver mais n'a rien manqué de la scène. Sa remarque se voudrait drôle ou amicale mais le ton traduit autre chose.

— Heu… ouais. Elle voulait savoir si on allait à la réunion du PS ce soir.

— Nous ou toi ?

Il sourit bien que le poids d'une soudaine tristesse tire les commissures de ses lèvres vers le bas. Nous avons un vrai problème à résoudre : Cécile. J'ai remarqué la même asphyxie chez lui lorsqu'elle apparaît. Je suis tenté d'aborder la question mais comment y arriver sans gêne, voire brouille ? Alors, depuis des jours, j'esquive. Je me répète une vérité que j'ai souhaité faire mienne : « Tout peut être dit tant que les mots sont portés par de bons sentiments. » Et je me lance. Prononcer les premiers mots, espérer que les autres suivront.

— Écoute… au sujet de Cécile…

Mounir rougit, cherche une contenance.

— C'est une fille canon. Et je crois que nous avons craqué pour elle. Je ne sais pas lequel de nous deux lui plaît le plus. J'ignore même si nous lui plaisons ou si elle nous trouve simplement sympas. Alors… tentons notre chance. Nous verrons bien. Mais, faut pas que ça vienne perturber notre amitié.

Mounir approuve.

— Oui, bon, je la trouve pas mal, répond-il. Mais je pense qu'elle craque pour toi. Ne t'inquiète pas : quoi qu'il arrive, il n'y aura pas de problème entre nous.

— L'amitié d'abord !

Je tends la main. Il la tape et nous rions.

Mounir

Je pleure, silencieusement, dans l'obscurité de ma chambre. Pas question que mon frère m'entende. Chialer à dix-huit ans c'est comme faire pipi au lit à dix ans. Une honte douloureuse.

Comment définir les sentiments qui me lacèrent. La colère ? La jalousie ? Le désespoir ? La déception ? Je ne sais pas. Cerner précisément ce que je ressens me soulagerait sans doute, mais chaque effort suscite un flot d'images et de mots qui avive ma tristesse. Je les vois rire, se prendre la main, s'embrasser. Je les vois me sourire, gênés, feignant d'être naturels, eux qui ont deviné mon chagrin. Je me vois résister à la rage et à la peine pour faire bonne figure. Je les vois redoubler d'une attention amicale et consolante. Je me vois si petit, si ridicule. Tellement arabe.

Quelque part, une mauvaise petite voix me le crie mais je m'efforce de ne pas l'entendre : « Tu ne l'as pas eue parce que tu es arabe. » Ai-je le droit de m'abriter derrière ce genre de justification ? En vérité, combien d'Arabes sortent avec des Françaises ? Et combien de juifs ? Arabes, français, juifs, voilà que je donne dans le simplisme, mais, en même temps, le calcul est vite fait.

Pour une Française, sortir avec un Arabe reste une honte. Un Arabe n'est pas fréquentable. Bien sûr, certaines filles osent bousculer les principes en élargissant leurs aventures aux musulmans du bahut, mais elles restent rares. Et ne les présentent pas trop à leur famille.

En vérité, la raison de ma douleur n'est pas là. J'avais interprété certains sourires et regards comme des marques d'affection. Et c'est découvrir que je l'intéressais par procuration qui me fait souffrir. Elle voulait atteindre Raphaël, était chaleureuse avec son meilleur ami, voilà tout. Aurais-je eu les mêmes chances que lui si je n'étais pas musulman, si mes cheveux n'étaient pas si crépus ?...

Putain, tu te prends la tête Mounir ! Tu mêles à la déception des questions qui ne méritent pas d'être posées. Rends-toi à l'évidence : c'est juste une question de goût, une affaire d'attirance. Elle a craqué pour lui et basta.

OK, mais je sens des vagues de colère – de haine ? – me submerger par instants. Une adrénaline qui excite mes neurones. Comme si je devais me battre. Mais contre qui ? Le reflux me laisse, ensuite, stupide avec ces désirs de violence.

Les vacances ont commencé. Raphaël m'a appelé à plusieurs reprises mais j'ai refusé les sorties, prétextant des problèmes à la maison, des « trucs à faire ». Il n'a pas été dupe.

Raphaël

Septembre 1978

Depuis la rentrée, il reste au milieu de sa petite bande, se contente de me saluer de loin et, quand je suis accompagné de Cécile, détourne le regard. Mounir m'évite. À chaque fois que je suis allé vers lui, il a fait comme si nous étions de simples « camarades de classe », attitude assez cordiale pour donner le change mais désespérante, attristante au regard de l'amitié qui nous liait jusqu'alors. Malgré mes sollicitations, il a systématiquement refusé de me rejoindre au café, prétextant devoir réviser.

J'avais fini par me résigner, pensant qu'il lui fallait du temps, qu'il finirait par réaliser que notre amitié primait. Et j'acceptais qu'il me batte froid. Mais, aujourd'hui, de bonnes raisons me poussent à aller lui parler. L'occasion est trop belle, la journée exceptionnelle et je veux la vivre avec lui.

Me voyant approcher, il se tourne ostensiblement vers Farouz, prêtant une attention exagérée à ses propos. Farouz m'aperçoit et me fait signe. Je sens le trouble gagner leur groupe et les regards couler discrètement vers Mounir. Ils connaissent la discorde.

Je claque rapidement les mains.

— Comment ça va, les mecs ?

Murmures, hochements de têtes.

— Quoi, c'est tout ?

Leur réaction révèle qu'ils ne comprennent pas ma joie, plutôt incongrue vu le contexte.

— C'est un grand jour, mes frères ! Une journée historique !

Ahmed fronce les sourcils, n'appréciant pas mon petit jeu. Farouz se contente de m'offrir un sourire gêné. Mounir, lui, me fixe, comme s'il lisait dans mes pensées.

— Ils t'ont viré du lycée ou quoi ? ricane Lagdar.

— Putain, ne me dis pas que t'es pas au courant ! C'est l'événement de l'année, de la décennie même !

Enthousiasme surfait synonyme de fébrilité.

— Camp David. La paix entre les Égyptiens et les Israéliens, lâche Mounir en plongeant son regard sombre dans le mien.

— Ah ouais, j'en ai entendu parler, reprend Lagdar. Mais j'ai jamais vraiment compris ce qui se passait là-bas. Et alors, c'est bien pour qui ce Camp David ?

— Pour les Égyptiens qui vont récupérer leurs territoires, pour les Israéliens contents de ne plus avoir d'ennemis de ce côté de leurs frontières, pour Carter qui restera le président américain ayant permis cet accord.

— Et les Palestiniens ? provoque Farouz. Parce que c'est quand même d'eux qu'il s'agit, à la base.

— L'accord prévoit de définir un cadre aux futures négociations entre Israéliens, Palestiniens et Jordaniens.

— Mouais. Ce n'est pas ce que disent les pays arabes, rétorque Mounir. Ni les Palestiniens d'ailleurs. Ils ont même traité Sadate de Judas, lui reprochant de négocier sa paix sur le dos des Palestiniens.

— Ne sois pas négatif, c'est en soi réellement une bonne nouvelle. Deux hommes, deux pays qui se vouaient une haine acharnée, deux ennemis ont décidé de ravaler leur rancœur pour préparer un autre avenir. Voilà au moins un début. Les premiers pas vers la paix totale dans la région. C'est ce qu'il faut voir dans cette rencontre.

En parlant de rancœur, de paix, j'ai planté mes yeux dans ceux de Mounir.

— Parce que tu penses réellement que les Israéliens rendront aux Palestiniens la terre qu'ils leur ont volée ? questionne Farouz.

Le propos ne m'atteint pas mais l'intention polémiste a de quoi vexer. Nous nous entendions si bien, il y a peu.

— Ils ne l'ont pas volée.

Je suis surpris par la dureté de ma voix.

— Ah, bon. Comment tu appelles ça toi ? Parce que moi, si je prends quelque chose qui ne m'appartient pas, je suis un voleur. Mais c'est peut-être parce que je suis un Arabe. Maintenant si tu as une autre définition, elle m'intéresse. Je la filerai aux tapeurs d'autoradios dans le quartier.

Pourquoi faut-il que ce qui se passe à des milliers de kilomètres crée, ici, chez nous, entre nous, de telles tensions ? L'arrogance qu'il manifeste me met, d'un coup, hors de moi. Ma respiration se fait plus courte. Mounir a baissé la tête. Les autres paraissent surpris par l'assaut de Farouz et attendent une réaction.

— Tu cherches quoi Farouz ? La vérité ou la merde ? La vérité est que la terre appartenait aux juifs il y a deux mille ans. Qu'il n'y avait pas d'État palestinien mais des familles qui vivaient sur cette terre et se disaient citoyens jordaniens, qu'en 1939 près de 30 % de la population de Palestine était composée de juifs, que l'ONU a voté le partage de la terre entre Palestiniens et Israéliens, que la Ligue arabe a refusé ce partage et a déclaré la guerre à Israël, que tous les pays arabes ont refusé d'aider les Palestiniens, qu'ils ont seulement trouvé dans leur cause une raison de tuer des juifs et que, face à l'échec de cette tentative d'extermination, les Égyptiens ont redécouvert les vertus de la diplomatie…

Je ne parviens pas à éviter l'agressivité qui, progressivement, enflamme ma tirade. Et me déteste d'avoir dit cela, ainsi.

Farouz me regarde froidement.

— Ça, c'est ta version de l'histoire mon pote. La terre appartient à celui qui vit dessus, règle historique.

— Tu parles d'histoire ? Alors creuse la terre d'Israël et dis-moi si tu trouves des traces de la culture hébraïque ou des vestiges du peuple palestinien. La véritable règle historique, c'est que la terre appartient à celui qui la prend. Nos manuels ne cessent de le raconter.

— Je reconnais ton état d'esprit. J'ai envie, alors je prends. Les juifs agissent toujours comme ça, n'est-ce pas ?

Mounir serre les dents. Les jointures de sa mâchoire saillissent sous sa peau fine. Il n'apprécie pas que Farouz recoure à un tel cliché.

— C'est pas moi qui vole dans les boulangeries Farouz !

J'ai répondu automatiquement, agression pour agression. Un réflexe appris au quartier. Mon cœur bat fort. L'adrénaline court dans mes veines et affole mon esprit, tétanise mes muscles. J'ai l'intime conviction que nous allons nous battre, là, dans une seconde. Un coup va partir, puis une lutte. Ce serait trop con. J'envisage instantanément plusieurs portes de sortie, mais suis incapable de me décider.

Mounir intervient.

— Ho ! Ça va vous deux ? Vous êtes devenus cons ou quoi ? Depuis quand on se parle sur ce ton ? Depuis quand ce qui se passe là-bas vient foutre la merde ici ? Vous êtes ridicules ! Allez, c'est bon, on arrête ! Raphaël, laisse tomber. On reparlera de ça une autre fois.

Farouz a tourné la tête, croisé les bras et posé son regard sur un groupe de filles en train de rire un peu plus loin. Traduction : il accepte d'en rester là. Les autres me sourient gentiment en haussant les épaules, manière de m'inciter à oublier la querelle. Mounir pose une main sur mon épaule. En imprimant suffisamment de force pour que le geste soit amical.

Je me replie, un goût amer dans la bouche, une boule à la gorge. Je me suis emporté, un pote aussi, pour des choses que je pensais, avant, incapables de nous diviser. J'étais tellement heureux ce matin, plein d'un espoir stupide et de pensées candides et là, d'un coup, je me sens mal à l'aise. J'ai l'impression d'avoir perdu quelque chose d'important. Une forme d'innocence, un pan de la naïveté qui m'attachait encore à l'adolescence.

Mounir

Jimmy Carter affiche une mine réjouie. À ses côtés, les deux anciens ennemis semblent hésiter sur l'attitude à adopter. L'ombre de leur rivalité flotte encore et réduit leur joie supposée à un masque de pudeur. Le journaliste qualifie le moment d'historique. Sans doute, puisque tous les médias reprennent l'information et s'étendent sur cette poignée de main.

Que devrais-je ressentir ? De la satisfaction ? Pourquoi ? Pour qui ? À quoi tient l'allégresse qui a gagné le monde ? Qui est ce petit homme aux lunettes trop grandes et à l'allure compassée doté du pouvoir de créer un si grand événement ? Un ancien terroriste paraît-il ! L'auteur d'attentats antibritanniques autrefois. Le mandat lancé à l'époque contre Menahem Begin court toujours. Et pourtant, il parade là, sur la tribune, à Camp David, Maryland, USA. Et, aujourd'hui, il traite de terroristes ceux qui, comme lui avant-hier, cherchent à récupérer la terre qu'ils revendiquent. Je ne comprends rien à ce conflit. J'ai cherché Israël sur une mappemonde. J'ai d'abord cru que ma carte était trop ancienne pour indiquer ses frontières, puis, en quête du Sinaï, près de l'Égypte, objet des négociations, je l'ai découvert. Trois lettres indiquaient bien l'emplacement : Isr. Un pays si petit qu'il n'y a pas assez de place pour écrire son nom en entier. Comment peut-il dès lors focaliser l'attention de la planète ? Comment ce petit homme, dans ce petit État, est-il parvenu à défier les millions d'Arabes qui l'entourent ? Non, décidément, les enjeux sont compliqués.

Je pense alors à Raphaël, devant son poste de télévision certainement, se réjouissant de l'événement. Comprend-il vraiment mieux que moi la situation ou se contente-t-il simplement, comme la plupart des Français, du premier degré de lecture qu'offrent les médias ? Et pourquoi se réjouirait-il plus de l'événement que moi ou que n'importe quel Français moyen ? Est-il israélien ? Admire-t-il Begin, ce terroriste devenu Premier ministre ? Et moi, que dois-je penser d'Arafat ? Dois-je m'intéresser à lui parce qu'il est palestinien ?

J'entends papa ouvrir la porte. Il se précipite dans la salle à manger et s'assoit près de moi sans prendre le temps d'ôter son manteau. Étonné par cet empressement, je l'observe. Il sourit béatement en découvrant les images montrant les trois hommes côte à côte. Camp David lui parle.

— Ça, c'est une bonne chose, akhoya, une très bonne chose, dit-il en hochant la tête.

En effet, le sens de l'événement m'échappe.

Raphaël

La bar-mitsva d'Olivier est devenue l'unique sujet de préoccupation à la maison. Maman a atteint le degré maximal d'excitation, celui qui la conduit à verser dans la parano. Elle est persuadée que tout le monde s'est ligué pour que la fête soit un échec, voit dans chaque retard ou tracas mineur l'indice d'une conspiration. Papa reste calme, préférant céder à la fatalité de l'épreuve. Olivier, confiné dans sa chambre, répète consciencieusement la partie du texte sacré qu'il devra lire à la synagogue, demain matin.

Maman arpente les pièces en parlant à voix haute, énumérant les écueils qui, à l'entendre, conduiront au fiasco.

— Ils n'ont pas donné de réponse mais ils viendront à six ou sept comme d'habitude. Et ils feront un cadeau minable. Il n'y a que dans ta famille que l'on voit des gens aussi mal élevés.

Papa respire profondément, tente de se concentrer sur autre chose, évite de relever la provocation.

— La couturière m'a dit qu'elle avait pris du retard. Non mais tu te rends compte ? Je pourrais seulement essayer ma robe quelques heures avant la soirée. S'il y a un problème il faudra ressortir celle que j'ai portée à la bar-mitsva de Julien. Quelle honte ! Et tu sais pourquoi elle fait ça ? Parce qu'elle travaille également pour les Cohen. Ils ont plus d'argent, payent mieux, donc ont droit, eux, à plusieurs essayages.

— À quelle heure on doit se réveiller, demain ?

J'ai posé la question à papa. Il lève les yeux et j'ai l'impression qu'il vient de se souvenir de mon existence. Il est vrai que Julien et moi jouons un rôle de figurants dans cette aventure.

— Six heures. Le rendez-vous à la synagogue est à sept heures du matin.

— Je peux inviter des amis à la fête ?

— Qui ? demande-t-il.

— Deux ou trois amis du lycée.

— Demande à ta mère, c'est elle qui s'occupe de l'organisation. Mais je ne suis pas sûr que ce soit le bon moment.

J'ai envie de répondre que ce n'est jamais le bon moment mais m'en abstiens.

— Le traiteur m'a appelée pour me dire que nous devons choisir une autre entrée, vitupère de son côté maman. Une rupture de stock, paraît-il… Alors, on choisit quoi ? Nous n'allons quand même pas nous rabattre sur des crudités, non ?

Bon, je poserais la question plus tard. À la synagogue, quand, face à ses invités, elle se sentira obligée de sourire et de répondre positivement à tout. Ruse honteuse mais efficace.

Je déteste ces fêtes, qui révèlent nos travers de juifs complexés. Ces communions et mariages déconnectés de leurs sens profonds, qui deviennent des exhibitions durant lesquelles les familles veulent surtout prouver leur réussite. Quelques heures pour convaincre. Certains vont jusqu'à s'endetter pour se la raconter. Des familles rivalisent dans le grandiose, ou tout au moins, ce qu'elles considèrent tel. Et qui n'est souvent qu'un excès de mauvais goût. Les tenues, les coiffures, les bijoux… le ridicule s'étale sans limite. Il s'exprime dès l'arrivée en fanfare des mariées ou des adolescents dans la salle. Car l'entrée doit donner le ton ! Certains ont fait irruption en Ferrari, sur une chaise à porteur, à cheval et, tout récemment (est-il possible d'avoir une telle idée ?) un ado boutonneux s'est retrouvé à saluer ses invités assis sur un chariot de foie gras ! Véridique.

Si pour ma propre bar-mitsva, je n'ai pas eu à souffrir ce genre de mascarade, je me suis senti étranger à cette fête censée célébrer mon passage à l'âge d'homme.

Olivier ne fera pas d'entrée particulière. Papa et maman ont, heureusement, le sens du ridicule.

Mounir

Cette soirée restera l'un des moments les plus surprenants de ma vie. Je viens à peine de me coucher et tout se bouscule dans ma tête.

Quand Raphaël s'est approché de moi, jeudi matin, et m'a tendu la carte, j'ai rougi. Son insistance à affirmer son amitié, au-delà de nos différends, m'a touché : il m'invitait à la bar-mitsva de son frère ! J'ai soudain eu honte de m'être éloigné à cause de Cécile et me suis senti très con : après tout, en quoi était-il responsable du fait qu'elle l'ait préféré ? N'aurais-je pas agi comme lui, si j'avais été l'heureux élu ?

— J'invite seulement Cécile et toi, a-t-il dit.

Une manière de nous réunir, une occasion de prendre un nouveau départ. Si j'étais embêté à l'idée de me retrouver face au « couple », je me suis dit que le contexte faciliterait une sorte de normalisation. Et puis, mes blessures étaient pansées.

— Il y aura aussi David, nos mères sont amies.

Une bar-mitsva. J'avais entendu parler de ces fêtes grandioses qu'organisent les juifs. Presque aussi chaleureuses que les nôtres, disait-on au quartier, et plus belles, compte tenu des moyens investis.

Papa et maman furent heureux de me savoir invité chez des juifs. Comme s'il s'agissait d'une promotion sociale. Ils m'ont même dégotté un superbe costume noir, une chemise et une cravate. « Ça servira aussi pour le mariage de ta cousine », a expliqué maman afin de justifier la dépense.

Mon entrée dans la salle des fêtes fut pénible. J'ai senti des regards converger vers moi, la plupart interrogateurs, certains hostiles. Tous se demandaient qui j'étais, ce que je faisais là. Enfin, je pense. Je sais que l'on peut rapidement devenir parano dans ce genre de situation et transformer le cas particulier en généralité. Le cas particulier s'est manifesté sous les traits d'un type un peu plus âgé que moi, petit et gros ; je l'ai vu me désigner à ses amis. Alors que j'essayais de repérer Raphaël dans la masse bruyante des invités, le rondouillard s'est approché.

— Tu cherches quelque chose ?

Le tutoiement direct n'était en rien amical. Il me rappela d'emblée celui du porteur de Marseille, du patron de mon père ou de certains commerçants de la place du Pont.

Sans répondre, je l'ai observé froidement, ce qui a eu pour effet d'accroître ses craintes.

— Hé, je te parle ! T'es invité ?

Est-ce que, d'un coup, tout le monde m'a regardé, posé la même question ? Gagné par ce sentiment, j'ai eu envie de partir. C'est sans doute ce que j'aurais fait si une main ne s'était pas glissée sous mon bras.

— Salut, a dit Cécile en s'adressant à mon interlocuteur comme à moi, pensant que nous étions en train de discuter.

Le petit gros, visiblement abasourdi par la beauté de cette apparition et, plus encore, par le fait qu'elle me connaisse, lui a rendu son bonjour et, penaud, a rejoint ses amis.

Ma confusion s'est accentuée quand les embardées de mon cœur se sont ajoutées au désordre mental dans lequel je me trouvais. J'ai fini par reprendre pied. Ce visage familier, ce sourire tant de fois admiré… Que Cécile était belle ! Je n'avais pas imaginé qu'une simple robe noire, quelques traits de maquillage et une coiffure savante puissent faire d'elle une femme. Ma blessure s'est rouverte.

— Comment va mon Arabe préféré ? Putain, quelle élégance !

— Tu es super belle, ai-je répondu.

J'aurais voulu lui mentir, jouer l'insensible mais il fallait que cette vérité soit dite.

— Merci. Bon, ça va, ferme la bouche ! a-t-elle ri. Tiens je te présente Sophie, ma cousine.

Une jolie blonde s'est approchée et nous nous sommes fait la bise.

— Tu as vu Raphaël ? a demandé Cécile.

— Non, je viens d'arriver.

Nous l'avons cherché parmi la foule des invités. Que de monde.

Nous avons traversé la salle et avons déniché Raphaël en pleine discussion avec une femme assez âgée. Elle tenait son visage entre ses mains et faisait claquer d'énormes bises sur ses joues. Nous apercevant, il a mimé l'embarras extrême. Cécile lui a répondu en fronçant exagérément les sourcils, feignant la jalousie. Il s'est alors approché et les yeux de Cécile se sont illuminés. Il était tellement séduisant dans son costume bleu nuit. Sophie a surpris mon regard et m'a souri.

— Tu m'as déjà remplacée, a demandé Cécile à son amoureux.

— Une vieille tante que je n'ai pas revue depuis quelques années, a-t-il répondu.

— Mouais... maugréa-t-elle en approchant son visage pour l'embrasser.

Mais Raphaël a esquivé le baiser et lui a fait la bise. Cécile s'est montrée surprise.

— Pas ici ! a-t-il dit en riant. Ça pourrait choquer ma famille.

— Choquons-les ! lui a-t-elle répondu. Espèce de petit-bourgeois ! Et dire que ça écoute du hard-rock !

Raphaël m'a coulé un regard complice. Il savait que je comprenais la situation.

— Venez, allons nous asseoir. J'ai dit à Julien de nous garder une table.

Profitant de la bousculade, il s'est approché.

— Que penses-tu de Sophie ?

— Elle est canon. D'où sort-elle ?

— C'est la cousine de Cécile. Elle m'a demandé si elle pouvait l'inviter. J'ai dit OK. Elle est sympa. Je t'ai vendu à mort.

J'ai souri. Sophie, mon lot de consolation.

— En plus ça m'arrange : je brouille les pistes. Une seule fille et maman aurait tout compris. Tu vois pas le drame ? Une goya !

— C'est pour ça que tu m'as invité en fait ! Pour que ta maman croie qu'elle est avec moi.

— Tu plaisantes ? Maman ne peut pas imaginer qu'une Française sorte avec un Arabe !

Nous avons éclaté de rire. Il n'y avait aucune méchanceté dans ces mots, juste une vanne, peut-être inspirée de la réalité, mais une vanne.

— Non, je t'ai invité parce que tu es mon pote.

Il a pris mon visage entre ses mains, m'a pincé les joues à la manière des pieds-noirs expansifs et déposé une bise bruyante sur mon front.

Cécile et Sophie nous ont rejoints.

Raphaël s'est excusé et est parti saluer des membres de sa famille.

Sophie m'a souri malicieusement. Un frisson m'a alors parcouru le dos. Elle était vraiment belle. Peut-être même plus que Cécile.

Je me suis alors rendu compte que je m'étais totalement fondu dans la foule agitée. Personne ne me regardait. Sans doute m'étais-je fait des idées. Le petit gros ? Mon attitude bizarre avait dû l'alerter, certains juifs ressemblent tellement à des Arabes. Les invités pouvaient-ils me distinguer d'eux ? Je me suis détendu. Jusqu'à me sentir bien. J'ai rapidement eu l'impression de retrouver ma propre famille. La même chaleur humaine, la même joie de partager un moment de bonheur, les mêmes tenues sophistiquées, les mêmes maquillages exagérés, les mêmes coiffures un peu surtravaillées, limite ridicules.

Nous avons accueilli Olivier, sur une musique israélienne. Les invités se sont précipités pour danser autour de lui. Raphaël nous entraînant dans son sillage, je me suis retrouvé entre Sophie et Cécile, leur tenant la main, tentant de marquer le rythme en croisant les pieds dans une fantastique ronde. Voilà : je dansais sur de la musique israélienne moi qui, il y a quelques jours encore, m'interrogeais sur le droit d'exister de ce pays. Je regardais les visages défiler, souriants, heureux ou jouant à l'être, et je me suis laissé gagner par l'euphorie. Quand un air oriental a retenti, les invités se sont précipités sur la piste. Une frénésie s'est emparée de tous, chacun se trémoussant sur de la musique arabe. Il y a même eu des youyous !

Raphaël a souri en voyant ma surprise et combien je m'amusais. Nous partagions quelque chose de fort, une part de notre culture. Oui, il s'agissait bien de leur musique, de celle qui avait bercé leur jeunesse. Celle que leurs parents et grands-parents fredonnaient au Maroc. Celle que les miens aussi aimaient. Il y avait quelque chose de poignant, de presque pathétique, dans l'agitation de ces corps qui, à travers les mélopées orientales, fusionnaient ne serait-ce qu'un instant, avec leur passé.

Je me suis senti heureux, parmi les miens. Et Sophie, près de moi, avec cette gaucherie qu'ont souvent les Français quand ils bougent sur de la musique orientale, m'adressait des regards prometteurs.

J'avais envie de donner de l'amour. À Raphaël, à sa famille, à ses invités, à Sophie.

Oui, la paix entre juifs et Arabes était possible, avais-je envie de crier ! Oui, nous nous ressemblons ! Oui, nous sommes faits pour rire et danser ensemble !

Là, maintenant, dans mon lit, j'aimerais comprendre la nature du lien qui m'a uni à ces inconnus le temps d'une soirée. Mais la confusion déjà me gagne, les questions, les doutes remontent. Je n'ai qu'une certitude : je connais la source de l'amitié qui, depuis notre première rencontre, nous conduit, Raphaël et moi, à nous chercher, nous retrouver, et construire ensemble notre histoire.

Raphaël

Je suis plongé dans la torpeur d'une matinée longue et ennuyeuse. La voix de notre prof de math me parvient par échos feutrés, mes yeux se noient dans l'obscurité mate du tableau, je suis ailleurs. En train de songer à la démarche de Cécile quand elle s'est dirigée vers moi, dans la cour, ce matin. En train de revoir le geste qu'elle a fait pour relever ses cheveux. En train de sentir la douceur de ses lèvres quand elle m'a embrassé, d'entendre son murmure tendre, d'admirer son regard clair. L'instant d'après, mes rêveries me la présentent vêtue d'une robe de mariée et je souris, bêtement émerveillé. Parasites, grésillements, ligne de mire. Ma mère apparaît. Le visage sombre. « Elle n'est pas juive, Raphaël. C'est une goya ! »

Non, elle n'est pas juive, Raphaël. Et tu es amoureux d'elle. Est-ce compatible avec le judaïsme que tu défends, cette pratique religieuse que tu as instaurée à la maison ?

Mes paradoxes me perdent dans leur labyrinthe. Et si des abîmes infranchissables séparaient mes mondes ?

Ceci dit, faisons émerger une vérité : je ne suis pas totalement à l'aise avec ma relation amoureuse.

Être avec Cécile, c'est être avec une Française, sentir la France, la caresser, l'embrasser, la serrer dans mes bras, imaginer qu'elle m'appartient depuis toujours. Mais envisager notre relation sous cet angle me renvoie à une question essentielle : n'est-ce pas une forme de racisme que de l'aimer pour sa différence ? Est-ce elle que j'aime, sa personnalité, sa beauté ou le gage d'intégration que son affection promet ?

De son côté, est-elle amoureuse de moi ou de ce que je représente ? Elle m'a souvent interrogé : « Vous les juifs… votre parcours ? Cette communauté ? Manger cachère ? La circoncision ? Explique-moi, je suis tellement curieuse de tout ce que tu es ! »

Tout ce que je suis ? Mon passé, le Maroc, Israël, la France, papi, mamie, l'arabe, l'hébreu, le Talmud Torah, les fêtes religieuses, les hennés, Noël ? Tout ? Vraiment tout ? Impossible, je n'ai moi-même jamais réussi à assembler ni comprendre la subtilité des multiples fragments composant mon identité ni à définir une logique apte à leur donner un sens.

« Je t'aime comme tu es », a-t-elle susurré un jour. Serait-ce donc mon « exotisme » qu'elle aime ? Est-elle éprise de moi avec le cœur d'une exploratrice ou l'exaltation d'une touriste ? Suis-je une sorte d'amour de vacances sans tenue locale, accent ni date limite de consommation ?

Mais n'est-ce pas, aussi, la raison même de mon amour ? Je voulais conquérir Cécile pour inventer mon histoire de France. Peut-elle être mon avenir, elle qui n'est pas mon passé ? Comment comprendre mon attitude ? Je ne sais pas. Mes contradictions m'apparaissent parfois de manière si évidente que les secousses créées ouvrent des gouffres où je me sens capable de me jeter.

Quel est mon désir réel ? Me fondre dans la masse et n'exister qu'au présent ? Devenir moi aussi français et oublier tout le reste ? Ou me lier à une histoire ancestrale pour construire ma différence et la donner à aimer ? Me faut-il devenir le commercial d'une identité dont je ne connais pas vraiment les contours ou m'ouvrir au passé ? Je tourne, hésite, m'interroge, me perds. Et dans ces moments d'abattement, ces parenthèses de lucidité aussi, dans ces dépressions fulgurantes, je me sens juif parmi les Français et français parmi les juifs. Arabe parmi les racistes et raciste parmi les miens. Juif, Arabe, musulman, Israélien, catholique, Français… Définir, classer, ranger pour débarrasser mon esprit de tant d'idées, images, mots qui l'encombrent.

Mounir

Rendez-vous avec Sophie. J'ai pris une douche et essayé trois tenues avant de tenter de dompter ma chevelure. Je me trouve con d'être si fébrile, stupide d'être si… amoureux.

Depuis notre première rencontre à la fête des Levy, je l'ai revue plusieurs fois, au Palais. Après ses cours, elle traversait Villeurbanne afin de rejoindre Cécile. J'ai rapidement compris qu'elle venait pour moi également. Les regards complices échangés avec sa cousine, les rires, sa manière de me dévisager, tout transpirait le complot à deux. De mon côté, je sentais mon cœur s'affoler à chaque signe de son intérêt, mais, intimidé, je feignais l'indifférence. Puis, une fois chez moi, je me maudissais d'être un si piètre séducteur. J'imaginais les approches possibles, les mots que j'aurais pu lui dire, me promettais d'être plus entreprenant la prochaine fois.

Raphaël m'avait charrié.

— Putain, bouge-toi ! Elle est chialée de toi ! Elle est facile !

Je n'ai pas aimé cette précision, pensant qu'elle m'ôtait tout mérite et salissait les débuts de notre histoire.

— Tu veux dire que c'est une salope ?

Il a éclaté de rire.

— Pas du tout, je veux dire que tu l'emballeras facilement. Elle est folle de toi, elle n'arrête pas de le dire à Cécile. Et puis ça veut dire quoi, salope ? Les Françaises couchent plus facilement que les juives ou les Arabes, c'est comme ça. Je ne juge pas. Tu sais, Cécile serait considérée comme une salope si elle était de chez nous. Alors que pour moi, c'est une fille bien. Comme Sophie.

L'idée de coucher avec Sophie est presque insoutenable tant elle provoque un ensemble d'émotions qui me font passer de l'excitation à la peur en passant par d'autres sentiments à une vitesse telle qu'il m'est impossible de les identifier. Je n'ai encore jamais fait l'amour. Enfin, pas vraiment quoi. Non, pas du tout, en fait.

En vérité, je crois qu'aucun de mes copains de quartier n'a « couché avec une fille ». Nous n'en parlons pas. Le silence permet de laisser planer le doute. Attitude affligeante mais moins ridicule que de s'avouer puceau. Au quartier, il est admis, clamé, que tous les garçons ont déjà une longue expérience sexuelle et un nombre de bagarres avec victoires par KO conséquent. Du bluff.

Serai-je à la hauteur ? Se rendra-t-elle compte de cette inexpérience ? Et pourquoi penser qu'elle en a plus que moi ? Et, d'abord, pourquoi penser à ça alors qu'il faudrait déjà que je sois capable de l'embrasser ?

J'ai quand même réussi à lui téléphoner, à lui proposer un rendez-vous, en bafouillant comme un abruti, la gorge sèche. Elle a ri de ma timidité et accepté avec enthousiasme.

J'ai fini de m'habiller. J'observe mon reflet dans le miroir. Mes cheveux trop longs donnent l'impression de s'être mutinés, mon jean est trop large, ma chemise trop ample. Ma tête trop arabe. Que peut-elle aimer chez moi ? Il est assez rare qu'une Française sorte avec un Arabe. Un Arabe d'un quartier pourri en plus. Si je la ramenais par ici, tous les chiens du coin se mettraient à aboyer. Une blonde. Le fantasme total. Signe extérieur de réussite. Ou d'assimilation. Et quelle blonde ! Il faut le dire : les Arabes ne sont pas vraiment cotés auprès des Françaises. Si tu demandes à un Français quelles images évoquent le mot arabe, il est plus probable qu'il réponde « bagarre », « vol » et « arrestation » que « charme », « élégance » et « honnêteté ». Les clichés sont terribles de bêtise mais l'Arabe n'est pas à la mode. Alors, quand l'un d'entre nous sort avec une Française, c'est tout le quartier qui espère le revirement de tendance.

Je me vois déjà parader dans les rues de la cité, essayant de ne pas remarquer les envieux. De quoi asseoir une réputation de tombeur. Ici c'est comme ça, l'action crée le statut. Un regard fuyant au mauvais moment et tu es un lâche. Un geste technique qui conduit au but et tu es une future star du foot. Un coup bien assené et tu deviens un dur. Une fille canon au bras et tu passes pour un play-boy.

Je me sens un peu con d'avoir de telles pensées. C'est dévalorisant pour moi et les miens. Considérer une relation avec une Française autrement que comme une histoire amoureuse normale est humiliant. J'aimerais y échapper mais notre quotidien, fait de vexations, m'y contraint. L'Arabe précède toujours l'homme pour l'annoncer, le dénoncer. Pas pour l'introduire mais pour prévenir les autres. Aux yeux de beaucoup, je ne peux pas être un type qui a rendez-vous avec une gonzesse ; non, je suis un Arabe qui a rendez-vous avec une Française. Je préférerais me poser les questions qui hantent les autres mecs de mon âge : combien de temps durera mon acné ? Quel jean me fait un beau cul ? Comment coiffer ma mèche pour avoir l'air d'un vrai rebelle ? Mais ces problèmes esthétiques sont superficiels face à ceux qui m'interdisent toute prétention à l'insouciance. Résultat, je passe moins de temps à penser à ma coupe de cheveux, j'en consacre beaucoup à me demander pourquoi nous sommes tant haïs par les Français, si mes pensées érotiques sont hlam et ce que mes parents diraient s'ils les connaissaient.

Tarik entre dans ma chambre. Il m'observe et secoue une main en signe d'admiration exagérée.

« Hata ! On aurait dit un Jean-Baptiste, wallah. »

Jean-Baptiste, le prénom que nous donnons entre nous aux petits-bourges.

— Y a que les cheveux qui te trahissent, finit-il par reconnaître. Mets une casquette et fais genre américain. C'est qui la fille ?

Je ne réponds pas, sachant que toute information donnée à Tarik sera retournée conditionnée en vanne.

— T'as du fric ? demande-t-il. Sinon, je peux t'en filer.

Étonné, je le regarde pour déceler l'ironie qui devrait accompagner sa proposition. Mais il sourit ; je comprends qu'il souhaite participer fraternellement à ma petite aventure.

— Non, merci, ça va.

— Tu vas la sauter ?

Il prend son air frondeur pour poser la question mais je sens qu'il attend une vraie réponse.

— Mêle-toi de tes affaires !

Ton ferme. Il me laisse en haussant les épaules.

Une bouffée de chaleur m'envahit. Vais-je… lui faire l'amour ? Comment l'embrasser ? Comment savoir quand ce sera le moment ? Et si je me trompais ? Si elle souhaitait juste une histoire d'amitié ? Et si elle me repoussait ?

IX

L'autre pays

Mounir

Je ne pensais pas accompagner mes parents au Maroc cette année, mais je n'ai pas vraiment eu le choix. Raphaël et moi avions envisagé de partir en vacances en Espagne. Avec nos meufs et quelques potes. Nous en parlions même depuis deux mois avec une certaine excitation. Tous, nous nous étions plu à imaginer ces jours entre amis et… en couples. Nous avions planifié de trouver un job en juillet pour nous offrir dix jours sur la Costa Brava début août. Mais tout a foiré. Tout d'abord, je n'ai pas assuré dans ma recherche de boulot, me fiant aux promesses de potes *qui connaissaient quelqu'un qui pouvait en parler à quelqu'un*. Le genre de plans improbables auquel on s'accroche pour se donner le droit de poser un regard enthousiaste sur l'avenir. J'ai bien distribué quelques CV mais sans conviction. En dernier recours, je me suis résigné à offrir mes bras aux forains des marchés, mais les postes étaient déjà pris. On m'a juste proposé quelques remplacements. Puis, gavé de quémander un boulot mal payé, de me faire rembarrer et de retourner chez moi pour me rendormir et reprendre mes rêves là où je les avais laissés, j'ai arrêté.

Ce n'est pas la seule raison du plantage. À quelques semaines du supposé départ, j'ai perçu comme un découragement chez la plupart des candidats aux vacances. Pour des raisons diverses : manque de fric, plans plus alléchants, opposition des parents. Manque de fric pour la plupart. Plan plus alléchant notamment pour Raphaël, qui s'était mis en tête de découvrir Israël avec Cécile. Et opposition catégorique des parents de Sophie, qui voyaient d'un mauvais œil qu'elle partage un appartement avec une bande de mecs pas encore majeurs, donc sûrement irresponsables.

Je me suis donc rallié au projet familial. Parce que je ne me voyais pas rester au quartier tout l'été, parce que maman n'aurait pas passé de vacances sereines me sachant seul chez nous, parce que le voyage était payé. Parce que, une fois sur place, Tarik et moi avons prévu de rejoindre des amis à Tanger quelques jours. Le temps que dureraient nos maigres économies.

C'est donc le cœur lourd que j'ai quitté Sophie. Inquiet aussi. Elle partait rejoindre ses cousines à Cannes. Cannes : le luxe, les stars, les beaux gosses bien sapés qui ne manqueraient pas de la draguer ou, tout au moins, de poser leurs yeux sales sur son joli corps. De quoi me rendre malade même si elle a promis de me rester fidèle.

Raphaël, de son côté, a décroché un boulot dans une boutique de fringues appartenant à un ami de son père. L'abandon du projet de vacances ne l'a pas beaucoup affecté. Son désir de partir à la découverte d'Israël avec Cécile l'enthousiasmait. Israël... quelle idée ! Je ne sais pas ce qui me dérange le plus dans le fait qu'il entreprenne un tel voyage : sa chance d'avoir pu décrocher un job et de gagner du fric pour partir ? Qu'il puisse, contrairement à moi, découvrir le plaisir de vacances en couple ? Ou le choix d'Israël comme destination ?

Nous arrivons à Algésiras. L'interminable file de voitures nous arrache des soupirs d'exaspération. L'attente sera longue. Les véhicules sont surchargés. Plus jeunes, Tarik et moi nous moquions des incroyables équilibres que parvenaient à réaliser les familles en entassant sur le toit, à l'aide de tendeurs, ficelles, bâches ou de draps savamment tendus, des amoncellements de valises, sacs colorés, cartons d'appareils électroménagers...

Papa arrête la CX et nous sortons nous dégourdir les jambes. Des familles entières occupent les espaces libres, coins de pelouse, trottoirs. Elles ont étalé leurs victuailles et mangent en riant et parlant fort. D'autres dorment, parfois de manière impudique, exposant leurs bouches grandes ouvertes, ronflant. Des disputes éclatent de temps à autre entre ceux qui tentent de gagner quelques places, de soudoyer les employés de la compagnie de transport maritime et ceux qui n'ont pas osé le faire ou ont échoué. Certains donnent l'impression d'avoir laissé leurs bonnes manières en France ou de les avoir rangées dans leurs valises pour les ressortir une fois arrivés au pays et faire zarma. Pour ceux-là, seul l'objectif compte : arriver entier et dans les temps au pays en évitant les pannes ou la désagrégation des savants édifices de bagages.

Une fois dans le ferry, tout le monde se détend. Trop. Et le navire devient un foutoir où résonnent rires et éclats de voix, où chacun s'étale et se détend sans soucis du voisinage. Les toilettes sont rapidement impraticables. De l'eau couvre le sol, rapidement salie par les allées et venues. Le papier hygiénique manque. Tout le monde se plaint comme si la faute ne pouvait incomber qu'aux autres. Puis, les corps s'alanguissent et les hommes, épuisés par le voyage, s'endorment les premiers. Arrivés à Tanger, il leur faudra encore parcourir de nombreux kilomètres sur des routes tortueuses, parfois dangereuses, hantées par des policiers rançonneurs capables de reprocher tout et n'importe quoi pour récupérer quelques billets (« Ahténé l'kawa »[1]). Les enfants continuent à courir, trop heureux de disposer d'un peu d'espace après tant d'immobilité. Les femmes parlent entre elles, satisfaites de ces instants de répit.

Juste avant que le bateau arrive au port, les corps reprennent vie. Les mouvements, lents, tout d'abord, s'accélèrent, se précipitent jusqu'à atteindre la frénésie. Les hommes se chargent de rassembler les multiples bagages, les femmes partent à la recherche des enfants, les jeunes filles se précipitent dans les toilettes inondées pour se déguiser en Occidentales modernes et belles, capables d'en mettre plein la vue aux cousines restées au pays et aux garçons ébahis d'admiration.

Cette foire m'agace et m'amuse à la fois. Je ne veux pas ressembler à ces Marocains aux manières si peu occidentales et cherche à m'en distinguer. Et pourtant, je ne peux m'empêcher de sourire de leurs excès. Et de les aimer.

Durant nos premiers jours au village, situé à quelques kilomètres de Casa, toute la famille et les amis défilent. Nous avons

1. « Donne-moi pour le café. »

été embrassés cent fois, serrés dans les bras d'oncles, de tantes, de cousins que nous ne connaissions pas ou si peu, avec une chaleur et une joie qui pourraient laisser croire que nous revenons d'un pays ravagé par la guerre.

Papa et maman trônent, racontent la France, leur si bel appartement, l'école, les professions des parents de nos camarades, les conditions de vie à l'occidentale. Ils en rajoutent, se vantent, glorifient les succès scolaires de leurs rejetons sous les regards médusés et envieux de spectateurs avides de détails. À les écouter, Papa est JR, nous habitons à Dallas, Tarik et moi sommes des surdoués et l'argent coule à flots. Je vois de temps en temps, sur le visage de Maman-Sue-Ellen, l'embarras dès que son mari s'emporte un peu. Je me sens de mon côté gêné par ce déballage de faits et exagérations, mais je comprends que papa éprouve le besoin d'enjoliver pour se rassurer sur ses choix de vie, prouver à ceux restés dans ce pays qui lui est si cher qu'il ne regrette rien. Maman déballe des cadeaux, vêtements, babioles censées raconter la France, et les distribue à la famille ; chacun s'extasie devant ces trésors, remercie, embrasse, louche sur les cadeaux des voisins pour y chercher une différence de traitement. L'amour, la gentillesse, l'envie… Tous les sentiments se mêlent dans ces échanges sans fin.

Aux yeux des Marocains, nous sommes des Français et sous les embrassades et les paroles d'affection pointe parfois une once de ressentiment. Nous sommes ceux qui ont laissé le pays pour des raisons matérielles, ceux qui font passer la famille et les amis après leur confort personnel. Certes rien ne sera dit en ce sens, les conventions ne le permettant pas, seul le plaisir de se retrouver devant prévaloir.

Les mères posent un regard intéressé sur Tarik, Djamila et moi. Elles voient en nous de possibles et parfaits partis pour leurs enfants ou ceux de leurs frères et sœurs. Parfois, en la présence même de ces derniers. Des plaisanteries sont échangées sur le sujet.

— Tbark Allah Mounir. C'est devenu un homme. Il a le même âge que ma fille, n'est-ce pas ?

Et je vois la fille en question, un mètre cinquante pour quatre-vingts kilos, piquer un fard en me coulant un regard timide.

— Shouf Ouarda, ma fille comme elle est belle, dit une autre, moins fine, en s'adressant à ma mère. Elle travaille très bien à l'école et tous les jeunes hommes veulent la marier. Vous n'en avez pas des filles comme ça, belles, intelligentes et sérieuses en France.

Au Maroc, « belle » veut dire bien en chair, « intelligente » signifie qu'elle sait lire et écrire et « sérieuse » qu'elle est vierge.

Puis, s'adressant à la rose du désert :

— Ouarda ma fille, va t'asseoir à côté de Tarik qu'on voit comme vous allez bien ensemble.

Tarik et moi évitons de nous regarder, histoire de ne pas piquer un fou rire. Et parce que nous ne tenons pas à embarrasser plus encore cette pauvre Ouarda qui, entre espoir et malaise, vient prendre place près de nous, à une distance respectable.

— Aiwa, tu sais comment c'est aujourd'hui, répond maman, diplomate : ce sont les jeunes qui décident. Elle est finie l'époque où les parents trouvaient un mari ou une femme à leurs enfants.

Ce qui n'est pas totalement vrai. Mais, afin de revendiquer une certaine modernité, chacun en convient tout en regrettant l'époque bénie où les parents possédaient encore une emprise sur leur progéniture.

Après une semaine de ce traitement, je me sens étouffer. Avec Tarik, dès que possible, nous fuyons vers le centre de Casa. Et là, nous revivons. La ville est belle, ses immeubles d'architectures riches et variées, allant du néo-classique à l'art-déco, ses avenues larges plantées de palmiers, ses commerces abondamment achalandés, ses terrasses de café bondées. Comme un mariage subtil, un savant compromis entre une culture marocaine affirmée et l'Europe si proche. Que les Marocaines sont jolies ! Elles se promènent en bande et glissent des regards malicieux vers les hommes qu'elles croisent, les défiant tout en leur conseillant de ne pas leur manquer de respect. Mais, dès que mes hormones tentent un putsch, l'image de Sophie réapparaît et les calme. Si bien que je me sens fier d'être aimé par une si jolie femme, différente de ces brunes incendiaires.

Au terme de la deuxième semaine, Tarik et moi préparons un sac de voyage pour rejoindre nos amis à Tanger. C'était notre plan : supporter l'immersion dans la famille pour encore mieux mériter de nous retrouver en bande à faire la fête.

Raphaël

L'avion vient de se poser en douceur. Des applaudissements retentissent. Dans quelques instants, je foulerai la terre d'Israël. Une émotion particulière court sur ma peau. Cécile me serre la main. Israël. Un rêve et un projet à la fois. Le projet : passer des vacances dans un pays dont je connais l'histoire pour l'avoir apprise avec bonheur, contée avec délice et parallèlement donner un contenu à mon sionisme balbutiant. Le rêve : le soleil, la mer, la diversité des paysages, les visites touristiques, les restaurants cachère, les couleurs familières, les chants traditionnels, les odeurs coutumières. Être avec Cécile.

Oui, un rêve et un projet. Ceux de millions de juifs durant des siècles. *Ba Chana Aba BéYérouchalaïm, l'an prochain à Jérusalem.* Une phrase léguée de génération en génération avec la force incantatoire d'une formule magique capable de transformer la foi en promesse accomplie. Je suis un privilégié. Israël m'est offert. Sans lutte, sans blessure au corps, sans meurtrissure à l'âme.

La porte s'ouvre et la chaleur m'enveloppe. Descente des marches. Le soleil d'Israël, la lumière d'Israël. La terre d'Israël. Et dans un geste longtemps préparé, je me penche pour embrasser le chaud goudron de la piste. En cet instant je suis seul et pourtant je porte le poids des espoirs et des frustrations de mes pères. Près de moi, un vieil homme s'est également agenouillé pour poser ses lèvres sur la terre promise. Il psalmodie quelques instants puis se relève. Ce moment n'appartient pas au présent. Je me redresse et croise le regard de Cécile. La douceur de son sourire me bouscule. Que fait-elle près de moi ? N'aurais-je pas dû entreprendre ce voyage seul ? Ne suis-je pas en train de trahir la tradition qui nous a permis de traverser l'Histoire ?

— C'est insensé, Raphaël ! a clamé maman en tournant autour de moi avant de débarrasser nerveusement la table pour se donner une contenance.

À la maison, les confrontations ont toujours lieu dans le mouvement. Le face-à-face, yeux dans les yeux, est jugé trop agressif. Je ne réponds rien. Elle ne cherche pas à débattre, elle a juste besoin de s'épancher.

— Insensé, oui ! Je trouvais que cette histoire durait depuis trop longtemps et maintenant tu m'annonces que tu pars en Israël avec elle ? C'est ridicule ! Ri-di-cule, tu entends ? Tu ne comptes pas rendre visite à ma famille avec elle, j'espère ? J'ai des cousins pratiquants et même quelques religieux ! Ils ne comprendraient pas.

— Comprendre ? Mais comprendre quoi ? Je n'ai pas dit que j'allais l'épouser.

Maman se fige.

— Que Dieu nous en préserve ! Il ne manquerait plus que ça.

À cet instant, une mise en perspective de la scène permettrait d'apprécier à quel point les positions évoluent avec le temps. Papa et maman, si peu respectueux de la religion à leur arrivée en France, si enclins à revendiquer leur intégration se sont, poussés par leurs enfants et les désillusions endurées, mués en gardiens des lois religieuses face à des garçons qui, eux, ont tendance à se réclamer d'un judaïsme laxiste.

— Ce n'est pas parce que je pars en vacances avec elle que ça devient plus sérieux !

— Ça fait près de six mois que tu m'as annoncé vouloir mettre fin à votre relation ! Et quand tu m'as dit que tu souhaitais partir en vacances en Israël, j'ai pensé : très bien, là-bas il va l'oublier, rencontrer de jolies Israéliennes, et Dieu seul sait si elles sont belles, et cette Cécile appartiendra au passé. Mais non ! Tu pars avec elle ! Les gens me font des remarques, Raphaël. Tu sais comment ils sont ! « Alors, madame Levy, votre fils est avec une goya ? » « Eh bien oui, c'est comme ça maintenant ! » Tu vois le genre !

Soupirs de compassion et petit sourire au coin de la bouche.

— Maman, je me fous du qu'en-dira-t-on.

Elle laisse échapper un petit rire.

— Bien entendu ! C'est pas toi qui en es victime. Et tu n'as rien à apprendre des autres, Monsieur-j'ai-tout-compris ! Eh bien, figure-toi que, moi, je ne comprends pas tes choix. Penses-tu que te marier avec une non-juive est compatible avec ta pratique religieuse ? Tu nous as incités à « être en cohérence avec notre identité » et tu tombes amoureux de la première goya venue !

— Alors… premièrement, il ne s'agit pas de la première… goya venue. Deuxièmement, je ne t'ai jamais dit que j'étais amoureux d'elle. Et troisièmement… pourquoi parles-tu de mariage ?

J'ai élevé la voix. Maman baisse la tête pour cacher son désarroi. Ma colère se dissipe d'un coup, cédant à un sentiment d'affection profonde. N'aimant pas lui faire de la peine, je la prends dans mes bras et lui embrasse le front.

— Ne t'inquiète pas maman. On est bien ensemble, c'est tout. Je ne compte pas l'épouser.

Là, sur le sol d'Israël, le décalage entre mes sentiments et la douceur de son sourire me bouleverse et me bouscule. Quelle incohérence.

Un homme tend aux badauds un maillet et leur propose, contre quelques shekels, d'asséner un coup sur une cloche pour évaluer leur force. L'attraction attire. Dès qu'un volontaire s'avance, le forain demande à l'assistance de l'encourager. Ensuite il accompagne la prestation de commentaires humoristiques.

Nous avons quitté notre place sur la plage pour approcher de l'attroupement. Cécile me tient la main.

— Il est vraiment marrant ce mec, rit Yoni.

Yoni a grandi en France mais ses parents sont venus s'installer à Naharya cinq ans auparavant. Dans quelques semaines il entrera à l'armée pour trois années. Alors, en attendant, il prend du bon temps. Nous nous sommes rencontrés dans une gare routière. Cécile et moi cherchions une correspondance, il a proposé de nous renseigner et, après avoir pris un verre ensemble, nous sommes convenus d'entreprendre un périple dans le nord du pays. Il nous sert de guide et, en retour, nous lui permettons de pratiquer le français.

— Qu'est-ce qu'il raconte ?

— Difficile à traduire. Il s'inspire d'un comique israélien et se moque un peu des participants.

Deux personnes se succèdent avec des scores suscitant quolibets et rires dans une ambiance bon enfant.

L'homme au maillet m'interpelle. Je décline son invitation d'un signe de la main. Il insiste.

— Non, merci.

Je souris, gêné, n'aimant vraiment pas me donner en spectacle.

— Tsarfate ? demande-t-il.

Je connais ce mot. La question m'a déjà été posée plusieurs fois.

— Oui, français.

— Cadeau ! dit-il en tendant le maillet.

Son obstination me fait hésiter. Accepter signifierait que je ne voulais pas jouer par peur de dépenser de l'argent.

— Merci beaucoup, mais je ne veux pas.

Alors son regard change. Il s'adresse à la foule en me fixant et en agitant la tête. Le ton devient moqueur et agressif ; l'ambiance générale se charge d'une étrange tension. Certains baissent la tête ou s'éloignent, gênés par les paroles du clown devenu trop sérieux. D'autres s'esclaffent de plus belle, avec une tonalité de rires différente. La situation m'échappe. J'ai conservé un sourire qui, maintenant, me donne un air idiot.

Yoni secoue la tête pour me conseiller de ne pas réagir. Que pourrais-je dire ou faire ? Je suis la risée des badauds sans savoir pourquoi.

Yoni s'adresse alors au forain. Sa voix sèche, tranchante, interrompt instantanément les rires. Le bonimenteur élève la voix pour lui répondre. Plusieurs personnes prennent son parti, quelques-uns tentent de calmer les esprits. Le mot Tsarfate revient dans presque toutes les phrases. Un homme âgé s'approche.

— Partez, c'est mieux. Ne faites pas attention. En Israël aussi il y a des fous.

Il recommande à Yoni de nous éloigner.

Cécile s'est serrée contre moi.

— On se casse, annonce notre ami.

— Qu'est-ce qu'il a ce mec ?

— Ne faites pas attention. Partons.

Une fois seuls, il consent à expliquer.

— Il s'est moqué des Français. C'est un con, c'est tout.

— Des Français ? Qu'a-t-il dit ?

— Que tous les Français étaient des lâches… des choses comme ça. T'inquiète ! Des conneries.

— Simplement parce que je n'ai pas voulu jouer ?

— Oui, il en a profité pour balancer que tu étais un dégonflé comme tous les Français.

Dégonflé, lâche… Des mots si lourds pour avoir refusé de jouer à un jeu con.

— Mais quand tu dis Français… il parlait des Français en général ou des juifs de France ?

Yoni hésite quelques instants.

— Tu sais ce que pensent les Israéliens des Français, n'est-ce pas ?

— Heu… non, aucune idée.

Yoni paraît surpris.

— Pour de nombreux Israéliens, la France représente la soumission, explique-t-il. Ils ont cédé devant Hitler, lui ont livré le pays et vendu leurs juifs. Ils ont cédé devant le monde arabe, préférant le pétrole à la réflexion et la justice. En 1967, ils ont déclaré un embargo sur les armes à destination d'Israël au moment où le pays en avait besoin ; ils ont livré des munitions et des chars à nos ennemis et vendu une centrale nucléaire à Saddam Hussein ; ils ont libéré Abou Daoud, le meurtrier des Athlètes de Munich… La liste de leurs manquements à l'honneur est tellement longue… Quand les présidents français se réclament du général de Gaulle, beaucoup d'Israéliens croient plutôt discerner une lignée allant de Pétain à Giscard.

— Mais enfin… c'est quand même sacrément rapide et réducteur comme analyse, dit Cécile.

Au-delà du trouble dans lequel ces propos me plongent, du fait de me voir moi-même inclus dans une telle généralité et de subir ce que, à Lyon, on dit aussi parfois au sein de la communauté, je suis embarrassé d'entendre Yoni dresser un tel portrait de la France devant elle.

— Ce n'est pas une analyse, mais un ensemble de perceptions… fondées sur des faits.

Je comprends que cette opinion n'est pas loin d'être la sienne. J'interviens.

— Mais j'ai l'impression d'une confusion entre les Français et les juifs de France. Même si nous sommes français on ne peut pas nous adresser les mêmes critiques !

Yoni, pris entre le désir d'être le plus juste possible et celui de ne pas nous heurter, mesure sa réponse.

— Oui, mais… pour certains Israéliens il n'est pas concevable que des juifs acceptent de vivre dans un pays hostile. D'une certaine manière, ils deviennent… comment dire… les collabos des collabos.

Comprenant la violence de cette remarque, il tente aussitôt de modérer son propos.

— J'essaie de vous décrire le problème en grossissant les traits. C'est le seul moyen de comprendre le ressenti de la rue israélienne. Les Israéliens vous reprocheront toujours de ne pas avoir participé aux guerres, de ne pas avoir perdu, vous aussi, un proche, d'avoir suivi les événements, assis sur votre canapé, de vous être vautrés dans le confort occidental quand eux bouffaient du sable et faisaient la guerre.

— Mais j'ai entendu des Israéliens tenir le discours exactement inverse. L'un des atouts d'Israël est la dispersion des juifs dans le monde. La diaspora constituerait une force financière capable d'aider le pays dans les moments difficiles. Les juifs de partout n'ont-ils pas donné des sommes conséquentes quand il le fallait ? De plus, cette dispersion rend illusoire toute possibilité de se débarrasser une fois pour toutes des juifs en les attaquant sur un seul et même lieu !

— Oui, mais ça… c'est un discours de juif de la diaspora. Vois-tu, les Israéliens sont sionistes par essence. Et un sioniste prônera toujours le rassemblement des juifs sur leur terre. Cette force dont tu parles serait plus efficace si elle était concentrée ici. Quant à l'éradication, elle n'existe que dans les fantasmes de certains fous. Israël est un pays puissant, doté de l'arme nucléaire. Personne ne pourra nous éliminer de la surface du monde.

L'affirmation ne me console en rien des avanies qui viennent d'entailler mon cœur. Je me sens d'un coup exclu d'une histoire qui se déroule sans moi, étranger dans un pays que je pensais être, d'une certaine manière, un peu le mien.

X

Entre deux mondes

Mounir

Février 1979

Le monde arabe m'apparaît bien plus complexe que je ne le pensais. Ses formes et ses contours insaisissables. Impossible de lire mon nom, de deviner mon ombre dans cette lave en ébullition dont on ne sait si elle engloutit un monde ou se prépare à en créer un autre. Tout bouge, semble instable, fragile. Des affinités culturelles, une même nostalgie envers l'*autre* pays et le partage de la même expérience d'*Arabe vivant en France* m'ont amené à me sentir proche des Algériens et Tunisiens du quartier. Mais je suis incapable de définir le peuple arabe lui-même. Existe-t-il seulement ? Les Palestiniens, les Jordaniens, les Irakiens, les Saoudiens… je ne sais pas qui ils sont, ne connais pas leur islam. Comment comprendre les enjeux qui les traversent et bouleversent la planète ? Comment me sentir solidaire de cette multitude avec laquelle je ne partage quasiment rien d'autre qu'une religion aux lectures différentes ?

Les pasdarans iraniens viennent me jeter au visage un islam que j'ignorais. Le Shah d'Iran était un dictateur ? Alors, il fallait le sanctionner. La révolution a eu lieu. Au nom de Dieu, des milliers de personnes sont mortes. Au nom de Dieu, les femmes peuvent être emprisonnées ou lapidées si elles refusent de porter le hidjab. Et ces foules galvanisées par les discours d'un « leader spirituel » m'impressionnent, m'effraient et, paradoxalement, me fascinent.

La révolution iranienne fait la une de tous les médias. Papa, dans son fauteuil, a abandonné son journal. Maman a posé la dernière assiette sur la table et s'est assise sur une chaise pour souffler un peu pendant un reportage qui la raconte. Je regarde les visages défiler sur notre écran. Je connais ces grands yeux noirs, ces peaux mates, ces expressions extatiques, saisis même quelques mots. Oui, ils me ressemblent ces Iraniens. Oui, ils sont musulmans, vont à la mosquée et mangent sûrement des plats épicés. Nous avons sans doute de nombreux points communs. Mais leur révolution me laisse de marbre.

— Voilà l'image que les Français vont avoir des Arabes. Des excités. Des sanguinaires, dit papa en désignant l'écran à un public absent.

En fait, je ne suis pas totalement indifférent à cette révolution. J'en ai un peu honte, certes, mais elle traduit quelque chose. Reste que mon père vient d'exprimer le sentiment qui me ronge dès que je vois un musulman dans une situation préjudiciable. Et cette sensation me fait également honte. Elle ne s'explique pas rationnellement. Pourquoi chaque musulman devrait-il porter sur son dos toutes les représentations associées aux populations qui composent le monde arabe ? Pourquoi devrions-nous être responsables des actes d'individus avec lesquels nous n'entretenons aucun lien ? Réclame-t-on des chrétiens qu'ils répondent toujours les uns des autres ? Tant qu'un voyou, un assassin, un fou, n'est pas arabe il n'est que voyou, assassin ou fou.

Le poids de mes espoirs n'est-il pas suffisamment lourd pour qu'il me faille également soutenir ceux de personnes dont je ne soupçonnais pas l'existence avant que l'actualité ne me les jette à la figure ? Je ne défile pas avec les pasdarans dans la rue, mais en France, pour les miens, pour ceux dont je partage le quotidien. Pour moi.

Le visage de l'ayatollah Khomeini apparaît à l'écran. Mon père cesse aussitôt ses récriminations. Je le sais embarrassé par le personnage. Une sorte de respect prudent le gagne. Papa veut bien maugréer contre la bêtise des êtres humains, il ne se risquera jamais à fustiger un homme de religion. Ce n'est pas notre islam ?

Oui, mais c'est tout de même l'islam. Je me prends également à admirer la posture de ce chef religieux. Il est sûr de lui, ose critiquer l'Amérique, le grand Satan, la défier. Sentiments contradictoires…

En fait, je sais ce que j'aime chez lui : il ne baisse pas les yeux.

Raphaël

Papi a quitté le port. Les bateaux ont sombré, la mer s'est retirée, le soleil s'est couché. Il ne reste plus que son fauteuil en velours rouge au milieu d'un salon froid et des rideaux ternes agités par la morne complainte du vent.

Il est mort au Maroc. Mamie et lui y étaient retournés pour la première fois depuis le grand départ. Le mariage d'un lointain cousin avait servi de prétexte à ce voyage si souvent imaginé.

Son cœur a flanché en pleine nuit. Papi a eu le temps de se redresser, de réveiller sa femme.

— Jacote, voilà c'est fini, lui a-t-il déclaré, la main sur le cœur.

Elle n'a pas compris tout de suite. C'est le contraste entre la sérénité de sa voix et la frayeur dans son regard qui l'a alertée.

— Qu'est-ce que tu as ? Tu as mal au cœur ? Qu'est-ce qui est fini ?

Il n'a pas répondu.

Il a juste marmonné quelques mots :

— Chéma Israël...

Il prononçait les paroles que chaque juif doit dire ou entendre avant de rendre l'âme. Mamie était terrifiée.

— Pourquoi récites-tu le Chéma ? Non, ne fais pas ça !

Il lui a souri et a serré sa main avant de retomber sur l'oreiller.

Dans la salle à manger les sanglots se mêlent aux murmures des prières.

La famille est réunie.

— Son corps sera rapatrié demain, annonce l'oncle Gérard.

— Rapatrié… souffle ironiquement l'oncle Marcel.

— Qu'allions-nous faire ? L'enterrer au Maroc ? demande Gérard.

Un silence s'ensuit, pendant lequel chacun pèse ses pensées.

— Il a voulu mourir là-bas ! sanglote maman. Vous ne m'enlèverez pas de l'idée qu'il a appelé la mort de ses vœux.

— Tu ne peux pas dire ça ! proteste Géraldine, la sœur cadette. C'est une offense à sa mémoire ! Un juif n'aspire pas à la mort ! Jamais !

— Mais il était déjà mort ! réplique maman. Il est mort le jour où nous avons quitté le Maroc !

Mamie Jacote fait un signe de la main pour demander à chacun de garder son calme.

— Aiwa, rlas ! Vous allez vous disputer maintenant ?

La remarque éteint d'un coup les braises qui menaçaient d'enflammer l'atmosphère.

Je redoute ces moments d'agressivité suivis d'une sérénité factice. Ils précèdent une phase d'hystérie collective où chacun se vautre dans le psychodrame, exprime ses vieilles rancœurs et règle ses comptes. Mais ils n'oseront pas. Pas encore. Le corps de papi n'est pas en terre. Tous savent que son âme flotte ici, près de nous, effrayée par sa nouvelle condition, et que chaque mot déplacé viendra la heurter. Seule la récitation des psaumes peut la calmer.

— Je pense qu'il est temps que je vous fasse une révélation importante.

Mamie s'est exprimée d'un ton révérencieux.

Une révélation ? Un secret de famille ? Quel bouleversement va-t-il se produire ?

— Votre père va être enterré en France dans un caveau provisoire. Dès que les papiers seront prêts, son corps sera envoyé en Israël, à Jérusalem.

Un chœur d'exclamations accueille la nouvelle. La stupéfaction est totale.

— Comment ? En Israël ? Mais, pourquoi ?

— C'est n'importe quoi ! Qui ira prier sur sa tombe ? Tous ses enfants vivent ici.

— Qui a pris cette décision ? Papa n'a jamais exprimé le désir d'être enterré là-bas.

— Au Maroc, j'aurais compris… mais en Israël ! Il y est allé deux fois seulement !

Mamie laisse patiemment chacun s'exprimer en hochant la tête pour exprimer qu'elle comprend toutes les remarques.

— Je sais tout ça. Mais c'était la volonté de votre père. Il y a cinq ans, quand il a attrapé une mauvaise grippe, il m'a fait promettre de l'inhumer en Israël s'il devait en mourir. Quand il a été rétabli, il a réservé un emplacement dans un cimetière de Jérusalem en recommandant de n'en rien dire à personne. Il n'aimait pas que l'on parle de maladie ou de mort.

Chacun tente de s'approprier ces informations.

— C'était il y a cinq ans. Peut-être avait-il changé d'avis ?

— Non, il me l'a répété avant de mourir.

Elle éclate en sanglots. Les images sont trop présentes encore dans son esprit.

Elle essaye d'articuler quelques mots, vite dévorés par les larmes avant d'avoir pu sortir de sa bouche.

Nous sommes suspendus à ses lèvres. Une indication nouvelle sur papi ressemblerait à un dernier éclat de lumière dans l'obscurité.

— Il a terminé le Chéma et m'a regardée. Il a essayé d'articuler quelque chose. Je ne comprenais pas. Je me suis approchée et j'ai entendu. Il disait « Yérouchalaïm, Yérouchalaïm ».

Les femmes se mettent à pleurer. Les hommes baissent la tête.

Pourquoi Jérusalem ?

Alors je comprends.

Un corps est apatride. Pas une âme.

Mounir

La Part-Dieu, tous les jeunes y convergent les jours où les intempéries les dissuadent de traîner en centre-ville. Les magasins de fringues, les belles filles qui déambulent, les rencontres possibles avec des amis : le centre commercial ne manque pas d'attraits et permet de tuer une journée de vacances scolaires. Sophie doit m'y rejoindre.

— Tu crois qu'elle va amener des copines ? interroge Farouz.

— Qu'est-ce que j'en sais !

— Tu ne le lui as pas demandé ?

— Parce que ça se demande ? Tu me vois lui dire : « T'as pas des copines aussi belles que toi qui aiment les rebeux, parce que mes potes sont chauds bouillants en ce moment ? »

— Qui t'a dit qu'on voulait qu'elles soient belles ? ricane Lagdar.

On se marre.

Soudain, en face de nous, une patrouille de flics.

Ils sont trois, marchent lentement, scrutant la foule avec cet air de supériorité tranquille qui n'appartient qu'à eux.

— Merde, les chtars, souffle Farouz.

— Et alors ? On n'a rien fait, marmonne Lagdar.

Sa remarque est stupide et il le sait. Pas besoin d'avoir commis un délit pour être contrôlé. Il suffit d'être arabe. On en a l'habitude mais là, au milieu de la Part-Dieu, devant tout le monde et alors que l'après-midi s'annonce agréable, nous préférerions éviter cette humiliation. Quant à moi, l'idée que

Sophie puisse me surprendre en flagrant délit d'*arabisme* me contrarie.

Un flic, petit musclé, marche devant un grand mince aux cheveux noirs et un blond à la coupe si courte qu'il paraît chauve.

Nos visages se figent, nous essayons de feindre l'indifférence, de nous fondre dans la foule. Mais ces mecs doivent posséder un radar anti-Arabes car ils nous repèrent, avancent vers nous de manière à bloquer le passage.

— Putain, on va y avoir droit ! se lamente Farouz. Fais chier ! Y en a marre de ces putains de keufs !

— Ça va, calme-toi.

— Vos papiers ? lance le plus petit.

Je mets la main à la poche et sors mon sésame. Farouz fait de même, habitué à dégainer rapidement dans de telles circonstances. Mais Lagdar fouille ses poches sans succès.

Pendant que les flics vérifient nos identités, je jette un coup d'œil rapide autour de nous. Certains passants jettent un regard furtif vers nous, d'autres paraissent gênés d'être témoins d'une telle scène, quelques abrutis nous dévisagent avec une curiosité malsaine, comme s'ils assistaient à l'arrestation d'une bande de mafiosi.

— Alors, ça vient ? aboie le grand blond à Lagdar.

— Je sais pas où je les ai mis. Mais je les ai pris, c'est sûr.

Je ne doute pas que ce soit vrai. Pour les Arabes, porter ses papiers sur soi est une nécessité. Aucun de mes amis non musulmans ne se promène avec sa carte d'identité mais, pour nous, les glisser dans une poche relève du réflexe. Comme enfiler son jean et ses baskets avant de sortir.

Le grand brun nous fixe avec dédain.

— Allez magne-toi le bougne ! On n'a pas que ça à faire !

À son attitude méprisante, je me doutais qu'il était du genre à nous insulter mais je pensais que la densité de badauds l'en empêcherait. Comme les flics font attention à leur image, il a lancé l'injure à voix basse, entre ses dents, sans remuer ses lèvres, genre ventriloque. Ma mâchoire se crispe. Je sens la haine monter. Mais, comme d'habitude, je me contiendrai. Pour éviter les histoires. Parce que les flics ont toujours raison. Parce que j'ai rendez-vous avec Sophie.

— Qu'est-ce que tu as toi ? lance le connard en uniforme sur le même mode, heureux de constater que sa remarque m'a touché, satisfait aussi que je me soumette docilement.

Je ne réponds rien mais plante mes yeux dans les siens. Il s'avance, se penche à mon oreille.

— T'aimes pas qu'on te traite de bougne ? C'est joli bougne, murmure-t-il. Presque affectueux comme diminutif.

Ses collègues se marrent.

Il est rare que, dans les équipes de cow-boys qui quadrillent la ville, il n'y ait pas au moins un raciste provocateur. Parfois, un flic bienveillant se trouve dans le lot. C'est lui qui calme les ardeurs de ses collègues. Mais là nous avons affaire à trois abrutis, dopés au pouvoir de l'uniforme. Pour me consoler, j'essaie toujours d'imaginer la vie de merde qu'ils doivent mener pour se montrer aussi stupides et aigris.

— Vous faites quoi ici ?

— On est venus jouer au foot, lâche Farouz, d'un air de défi.

— On se promène, répond rapidement Lagdar en tendant enfin ses papiers afin de couper court à la vanne.

— Vous n'êtes pas plutôt venus taper dans les boutiques ? s'enquiert le petit.

— Non, on n'y a pas pensé. Mais maintenant que vous le dites… surenchérit Farouz.

Le grand blond avance vers lui, menaçant.

— Tu veux jouer au comique avec moi ?

— Non, vous gagneriez.

La situation va dégénérer, je le sens. Putain, mais qu'est-ce qu'il lui prend à Farouz ? C'est pas la première fois qu'on a affaire à des connards de cette trempe ! Il va nous attirer des emmerdes. Et Sophie qui risque d'arriver !

— Pourquoi vous nous contrôlez ? questionne alors Lagdar.

Sa patience à lui aussi a des limites.

— On fait notre boulot. On veille à la sécurité des honnêtes citoyens, rétorque le nabot, narquois, en appuyant bien sur les derniers mots.

— Pourquoi vous ne contrôlez pas ces jeunes là-bas ? insiste Lagdar, en désignant un groupe de Français.

Le plus grand se penche vers lui.

— On contrôle seulement ceux dont le physique est... suspect. Les Arabes quoi.

Ayant compris que Farouz est sur le point d'exploser, il tente de le faire craquer.

— Ne réponds pas. Il te cherche.

J'ai dit ça doucement, en arabe.

— Qu'est-ce que tu baragouines ? Tu m'as insulté dans ta langue ?

— Non. Je lui ai demandé de se calmer.

Il me jauge un instant.

— Bon, assez joué. Venez par là ! ordonne le petit en indiquant un couloir de service.

Voilà, ça va partir en vrille. J'ai entendu trop d'histoires de flics qui pètent un câble, tabassent des jeunes, et ne sont ensuite jamais inquiétés.

Autour de nous, un attroupement s'est constitué. Le contrôle a duré trop longtemps et les passants ressentent la tension qui nous gagne. Les policiers s'en sont aperçus et veulent éviter que ça s'envenime.

— Pourquoi ?

— Parce que je vous le demande. On va voir si vous avez de la drogue sur vous. Ou des affaires volées.

— On n'a rien sur nous.

Le grand blond s'adresse aux curieux.

— Ne restez pas là ! Circulez !

Soudain, un vieil homme s'avance et se plante devant le petit policier, droit, le menton levé. Son manteau au tombé impeccable, son chapeau, lui confèrent une certaine honorabilité.

— Qu'ont fait ces jeunes hommes, messieurs ? interroge-t-il.

L'âge et l'allure du septuagénaire, son regard franc et dur, intiment le respect aux policiers.

— Simple contrôle, répond l'un d'eux.

— Et alors ? Vous avez vu leurs papiers ! Pourquoi continuez-vous à les harceler ? Vous pensez que c'est agréable d'être contrôlé ainsi devant tout le monde ?

— Monsieur, s'il vous plaît, ne vous mêlez pas de ça, répond fermement le grand brun.

— Depuis la guerre j'ai pris l'habitude de me mêler de ce qui me paraît injuste, jeune homme. Je ne faisais pas partie de ceux qui tournaient la tête quand la milice réclamait aux juifs leurs papiers.

— Mais… Enfin… je… nous… bafouille le plus petit, ne sachant pas comment prendre la comparaison.

— J'ai des relations, monsieur ! Je connais personnellement le préfet ! clame le vieil homme. Et je veux savoir ce que vous leur reprochez.

Les trois flics se regardent. L'attroupement est plus dense. Les badauds s'arrêtent pour assister à la confrontation. Les flics hésitent puis, après un rapide échange silencieux, conviennent de battre en retraite. Le jeu n'en vaut pas la chandelle. Ils ne vont quand même pas embarquer un résistant ! Et encore moins un gars qui a des relations susceptibles de leur causer des problèmes !

Pour ma part, je suis partagé entre mon envie d'embrasser ce vieux et ma crainte que Sophie se trouve au milieu des curieux.

— C'est bon, nous avions terminé, abdique le petit, en tendant nos papiers.

— Allez, circulez, lance le grand brun.

— Je vous tiens à l'œil, me murmure le serpent dans un nouveau sifflement.

Les promeneurs reprennent leur marche. L'un d'entre eux m'adresse un clin d'œil pour exprimer sa solidarité. Facile, après coup.

Je cherche le vieil homme pour le remercier mais il a disparu.

— La putain de leur mère ! Enculés de flics ! enrage Farouz.

— Où est passé le vieux ? je demande, en scrutant la foule.

— Ils nous ont foutu la hachma ! ajoute Lagdar.

— Vous avez vu la classe du grand-père ? Comment il leur a fermé leur gueule !

— Oh ça va, tu vas nous lâcher avec ton vieux !

— Mounir a raison, s'exclame Lagdar. Comment il leur a parlé le vioque ! Il en imposait.

— Et alors quoi ? Il a fait ce que tout le monde aurait dû faire ! s'emporte Farouz.

Il a peut-être raison. Mais les hommes ne font jamais ce que leur impose leur honneur, leur sens de la justice. Alors, de cette scène, je préfère retenir la superbe de ce monsieur, le ton sur lequel il s'est adressé aux flics, sans haine, sans colère, posément et avec tant de force de conviction qu'il est parvenu à les faire battre retraite. Un anonyme parti sans attendre nos remerciements. Parce qu'il n'a pas agi pour paraître mais pour être et rester un homme digne. Je m'emporte peut-être sur l'instant, mais son intervention m'a redonné de l'espoir. Oh, bien sûr, je sais qu'il y aura d'autres contrôles, d'autres humiliations et un tas de connards pour déverser leur haine et préjugés sur ma tête. Mais m'arrêter à ce constat reviendrait à renoncer à prendre place dans la société. Or, je veux avancer, grandir, devenir quelqu'un. Devenir cet homme.

— Mounir ?

Sophie vient d'apparaître. Elle est belle, souriante. Ses yeux pétillent. Et le mec que je vois dans leur éclat, c'est moi. En cet instant je suis beau et j'ai un avenir.

Je lui prends la main, l'attire à moi et, pour la première fois, l'embrasse devant mes copains.

Raphaël

Les bancs que nous squattons habituellement dans la cour du lycée sont vides. Pourtant, à cette heure, j'ai l'habitude d'y rejoindre mes copains. Ont-ils été informés de l'absence d'un prof ? Sont-ils partis se promener, boire un café ? Peu probable. Ils auraient attendu que nous soyons réunis avant de « bouger ».

J'avise notre révolutionnaire préférée en train de discuter à quelques pas.

— Béa ! Tu sais où ils sont passés ? je demande en indiquant les bancs vides du doigt.

— Ils sont au Palais. Je les ai croisés en arrivant.

Étonné, je traverse la rue et les trouve, en effet, attablés.

— Grève ?

Ils lèvent sur moi un regard triste qui m'inquiète aussitôt.

— Y a un blème ?

Mounir me désigne le journal du matin, plié devant eux. Je le saisis, cherche sur la une l'information qui devrait m'éclairer, ne la trouve pas.

— Je ne comprends pas.

Lagdar pose le doigt sur un article.

Deux proxénètes retrouvés morts au parc de Miribel

Les corps de deux hommes ont été découverts sur un terrain vague du parc de Miribel. Ils ont été tués d'une balle en pleine tête et leurs visages et leurs mains ont été brûlés. Un procédé qui laisse penser qu'il s'agit d'un règlement de comptes de la mafia lyonnaise.

Je parcours rapidement l'article. Il m'apprend que les deux victimes s'étaient établies proxénètes sur un territoire contrôlé par la pègre locale.

— Et alors ? Vous les connaissiez ?

— Oui. Et toi aussi, marmonne Mounir.

— Regarde les photos en page intérieure, conseille Lagdar.

J'ouvre le journal et trouve les deux portraits. Il me faut deux secondes pour les identifier. Je me laisse tomber sur la banquette.

— Putain… Enzo et Tony ? Ceux avec qui…

Enzo, le play-boy toujours parfaitement sapé, les yeux verts, le sourire avenant. Et Tony, le mec tout en muscles, silencieux, gentil mais dont on devinait la capacité à se muer en fauve.

Ils passaient le plus clair de leur temps au Palais à boire et jouer au flipper, plaisantaient avec nous, nous payaient des tournées, nous défiaient à la babasse.

— Vous saviez qu'ils étaient proxos ?

— Non, répond Mounir.

— Moi oui, clame Lagdar. Enfin, j'avais entendu dire ça, mais je ne le croyais pas. Ils faisaient tellement clean.

— En même temps, leur histoire de business alors qu'ils étaient toujours planqués là…

Je relis l'article, plus posément, et frissonne en imaginant la scène, les balles traversant leurs têtes, le feu consumant leurs visages. Ces visages qui, il y a quelques jours encore, nous souriaient. J'ai du mal à réaliser cette réalité, digne des films de gangsters les plus sombres.

— Vous croyez qu'ils les ont brûlés avant de les tuer ou… l'inverse ?

J'ai besoin de savoir. Juste pour ne pas imaginer pire encore. La réaction de mes copains me laisse penser qu'ils se posent la même question et que le premier scénario leur fait également horreur.

Puis je réalise qu'ils étaient proxénètes. Merde, c'est pas rien d'être maquereau ! Obliger des femmes à vendre leur corps… c'est révoltant ! Contraignaient-ils les filles ? Les frappaient-ils quand elles se rebellaient ? Je ne peux imaginer ces deux garçons si sympas dans ce rôle indigne et violent.

Mes yeux refusent de se détacher des portraits. Je côtoyais deux macs. Et ils sont morts.

Je savais que le mur qui sépare les deux mondes, celui de la vraie vie, dans laquelle on a une famille, des amis, et celui où les pires dangers existent, était fin, fragile. Je viens de réaliser qu'il est perméable. La mort ne m'a jamais paru si proche, le danger si menaçant, l'équilibre de ma propre existence si précaire.

Pierre pose des cafés devant nous. Il a les yeux mouillés.

— C'est pour moi, annonce-t-il avant de s'asseoir.

Nous le remercions d'un signe de tête.

— Tu savais toi, qu'ils étaient proxos ?

— Ben… j'avais capté des bouts de conversation qui laissaient penser que c'étaient pas des enfants de chœur, mais j'avais pas essayé d'en savoir plus. Et puis il y a eu des visites bizarres ces derniers temps.

— C'est-à-dire ?

— J'ai vu des mecs passer plusieurs fois devant le bar, jeter des coups d'œil rapides. Je le leur ai dit. Du coup, Enzo et Tony ne sont plus venus, ou en coup de vent, cette semaine.

Pierre saisit sa tasse, la lève pour porter un toast.

— C'étaient peut-être des macs mais c'étaient mes potes. Que leur âme repose en paix.

Nous portons nos cafés à nos lèvres. L'âme des proxénètes a-t-elle droit au repos éternel ? J'en doute.

Mounir

— Toi, tu rentres pas.

La sentence, ferme, est sans appel. Le videur a déjà détourné le regard. Il a posé sa main sur mon torse pour m'écarter de la file. Derrière moi, deux filles sourient. Je ne sais pas si elles compatissent ou se moquent.

— Pourquoi ?

Question stupide.

— Soirée privée.

Il m'a répondu en fixant un point derrière moi pour signifier qu'il m'a déjà oublié. La main accentue la pression afin que je m'écarte. L'une des deux filles glousse. Moquerie.

Ma gorge se serre en même temps que mes joues s'empourprent.

— J'ai des amis à l'intérieur... Ils m'attendent.

Le videur pose des yeux perçants sur moi. Je connais ce regard.

— Tu te casses, j'ai dit.

Son bras me balaye et je suis expulsé sur le côté, rétablissant mon équilibre au dernier moment pour ne pas tomber. Quand je relève la tête je vois près de vingt personnes en train de me fixer. Certaines affichent un air narquois, d'autres jouent l'indifférence. Les deux filles rient maintenant, en cachant stupidement leur bouche derrière leurs mains. La honte m'étourdit et je me sens vaciller. Il faut que je reprenne pied.

— Ça va pas non ? Vous n'avez pas le droit de me traiter comme ça.

Je regrette aussitôt la remarque. Que peut-elle m'apporter ? L'illusion d'une bravoure soudaine ?

— Qu'est-ce que t'as, le crouille ? Je t'ai gentiment demandé de te barrer. Si tu comprends pas, je peux t'expliquer autrement.

Le ridicule de la situation m'apparaît. Moi, fluet dans mon pantalon noir, mon pull gris, mon petit blouson, cheveux savamment dressés vers l'arrière, rouge de honte et de colère, les yeux exprimant la peur face à un colosse déterminé, sûr de lui et ce, devant un public trop heureux de pouvoir assister à un massacre en règle en première partie de soirée. Voient-ils mes membres trembler ? Je ne pense pas. J'ai appris à donner le change. Je dois paraître méchant, conforme à l'idée qu'ils se font de l'Arabe. Seul le videur a compris que je n'irai pas plus loin. Il pousse son avantage.

— Allez, tu baisses les yeux, t'arrêtes de jouer le méchant et tu te casses.

Je suis prêt à me jeter sur lui pour laver mon honneur dans le sang, mon sang, préférant la douleur physique à celle qui me vrillera l'esprit des jours durant si je fuis. Mais une pensée me fige. Si je me bats, la bousculade risque d'attirer du monde. Et alors Sophie, Raphaël, Cécile et les autres seront les témoins de mon humiliation. Et qui me dit que, dans la file d'attente, certains ne m'auront pas reconnu et s'empresseront d'aller raconter la scène ? Alors je recule. Sans baisser les yeux. Je tente juste d'y injecter toute la haine qui tournoie en moi, toutes les insultes muettes que je lui destine. Je fixe aussi les deux pouffiasses. Elles cessent de ricaner. Puis je balaye les visages qui, dans la queue, me toisaient. Leurs expressions rieuses s'évanouissent. La lâcheté. Pâle revanche.

Quand je suis assez loin de l'entrée de la discothèque je revois la scène. Quelle bêtise ! Comment ai-je pu penser qu'un pantalon neuf, un pull à la mode et une coupe de cheveux suffiraient à estomper mes origines ? Les Arabes ne rentrent pas en boîte, je le savais pertinemment. J'avais même décidé de ne pas aimer les boîtes. Mais quand Sophie a annoncé qu'elle y célébrerait son anniversaire, que pouvais-je dire ? Lui faire comprendre que c'était une mauvaise idée ? Si ma copine fêtait son anniversaire, ils me laisseraient entrer avec eux. Je devais arriver en même temps que la bande mais j'ai pris du retard. J'en viens à me demander s'il n'était pas volontaire. Si, à l'approche du rendez-vous, je n'ai pas pris conscience de ce qui risquait d'arriver. Il aurait été tellement difficile de me faire humilier devant eux !

Maintenant ils doivent s'amuser, joyeux, insouciants. « Allez-y, bonne soirée », a dû dire le videur. Raphaël l'a salué. Les juifs rentrent en boîte. Ils ont des physiques moins typés. Et surtout, ils ont du fric. Nous, on nous rejette par racisme, délit de sale gueule.

Que dirai-je demain ? Que je n'ai pas pu venir… Un problème familial ? Encore une excuse à la con ? Et Sophie, que pensera-t-elle de cette absence ? Va-t-elle seulement la remarquer ? Son petit ami n'est pas venu à son anniversaire… Son petit ami. Je souris et une eau salée dévale dans ma bouche. Mes joues sont mouillées. Je n'ai pas senti les larmes glisser. Je ne sanglote pas, non, j'ai envie de crier, de briser une vitre, un mur ! Sale videur de merde, sale Français de merde ! Et toi Sophie, pauvre conne ! Tu t'intéresses si peu à moi pour n'avoir pas anticipé ce genre de problème ? Et Raphaël ? Ne pouvait-il pas me guetter à l'entrée, cet abruti ?

Je vais marcher un peu, pour me calmer. Des images, des mots s'entrechoquent. Quel abruti tu fais Mounir ! Tu es et resteras arabe ! Rompre avec Sophie, voilà la décision la plus sage. Ne plus croire que je suis capable de m'intégrer, de vivre comme un Français. Clarifier la situation. Oui balancer cette idiote qui fête son anniversaire dans une boîte alors que son mec est arabe !

Je n'ai qu'une envie : me retrouver parmi les miens, ceux qui me ressemblent, connaissent les mêmes doutes, éprouvent les mêmes craintes, endurent les mêmes désillusions, subissent le même racisme. On se comprend, on souffre en commun, parmi eux, je suis quelqu'un. Pas de masque, pas de double langage. Juste Mounir Basri.

Au quartier, je ne trouve pas mes copains mais d'autres mecs, comme à leur habitude, debout devant l'allée, se balançant d'une jambe sur l'autre, la tête enfoncée dans le col de leurs blousons. Je ne veux pas rentrer chez moi. Pas maintenant. Je n'ai plus aucune envie de me lamenter, juste de rester un instant en leur compagnie. Un sentiment de tendresse m'envahit. Je leur suis reconnaissant d'être fidèles au poste et fidèles à eux-mêmes. Pas de surprise avec eux. Les rôles sont arrêtés et j'ai le mien – celui d'un électron libre ayant ses potes d'un côté (Lagdar, Farouz...) et venant de temps en temps discuter avec les durs du coin.

Il y a Zoubir, l'un des coriaces. Qui, comme quelques autres, a décidé de faire du quartier son fief et d'en sortir le moins possible. Ici, il règne en maître, fort d'une dignité que personne n'oserait contester. Son histoire est parsemée d'anecdotes mythiques. Des bagarres principalement, au cours desquelles il a fait regretter à ses adversaires le moindre manque de respect. Il est silencieux, comme souvent les vrais durs. Nadir, lui, se montre plus volubile. Il semble considérer les silences comme des offenses et a besoin de construire des échanges en relançant la conversation avec des phrases débutant toutes par « T'sais quoi ? » Slimane est timide. Il admire secrètement Zoubir et s'exprime rarement. Il se contente de valider les avis des uns et des autres en propulsant un crachat à travers ses deux incisives supérieures. Les trois ont quitté l'école et squattent la rue. Ils font des petits coups, des autoradios principalement, pour gagner un peu de fric.

Près d'eux, il y a les étudiants, dont je fais partie. Celui dont je suis le plus proche se prénomme Toufik. Après avoir été viré de l'école et avoir galéré dans des boulots minables, il a repris ses études. Capacité de droit. Il dit, en plaisantant, vouloir devenir avocat pour défendre ceux qui, d'ici là, auront mal tourné. Nous autres, étudiants, sommes assez bien considérés. C'est à nous que les durs s'adressent pour obtenir un avis argumenté sur la vie au-delà de nos rues, sur l'actualité quand elle les intéresse. Bien entendu, nous veillons à adopter un ton pondéré et à ne pas blesser leur fierté en paraissant trop savants. Une sorte d'échange tacite s'est scellé : leur force contre nos connaissances. Ils nous protègent d'éventuelles agressions extérieures et nous les aidons à envisager le monde et sa complexité.

Quand j'arrive près d'eux, ils discutent d'une bagarre avec les vigiles du supermarché voisin. N'y ayant pas participé, ils rassemblent leurs infos pour reconstituer les faits. Nous nous serrons la main ; je m'installe sur le côté, rôle d'auditeur libre oblige. Je crains un instant qu'ils chambrent mon look mais ils sont trop accaparés par la conversation pour y prêter attention. Seul Toufik m'observe curieusement. Il sait que je devrais être à l'anniversaire de Sophie. Après quelques minutes, d'un petit coup sur le bras, il me propose de marcher avec lui. Nous quittons le groupe.

— Ça n'a pas l'air d'aller, déclare-t-il en regardant au loin.

Il est rare que nous évoquions nos états d'âmes. La pudeur et la fierté contraignent à ne jamais aller chercher l'autre sur ce terrain-là.

— C'est à cause de la discothèque ?

Je hausse les épaules.

— Tu ne vas pas te rendre malade pour ça ! C'est pas nouveau ! On ne rentre pas en boîte. Surtout dans ce genre de boîte !

Comment a-t-il deviné ? L'expérience sans doute. J'acquiesce d'un mouvement de tête.

— Quand j'ai su que tu y allais, j'ai cru que tu savais ce que tu faisais, qu'avec Sophie à ton bras et vos amis autour, ils ne diraient rien.

— Ils étaient déjà à l'intérieur.

— Quels cons ! Enfin, ils auraient dû savoir ! Et tu t'es quand même pointé devant les videurs ?

— Oui.

— Tu pensais qu'ils te laisseraient passer ?

— J'sais pas.

— Et là t'as la haine contre qui ?

— J'ai pas la haine.

— Zarma ! T'as les boules, c'est normal. Mais contre qui ? Les videurs ? Sophie ? Tes amis ?

— J'en sais rien.

— Moi je sais. T'as la haine contre toi. Tu te sens nul de t'être fait croire que t'étais un petit Français comme les autres.

D'un coup, une rage profonde remonte à mes lèvres. Comment se permet-il de me parler ainsi ? Son sourire tendre me dissuade de râler. Et j'ai fait suffisamment de conneries ce soir pour ne pas me fâcher avec lui.

Il s'assoit sur un banc. Nous remontons le col de nos blousons et soufflons pour avoir un peu de chaleur.

— On est tous tentés un jour ou l'autre de changer d'identité, dit-il. La normalité est une pute qui sait flatter notre fierté. Aucun d'entre nous ne résiste à ses cuisses blanches et à ses œillades perverses. Et quand on a cédé et payé le prix de cette stupidité, la haine se mêle à la honte pour la rendre supportable. Il est plus facile de crier, de frapper, de punir les autres que de prendre en compte notre propre connerie.

Ses mots de philosophe de la rue me surprennent. Et, paradoxalement, m'apaisent. Il a raison : j'ai honte de moi. Et pas le droit d'en vouloir à Sophie. Comment aurait-elle pu savoir ? Est-elle responsable du racisme de certains de ses compatriotes ? Pourquoi punir une fille qui m'aime ? Qui aime l'Arabe que je suis ?

Raphaël

Suis-je en train de devenir parano ? Le racisme devient mon obsession et je le traque dans les attitudes et les propos des étudiants, les commentaires des professeurs, les paroles ou comportements des passants dans la rue. Un murmure laissant échapper une syllabe sifflante et je suis persuadé que l'on parle des juifs en termes injurieux. Un regard appuyé sur un Arabe et j'ai envie de crier au racisme. Peut-être les récents événements m'ont-ils éveillé au sujet ? Peut-être capté-je aujourd'hui des vérités que je n'apercevais pas hier ? C'est comme ces mots que l'on découvre, dont on apprend la signification, que l'on croit nouveaux et qui, dès lors, semblent surgir dans toutes les conversations.

Car les faits sont là. Le racisme dit ordinaire – je vomis cette expression – demeure, les agressions contre les Arabes et les juifs se multiplient. Des petits fachos regroupés en bandes déboulent à la sortie des lycées, s'embusquent dans un angle de rue, ratissent certains quartiers pour « casser de l'étranger ». Les repères et certitudes tendent à disparaître. On parle d'un Faurisson qui nie l'histoire et l'existence des chambres à gaz, le sinistre Darquier de Pellepoix vient de mourir en Espagne où il n'a jamais été inquiété. L'extrême droite relève la tête, s'attaque aux immigrés tandis que la police les bastonne. Les tabous tombent et les questions autrefois indécentes se voient posées.

Je me sens mal à l'aise, traversé, noyé par ces courants de haine qui me visent, nous visent. On parle de Mounir, on parle de moi, on crache sur ce que nous sommes et nous restons impuissants, pestant contre les ombres de l'ennemi, haïssant aussi notre immobilisme. Mais que faire ? Où aller ? Rejoindre un parti politique et militer ? Le problème est que tout cela ne semble pas réellement émouvoir les élus de droite, de gauche ni la population. Comme si, après une période de gavage collaborationniste, une autre de silence et d'aveuglement sur ses compromissions avec l'ennemi au nom de la « cohésion nationale », la France oubliait ses erreurs, émettait quelques petits rots tardifs destinés à lui faciliter la digestion. Mais c'est moi qui ai mal au ventre.

Ces négationnistes s'expriment sans honte. J'ai envie de vomir pour me dégager de la haine rampante, lancinante qui me retourne les tripes. Je pense à Primo Levi, petit juif italien désabusé par la prétention de son œuvre. Qu'a-t-il dû penser de ces pseudos-intellos ? A-t-il pleuré ? A-t-il pensé mettre à exécution sa menace de se suicider s'il n'était pas compris ? Et Élie Wiesel ? Et tous les anonymes aux avant-bras tatoués ? Ceux qui ont parlé et ceux dont les paroles ne réussissent pas encore à sortir pour décrire l'indescriptible, que pensent-ils ? Voient-ils que le racisme, les racistes sont à la mode ? Que l'antisémitisme le redevient ? Que les Arabes sont victimes de la même détestation ? Que tous nous sommes redevenus des cibles ?

Mounir

Sophie et moi avons rompu. Après l'anniversaire, nos relations se sont distendues. Je crois avoir compris ce soir-là combien il serait difficile d'aller plus loin. Ou alors, elle m'en a voulu de ne pas être venu. Je lui ai raconté avoir été cloué au lit par des maux de ventre, mais comme je mens mal, elle m'a fait une scène ridicule. En l'observant se plaindre pour si peu, je l'ai trouvée grotesque. Nos émotions s'étaient gâchées. À dire vrai, elles devaient l'être avant sinon nous n'aurions pas transformé en drame ce ridicule incident. Les révisions du bac ont fait le reste : prise de distance. Ça m'a attristé, mais moins que je l'aurais cru. Obtenir mon bac m'apparaissait une priorité absolue. Je me suis donc concentré sur cet objectif. Dans l'attente des résultats, Sophie est partie avec des amies camper dans le sud de la France. Je ne veux pas penser aux mecs qui la dragueront, ni à la manière dont elle les charmera. Ce n'est plus mon histoire.

J'attends les résultats avec impatience dans la chaleur de l'été.

J'étouffe. Les murs du quartier semblent refermés sur nous. Nos rues prennent des allures de ghetto.

Depuis les émeutes survenues à la Grappinière, le quartier voisin, la tension à Vaulx est palpable. Les musulmans sont devenus des cibles faciles pour les racistes. Pour les flics aussi. Des gamins se font descendre par des excités, simples citoyens ou flics. Liberté, égalité, fraternité. La bonne blague ! Nous ne sommes pas égaux, mais coupables d'être arabes devant une porte de discothèque, face aux flics, à la barre des prévenus ou des victimes des palais de justice. Vers qui nous tourner afin d'être protégés ? Beaucoup n'attendent plus rien des institutions du pays. Ils s'organisent pour vivre, en marge de la société, s'apprêtent à se défendre, à attaquer.

La France est malade de ses immigrés. Ils nous ont fait venir pour travailler mais, désormais, alors que la crise fait rage, ils aimeraient nous voir disparaître.

Même papa, ces derniers temps, remet en cause ses choix. Son entreprise menace de le licencier.

— S'il n'y a plus de travail en France, nous retournerons au Maroc, a-t-il annoncé, sombre.

Maman a baissé la tête, résignée, et a soupiré. Puis elle s'est mise à prier silencieusement afin que le sort nous épargne.

— Mais… il y a d'autres boîtes ! ai-je lancé, dépité.

— Ils disent que toutes les sociétés vont être touchées.

— Et le chômage ? Ils donnent pas mal de fric quand on n'a plus de travail, a rétorqué Tarik. C'est ce que disent les copains.

— Ils ne pourront pas verser de l'argent à tout le monde ! Et puis je ne vais pas rester à la maison comme une femme en attendant qu'ils me fassent la mendicité ! s'est indigné notre père.

Au quartier, ils ne font pas autant de chichis sur le sujet. La France est riche, généreuse, les syndicats protègent les travailleurs et ils ont bossé dur à des tâches ingrates. Alors, pas mal voient d'un bon œil le fait de bénéficier de ses largesses.

— Eh quoi ? Ils ont fait du fric sur notre dos en Algérie. Ils ont exploité nos richesses sans nous demander notre avis. Ils nous ont fait venir pour faire les sales boulots. Pourquoi on n'en profiterait pas un peu maintenant ? dit Zoubir.

Comment lui donner tort ?

Le chômage atteint de nombreuses familles, accentuant les ressentiments.

— Ces sales bâtards virent les Arabes. Ils préfèrent embaucher des Français, des Italiens ou des Portugais. Ils disent que nous sommes venus manger leur pain ! Mais ce sont eux qui nous ont fait venir ! Et maintenant, ils voudraient que nous retournions là-bas ! Tout ça parce que, selon eux, la crise est de la faute de l'embargo des pays arabes sur le pétrole. Qu'est-ce qu'on a à voir avec ces pays-là ? Et pourquoi dire que c'est de leur faute ? C'est plutôt celle des juifs qui ont volé la terre aux Palestiniens avec la bénédiction des Occidentaux !

Tout se mélange, tout est dit de plus en plus ouvertement. Les tensions montent. Comment savoir qui a raison ou tort dans ces appréciations à l'emporte-pièce ?

Papa ne s'arrête plus que rarement pour discuter avec ses copains dans la rue. Il ne veut pas affronter le regard des chômeurs, mal à l'aise face à eux. Il se sent privilégié et imagine que son bleu de travail les offense. À chaque fois qu'il apprend qu'un voisin s'est vu remercier, il soupire, hausse les épaules et se réfugie dans de sombres pensées.

Le retour au pays est sur toutes les lèvres. Tout le monde en parle mais peu se résolvent à repartir. Ils attendent. La crise ne durera pas. La France est un pays riche. Elle se relèvera et tout le monde aura à nouveau du boulot.

En attendant, doit-on accepter de devenir la cible des frustrations de ceux qui voient en nous des voleurs de travail ou des délinquants ?

XI

Avoir le bac

Mounir

Putain, mon bac ! J'ai mon bac ! Je suis bachelier ! J'aime la résonance de ces mots. Ils me remplissent de bonheur. À m'en faire péter la gorge, le cœur, les poumons. J'ai envie de les clamer, mais, devant moi une fille est en pleurs. Et d'autres visages tristes, égarés, viennent percuter mon bonheur.

Bien entendu, je m'y attendais. J'ai fait une bonne année et révisé comme un malade. Mais il y a dans le bac une dimension mystérieuse, quasi mystique, fondée sur des légendes, des héros, des martyrs. « J'ai connu un mec qui... » Certes, il y a beaucoup d'histoires qui tendent à prouver que la réussite n'est pas le résultat de l'effort mais le fruit de la chance, et l'échec la conséquence d'un complot de forces obscures. Reste qu'à la maison, la magie est liée à cette croyance. Enfin, quand je dis magie, je veux plutôt parler de superstitions mêlant des craintes ancestrales à des formules supposées posséder des pouvoirs surnaturels. Et le mot bac vaut bien tous les abracadabra de l'enfance.

Le premier jour des examens, alors que je m'apprêtais à partir, maman s'est approchée de moi. Elle m'a tendu une chaîne au bout de laquelle pendait un hamsa. En d'autres circonstances j'aurais refusé, peut-être même aurais-je protesté. Mais là, j'ai accueilli sa sollicitude avec un calme presque « religieux ». Son attitude, sûrement, mais aussi l'état presque extatique dans lequel l'imminence des premières épreuves m'avait plongé, m'ont conduit à pencher le buste tel un sportif victorieux s'apprêtant à recevoir sa médaille. Puis, ma mère a fait apparaître une salière. Elle a saupoudré mes épaules en prononçant des propos incompréhensibles avant de faire une prière.

— Tu vas réussir, mon fils.

C'est alors que j'ai vu papa, dans l'angle de la pièce. J'ai compris qu'il surveillait le bon déroulement des opérations. Il m'a souri, puis a hoché la tête. J'ai décelé de la fierté dans son regard et senti l'adrénaline pulser dans mes veines, doper mon cerveau. Oui, j'étais prêt. Je n'avais plus peur. J'étais nimbé de l'amour de mes parents, de l'aura des saints et les démons avaient été repoussés. J'allais leur montrer ! J'aurai le bac, c'était une certitude.

Dans la cage d'escalier Tarik m'a rattrapé.

— Mounir !

Il paraissait épuisé par l'effort alors qu'il avait juste descendu deux étages à pied. Il tentait de faire passer sa timidité pour de l'essoufflement.

— Je voulais te dire… bonne chance. Et ne t'inquiète pas : tout va bien se passer.

J'ai juste tendu la main.

— Tape mon frère ! Je vais les éclater !

Il a tapé fort.

J'ai pensé à Djamila qui, avant de partir à l'école, avait préparé un superbe petit-déjeuner et posé sous ma tasse un petit mot d'encouragement.

Oui, je partais à l'assaut de mon avenir avec eux, pour eux.

Et maintenant, je rentre leur porter la bonne nouvelle. Je sais qu'ils attendent, anxieux, sans doute réunis dans le salon. Ce sont leurs visages heureux que je vois défiler devant mes yeux. Je suis celui qui va leur offrir un autre bonheur. Ils le méritent tant.

Raphaël ! Pourquoi est-ce que je pense soudain à lui ? Il a passé l'examen dans le même lycée, mais je ne l'ai pas vu scruter les listes affichées. J'étais tellement préoccupé à gérer mes émotions que je ne l'ai pas attendu. Vite rebrousser chemin, aller à sa rencontre, savoir… Cependant, j'ai tellement envie d'être près des miens. Mais si Raphaël a loupé le bachot, il aura besoin de moi. Aurai-je le courage de lui parler, de lui remonter le moral ? Pourquoi penser à son échec ? Non, il a sûrement réussi lui aussi.

S'il n'a pas fait grand-chose cette année, les dernières semaines je l'ai vu travailler d'arrache-pied pour combler le retard. A-t-il besoin de bosser, de toute façon ? Tout lui semble si facile. Je dois aller à sa recherche. Merde ! Pourquoi n'y ai-je pas pensé avant ?

Raphaël

— Allô papa, je l'ai !

— Tu… l'as ?

— Oui papa, j'ai le bac !

S'ensuit un instant de flottement.

— Je suis fier, Raphaël. Tellement fier de toi.

L'aveu me prend à froid et m'étonne. Il n'est pas dans l'habitude de mon père d'exprimer ses sentiments. Il n'a jamais formalisé son amour, la force de nos liens.

— C'est mon fils, il a le bac ! hurle alors papa.

J'entends quelques bruits, des rires, peut-être des applaudissements. Et je comprends vite la raison de cet emportement.

— Tout le personnel du magasin est autour de moi. Je leur ai annoncé. Ils me chambrent. Ces imbéciles avaient déjà ouvert les bouteilles de champagne ! J'étais en colère, j'avais peur que ça te porte la poisse. Ces Français… tu sais ce que c'est. Dès qu'ils voient une bouteille d'alcool…

Je ris, plus pour évacuer la gêne que par complicité.

— Je suis vraiment fier de toi, mon fils. C'était important pour moi. Mon aîné. Son premier examen. Et pas n'importe lequel.

Là, je comprends que ces propos me sont adressés. Personne ne l'écoute maintenant. Il a baissé la voix pour échapper à la curiosité des collègues. Et mon cœur s'emballe. Papa ne parle jamais ainsi, m'appelle rarement « mon fils », ne fait jamais de compliments si directs. C'est notre moment. Celui durant lequel nous avançons l'un vers l'autre.

Ces secondes marqueront mon histoire. Elles me donneront envie de réussir ce que j'entreprendrai. Pour retrouver la félicité d'un tel instant.

— Merci papa. Je suis tellement content aussi. Tu vas voir, c'est le signe d'un nouveau départ pour toute la famille.

Je sais que mon père aime déceler des signes et notamment ceux qui annonceraient la fin du cycle d'échecs dans lequel il a plongé depuis notre arrivée en France. Depuis la fermeture du pressing, il est au chômage et court après des petits boulots de vendeur, en extra, histoire d'attendre mieux. En espérant que *la roue tourne*, selon son expression favorite.

— Si Dieu veut, mon fils. Tu as téléphoné à maman ?

— Non, pas encore. Tu veux que je te laisse le lui dire ?

Il hésite, réfléchit puis, heureux de son idée, me la suggère d'une voix enjouée :

— Écoute, tu vas venir me rejoindre au travail. On boira une coupe de champagne avec les collègues. Ensuite nous rentrerons à la maison pour l'annoncer ensemble à ta mère et à tes frères.

La proposition me paraît assez injuste. Elle implique de laisser maman mariner encore une heure. Mais papa tient un bonheur dont il veut tirer toute la quintessence jubilatoire. Il désire me voir arriver triomphant dans le magasin, entendre ses collègues me féliciter puis partir avec moi vers la maison pour ne rien perdre de l'émotion de sa femme. Et si je culpabilise vis-à-vis de maman et de mes frères, je suis heureux de lui offrir cette occasion de se réjouir. Il en bave trop.

Je vois alors apparaître Mounir. Il me fixe, visage ouvert.

— Papa, je te laisse. J'arrive.

Je raccroche le combiné et me précipite à l'extérieur de la cabine. J'interroge mon ami d'un regard. Il répond en affichant un sourire emprunté à Jack Nicholson dans *Shining*.

— Tu l'as eu ?

— Oui. Et toi ?

— Moi aussi !

— Putain, on a le bac !

Et nous nous étreignons, en riant, persuadés qu'à l'aube de cette nouvelle décennie la vraie vie va maintenant commencer.

XII

La fac

Raphaël

Je suis en fac de psychologie à l'université Lyon 2, Bron-Parilly. Pourquoi la psycho ? Parce que j'aime m'imaginer dans un cabinet, apportant du réconfort à des êtres perdus ? Parce que la psycho c'est classe et donne un genre profond ?

Le vrai du vrai est que mes résultats ne me permettaient pas de prétendre à des filières plus exigeantes et sélectives. Choix par dépit donc. Heureusement, les cours me plaisent. L'ambiance aussi, même si parmi les étudiants certains semblent surtout être là pour résoudre leurs problèmes personnels. En fait, c'est le climat du campus que j'aime. La liberté totale d'assister ou non aux cours, la possibilité de prendre la parole pour contester un avis, le fait d'être enfin considéré comme un adulte, vu en être pensant ; cette atmosphère étrange composée des espoirs de chacun de voir nos vies se transformer à coups de lectures, de cours, d'examens. Sans oublier la conscience d'être devenus des adultes en face de véritables défis, capables de changer le monde ou tout au moins le sens de nos existences.

Mounir, lui, a entrepris un double cursus en économie et sociologie. Il veut devenir chercheur et s'imagine parfaitement enseigner plus tard, développer des thèses, contribuer à offrir une vision plus pragmatique et utile de la société. Il en a les capacités, lui qui a obtenu de bien meilleures notes que moi au bac. Il aurait même pu prétendre à une prépa aux grandes écoles de commerce mais là n'était pas son choix. « Tu penses vraiment que je pourrais devenir un de ces maîtres du monde qui réduit les hommes à des consommateurs ? » a-t-il répondu en riant alors que je tentais de le convaincre de déposer un dossier d'admission dans une de ces usines à réussite.

Nous nous retrouvons à la cafétéria pendant nos heures libres ou au déjeuner. Il m'a présenté ses nouveaux amis, et moi les miens. Des mecs et des filles intéressants, plein d'idées sur la société, l'économie, la politique. Et nous passons des heures là, dans des cafés proches ou des appartements d'étudiants… à refaire le monde, échanger nos points de vue, nous galvaniser d'espoirs. Quant aux fêtes, elles ne manquent pas.

L'université Lyon 2 est connue pour être de gauche. Ça se traduit par des prises de positions sociales, humanistes, et par une ambiance bon enfant, presque naïve, dans laquelle les différences d'origines et de religions n'existent pas. Porter de manière ostentatoire le journal *Libération* dans les mains, s'habiller de manière cool, tutoyer, montrer un intérêt affirmé aux propos des autres, fumer avec nonchalance… en ces années de giscardisme finissant, l'étudiant de gauche, soucieux de s'intégrer à la grande famille en attente du jour où débutera la lutte finale, accumule pas mal de stéréotypes. Je ne déroge à aucun de ces clichés tant je me sens bien dans ce rôle.

Je ne suis pas un juif, pas un marocain ; juste un étudiant français socialiste capable de participer à un grand mouvement qui verra l'avènement d'une société plus égalitaire.

Et je m'appuie sur les difficultés que nous connaissons à la maison pour entrer dans le personnage.

Car chez nous l'ambiance est plutôt tendue. Papa court toujours après les petits jobs. Maman ne supporte pas la situation et sombre dans une lente dépression. Il me devient quasiment impossible de travailler dans ces conditions. Alors je révise à la bibliothèque universitaire, traîne dehors le plus longtemps possible et ne rentre que lorsque tout le monde est au lit ou sur le point de se coucher.

La solution aurait été de prendre un appartement où j'aurais pu étudier tranquillement, faire des fêtes, inviter des copines. Mais avec quels moyens ? J'en ai parlé à Mounir et nous avons évoqué la possibilité d'habiter un jour ensemble. Mais comme nous aimons volontiers partir dans des délires, des rêveries se terminant dans des éclats de rire mais atterrissant sur la réalité, l'idée ne se concrétisera pas. Ses parents ne le laisseraient jamais prendre une telle autonomie. Ils se sentiraient à coup sûr insultés puisque, dans la culture orientale, on part de chez soi pour se marier. Mes parents ne seraient pas loin, d'ailleurs, de réagir de la même manière. Mais peut-être accepteraient-ils plus aisément s'ils pensaient que c'est pour trouver la sérénité nécessaire à mes études.

Mounir

Engager un double cursus impose de travailler sérieusement et laisse peu de temps libre. Peut-être ai-je été présomptueux en refusant de choisir entre les deux filières. L'économie est un choix de raison : le parcours offre plus de débouchés. La sociologie me passionne plus. Savoir qu'il est possible d'analyser les mouvements sociaux a de quoi réconforter. Ainsi, l'immigration ne se réduit pas à l'accumulation d'histoires personnelles, de drames, d'espoirs et de conflits, elle devient un sujet d'étude pour des chercheurs rigoureux désireux d'en comprendre le sens, la dynamique, afin d'en écrire l'histoire sans tabou, d'en définir les contours et logiques pour dessiner des horizons possibles.

J'ai également envisagé ce double cursus à travers mes complexes d'immigré, comme s'il me fallait en faire deux fois plus que les autres pour avoir une chance de réussir. Réussir ? Après quelle réussite suis-je en train de courir ? Dans mes rêves les plus sereins je me vois enseigner à la fac, respecté par les étudiants, installé dans une existence sans anicroche, marié et avec deux enfants auxquels j'offrirai la chance de grimper quelques marches de plus de l'échelle sociale au pied de laquelle nous sommes si nombreux à piétiner. Les songes les plus fous me conduisent à m'envisager universitaire, professeur apprécié et chercheur distingué. Tout est possible. Tout est possible ? J'aime le croire, en tout cas, même si la réalité me renvoie souvent violemment à ma position de fils d'immigré.

J'ai obtenu une bourse. Il ne s'agissait pas d'une grosse somme mais, pour moi, elle représentait beaucoup. C'était comme si la

France me reconnaissait, m'encourageait à persévérer, me disait qu'elle croyait en mes chances. J'en ai éprouvé de la fierté. Puérile ? Peut-être mais qu'importe : c'était de la reconnaissance. Mes parents ont dû éprouver les mêmes sentiments.

Ils ne comprennent pas vraiment ce que j'apprends et m'octroient plus de considération que je n'en mérite. Quand je travaille, ils s'arrangent pour limiter le bruit, persuadés que les études réclament une concentration de chaque instant. J'ai beau leur expliquer que j'ai depuis longtemps appris à travailler dans le brouhaha, ils imposent à la famille un silence respectueux. Afin de ne pas trop peser sur leur quotidien, je travaille souvent à la bibliothèque universitaire. Où je rejoins Raphaël. Enfin, quand il s'y trouve car il est moins assidu que moi. Il me donne l'impression de se laisser porter par la douceur de la vie estudiantine sans guère se soucier de l'avenir. Essaie-t-il de fuir le présent dans lequel la situation de ses parents le plonge ? Il s'en est ouvert à moi voici quelques mois et je dois avouer que cela m'a attristé et… surpris. Moi qui apprends la distanciation scientifique et tente de ramener la société à des faits et des chiffres susceptibles de révéler des vérités, je me suis retrouvé confronté à un cliché absurde : les juifs n'étaient donc pas tous riches ou, tout au moins, affranchis des conséquences de la crise économique !

J'ai encore tant à apprendre.

XIII

Détonations

Raphaël

Octobre 1980

Esprit brumeux, envie de vomir. Hypothermie émotionnelle. Passage trop rapide de la joie à la douleur, de l'insouciance gaie à l'anxiété corrosive. J'ai envie de hurler, de pleurer, de sortir dans la rue et me battre. Contre qui ?

C'est Simha Tora, une fête de joie. Les synagogues sont pleines. Des familles entières sont venues danser avec les rouleaux de la Torah. Hommes, femmes et enfants chantent, dansent tapent dans leurs mains. Les sépharim passent de bras en bras pour être embrassés, agités, levés et présentés à l'assemblée à la manière de Moïse descendant du mont Sinaï, il y a trois mille cinq cents ans. Car cette fête célèbre ce moment fondateur de l'histoire du peuple, le don de la Torah. Et si les enfants rechignent à se rendre à la synagogue en d'autres occasions, ennuyés par les prières incompréhensibles et ces litanies orientales qui ne leur racontent rien, ce jour-là, ils sont des dizaines à se bousculer pour saisir les bonbons lancés par les mères ravies, là-haut, sur le balcon qui leur est réservé.

Je lève la tête pour chercher Cécile. Oui, Cécile, ma goya, est là, au milieu de ces femmes juives, perdue, souriant béatement à celles qui de temps en temps la dévisagent d'un air suspicieux ou avec une curiosité intéressée. Trop blonde, trop claire, trop désorientée pour faire partie de la communauté, doivent-elles penser. Ou alors ashkénaze. Alors peut-être… oui, dans ce cas-là… pour leur fils…

Je lui ai proposé de m'accompagner sans vraiment y réfléchir. Elle a dit oui, heureuse et étonnée, comprenant que je venais de soulever le tissu recouvrant une partie de moi à laquelle elle n'a eu que superficiellement accès. Et maintenant, ici, tapant dans les mains au rythme des chants, je m'interroge sur les raisons profondes de cette invitation. Que puis-je attendre de sa présence ? Le choix de la fête n'est pas innocent. Danses, refrains enjoués, exaltations mystiques, présenteront un tableau magnifié de ceux auxquels je me sens lié sans pour autant leur être attaché.

Je la regarde sourire timidement et ouvrir de grands yeux étonnés et la trouve tellement belle, tellement différente au milieu de toutes ces brunes. Cette dissemblance, si évidente, la nimbe d'un éclat qui me serre le cœur. De l'amour ou de la compassion ? Est-ce sa spécificité qui me séduit ou celle de mes coreligionnaires qui m'indispose. Non ! Eux, je les aime avec leurs défauts, ces défauts qui cachent souvent de si grandes qualités de cœur, des blessures mal refermées, des douleurs à peine anesthésiées. En fait, je voudrais qu'elle les aime pour les mêmes raisons. Pourquoi ? Peut-être parce qu'ils sont une partie de moi dont je ne veux pas rougir.

Soudain un homme entre dans la synagogue, les bras levés, paraissant encore plus excité que ceux qui dansent. Il crie et les visages se tournent vers lui. Nous pensons un instant à un excès d'enthousiasme. Mais ceux assez proches pour entendre ses paroles se figent, effarés. Puis un murmure d'effroi grandit et trouble les chants qui dominent encore, jusqu'à les étouffer. Il y a maintenant des cris. Des hommes se prennent la tête entre les mains. Ceux qui, comme moi, ne comprennent pas interrogent. Alors, la nouvelle ondule et gagne la salle. C'est à mon tour de saisir les premiers mots de la déferlante. « Attentat… synagogue… Paris… des morts… bombe… qui ?… quand ?… pourquoi ? »

Des cris. Des interjections. Des plaintes.

« Non, ce n'est pas possible ! » « Mon Dieu ! » « Pas ici ! » « Il faut sortir ! » « Évacuez ! » « C'est l'extrême droite ! » « Non, les Palestiniens ! »

Personne ne bouge. Les rouleaux de la Torah sont immobiles, stoppés net dans leur danse. Quelqu'un propose de les rentrer. Un autre s'interpose.

Un responsable communautaire prend la parole.

— On apprend à l'instant qu'un attentat a eu lieu à Paris, rue Copernic. Une bombe a explosé devant la synagogue. Il y aurait des morts et des blessés. Nous n'en savons pas plus. Nous vous demandons de rester dans l'enceinte de la synagogue afin que des responsables aient le temps d'inspecter les environs. Nous sortirons alors rapidement et dans le calme.

Ces propos relancent le murmure. On s'interroge pour évaluer les risques d'un attentat ici, dans notre lieu de culte. Le rabbin coupe court aux commentaires.

— Nous allons réciter une prière pour nos frères et sœurs victimes de cet acte de barbarie, annonce-t-il de sa voix puissante et autoritaire. Ceux qui ont commis cet acte ignoble veulent nous toucher au cœur même de notre identité, au cœur de notre foi. Montrons-leur que nous ne baisserons pas la tête ! Répondons-leur par nos prières.

Sa voix déchire l'atmosphère étouffante du lieu. Il prie avec ferveur et les fidèles lui répondent avec une force inhabituelle. Chaque amen devient une revendication, un cri de révolte, un coup de poing au visage des agresseurs. Un frisson d'émoi parcourt l'assemblée. La ferveur se mêle à la haine, à la peur. Comme lors du Kippour qui avait marqué le début de la guerre.

Je lève les yeux vers le balcon des femmes. Beaucoup pleurent. D'autres prient. Certaines prient en pleurant. J'aperçois Cécile, son regard flotte sur un désarroi dont elle perçoit la profondeur, dont elle distingue les racines. Une dimension de notre histoire vient de lui être tragiquement jetée au visage. Elle est au cœur de notre monde, de notre douleur et pleure aussi. Elle plante ses beaux yeux dans les miens, y cherche une réponse, une attitude. Je lui propose un triste sourire. Peut-être était-elle, elle aussi, au pied du mont Sinaï. Tous les juifs y étaient. Ceux déjà nés et ceux à naître. Des millions d'êtres. Et seulement six cent mille âmes. C'est pourquoi la souffrance des uns provoque les pleurs et les prières des autres.

Mounir

Le monde devient fou. Une bombe devant une synagogue. Des enfants, des femmes, des personnes venues prier. Quels monstres sont capables de penser ce genre d'action, de la préparer, d'en imaginer les conséquences humaines sans jamais renoncer ? Les guerres se mènent contre les armées, pas contre des civils !

Tout le monde parle de l'attentat. C'est sans doute l'objectif des terroristes. Mais alors pourquoi ne revendiquent-ils pas leur acte ? L'imam a donné le ton.

« Il a dit que cet attentat était honteux. Et que si ce sont des musulmans qui ont réellement fait ça, alors ce ne sont pas de bons musulmans. Et qu'on doit prier pour les victimes », rapporte papa, en rentrant de la mosquée.

Paroles d'imam revisitées. Le prêche était vraisemblablement plus profond mais mon père en a extrait les éléments qui heurtent sa conscience, sa foi.

Poussé par ses amis, il a renoué avec le lieu de prière depuis quelques mois et se rend désormais à la mosquée chaque vendredi.

Au quartier, si l'étonnement le dispute à l'apitoiement, on a aussi entendu quelques dérapages verbaux proférés par ceux qui considèrent tous les juifs comme des ennemis. Mais heureusement ils ont été rapidement pulvérisés par les regards et les silences qui ont suivi. Tout le monde se persuade que l'attentat a été orchestré par un groupuscule d'extrême droite. Oui, il serait préférable qu'il en soit ainsi, qu'il s'agisse des fachos, ces ennemis communs. Les musulmans ne peuvent pas viser un lieu de culte !

Aucune lutte, aucun combat, ne justifie de s'en prendre à des innocents. C'est mon avis, la position derrière laquelle je me rangerai toujours.

Je téléphone à Raphaël. Il est abattu. Quelle est la nature du lien qui unit les juifs pour qu'ils souffrent autant lorsque l'un d'eux, un inconnu, est touché ? Est-ce parce que chaque agression les désigne comme victime potentielle ? Pas seulement. Ils souffrent dans leur chair des douleurs des leurs.

Raphaël me parle de Cécile, me dit qu'elle a été choquée.

Je lui téléphone.

— C'était terrible, tu sais. Ces gens qui dansaient, chantaient, riaient. Et puis ces cris, ces pleurs, ces prières.

— Oui, je comprends.

— Tu sais, je me suis sentie juive pendant ces quelques minutes.

Je ne sais quoi répondre.

— Tu vas à la manif ? demande-t-elle.

Raphaël

La foule stationne depuis maintenant près de trente minutes, ondulant sous la force d'une colère sourde. Je sens un souffle nous traverser, puiser en chacun des ferments de rage pour nous unir dans une même dénonciation. Plus jamais ça. Ni à Paris, rue Copernic, ni ailleurs.

J'ai envie de hurler mais je sais que mon cri aura l'obscénité de la grandiloquence et l'impudeur de la confession. Il racontera plus que ma révolte. Il révélera mes cauchemars d'enfant, mes premières larmes sur le sort des miens, mon incapacité à comprendre cette haine ancrée dans les siècles et les mentalités.

Nous aurions dû descendre dans la rue depuis longtemps. Depuis le premier meurtre, le premier esclave, le premier dictateur, le premier génocide, le premier terroriste. Pour dénoncer, contester, protester, témoigner d'un sursaut, attester que tout n'est pas acceptable.

Mais les manifestations n'ont plus le pouvoir de changer le monde. Celles de Mai 68 ont cru pouvoir renverser l'ordre établi et proposer un autre projet de société, mais les trublions du printemps ont fini par remonter dans leurs appartements reprendre leur travail, se sont résignés à vivre avec leurs frustrations. Les révolutionnaires n'étaient qu'une bande d'artistes taguant les murs de mots inoubliables.

Je connais pas mal de monde dans le défilé qui arpente Lyon. J'en croise certains à la synagogue les jours de fêtes, d'autres au lycée, d'autres encore sont les fils ou les filles d'amis de mes parents. Mounir est à mes côtés. Quelques regards coulent vers lui. Des regards et des sourires chaleureux qui veulent dire « merci », « merci d'être là ». Je le sens frémir près de moi. Cécile me prend la main. Son empathie est un peu théâtrale. Nous sommes des enfants jouant leur première scène dramatique.

Personnellement, je n'ai pas souffert. Je n'étais pas rue Copernic. Je suis même une sorte d'usurpateur de condoléances. Pourquoi d'ailleurs devrais-je endosser le costume que l'histoire m'a taillé ? Mes grands-parents n'ont pas connu les camps et leurs parents n'avaient sans doute jamais entendu parler des pogroms. Pour autant, la souffrance s'inscrit dans ma généalogie. Si le temps a gommé la macabre silhouette d'Isabelle la Catholique, et de ses frères et sœurs de haine, je reste l'héritier de souffrances ancestrales.

Les manifestants se mettent en marche.

J'ai envie de rentrer.

Mounir

Les premières émeutes avaient éclaté dans mon ancien quartier. En 1976, d'autres zones s'étaient embrasées, affolant les médias et la population. La France découvrait une réalité qu'elle subodorait mais préférait ignorer.

Pour moi, ces nouveaux affrontements représentaient les soubresauts d'un corps social à l'agonie.

— Vous avez entendu ? s'exclame Lagdar en s'asseyant sur l'un des bancs qui bordent la pelouse défraîchie. Ça clashe à Olivier-de-Serres !

— Ouais, on est au courant, je lui réponds. Ils en parlent dans *Le Progrès*.

— Montre ! dit-il en saisissant le quotidien. Putain, ils ont brûlé des voitures, ils se sont battus avec les flics, s'enthousiasme Lagdar.

Pour de nombreux jeunes des banlieues, ces échauffourées relèvent de l'acte de bravoure. La révolte contre l'injustice.

J'ai, pour ma part, le cœur serré. Il s'agit de mon ancien quartier et ceux que l'on traite de voyous, de loubards ou de délinquants sont sans doute des copains, des connaissances. Quand nous l'avons quitté, le secteur jouissait déjà d'une mauvaise réputation. Dans les années qui ont suivi, elle a empiré. Les conditions de vie se sont dégradées. Outre les problèmes liés, souvent, à des discordes entre Algériens, harkis et pieds-noirs, les rixes naissaient de querelles de territoires et d'une volonté de défendre les lieux contre tous les envahisseurs potentiels – gangs d'autres quartiers, flics, institutions, voire simples passants.

— Ça se passe encore au Simion ? interroge Farouz. Tu viens de là-bas toi, Mounir, n'est-ce pas ?

— Non... de Casablanca, je réponds, pour échapper à une conversation qui, inéluctablement, me rendra mélancolique.

— Merde... ça doit être de l'humour marocain, ironise Farouz.

— Y a quelques années, c'est à la Grapp que ça avait chauffé ! se souviens Lagdar.

— Un jour ça pétera partout, prophétise Farouz. Tous ceux qui en ont marre de se faire humilier s'en prendront aux chtars.

— Ouais, nous on est des privilégiés. On a réussi à arriver jusqu'au lycée mais les autres se sont retrouvés dans des bahuts à apprendre des métiers pourris. T'es arabe ? Tes parents sont venus pour en chier ? Alors passe un CAP de chaudronnerie, de fraisage ou prends un balai et nettoie les rues.

— C'est pour ça qu'on doit réussir. Faut avoir la niaque les mecs. Comme ça, on leur montrera qu'on n'est pas là juste pour se taper le sale boulot à leur place.

Tous les jeunes de banlieue ont l'envie d'en découdre. Certains, faute d'autres moyens d'expression, passent leur temps à se cogner ou à fomenter des coups. D'autres investissent leur rage dans les études. Nous faisons partie de cette minorité et en sommes fiers.

Mais je sais aussi combien il sera difficile de nous en sortir. Les diplômes ne cacheront pas nos traits ni nos origines. Et notre quartier, comme tous ceux alentour, se transforme en piège : nous y sommes coincés comme des prisonniers condamnés à de longues peines attendant qu'une mutinerie les délivre. Farouz a raison, ce qui se passe là-bas arrivera ici, partout. L'école capitule et pense se débarrasser du problème en expédiant les « mauvais éléments » vers des voies de garage. Les Français désertent. Le Mas du Taureau, la Grappinière, les Minguettes et bien d'autres banlieues deviendront des ghettos, enfermeront les jeunes, étoufferont leurs rêves.

Les raisons du déclin annoncé ? La crise économique, qui condamne des familles au chômage ; ces mêmes familles, qui laissent leurs enfants traîner dans la rue ; l'intolérance des Français vis-à-vis de tout ce qui rappelle leur échec en Algérie ; les humiliations que les flics infligent ; l'absence de distraction dans les quartiers ; l'école, qui sait juste formater des élèves livrés selon un même modèle ; la culture tribale de certains immigrés… Tant de facteurs dont l'accumulation et la complexité découragent l'envie de chercher des solutions.

Raphaël

Le jeu s'appelait *Belle du Seigneur*. La règle : croire le plus longtemps possible que l'amour permet de dépasser les obstacles. Puis ne voir qu'eux pour cesser de s'aimer.

Le roman d'Albert Cohen était devenu la référence des jeunes juifs en quête de passion absolue. De ceux qui lisaient, du moins. Chacun se prenait pour Solal et possédait son Ariane. Sans doute n'avions-nous pas compris cette œuvre pour l'avoir réduite à sa dimension romantique. En tout cas nous rejouions les mêmes scènes, théâtralisions nos vies.

*

La partie en cours compte deux joueurs : Cécile et moi. Et elle s'achève ce soir.

C'est con comme la fin d'un roman sentimental.

Voilà des mois que j'essaye de trouver les mots justes pour rédiger les dernières lignes. Mais il faut m'y résoudre : il n'y aura pas de happy end.

J'ai aimé Cécile quelques mois. Ensuite, c'est notre histoire dont je suis tombé amoureux. J'ai aimé jouer à Solal, détourner les règles, en éprouver de la culpabilité. Je suis allé au bout de mes émotions et ne supporte plus, désormais, de la voir souffrir. Cependant, je n'ai pas l'étoffe du personnage, ne possède ni son courage ni sa cruauté.

Ce soir, je lui parlerai : « On ne peut pas continuer ainsi Cécile. Ce qui nous lie encore n'a pas le souffle suffisant pour nous porter plus loin. De l'affection, de jolis souvenirs, des moments difficiles, d'autres tendres… Nous sommes devenus des amis et nous refusons de le reconnaître. En fait, le sentiment qui m'empêche encore de rompre avec toi n'est pas très noble : la peur de te voir heureuse dans les bras d'un autre. Tu vois, c'est stupide et égoïste… »

Je commencerai comme ça. Et ensuite, comme d'habitude, j'improviserai.

Ce qui me gêne le plus dans cette rupture est de ne pas savoir distinguer la part de chacune des raisons qui motivent ma décision. Notamment celle de notre différence religieuse. Elle n'est pas juive, et si cet état de fait a constitué l'enjeu majeur de ma volonté de conquête, est-il aujourd'hui la cause principale de mon souhait de rompre ?

Non, je ne suis plus amoureux, voilà tout. J'aime être avec elle, j'aime sa manière de me regarder, j'aime sa peau blanche et ses lèvres tendres, j'aime sa gentillesse, j'aime sa vision sereine de l'avenir, j'aime marcher à ses côtés, fier de sa beauté tellement française, capable de m'affranchir, par procuration, de tout effort d'intégration.

Et j'aurais pu me laisser couler dans cette nébuleuse ouatée de perceptions et m'y installer pour la vie.

Mais je ne veux pas de ce confort. Je ne veux pas me fondre dans le paysage en adoptant les couleurs pastelles d'un amour… laïc. Je veux ressentir les contours de mon être, percevoir ce qui le lie au passé et chercher les moyens de le connecter à l'avenir. Je veux être en état permanent d'hyperthermie sociale afin que mon esprit continue à lutter contre l'engourdissement. Suis-je sûr de ce que j'avance ? Non. J'enfile des mots sur des pensées, me saoule de justifications, me blâme, me dédouane, m'afflige et m'excuse tour à tour. Mais j'ai le sentiment profond qu'il me faut rompre avec le passé et créer la possibilité d'un autre avenir.

XIV

L'espoir d'un changement

Raphaël

Mai 1981

« 5, 4, 3... »

L'animation laisse apparaître un haut de crâne chauve.

— Et merde ! C'est Giscard !

« 2, 1 »

— Mais non, attends ! C'est... C'est...

Le visage finit de s'afficher. Jean-Pierre Elkabbach et Étienne Mougeotte nous délivrent du suspens :

« François Mitterrand est élu président de la République. »

Des cris. À l'unisson. Comme une détonation. Un élan qui projette les ombres sur les murs, les corps contre les corps. Une vague qui gronde et submerge le moment. Le bar dans lequel nous attendions les résultats de l'élection présidentielle est une bulle de joie prête à exploser. Un inconnu me serre dans ses bras, puis d'autres. Une femme me prend par la main et m'entraîne dans une ronde désordonnée. Des hommes, des femmes, des baisers, des cris, des larmes... Jamais je n'aurais cru possible d'être aussi heureux ensemble !

« On a gagné ! On a gagné ! » Mounir prend mon visage entre ses mains et m'embrasse sur les joues. Je saisis ses épaules et nous sautons ensemble, comme les supporters d'une équipe de foot.

« On a gagné ! On a gagné ! » Nous crions, rions, exultons.

Puis il approche sa bouche de mon oreille, comme pour délivrer un secret. De la sueur coule sur son front.

— Ça va changer mon pote. Tout va changer.

Il a un beau regard. Un regard tendre dans lequel l'espoir se marie aux larmes.

Il me prend dans ses bras, me serre encore. Fort.

Nous vivons un morceau d'Histoire, nous sommes au cœur de l'Histoire.

Nous sommes l'Histoire.

Mounir

Nous dansons dans la rue depuis des heures maintenant. Quel merveilleux 10 mai ! Tous citoyens, tous heureux. Tous liés par le même rejet des frustrations cumulées, le même espoir juvénile d'un monde meilleur. L'expression démesurée de notre joie traduit notre ambition d'exister ici, maintenant. Et autrement.

Je danse avec des hommes, des femmes, des blondes, des Blacks, des brunes, des hommes, des vieilles… Plus d'Arabes, plus de Juifs, plus de Noirs… seulement des individus face à leur dignité retrouvée. Quel bonheur ! Quel sentiment de liberté ! La rue est à nous ! La ville est à nous. Le monde bientôt.

Nous finissons par nous asseoir sur un trottoir, une bouteille de mousseux à la main (mais qui nous l'a donnée ?).

Souriant béatement, nous regardons cette foule emportée dans une transe extatique.

Nous aimons chacune de ces personnes, d'un véritable amour, profond, sincère. Nous aimons le monde qui nous accueille. Nous n'avons pas encore vingt ans et tant de choses à faire.

Raphaël et moi nous tenons par les épaules comme deux enfants. Il est mon ami, plus que jamais et pour toujours. L'espoir nous unit.

— Ça va changer mon pote. Tout va changer.

Partie 3

L'ORIGINE DE LA HAINE
Années 1980

Raphaël

L'origine de la haine…

La haine entre les juifs et les musulmans puise sans doute sa force maléfique dans un mélange d'histoires bibliques et de faits historiques, de luttes de pouvoirs et de préjugés.

Certains évoqueront la croyance pour expliquer une telle inimitié et rappelleront la lutte entre les deux frères, Israël et Ismaël.

D'autres invoqueront les bouleversements de l'histoire politique de leurs pays d'origine, les départs forcés ou volontaires, les rancœurs héritées.

Beaucoup n'auront aucune explication, quelques-uns nieront.

Je préfère, quant à moi, convoquer des faits plus récents, ceux dont j'ai été le témoin, pour tenter de comprendre comment ces deux communautés glissèrent progressivement dans des camps opposés.

Et si je dois désigner les prémisses de cette dissension en France, je choisirai de partir de l'été 1982.

XV

Être lucide ou partisan

Raphaël

Juin 1982

Les premières informations sur l'entrée d'Israël au Liban nous avaient d'abord plongés dans la plus profonde confusion. Mon cœur et ma raison s'affrontaient à coups d'arguments contradictoires et de sentiments anarchiques : la peur, l'incompréhension, le soutien, le désaveu. Et des questions, tellement de questions jaillissaient. Pourquoi cette guerre ? TSAHAL : Tsva Hagana LeIsrael, Armée de Défense d'Israël. De défense ! Nettoyer le Liban des membres de l'OLP[1] ? Faire cesser les bombardements sur le nord d'Israël et stopper les infiltrations de terroristes ? À quel prix ? Et les Libanais ? Coupables de quoi ?

Il me fallait poser des mots sur les faits, me positionner au moins provisoirement, et faire cesser le tumulte qui broyait ma tête. En parler avec des amis.

— Ils ont raison, dit David. Il faut débarrasser le sud du Liban des terroristes !

— Oui, surenchérit Mickaël, nettoyer le Liban et crever Arafat.

— Vous êtes à la masse les mecs, rétorque Marc. Il y avait d'autres solutions. Je n'aime pas l'idée d'une guerre initiée par Israël. On va avoir l'opinion mondiale contre nous.

1. Organisation de Libération de la Palestine.

Marc est le sage de notre petite bande. Deux ans plus âgé que nous, il termine ses études de droit et s'intéresse à tout. Nous l'avons rencontré à une soirée. Son charisme nous a séduits.

— L'opinion mondiale ? s'enflamme David. On n'en a rien à foutre de l'opinion mondiale ! Putain d'expression de merde ! Ça désigne qui l'opinion mondiale ?

La virulence de David surprend Marc. Il n'aime pas les confrontations verbales à l'emporte-pièce. La passion, à l'en croire, est toujours mauvaise conseillère. Il choisit donc de ne pas répondre. Encouragé par ce mutisme, David reprend :

— Ça désigne les peuples, les États, les journalistes ? Ou une conscience suprême capable de juger ce qui est bien et mal ? Les gouvernants des sociétés occidentales ? Ceux qui ont laissé les trains rouler vers les camps pendant la guerre, qui ont refusé de bombarder les ponts et les rails menant à Auschwitz pour des raisons ridicules alors qu'ils auraient sauvé des dizaines de milliers de juifs ?

— Tu mélanges tout, lâche Marc.

— Pas une seconde ! Nous n'avons pas à accorder notre confiance ni même du respect à des pays ayant laissé des millions d'entre nous se faire massacrer. C'est le principe de base de la diplomatie israélienne. Si tu n'as pas compris ça, tu n'as rien pigé ! Leur seul véritable critère de décision, c'est la sécurité du pays.

— David a raison ! intervient Mickaël. Notre seule préoccupation doit être la sécurité d'Israël !

— Et leur sécurité est également la nôtre, ajoute David. Que serions-nous si Israël n'existait pas ?

— Ce que nous sommes déjà : des Français.

Ma remarque a de quoi provoquer, mais elle reflète mon état d'esprit. Si Israël est mon pays de cœur, je me sens français. Et je désavoue cette sorte de nationalisme anachronique qui pousse mes amis à se revendiquer israéliens tout en vivant tranquillement dans l'Hexagone.

David éclate d'un rire exagérément sarcastique.

— Des Français ? Comme ceux que la milice a livrés aux Allemands ? Ils étaient français eux aussi. Ils se croyaient protégés par leur pays, par leur police, leur armée, leurs concitoyens.

David sait que toute référence à cette partie sombre de l'Histoire pourrit la discussion, la charge d'un sens autrement plus compliqué, pesant. L'holocauste, le sionisme, l'antisémitisme, Israéliens, juifs, Français… nous ne savons pas encore bien jongler avec les définitions mais faisons résonner les termes dans nos âmes tourmentées.

— Je ne sais vraiment pas comment vous pouvez être aussi catégoriques sur des sujets pareils. Moi, j'avoue : je ne sais pas. Je ne sais pas ce qu'il faut penser de cette guerre. Je ne sais pas si j'ai même le droit d'en penser quelque chose. Quels arguments je possède pour juger la situation ? Toi David, tu utilises la perspective historique pour tout expliquer, tout justifier. Dans un sens, je te comprends, mais je ne crois pas que cette grille de lecture suffise. Pour ma part, je réfléchis par défaut. J'accorde le bénéfice du doute à Israël. Je me dis que si Begin a pris cette décision, c'est en connaissance de cause. J'ose espérer qu'il ne risquerait pas la vie de jeunes Israéliens pour satisfaire une ambition personnelle ou assurer un peu plus de confort aux Israéliens du nord. Maintenant, si je suis concerné par ce qui se passe là-bas, je me sens français. Et je ne comprends pas l'utilisation du « nous » pour parler des Israéliens. « Vous » ne faites pas la guerre ! « Ils » la font ! « Vous » n'êtes pas susceptibles de vous ramasser une bombe sur la gueule quand même ! « Ils » le sont. Si vous voulez dire « nous », alors bouclez vos valises et partez faire vos trois années d'armée ! Ce n'est pas en mangeant des falafels et du houmous tous les étés sur les terrasses de Tel Aviv qu'on acquiert la nationalité israélienne !

Débit rapide, propos assénés avec conviction pour masquer mes doutes, opération réussie : vexés, David et Mickaël se renfrognent.

— Je suis d'accord avec Raphaël, approuve Marc.

— Ça ne m'étonne pas ! rétorque David. Mais ne pas vivre en Israël ne nous interdit pas d'avoir une opinion.

— Mais une opinion se forge sur des faits, des informations précises ! Moi, là, je ne dispose pas de suffisamment d'éléments pour me prononcer. Et impossible de soutenir aveuglément le gouvernement israélien parce qu'il est israélien ! Je tiens à conserver mon esprit critique !

Au rythme des journaux télévisés, j'étais passé de la perplexité à l'incrédulité, avant la stupeur puis la colère.

Les images et les commentaires m'avaient d'abord étourdi. J'avais cru les journalistes, puisqu'ils étaient journalistes. L'attitude de l'armée israélienne m'avait tourmenté, parfois excédé. Comment l'héroïque Tsahal avait-elle pu en arriver là ?

Puis, l'acharnement des médias m'avait interpellé. Israël partout, tout le temps, sur toutes les chaînes, tous les journaux. Ce si petit pays semblait devenu l'épicentre d'un séisme dont les secousses d'indignation paraissaient capables d'entraîner le monde vers sa fin. Israël, ce minuscule point sur le globe ? Non, une tache sur une mappemonde buvard.

Mon esprit critique s'émoussa.

Les journalistes allaient trop loin, dévoilaient pour certains des arrière-pensées pas vraiment nettes. Nous conduisant, dans un réflexe de peur, voire un instinct de survie, à nous ranger du côté d'Israël.

Leur dénonciation systématique des torts d'Israël – du moins, je le vivais ainsi – était-elle censée me rallier à la cause palestinienne ? Elle m'avait au contraire exaspéré puis révolté. Car, de fait, elle me concernait, me visait. Je ne savais pas dire comment ni pourquoi, mais je le sentais.

Puis il y eut Sabra et Chatila. L'horreur de ces corps de femmes et d'enfants jonchant les rues. La condamnation unanime d'Israël et d'Ariel Sharon. Des mots durs, des images choquantes. Je refusais pourtant d'envisager la culpabilité de l'État juif. Aussi, quand la milice libanaise fut mise en cause, je ne pus m'empêcher de ressentir un profond soulagement.

— Je ne comprends pas, marmonne Marc, en touillant son café. Tout ça est tellement… déstabilisant.

— Vous me faites rire ! Vous découvrez que les Français sont antisémites, s'emporte David. Ils détestent Israël et les juifs. Ils n'ont pas pu l'exprimer jusqu'à maintenant. L'occasion donnée est trop belle. Alors, ils se lâchent.

— Tu crois vraiment les journalistes antisémites ?

Les excès de David ont tendance à me braquer. Mais, à ce moment, j'attends une réponse précise. J'aimerais tellement chasser ce doute corrosif.

— Les as-tu entendus parler de manière si partisane, si véhémente, lors de la guerre au Cambodge ? Ou même quand les Libanais s'entre-tuaient ? Ont-ils reconnu la barbarie de l'armée française en Algérie ? Alors, pourquoi cette agressivité, subitement, selon toi ?

— Un mec, un philosophe je crois, a dit que « si les victimes sont des barbares alors les coupables sont innocents », intervient Marc après s'être concentré pour retrouver la formule.

La réflexion impose un silence.

— Je ne saisis pas, finit par admettre David. Putain, c'est typique des philosophes ça ! Ils lâchent une phrase mortelle et tu te crois presque obligé de prendre une feuille et un stylo pour entamer une dissertation !

Marc sourit et hausse les épaules.

— Ça veut dire qu'en traitant les Israéliens de barbares, les Français se sentent moins coupables de ne pas avoir aidé les Juifs durant la Seconde Guerre mondiale. Tu comprends ? Car, après tout, si des sauvages en puissance sont morts dans les chambres à gaz…

David fait le tour de cette pensée.

— Oui, j'ai compris. Mais je rectifie. Il ne s'agit pas de ne pas avoir aidé les Juifs mais de les avoir dénoncés, voire empaquetés et livrés aux nazis.

— Je trouve l'idée forte mais inquiétante, continue Marc. Forte parce qu'elle expliquerait ces réactions. Inquiétante parce que nous vivons en France.

Cette discussion me blesse, sans que je sache précisément pourquoi. Je rétorque :

— Je trouve que vous exagérez. L'affection que nous avons pour Israël, l'habitude prise de considérer Tsahal comme une armée de héros, exacerbe notre perception des faits.

— C'est-à-dire ?

— Nous sommes devenus exagérément susceptibles. Tout le monde a le droit de critiquer Israël, de lui donner tort. Mais nous, nous ne l'acceptons pas. Nous aimerions qu'Israël soit toujours le modèle de démocratie qui a fait notre fierté, un modèle reconnu par le monde entier.

— Tu veux dire que nous ne sommes pas objectifs, interroge David, sur la défensive.

— Il est évident que nous ne le sommes pas ! s'interpose Marc. Notre vision de la situation est partisane.

— Mais enfin, c'est être partisan que de relever les signes de la haine des Français envers Israël et les Juifs ? Que de noter la montée en puissance des groupuscules nazis, la démultiplication des actes antisémites et maintenant le déchaînement de l'opinion publique…

— Oui, mais tu confonds tout là ! Le déchaînement ? Tu pousses, ce sont des médias qui ne représentent pas tout le monde. Et des attentats ou agressions antisémites existent mais sont le fait de mouvements étrangers surtout, et pas applaudis par l'opinion ! Tu mélanges les problèmes internes à la France avec ceux liés à la politique israélienne. Et ce genre de confusion est partisan.

— Désolé d'être juif et français à la fois, rétorque David, mais pour moi tout est lié. La haine des Juifs prend plusieurs formes, c'est tout. La seule chose que je sais c'est que, dans ces moments-là, je ne me sens plus français du tout. Je me sens juif car menacé. Sioniste car menacé.

— Alors, fais tes valises et prends un billet pour Israël.

— J'y songe sérieusement. Si je ne peux plus avoir confiance en la France, la seule issue devient l'immigration en Israël.

Dans ces discussions, la conviction avec laquelle nous martelions nos vérités était de pure forme. En fait, le doute prédominait. Et c'est le malaise engendré par cette incertitude qui conduisait certains d'entre nous à adopter des positions aussi radicales.

À la rentrée, dans les couloirs encore peu fréquentés de la fac, j'avais découvert des affiches fustigeant Israël, désignant Tsahal comme seule responsable des horreurs de cette guerre. Parmi les accusateurs se trouvaient un bon nombre d'étudiants musulmans. Leur engagement dans un conflit qui, a priori, ne les concernait pas, m'avait surpris. Et j'avais eu besoin d'en parler à Mounir, de connaître son avis.

Lorsque nous nous étions retrouvés, notre joie était sincère mais je la savais troublée par les récents événements. Nous nous racontâmes brièvement nos vacances, essayant d'y mettre la forme, de sourire, de reprendre la trame de notre complicité et de nous y fier.

Le plaisir de nous revoir était tel que je fus tenté de faire l'impasse sur le sujet. Mais il me sembla préférable d'en discuter directement entre nous plutôt que courir le risque d'avoir à en débattre, ailleurs, plus tard, avec d'autres étudiants.

— Tu as suivi la guerre au Liban ?

— Ouais.

— Dur, hein ?

Il hoche la tête et ses yeux partent se poser sur le comptoir de la cafétéria.

— Ce qui s'est passé là-bas est indigne du peuple juif, répond-il alors.

La remarque fait mouche. D'un coup, je sens ma fierté soulever une lame de colère en moi. Je me contiens. Après tout, ne suis-je pas en train de discuter avec un ami ?

— Qui parle du… peuple juif ?

— Les Israéliens sont une partie conséquente du peuple juif, n'est-ce pas ?

— Oui, mais la formulation me paraît dangereuse.

— Parce que, pour toi, il y a les Israéliens d'un côté et, de l'autre, les juifs ? Si c'est le cas, tant mieux, car cela signifie que les agissements des soldats de ce pays ne sont pas soutenus par les juifs de la diaspora. CQFD.

Je comprends qu'il veut en découdre et l'intention me blesse.

— Tu penses qu'on peut parler de ça sans se fâcher, Mounir ?

La question l'apaise.

— Oui, on devrait.

— Alors exprime le fond de ta pensée.

— Je voulais dire que ce qui est arrivé là-bas est indigne d'un peuple victime de la Shoah.

— De quoi tu parles, exactement ?

— De cette guerre, de… Sabra et Chatila.

— Il s'agit de deux choses différentes. Parlons des combats, tout d'abord. Aucune guerre n'a jamais été… humaine. Toutes sont sales et horribles. Les raisons pour lesquelles Israël est entré au Liban, tu les connais : il n'était pas possible pour le pouvoir en place d'accepter que les Palestiniens continuent à mener des attaques terroristes sur le nord du pays. Ils s'en prenaient à des civils.

— Peut-être utilisent-ils simplement les moyens à leur portée !

— Tu n'as pas le droit de dire ça ! On ne peut pas justifier les actions terroristes visant des civils !

— Ah bon ? Et Menahem Begin, le Premier ministre, n'employait-il pas ces mêmes moyens quand il faisait partie de l'Irgoun ?

J'expire pour exprimer ma lassitude.

— Oh, ça va je connais l'argument !

Il plante ses yeux dans les miens.

— Tu as vu les images de Sabra et Chatila ? Qu'en as-tu pensé ? Sincèrement.

— Qu'est-ce que tu crois ? J'ai été révolté ! Écœuré ! Mais tu sais aussi pertinemment que moi que ce n'est pas l'armée israélienne qui a massacré ces personnes.

— Elle a laissé faire.

— Une enquête a été ouverte et nous saurons ce qui est vraiment arrivé.

— Une enquête menée par l'État hébreu ?

Il a ricané en posant la question.

— Israël est un pays démocratique, Mounir ! J'ai confiance en sa justice pour déterminer les responsabilités. As-tu vu la manifestation géante qui a eu lieu après ces exactions ? Quatre cent mille Israéliens sont descendus dans la rue pour clamer leur indignation ! Tu ne peux pas insulter un pays et l'ensemble de sa population pour un acte qui, à mon avis, s'il implique des Israéliens, incombe seulement à quelques gradés !

Je l'ai atteint. Il baisse les yeux, réfléchit un instant.

— Tu sais ce que je ne trouve pas sain dans notre conversation ?

Je hausse les sourcils pour l'inviter à continuer.

— Ce qui n'est pas sain est que je prenne la défense des Palestiniens alors que toi tu t'ériges en avocat de ce pays lointain. Parce que je suis musulman et toi juif ? Si c'est le cas, c'est nul. Ce n'est pas la religion qui devrait guider notre engagement.

— Nous sommes forcément influencés.

— Mais cela risque de nous opposer un jour. Nous devrions réagir en tant que Français, à travers nos valeurs et en parler en amis.

Sa proposition est sensée. Mais notre histoire ne la rend-elle pas caduque ?

— Nous sommes devenus amis parce que tu étais musulman et moi juif. Ce qui induit que nous avons pris le risque de nous fâcher un jour pour les mêmes raisons.

Il secoue la tête et m'oppose un regard surpris.

— Tu réécris l'histoire, Raphaël. Nous sommes devenus amis parce que nous étions marocains. Deux Marocains en blouse, perdus et apeurés au milieu d'une classe de Français.

Je souris à l'évocation de cette période.

— Mais nous nous sommes dressés ensemble contre ceux qui vouaient une haine aux juifs et aux musulmans. Et notre amitié s'est construite sur ces combats.

— Parce que nous voulions être des Français comme les autres !

— Et parce que nous tenions à nos identités. Mais quand je constate la partialité de la presse concernant cette guerre, je me sens menacé en tant que juif. En tant que juif français !

— Je ne saisis pas.

— Penses-tu que l'indignation des journalistes et de l'opinion publique trouve comme seules justifications le besoin de justice ou l'expression de valeurs humanistes ?

— Oui, je le crois.

— Eh bien, pour ma part, j'en doute. Ont-ils montré la même exaspération pour les conflits ayant secoué d'autres parties du monde ces dernières années ? Non. Mais là, il s'agit d'Israël, des Juifs, de gens pour lesquels les Français ont toujours éprouvé des sentiments peu avouables mais qu'ils n'osaient pas exprimer. Alors là, ils ont saisi l'occasion et se sont lâchés !

— Tu deviens parano, Raphaël.

— Le racisme conduit à la paranoïa, c'est exact. Mais là, c'était tellement évident !

— Je ne sais... Ceci dit, défendre à tout prix le gouvernement israélien ne fait qu'aggraver les choses. Vous incitez les Français à vous considérer comme des Israéliens vivant en France.

— Je ne me suis jamais dit israélien. Je suis attaché à ce pays, lien incompréhensible pour tous les non-juifs. J'essaye de rester lucide face aux événements qui impliquent Israël. Et je comprends que cet amalgame soit aussi le fait de nombreux goys. Beaucoup ne savent pas dissocier les Juifs des Israéliens. Tout comme ils ne savent pas faire la différence entre des Algériens, des Marocains, des Iraniens ou tout autre peuple de religion musulmane. Tu te souviens, quand nous étions petits, certains nous disaient que pour eux juifs et Arabes, c'étaient pareil.

— Toi et moi le pensions aussi, parfois.

Nous échangeons un regard complice, empli d'images et d'éclats de vie.

— En tout cas, nous sommes parvenus à parler de ces événements sans trop nous emporter.

— Et il faudra veiller à ce qu'il en soit toujours ainsi.

— Inchallah.

— Non, laisse Dieu en dehors de tout ça. Cela dépend de notre seule volonté.

XVI

Être soi-même parmi les siens

Raphaël

La période qui suivit fut difficile. La résurgence de l'extrême droite dans l'Hexagone m'avait ébranlé. Le manque d'objectivité des médias ressenti m'avait conduit à m'interroger sur l'existence d'un sentiment antisémite plus subtil mais tout autant maléfique dans l'opinion. Je luttais contre ces perceptions, tentais de les disqualifier mais ne cessais de me demander si la suspicion qu'entretenaient de nombreux Israéliens envers la France s'appuyait sur des fondements réels ou des interprétations fantasmées. En tout cas, dans ma communauté, beaucoup percevaient l'émergence d'un nouveau front hostile. Et j'avais vu à la télévision des garçons de mon âge, portant l'uniforme, l'air plus mature que moi, partir risquer leur vie pour un idéal. Je m'étais du coup senti inutile, ridicule à savourer mon confort et patauger dans des problèmes superficiels, stupide de vouloir défendre la France à tout prix. J'avais envie de me rapprocher des miens, histoire de me rassurer, de trouver des raisons à cette subite hostilité. Je voulais agir, lutter, militer, revendiquer mon identité, me sentir juif, sioniste. Une association ? Un groupe de jeunes ? Un club de réflexion ? J'écoutais, m'informais, doutais.

Quand le Mouvement me contacta, j'étais prêt.

On m'avait donné rendez-vous dans un café, aux Gratte-Ciel, à Villeurbanne. Ambiance film d'espionnage.

« Je t'appelle de la part d'un ami commun. Je recherche des jeunes capables de se bouger pour la communauté. »

Je n'avais pas répondu tout de suite. Qui était ce type prenant soin de ne pas révéler son nom au téléphone ? Quel ami commun ? Se bouger dans quel sens ?

C'est cette question que j'avais posée.

— Protéger la communauté contre les agressions.

— Comment ?

— Il y a des choses dont on ne parlera que si nous nous rencontrons. Je veux juste vérifier ce que m'a dit cet ami.

— Que t'a-t-il dit au juste ?

— Que tu te sens concerné par la situation. Que tu es intelligent, courageux et sérieux. Qu'en penses-tu ?

— Je pense que c'est un ami.

Ma plaisanterie ne l'avait pas amusé. Il tenait sans doute à ne pas altérer la solennité de la conversation et lui conserver son mystère. Ayant trouvé la mise en scène grotesque, j'avais failli raccrocher. Mais quand il avait proposé un rendez-vous, j'avais accepté. Pour quelles raisons ? Quelques mots importants glissés dans son discours, des flatteries habiles et la curiosité. De plus, j'éprouvais réellement l'envie de « me bouger pour la communauté ».

« J'aurai *Le Monde* entre les mains », avait-il déclaré afin que nous nous reconnaissions. Évitant une nouvelle plaisanterie, je m'étais contenté de noter le rendez-vous. Choix judicieux : au Café de la Poste on lisait juste *Le Progrès* ou *L'Équipe*.

Je le repère immédiatement, m'avance vers lui. Il sourit, se lève.

— Raphaël ? Je m'appelle Patrick.

Poignée de main virile. Patrick est de ma taille. Il a les cheveux longs, le menton carré et de larges épaules. Des yeux perçants. Il en rajoute, roule des mécaniques, prend des poses, tente de m'impressionner.

Après quelques échanges polis et une vague et rapide discussion sur mes futures études, il entre dans le vif du sujet.

— Tu sais qu'actuellement notre communauté est la proie d'agressions de toutes sortes ?

— En effet.

— Qu'en penses-tu ?

Je trouve la question stupide.

— Que veux-tu que je réponde ? Que c'est mal ?

Il m'observe, surpris, puis reprend.

— En fait, tu connais juste la pointe émergée de l'iceberg. Sache que, tous les jours, des actes antisémites ont lieu. Des enfants se font agresser, des synagogues sont saccagées et même… (il se penche pour murmurer cette dernière information) des attentats sont déjoués.

Sa mise en scène est nulle. Je ne sais s'il est devenu le personnage qu'il joue ou me prend pour un imbécile, mais il parle d'un sujet qui me tient à cœur et je souhaite connaître sa proposition.

— Très bien. Qu'attends-tu de moi ?

J'ai posé la question un peu brutalement, l'obligeant à tailler des pages entières de son scénario. Il me considère froidement.

— Serais-tu prêt à consacrer quelques heures par semaine à la protection de la communauté ?

— De quelle manière ?

— Écoute, ne joue pas au Juif de base qui répond à une question par une autre question.

Tranchant, il tente de reprendre le contrôle.

— Oui, je suis prêt à consacrer quelques heures par semaine à la protection de la communauté. Voilà j'ai répondu à ta question. Mais je souhaite savoir ce que tu attends précisément. C'est légitime, non ?

Il sourit.

— J'aime bien ton tempérament.

J'en doute, compte tenu de ses efforts pour sourire.

— Je ne suis pas censé t'en dire plus lors d'une première rencontre mais je sens pouvoir te faire confiance. Bien entendu, tu ne devras en parler à personne.

Il commence à m'agacer avec ses faux airs d'agent secret.

Il place un silence pour créer du suspense ou marquer la solennité de l'instant puis poursuit.

— Nous avons créé un groupe chargé de protéger la communauté, de la défendre contre ses ennemis. Nous nous entraînons deux fois par semaine à la protection des lieux et des personnes. Il s'agit de cours théoriques et pratiques. On m'a dit que tu faisais du sport de combat ?

— J'ai pratiqué le karaté et la boxe française.

Sourire ironique.

— Tu connais le krav maga ?

— Non, jamais entendu parler.

— C'est le sport de combat de l'armée israélienne, assène-t-il fièrement, comme s'il appartenait au corps des valeureux combattants. Il rassemble les mouvements les plus efficaces des différentes disciplines de défense.

— De quelle protection s'agit-il ? Pour quoi faire du krav... machin, là ?

— Nous surveillons les synagogues, les locaux communautaires, l'entrée des soirées juives, pratiquons des fouilles, accompagnons les personnalités... Nos missions sont pacifistes, mais il faut être prêts en cas d'agression.

— Ce groupe c'est... le Betar ?

Petit rire dédaigneux.

— Le Betar ! Le mystérieux et redoutable Betar ! À croire qu'il n'y a que ce mouvement en France ! Le Betar est une émanation de l'extrême droite israélienne, nous sommes apolitiques. Mais cela nous arrange que l'on nous prenne pour eux car les nazillons en ont peur. Ça nous permet d'agir plus discrètement.

— Mais comment se nomme cette association ?

— Nous l'appelons simplement « Le Mouvement ». Nous n'avons pas d'existence officielle mais tous les dirigeants de la communauté nous connaissent et font appel à nous. Les flics savent également que nous existons. Ils collaborent même parfois pour certains événements.

— Tu parles de protection de la communauté... ou de lutte contre les antisémites ?

La question l'embarrasse.

— Vois-tu, nous sommes un groupe de défense, pas d'agression. Notre mission est de protéger la communauté, non d'aller chercher la bagarre avec les nazillons. Le Betar s'en charge.

Sa réponse me déçoit. Il l'a sans doute senti car il se reprend aussitôt.

— Mais quand l'agression se révèle nécessaire nous n'hésitons pas.

Il glisse un coup d'œil alentour pour vérifier que personne n'a entendu ses propos.

— Mais je t'en ai déjà trop dit. Alors, qu'en penses-tu ?

— Intéressant.

— Je ne te demande pas un avis sur notre activité. Je veux savoir si tu es prêt à t'engager. Nous ne sommes plus assez nombreux pour répondre aux attentes de la communauté alors que les menaces se font de plus en plus nombreuses, plus précises. Il nous faut des garçons comme toi.

James Bond ne m'a pas totalement convaincu. Pourtant, je trouve dans cette proposition une première occasion d'agir. Quand je lui réponds être partant, un large sourire éclaire son visage. Il me serre la main.

— Réserve ta soirée de mardi. Je viendrai te chercher à vingt heures ici. Prends des affaires de sport. Tu verras, on forme un groupe sympa et efficace.

Il se lève et s'en va. Je reste assis un instant, à la fois perplexe et excité.

Pour mon entourage, j'allais « faire du sport » chaque mardi et jeudi soir. Ce qui, en soi, n'était pas faux tant l'entraînement s'avérait intensif. Deux heures de krav maga, à répéter des coups, des parades, à nous affronter dans des combats violents. Puis des cours de protection rapprochée, de sécurisation de lieux, d'interventions, de fouilles. Pas d'aération, des fenêtres calfeutrées, un air irrespirable. Personne ne devait nous voir, savoir que nous nous entraînions, que nous existions. Paranoïa, raisons viables de sécurité ou stratégie de conditionnement ? Sans doute les trois.

Sitôt l'entraînement terminé nous nous asseyions pour écouter les consignes d'Alain et François, nos responsables. Plus âgés que nous, sûrs d'eux, ils prenaient la parole avec conviction. Ils théâtralisaient leurs interventions, en rajoutaient sur le nécessaire secret du groupe, sur les risques imminents qu'ils étaient seuls à connaître. On racontait qu'ils avaient des sources d'information partout : chez les flics, certains élus, et même en Israël. Ils exigeaient que nous soyons prêts, disponibles, aguerris, volontaires, combatifs, choisissaient leurs mots, leurs attitudes, leurs regards pour susciter le sentiment d'appartenance à une organisation noble et secrète. Cette mise en scène était efficace sur la plupart des membres, des étudiants, forains, salariés, commerçants, âgés de dix-huit à vingt-cinq ans.

Le week-end, nous « faisions des gardes » devant les synagogues et les manifestations culturelles, sportives ou cultuelles organisées par les communautés et associations juives de Lyon et des environs. Nous avions deux responsables. L'un pour les activités sportives, l'autre pour les questions logistiques. Eux-mêmes se voyaient, sans doute, encadrés par d'autres mais nous n'en savions pas plus et ne posions aucune question. La discrétion, valeur essentielle du Mouvement. Nous jouions à être l'aile française du mythique Mossad.

Certes, j'étais conscient des méthodes d'embrigadement mises en œuvre. Des manipulations mentales tellement grossières qu'elles auraient prêté à sourire si nous n'étions convaincus de notre utilité. Mais certains écoutaient les sermons avec une ferveur presque religieuse, comme s'il s'agissait de révélations essentielles à la survie des juifs de Lyon. Leur naïveté me touchait. Je les voyais réagir à chaque mot, gonfler la poitrine, serrer les poings. Le danger approchait ? Ils seraient là, vaillants soldats prêts à défendre les innocents contre les barbares ! J'avais parfois honte du regard condescendant que je posais sur eux. Pourtant, quelque chose nous unissait : une même faille identitaire qui, chez certains, confinait à la névrose. Oui, nous avions un problème fondamental à régler. Problème d'affirmation de soi, d'isolement, de judaïsme mal consommé ou de sionisme frustré. Il y avait, par exemple, des jeunes dont la judéité n'était pas reconnue parce qu'issus d'un mariage dit mixte. En servant la communauté, ils revendiquaient une autre manière d'être juifs, se faisaient des amis qui ne leur poseraient aucune question, les considéreraient pour ce qu'ils étaient et non ce qu'ils n'étaient pas.

Nous acquérions une personnalité – maîtrise et force –, un judaïsme – modéré et tolérant –, un discours politique – sionisme prudent –, des amis – sûrs et unis. Le groupe s'avérait également une sorte de centre social pour juifs en devenir. Je le savais et l'acceptais, tout comme j'acceptais la grégarité docile du groupe, les contradictions de ce *sionisme à la française* qui exprimait plus une solidarité avec les Israéliens qu'une réelle volonté d'aller s'établir à leurs côtés. Mon propre malaise me paraissait, dès lors, plus supportable. De fait, je ressentais un attachement profond à ceux que je découvrais comme faisant partie de ma famille. D'une famille que j'avais jusqu'alors seulement pressentie, côtoyée, dénigrée ou idéalisée. Je me sentais bien parmi eux, j'aimais leur abnégation, leur volonté de faire ce travail efficacement, leur amour des autres.

C'est au Mouvement que je me fis de nouveaux meilleurs amis, Michel, Nathan et Dan.

J'étais juif, je fréquentais des juifs, je donnais de mon temps pour les juifs. Cependant, je nourrissais des sentiments contradictoires à l'égard de la communauté. M'étant mis à son service, passant presque toutes mes soirées à assurer la sécurité des lieux de prières ou de fêtes, mon poste était propice à l'observation, à l'analyse, à l'écoute. Je les voyais vivre, les entendais parler, étais le témoin de scènes souvent cocasses.

Et je pouvais passer de l'admiration à l'exaspération, de l'engouement à la désolation en moins de temps qu'il n'en fallait à Le Pen pour lancer une remarque xénophobe. Les juifs composaient une galaxie étrange dans laquelle la diversité des profils, des idées, des conceptions de la société, du monde, du rapport à la foi laissait penser que l'entente s'avérerait impossible, que tant de différences ne pouvaient composer un ensemble cohérent, et moins encore un peuple. Un extraterrestre tout juste débarqué, et ne possédant aucune approche de l'histoire juive, aurait parié sur l'implosion imminente d'un groupe soumis aux tensions qu'impliquaient de telles divisions. Et aurait été stupéfait de constater que tant de personnalités aux envies, caractères et avis divergents parvenaient à s'entendre et, somme toute, à s'aimer.

Car il existe un lien spécifique nous unissant les uns aux autres, au-delà de toute considération rationnelle.

Ainsi, j'aimais leur chaleur humaine, leur joie de vivre, leur sens de la fête, leur sensibilité, leur capacité à donner d'eux-mêmes pour aider les autres, leur inventivité, leur folie, leur esprit d'entreprise, leurs angoisses existentielles, leur goût du risque, leur solidarité…

Bien entendu, chacun n'était pas détenteur de l'ensemble de ces qualités. Ils en possédaient une ou plusieurs, mais toutes existaient en eux, révélées, ankylosées, revendiquées, dissimulées, exagérées, engourdies, démesurées, anesthésiées, outrancières…

Ils avaient également les défauts de ces qualités, faute de savoir les canaliser. Et, dès lors, s'avéraient irritants voire invivables.

Leur chaleur humaine pouvait être envahissante, leur joie de vivre fatigante, leur sens de la fête impudique, leur sensibilité larmoyante, leur générosité inopportune, leur inventivité désordonnée, leur folie excessive, leurs angoisses existentielles égocentriques, leur goût du risque irréfléchi, leur solidarité pesante.

Et je me retrouvais alors à pester contre eux ! À leur en vouloir d'être si peu français, de ne pas savoir ou vouloir se fondre dans le paysage, d'être si peu pragmatiques et d'agir inconsidérément.

Pourquoi parlaient-ils si fort ? Avaient-ils besoin de parader ainsi, de se faire remarquer, de toujours râler et d'exiger plus et mieux et, dans le même temps, de vouloir être aimés, respectés, choyés ? Et quelle folie s'emparait de ceux qui montaient des entreprises qu'ils ne sauraient pas gérer, nous conduisant, par exemple, à dîner dans des restaurants créés par des plombiers ou des commerçants qui, sans complexe, présentaient une nourriture infâme avec l'assurance d'être les nouveaux Bocuse ?

Et pourquoi s'entêtaient-ils à organiser des fêtes grandioses, souvent à crédit, pour en mettre plein la vue à un public qui, de toute façon, connaissait leur situation et trouverait toujours matière à critiquer ?

Reste que, malgré ces multiples travers, je leur vouais une tendresse infinie. Et cette contradiction me paraissait être l'un des signes distinctifs de l'âme juive.

Il me fallut un jour comprendre la nature de la relation que chaque juif entretient avec ses coreligionnaires. J'avais donc profité d'être assigné à la protection d'un sage de la Torah pour l'interroger.

— Rav, quel est le lien qui unit les juifs au-delà de tout ?

L'homme se caresse la barbe, remue la tête comme pour mieux accueillir ma question et un sourire se dessine sur son visage.

— Nous sommes un peuple, me dit-il.

Je pense qu'il va en rester là et qu'il me faudra faire le tour de sa réponse mais, après un moment de réflexion, il continue.

— Sais-tu quel mot hébreu désigne le peuple ?

D'une mimique je réponds négativement.

— Le mot peuple se dit « ham ». Et « ham » signifie « avec ». Ce qui veut dire que chacun n'existe que dans sa relation à l'autre. Et le peuple n'existe qu'à travers l'union de ses membres.

Il marque un temps d'arrêt que je mets à profit pour appréhender l'explication.

— C'est l'une des raisons fondamentales de l'antisémitisme, précise-t-il.

— Je ne vois pas le rapport.

— C'est ce lien qui a toujours inquiété les dictatures, qu'elles soient religieuses ou politiques. Car comment asservir un peuple qui existe au-delà des seules considérations matérielles, qui invente l'avenir en se référant au passé, qui échappe aux logiques du présent ? Nos ennemis ont essayé d'anéantir cette mystérieuse dynamique en nous interdisant la pratique de la Torah, en nous torturant, en nous massacrant, en nous exilant. Mais même disséminés à travers le monde, les Juifs ont continué à pratiquer leur religion et à maintenir ce lien entre eux, à travers la Torah et leur attachement à la terre d'Israël. Alors que tous les anciens peuples se sont soumis à la force, au pouvoir et se sont dissous dans les sociétés qui les dominaient, le peuple juif, lui, a traversé l'histoire, envers et contre tout. Hitler a compris qu'il ne réussirait jamais à nous imposer sa vision du monde, que nous ne substituerions pas ses valeurs aux nôtres, qu'il échouerait là ou d'autres despotes avaient échoué. Alors il a mis en œuvre la solution dite finale.

J'enregistre son opinion avec plaisir et inquiétude. Le plaisir de découvrir que ma vie s'inscrit dans une histoire riche de sens ; l'inquiétude de réaliser que l'antisémitisme ne mourra jamais.

Ou seulement avec nous.

Juin 1984

Enfant, j'avais marché les larmes aux yeux en comptant les passants dans la rue pour tenter de donner une forme humaine à l'ignominie. Au lendemain des élections européennes du 17 juin, qui virent 11 % d'électeurs voter pour le Front National, je tentais une nouvelle fois l'expérience mais, cette fois-ci, la rage au ventre.

Une, deux, trois, quatre, cinq, six, sept, huit, neuf, dix… S'agissait-il d'eux ? Qui étaient les connards qui, sous des masques de paisibles citoyens, cachaient leurs scandaleuses idées ? La honte était-elle perceptible dans leur regard ? Avaient-ils seulement honte ?

Je m'étais toujours interrogé sur le visage de ceux qui, pendant l'Occupation, dénonçaient leurs voisins. Avaient-ils, comme dans les films, le regard fuyant, les lèvres pincées ? Rentraient-ils leur tête dans leurs épaules quand la milice passait et emmenait leurs voisins ou se frottaient-ils les mains, heureux d'avoir satisfait de vils instincts ? J'avais aujourd'hui la chance de le savoir. Ils étaient de retour. Un Français sur dix. La France du déshonneur n'était pas morte. Ils avaient voté contre les « Arabes », contre les juifs, pour Le Pen.

Avant, me dire français m'amenait à m'interroger sur ce qui m'unissait à cette histoire noire si proche. Quand les Israéliens expliquaient ne pas comprendre que nous puissions vivre dans un pays ayant livré ses juifs aux nazis et nous traitaient de schizophrènes, nous nous défendions en arguant que la France avait tourné la page, que les collabos auraient bientôt disparu, emportant dans leurs tombes cette malédiction qui avait sali le pays des droits de l'Homme, que de nouvelles générations avaient lavé le sang impur de leurs pères et abreuvaient désormais les sillons de la liberté, de la fraternité et de la justice. Qu'il n'était donc pas incongru de vivre parmi eux. Que pouvions-nous désormais répondre ?

Que Simone Veil, la tête de liste UDF avait obtenu 43 % à ces Européennes et était juive ? Oui, mais 11 % pour Le Pen. 11 % !

Nous sommes au café. L'ambiance est morose. Nous avons commenté le résultat du scrutin et le silence qui drape notre table aurait pu durer si Dan n'avait relancé la conversation sur l'un de ses sujets de prédilection.

— Jérémy Zemour fait son Alya.

Je peux presque deviner la suite, mot pour mot.

— Il n'est pas le seul. Ils sont nombreux à partir, ajoute David.

Je ne me sens pas prêt à en supporter davantage.

— Putain, on dirait que vous prenez plaisir à ressasser les mêmes histoires. Vous devenez cons, les mecs ! OK, il y en a qui décident de partir. Dan va dire : « Ils ont raison, notre place est en Israël. La résurgence du fascisme français plaide en faveur de l'Alya. » David et Michel vont le soutenir. Marc se montrera outré et recommandera la modération. Nathan restera de marbre et moi… je ne saurai plus où j'en suis.

J'ai jeté un froid. Je les ai peut-être même vexés. Dan regarde les voitures passer de l'autre côté de la vitre. David tourne la cuillère dans sa tasse vide. Nathan me sourit. Marc affiche une mine confuse. Je regrette déjà mon propos.

— Non, mais c'est vrai, vous faites chier quoi… Si nous pouvions rien qu'une fois éviter ce sujet. Ou envisager les problèmes ici sans se poser systématiquement la question de l'Alya ?

Ils restent muets. Marc, d'un geste de la main, signifie qu'il accepte la proposition.

— Essayons plutôt de comprendre pourquoi l'antisémitisme ressurgit ici, en France, quarante ans après le nazisme, la collaboration et la Shoah.

— Parce que les Français sont profondément antisémites, intervient Dan, provocateur.

— Dan ou l'art d'exagérer ! Le FN fait un peu plus de 10 % et il faut se casser en Israël car tous les Français sont devenus antisémites.

— Tu ne peux pas nier qu'il existe un antisémitisme spécifiquement français, rétorque David.

— Que tu expliques comment ?

— L'Église n'a jamais cessé de désigner les juifs comme les assassins du Christ. Ça laisse des traces dans les mentalités.

— Nous serons toujours désignés comme responsables de tous les maux, reprend Marc. Les communistes nous reprochent d'avoir inventé le capitalisme. Et pour les capitalistes nous sommes responsables de la création du communisme, puisque Marx était juif.

— Les juifs ont à peu près tout inventé, ironise David.

— En fait, en plaisantant, on touche à l'un des fondements de l'antisémitisme. Les juifs sont des révolutionnaires. Ils remettent en cause, élaborent de nouvelles théories, font progresser les idées. Et créent des rancœurs, des jalousies. Et les révolutionnaires suscitent la crainte.

— Les antisémites confondent les raisons et les causes, tranche Michel.

— Explique.

— Le principe fondateur de la capacité des juifs à entreprendre, à innover, est en partie dû à la culture religieuse mais est également le résultat de l'antisémitisme. Je ne vais pas citer un philosophe mais un chanteur : Herbert Pagani, dans *Plaidoyer pour ma terre*, dit que le credo des juifs a toujours été : « Remettre en question, voir plus loin, changer le monde pour changer le destin. » La dialectique imposée par l'étude de la Torah a conduit le peuple à remettre en cause les idées établies pour proposer de nouvelles visions du monde : Abraham, Freud, Marx, Einstein… tous ont osé voir plus loin, penser différemment. Une approche dangereuse pour les tenants des pouvoirs de toutes époques qui les ont, donc, opprimés. Or, quand tu sais que tu peux être chassé du jour au lendemain de ta maison, tu t'accroches aux deux seules valeurs à emporter.

— Les idées et le fric, complète Marc.

— Exactement.

— Les juifs sont donc, soit des révolutionnaires, soit des capitalistes. Ils suscitent la peur ou la jalousie.

— Si je te suis… soit t'es intelligent et tu innoves, soit t'es con et tu deviens commerçant pour vendre ce que les autres ont inventé, s'esclaffe Dan.

Rire détend et met à distance les sujets préoccupants.

— Plus sérieusement, reprend Marc, les juifs ont toujours été plus ou moins condamnés à réussir. Ils savaient qu'à la faveur d'un changement de roi, de dirigeant, ils pouvaient être chassés ou persécutés. Du coup, il ne servait à rien d'acquérir des biens, de s'intégrer, de s'installer définitivement. Il valait mieux entreprendre, gagner du fric pour avoir les moyens de s'enfuir. Et leur réussite suscitait, et suscite encore, de la jalousie, de la suspicion. Pour les antisémites, il a toujours été plus facile de prétendre que si les juifs réussissaient c'est parce qu'ils magouillaient, s'entraidaient, complotaient afin d'accaparer les richesses.

— Et, du coup, nous avons une conception de l'échec différente des non-juifs, précise Michel. Pour eux, créer un business c'est prendre le risque de se planter. Et l'échec possible les tétanise. Pour nous, le pire n'est pas d'échouer mais de ne pas tenter. Parce que nous craignons de nous trouver démunis face à ceux qui, un jour, se retourneront contre nous. Dès lors, se planter ne devient pas si grave. C'est juste une étape vers une prochaine et nécessaire réussite.

— Donc, l'antisémitisme a encore de beaux jours devant lui, résume David.

— Oui. Il faudra apprendre à vivre avec.

— Ou partir en Israël, ajoute Dan, sur le ton de la provocation.

— T'es fou ? Impossible de faire du fric dans un pays qui compte autant de juifs ! s'exclame Marc.

— On raconte qu'il y a un moyen infaillible de devenir millionnaire en Israël.

— Lequel ? interroge Michel, subodorant une plaisanterie.

— S'y rendre en étant milliardaire.

Les rires fusent et, pour me charrier gentiment, tous se mettent à me pincer la joue ou me secouer.

Je crois que l'humour est une autre valeur salvatrice du peuple juif. Rire pour moins s'inquiéter. Pour dénoncer la bêtise et la lâcheté.

XVII

L’âme jumelle

Raphaël

Mars 1986

J'ai rencontré Ghislaine à un dîner organisé par le MAF, Mouvement de l'Alya de France, association informant les juifs sur les possibilités d'émigrer en Israël. Il s'agissait d'une « soirée falafels », prétexte pour réunir dans les locaux du cours Lafayette la jeunesse communautaire et distiller la propagande sioniste.

Je l'aperçois entrer dans la salle et, pendant quelques secondes, reste accroché à cette vision. Michel se rend compte que je ne l'écoute plus et suit mon regard.

— Arrête de la regarder comme ça, elle va te prendre pour un psychopathe.

— Tu la connais ?

— Non. Mais à mon avis, elle n'est pas juive.

— Pourquoi ?

— Eh bien, si tu parviens à décrocher tes yeux de cette apparition pour parcourir la pièce, tu te rendras vite compte que le type dominant est plutôt la brune aux yeux noirs.

— Mais tu t'es regardé, Michel ? T'es châtain aux yeux bleus !

— Oui, mais on me prend au moins pour un ashkénaze !

— C'est une manière polie de te dire que tu ressembles à un goy !

— Elle est juive, tranche Nathan.

Étonnés, nous nous tournons vers lui.

— Comment tu le sais ?

— C'est la sœur d'une copine.

— L'enfoiré ! Il la connaît et reste silencieux.

— T'as posé la question à Michel, pas à moi.

— Alors, présente-la !

Il lui adresse un signe, elle le voit, lui sourit. Quel sourire ! Ses belles lèvres s'étirent sur une dentition parfaite. Elle ressemble à Jane Fonda, actrice culte et sujet de mes fantasmes, s'approche, et Nathan nous la présente. Son regard est hypnotique, doux, vaste. Elle entame une conversation avec Nathan et je ne peux m'empêcher de la fixer. Habituée aux regards admiratifs, elle sait lire dans le mien autre chose qu'une ode à sa beauté. Je pense qu'elle a compris. Pour moi, en tout cas, c'est clair : je suis amoureux d'elle et décidé à l'aimer pour le reste de ma vie. Oui, j'ai l'intime conviction que nous vivrons une belle et longue histoire d'amour. Il ne s'agit pas d'un simple coup de foudre ni de ces niaiseries produites par un esprit en manque d'oxygénation.

La mystique juive raconte que les âmes de ceux qui s'aiment proviennent d'une même étincelle divine. Séparées, elles conservent l'image de l'autre et n'ont de cesse de se chercher. Et je viens de reconnaître mon âme jumelle. J'en suis ému, bouleversé.

Je ne suis jamais sorti avec une juive. « La première sera la bonne », disais-je alors, moins par prétention que pour provoquer le destin. Et la voici, face à moi, touchée par l'histoire qu'elle lit dans mes yeux. Une histoire ancienne : nous nous sommes déjà rencontrés, au pied du mont Sinaï. Toutes les âmes juives y avaient été convoquées afin de recevoir la parole de Dieu. Nous entrerons ensemble dans le livre de notre peuple. C'est beau et intimidant tant la responsabilité est immense : nous héritons des idées, des lois, des peurs et des espoirs de nos aïeux et il nous reviendra d'écrire notre propre chapitre, avec humilité.

Nous nous entendons à merveille. Nous savons ce que nous voulons faire de notre vie et rien ne nous paraît impossible : nous aurons des enfants, trois ou quatre, une maison, un jardin, un travail passionnant. Rêves classiques et envoûtants. Elle est la première à qui j'ai confié mon désir d'écrire et ma certitude de n'être pas encore prêt. Elle a accueilli cette confidence avec plaisir, sérénité et inscrit ce projet dans notre avenir. Sa gentillesse, sa prévenance, son désir d'entrer dans la vie à mes côtés et notre souhait de tout sacrifier pour servir les rêves de l'autre me fascinent : nous sommes un couple.

Je m'étais toujours moqué des mariages juifs, ces fêtes grandiloquentes avec tenues pompeuses, chapeaux ridicules, jamais moins de trois cents invités. Sans compter la cérémonie dite du « henné », héritage grotesque de nos pays d'origine, célébrée quelques jours avant la réception « publique » avec tenues et musiques orientales. J'étais donc résolu à me marier en petit comité, entouré seulement de proches. Mais mes parents s'offusquèrent, dénoncèrent mon égoïsme : ils attendaient l'événement pour rendre la politesse à tous ceux qui les avaient invités jusque-là.

Le jour du mariage, je me retrouvais donc à embrasser plus de trois cents invités, pour la plupart inconnus. Quelques jours avant, affublé d'une gandoura et d'un tarbouch je m'étais grossièrement déhanché sur de la musique arabe. Les traditions avaient été les plus fortes. Et ma femme avait su se montrer persuasive, arguant que, par respect pour mes parents, valeur essentielle de la Torah, je n'avais pas le droit de les vexer et que tout ça, après tout, n'était pas si important.

Je n'avais pas invité Mounir. Pourquoi ? Je ne sais pas. Peut-être parce qu'il n'appartenait plus à mon univers. Depuis notre discussion au Café de la Poste, nous ne nous étions pas revus ni n'avions pris de nouvelles l'un de l'autre.

Bien entendu, parfois, il me manquait, mais je voulais avancer, construire ma vie et ne me fiais qu'aux vents capables de nous porter au bout de nos rêves. Or, je voyais alors la nostalgie comme un souffle fétide et pesant. Gagné par le désir de façonner des souvenirs, il fallait délester les consciences des histoires trop encombrantes et lourdes de sens du passé. Mounir en faisait inconsciemment partie. Jeunes, nous pensons que le bonheur se cache dans l'étendue des années à venir, puis vient l'âge où le compte des projets avortés et des espoirs déçus s'avère inversement proportionnel aux années qu'il reste à vivre. Alors on comprend que le sens de l'existence se niche dans le passé, dans l'exploration des souvenirs, de leurs bonheurs et désillusions. Pour l'heure, j'étais tourné vers l'horizon des promesses du temps.

Ghislaine, plus pratiquante que moi, respectait les lois du shabbat, des jours de fêtes et mangeait strictement cachère. Elle ne m'imposa rien mais, au fil des mois, je m'installais dans le cadre réconfortant de cet univers empli de foi en Dieu et de confiance en l'avenir.

Tout au moins, essayais-je, car il m'arrivait de souvent de travailler le samedi. J'avais été recruté par une agence de publicité ; or l'une des postures du métier consistait à accumuler les heures de travail. Il était bien vu de finir tard le soir, de bosser le week-end, même si, en réalité, nous aurions pu être tout aussi efficaces en nous montrant productifs durant les heures traditionnelles de bureau. Je la laissais donc souvent le samedi pour me rendre à l'agence. Mais dès que j'en avais l'occasion, lors des vacances par exemple, je suivais scrupuleusement les lois du septième jour. « Fais et tu comprendras » ou « comprends et tu feras » : la Torah propose les deux écoles. J'étais de la première. Et je finis par découvrir le véritable sens de ce jour de repos. Ses contraintes (n'utiliser aucun appareil électrique, ne pas toucher au feu, ne pas utiliser le téléphone, ne pas prendre sa voiture, etc.) n'avaient qu'un objectif : s'affranchir de l'asservissement de la société pour se découvrir libres. Libres de nous retrouver, de penser à nous, à notre relation au monde, à ce que nous étions et souhaitions devenir.

Aussi, lorsque j'avais postulé à un job de responsable de la communication dans une société financière, durant l'entretien d'embauche je posai un préalable : je ne travaillerais jamais le samedi et les jours de fêtes juives. Le jeune patron accueillit ma demande avec enthousiasme : « Pas de problème. Cette revendication montre que vous avez des valeurs fortes. Je suis moi-même catholique pratiquant et je ne peux qu'approuver vos choix religieux. »

Était-il possible d'être français et juif pratiquant ?

Mounir

Cris d'horreur et de joie, nausée et bonheur, accablement et espoir : l'attentat de la synagogue de la rue Copernic puis la victoire de François Mitterrand constituent des bornes à la variété des sentiments entre lesquels les années quatre-vingt allaient nous ballotter.

Nous autres, Français d'origine maghrébine, tentions de voguer à notre rythme malgré deux forces apparemment contraires : la première nous projetait contre les récifs souvent hostiles des côtes françaises, l'autre, dans un mouvement de reflux, nous ramenait à notre pays d'origine. Une relative stabilité aurait pu exister au creux de ses vagues, mais la violence avec laquelle la France dite profonde nous rejetait, nous contraignait à nous réunir autour d'un feu où nos illusions se consumaient.

Israël, le Liban, les Palestiniens… l'enjeu politique des guerres de cette partie du monde nous avait d'abord paru bien éloigné de nos préoccupations. Mais l'injustice dont nous avions été les témoins, à travers les médias, nous interpellait. L'oppression dont étaient victimes les Palestiniens faisait écho à la nôtre. Elle racontait une histoire riche en symboles : d'un côté une armée forte, soutenue par la première puissance mondiale, de l'autre des combattants désemparés et des populations martyrisées, humiliées, anéanties. Sabra et Chatila furent, sans doute, le déclencheur de l'engagement d'une partie des musulmans de France en faveur de la population palestinienne.

Je ne fis pas partie des premiers militants pro-Palestiniens, trop occupé à devenir français pour regarder au-delà de ma banlieue.

J'avais cependant conscience d'être un privilégié : grâce à mes études, l'avenir paraissait plus clément qu'à ceux rejetés par le système scolaire. Je souhaitais m'en sortir et entraîner avec moi toutes les victimes de cette ségrégation qui, petit à petit, nous enfermait dans les quartiers. Je compris alors combien mon sort était lié à ceux qui souffraient des mêmes maux.

Je voulais m'engager, agir en faveur de plus de justice sociale, mettre en œuvre les principes pour lesquels je m'étais battu et dont j'avais nourri tant d'espoirs en mai 81.

XVIII

S'engager

Mounir

— Le combat commence ici, lance Mourad en désignant d'un large geste le petit local.

C'est une salle étroite, froide, défraîchie avec des barreaux aux fenêtres. Une table, quelques chaises, un tableau noir sur lequel sont écrits des mots en arabe, constituent le mobilier. Simple, fonctionnel.

— Ouais… Le combat sera dur, je murmure.

— Ne sois pas défaitiste. On peut entreprendre de grandes choses avec des petits moyens et beaucoup de volonté.

Mourad est le responsable de cette association de quartier. Taleb et moi sommes venus lui proposer notre aide. Nous voulons agir.

Taleb, tunisien, possède un caractère sombre mais j'aime son engagement, sa volonté de faire bouger les choses. Il habite à la Grappinière et fréquente la même fac que moi.

— Les changements viendront, avait-il affirmé quelques jours auparavant alors que nous discutions avec des copains. Mais il ne faut pas se contenter d'espérer. L'attentisme est pourvoyeur de déceptions. Nous devons être moteurs, montrer notre résolution.

— Zob ! « L'attentisme », « pourvoyeur de déception », « être moteur » ! T'as avalé le dictionnaire ou quoi ?

Taleb et moi avions lancé un mauvais regard à Djeloul. Mais, déjà la petite bande riait.

— Ho, les mecs ! On peut discuter sérieusement cinq minutes ? avait braillé Taleb.

— Allez, ça va ! On peut aussi se marrer, non ?

— Il y a des moments pour rire et d'autres pour réfléchir.

— Wallah, on nous l'a changé à la fac ! Vous avez remarqué ? Plus de nique ta mère, de zobi, d'enculé. Il parle sans ponctuation maintenant ! Z'avez vu comment il tend les lèvres pour arrondir les voyelles ?

— Ta gueule Djeloul, t'es lourd !

— Tu as dit ta gueule ? Allahou akbar ! La lobotomie n'a pas complètement marché ! hurle le comique en levant les bras au ciel.

Puis, se retournant brusquement et soulevant ses gros sourcils à la manière de Groucho Marx, il avait interpellé son pote sur le ton de la connivence

— Lobotomie ! Tat fheum ? C'est pas parce que je suis pas étudiant que je connais pas des mots savants !

— T'es trop con, s'était esclaffé Taleb, en hochant la tête.

Heureux de son effet, Djeloul s'était résolu à nous laisser discuter.

— Je suis d'accord avec toi sur le principe, avais-je dit. Mais que faire ?

— Nous attaquer aux problèmes du moment. Il y en a tellement !

— L'action politique ?

— Oui, mais pas seulement. Le militantisme associatif, au sein de nos quartiers, voilà où il faut agir. Il y a des mecs qui se défoncent depuis des années pour faire avancer les choses. Le changement de gouvernement est une opportunité pour eux, pour nous aussi.

— Oui, mais unc association de quartier… Je préférerais m'engager dans la lutte contre le racisme.

Taleb avait souri.

— Pourquoi pas en faveur de la paix dans le monde tant que tu y es ! On n'a pas deux siècles devant nous, juste quelques années. Il convient de s'appuyer sur les structures existantes, d'aider d'abord ceux qui en ont besoin.

Une déclaration qui avait entraîné le retour caustique de Djeloul.

— Hey, hey… vous avez entendu les mecs ? Hada zouziou-lougie et hada icounoumie, avait-il plaisanté, singeant les mauvais imitateurs de l'accent arabe. Zarma, à eux deux ils vont changer la France. Venez, on se casse. Allons plutôt montrer aux kahbas du quartier notre résolution à faire bouger les choses.

— Notre première mission visait à alphabétiser les populations du quartier, continue Mourad. Principalement des parents et des grands frères. Mais difficile de mobiliser les chômeurs et les ouvriers, de les amener à participer à des cours réguliers. Alors nous avons commencé à rendre des services pratiques : les accompagner dans les démarches administratives, les déclarations d'impôts, aider les enfants à faire leurs devoirs. Et là, ça a pris. Bon, en même temps, il faut relativiser : on n'occupe pas non plus une place essentielle dans leur vie.

Mourad énonce ce bilan en se promenant dans le local, désignant un bureau, des cahiers, le tableau. Je le trouve admirable et, par comparaison, me sens bien petit. Cet homme est capable de passer des heures dans un espace terne à disséquer des petits problèmes mais porté par de grandes idées.

— Tu travailles seul ?

Ayant sûrement perçu mes doutes, il sourit, passe un bras autour de mes épaules.

— Non, des bénévoles viennent m'aider. Chacun apporte ses compétences, son temps.

— Je ne sais pas vraiment quelles sont les miennes et j'ai peu de temps, mais je voudrais t'aider. Nous voudrions t'aider, n'est-ce pas Taleb ?

— Sûr !

Mourad tend la main. Nous la frappons.

Papa est assis sur le canapé, perdu dans l'étourdissante langueur des mélopées d'Oum Kalsoum. Sa tête dodeline pour épouser les harmonies ondoyantes. Depuis son licenciement, il passe des heures à écouter de la musique orientale. Aucun d'entre nous n'ose demander de baisser le son du radiocassette. Je n'aime pas ce genre de musique, qui se répand en plaintes jusqu'à l'excès. Ses litanies lancinantes puisent dans les déchirements de l'âme comme ces femmes qui hurlent leur douleur au bord d'une tombe en se frappant le visage. Quand ils chantent, dansent ou pleurent, les Orientaux paraissent bien impudiques.

Mon cœur, ne me demande pas où notre amour s'en est allé,
Ce n'était qu'une citadelle de mon imagination,
Elle s'est effondrée,
Étanche-moi de ma soif, et laisse-moi boire ses ruines.
Aussi longtemps que mes larmes continueront de couler,
Raconte-leur l'histoire en mon nom,
Dis-leur comment cet amour est devenu un passé.

Depuis quelques jours, papa porte la djellaba à la maison. Il dit être plus à l'aise vêtu ainsi mais ne va pas jusqu'à sortir avec, comme certains de ses amis chômeurs. Quand il les rejoint en bas de l'immeuble, il s'habille en « civil ». Et pour aller pointer à l'ANPE, il met un costume. Je le sens perdu. Il traîne de la cuisine au salon, houspillant maman et Djamila.

Mon père et moi discutons rarement. Quand il s'adresse à moi, c'est pour réclamer le sel, l'heure ou demander un service. Pour toute autre information relative à ma santé, mes études, mes relations, il s'adresse à son correspondant sur le terrain : maman. « Ton père te trouve fatigué. » « Ton père m'a demandé quand tu passais tes examens. » « Ton père n'est pas content de te voir sortir souvent le soir. » Maman recueille mes réponses sans les commenter, puis les lui transmet quand je ne suis plus là.

Là, dans son fauteuil, il m'apparaît de plus en plus comme un parfait inconnu. J'ai l'impression de vivre à côté de lui, pas avec lui. Qui est-il ? Quelle est son histoire ? Que pense-t-il de moi, de mon frère, de ma sœur ? Est-il, parfois, heureux ?

Je m'approche et m'assois dans le fauteuil en face du canapé. Il ouvre les yeux et me sourit, surpris de me voir à ses côtés.

— Ça va, mon fils ?

— Oui… bien.

— Et l'école ?

Cours préparatoire, collège, lycée, université… pour papa l'école est un mot qui englobe le monde de l'enseignement, par opposition avec celui du travail.

— Oui, ça va.

— Tes notes ?

— Bonnes. Je me débrouille bien.

— Il faut. Avec un diplôme tu pourras peut-être t'en sortir.

Paroles qu'il pense rassurantes. Moi, le « peut-être » me fait tressaillir. Il résume toute l'existence de mes parents, eux qui courent après ce « peut-être » depuis tellement longtemps. Peut-être qu'en France, peut-être que ce travail, peut-être que demain, peut-être que nos enfants…

Je suis tenté de me relever mais je me lance :

— Elle est algérienne, Oum Kalsoum ?

— Non, égyptienne. Ses chansons parlent à tous les Arabes.

— Et cette musique… tu ne la trouves pas trop triste ?

Il me considère avec sérieux.

— Le monde est triste, mon fils. On quitte son pays, on perd ses parents, on est malade, on vieillit, on meurt…

— Pas seulement. On est heureux aussi.

Il hoche la tête et sourit avec indulgence.

— Oui, aussi…

S'installe un silence que je ne sais interpréter, me laissant un instant bouche bée.

— Pourquoi ne retournes-tu pas au Maroc ?

J'ai eu si souvent envie de poser cette question. Cette fois j'ose.

Mon père fronce les sourcils et paraît explorer la question sous toutes ses facettes.

— Nous sommes venus parce que tu voulais travailler, n'est-ce pas ? Tu devais gagner de l'argent, faire construire une maison au pays, rester quelques années puis y retourner. Pourquoi rester, maintenant que tu n'as plus de travail ?

Papa se contente d'un signe de la main, celui qu'il utilise quand il n'a plus envie de parler. Puis, comprenant ma détermination, se ravise.

— Tu connais le Maroc, toi ?

La question me surprend. Commence-t-il à perdre la tête ?

— Ben… Nous y sommes allés en vacances.

Des images s'animent dans mon esprit, clichés figés ou scènes animées, couleurs, odeurs. Un village, une végétation éparse, une jolie maison, le regard envieux et agressif de certains, les sourires de la famille, le soleil harassant, les longues journées de fête et parfois d'ennui.

— Ça ne s'appelle pas connaître le Maroc, ça. Retourner là-bas ? Pour quoi faire ? Il n'y a pas de travail non plus. Et... ils ne nous aiment pas tellement, tu sais. Pour eux, nous sommes français maintenant.

— Les Français nous aiment encore moins. Pour eux, nous sommes arabes.

— Pas toi, mon fils. Pas mes enfants. Mes enfants sont français. Vous avez une chance de réussir ici.

— Non, pour eux, je suis un Arabe. Ils ne m'aiment pas. Tu as entendu ce qu'il se passe avec la police ? Ces Arabes qu'ils frappent, qu'ils humilient ! Et personne ne bouge !

Papa hoche la tête tristement et je regrette mes paroles. Pourquoi lui compliquer la vie ? Pourquoi l'amener à douter plus encore de ses choix ? Il a sacrifié une partie de sa dignité pour nous offrir une existence meilleure et je suis en train de lui expliquer qu'il s'est trompé.

— Entre deux douleurs, choisis celle qui provoque les cris les plus supportables, disait ma mère.

Je prends sa main dans la mienne. Le premier geste d'intimité avec mon père, et le dernier. Un élan de tendresse immédiatement découragé par notre pudeur commune. Ma main se fige et mon geste se transforme en banale et embarrassante poignée de mains.

XIX

Le racisme ordinaire

Mounir

La lassitude agit comme une coulée froide ; elle enveloppe la poitrine, l'étreint, ralentit la respiration, fige le pas, ankylose les pensées. Là, dans ce local, je me sens inutile et l'envie de tout arrêter me saisit. Alors, je regarde un à un ces enfants, adolescents, hommes et femmes, perdus dans cette cité, entrant dans la salle pour réclamer de l'aide ou simplement y trouver un moment de répit, de la chaleur humaine. J'imagine leurs vies, leurs difficultés, leurs humiliations, leur avenir assombri. Et j'ai la sensation étrange qu'ils sont devenus une partie de moi. Mon avenir est lié au leur. Je pense à mes projets grandioses : mes nobles idées gagneront-elles la bataille de la réalité ? Je suis jeune, agir dans cette association est une étape dans un parcours qui me portera vers d'autres objectifs, aussi je doute. Une mélancolie me gagne. Il y a tant à faire. Pas demain, ni après-demain mais aujourd'hui, dans une heure, tout de suite.

Les cours de rattrapage, l'éveil musical, les ateliers graphiques se sont transformés en garderies. Les enfants viennent, s'assoient, discutent, prennent un goûter, s'amusent, s'endorment. Nous tentons de conserver un sens à leur présence ; mais ils n'écoutent guère, fatigués d'avoir supporté les impératifs de l'école. Et puis comment parler de musique à un gamin qui a le ventre vide, connaît seulement la violence, les cris et les échecs, les siens, ceux de ses parents ? Alors, lentement, nous renonçons et répondons à leurs demandes. J'aime chacun de ces enfants. Les plus durs, ceux que l'école rejette parce qu'elle ne sait pas gérer les cas individuels, parce qu'elle prépare de futurs citoyens selon un schéma précis, contrôlé, validé, sont mes préférés. Car derrière leurs attitudes de petits caïds je décèle des doutes, de la peur. De l'amour également. J'aimerais à certains moments les prendre dans mes bras et les consoler, mais je sais qu'ils le refuseraient. Comme toujours, tout sentiment exprimé relève de l'aveu de faiblesse. Il arrive que certains se laissent aller à une confidence, un sourire, un mot gentil quand ils sont sûrs de ne pas être vus ou entendus. Et c'est là, dans cette brèche, que j'insère un coin d'espoir, que je retrouve de l'énergie.

Les ados passent de temps en temps. Pour prendre un café, discuter. Nous jouons les grands frères ; ils nous respectent en tant que tels. Pourtant, parfois, leurs attitudes se font plus dures et ils nous défient. Notamment lorsque le mec du quartier disparaît derrière l'animateur, nous transformant à leurs yeux en représentants d'un ordre et en gardiens de la normalité. Il nous faut donc parler comme eux, aussi fort, avec un vocabulaire direct, de la rue, bref réinsuffler de la sensibilité à notre fonction.

Il y a également les filles, celles qui fuient la maison, le ménage, les engueulades et désirent se confier. Celles que le présent enferme et que l'avenir écarte. Elles parlent de leur père épuisé par le travail, de leur mère soumise, de leurs frères tyranniques et du garçon qu'on leur destine mais qu'elles ne connaissent pas, n'aimeront peut-être jamais.

Sans oublier les parents, qui viennent pour un courrier, un conseil. Ces mères éreintées par tant d'efforts, et ces pères anéantis par le chômage, dos et regards brisés.

Tous forment un peuple ballotté par des forces qui leur échappent. Mon peuple.

— On ne peut pas continuer à être un lieu de passage, une salle d'attente ! Nous sommes en train de nous substituer aux organismes dont c'est le métier. L'école, les administrations, les associations d'entraide…

C'est Taleb qui parle. Il craque, aujourd'hui, comme à plusieurs reprises déjà. La différence est qu'il le fait à voix haute.

Mourad hoche la tête.

— Je suis d'accord avec toi ! Mais que veux-tu que nous fassions ? Que nous les renvoyions chez eux en disant : « Vous ne pourrez rentrer ici qu'en acceptant d'écouter du Bach ou du Mozart ou de prendre des cours de grammaire ? »

— Donc, tu t'avoues vaincu ? Ton fatalisme ressemble au leur, Mourad. « Ci comme ça ! Ci le mektoub ! » Tu oublies que notre vocation est de créer un changement, de nous mouiller, pas de rentrer dans l'eau et de nous laisser porter par le courant. On doit tout faire pour maîtriser notre – leur – énergie, la canaliser, l'utiliser et la diriger vers d'autres actions plus valorisantes, plus porteuses ! On ne tient plus rien ni personne ! Tu as vu ce qui se passe partout en France ? Des Arabes sont frappés, agressés, tués, par des fachos ou des flics ! À Marseille un CRS tire à la mitraillette sur un jeune de dix-sept ans, Lahouari Ben Mohamed, et fait seulement trois mois de préventive ! Et Abdelkhader Lareiche, un gamin de quinze ans, tué par un gardien d'immeuble à Vitry-sur-Seine ! Et Kamel Ben Ali, tué à Genevilliers par un membre du FN. Ce facho a été remis en liberté sous caution ! La vie d'un Arabe ne vaut pas celle d'un catho ! On nous tire comme du gibier ! C'est presque devenu un loisir chez certains ! Et nous, on continue à initier les nôtres aux subtilités de la langue d'un pays qui ne veut pas d'eux ! On est complètement à côté de la plaque !

Comme je sais que Mourad n'aura pas d'autre choix que de répéter ce qu'il a déjà dit, j'interviens.

— Nous sommes d'accord avec toi, Taleb ! Mais impossible du jour au lendemain de changer les choses ! Il est nécessaire de repenser notre action avec plus de modestie. Être utiles, c'est déjà pas si mal.

— Utiles à qui ? À quoi ? Notre rôle est de les amener à prendre conscience de leur identité, de leur pouvoir, à saisir les chances qui leur sont offertes de s'intégrer ou à se battre pour revendiquer ce à quoi ils ont droit. Et ils ont droit à la dignité ! Mais nous, on se contente d'assistanat bas de gamme.

— Nous ne sommes pas une association politique !

— Ce qui ne nous empêche pas d'être subventionnés par les institutions publiques, ajoute Warda, une nouvelle animatrice. Ce qui prouve bien qu'on fait œuvre utile et que la ville, comme les socialos, approuve.

— Les institutions achètent de la tranquillité en nous filant une misère afin de calmer les fauves, c'est tout, ironise Taleb.

— Là, tu vas trop loin, rétorque Mourad.

— Mais il faut nommer les choses pour les comprendre et les combattre. Regarde les jeunes du quartier : ils se font refouler des boîtes, traiter de bicots, de melons, de ratons, ne trouvent pas de travail, aucun logement ! Ça va péter ici aussi ! Et partout ailleurs ! Vous le savez tous, que ça va péter ! Et pourtant nous faisons semblant de… nous rendre utiles !

— Et alors ? demande Kamel, le musicien de la bande. On sait tout ça ! On s'est tous fait interdire l'entrée des discothèques ! Qui, parmi les personnes ici, est déjà entré au Palladium, à l'Aquarius ou au Drungly ? Personne. Qui n'a pas connu les insultes ou été humilié par les flics ? Aucun d'entre nous. Mais quoi… tu as une solution ?

Le silence s'abat sur le groupe.

— Nos parents ont toujours pensé qu'ils n'étaient que des Algériens, des Marocains, des Tunisiens en France, reprend Taleb d'une voix résignée. Ils ont marché la tête baissée, tentant de remuer le moins d'air possible, de ne pas déranger, de se faire oublier. Ils nous ont transmis ce complexe et nous finissons par accepter les humiliations parce qu'elles font partie de nous. Mais, à la différence de nos parents, nous nous sommes français ! Mettons-le-nous dans le crâne ! Alors, revendiquons cette richesse, revendiquons notre identité, proclamons notre citoyenneté, n'ayons plus honte. Comment demander aux autres de nous accepter si nous-mêmes refusons de le faire ? Quand nous serons suffisamment fiers de nous, enfin, on parviendra à se faire reconnaître des autres.

Ses paroles ont résonné avec une force inédite dans le petit local ; leurs échos ont cogné sèchement contre les parois et atteint nos cœurs.

Alors quoi ? Quitter le centre ? Entrer en politique ? Créer une association à visée revendicative ? Mais qui apportera du réconfort à ceux qui nous rendent visite chaque jour ?

C'est vrai, nous sentons l'imminence d'une révolte. Elle se lit dans le regard des jeunes, dans leur manière de tordre la bouche pour contenir la colère, dans leurs provocations. Il y a eu trop d'exactions, d'agressions de la part des flics, des fafs. Et personne pour les dénoncer. C'est à peine si les médias en parlent. Comme si c'était normal. Les agresseurs ne sont jamais inquiétés, pire, la justice les disculpe, les relâche. Si au moins nous entendions des voix s'élever contre ces actes ignobles, les nommer, les fustiger ! Si seulement nous entendions plus de médias, mais aussi la population, les représentants des partis politiques dire qu'il n'est pas normal qu'un Arabe se fasse tabasser parce qu'il est arabe ! Qu'il n'est pas normal qu'un Arabe se voie refuser l'entrée dans une discothèque parce qu'il est arabe ! Qu'il n'est pas normal qu'un Arabe se fasse sans cesse contrôler parce qu'il est arabe… nous nous sentirions moins exclus. Nous saurions qu'il existe une frontière entre le bien et le mal ! Mais non… blackout ! Ne pas nommer pour ne pas mettre le feu. Ne pas dénoncer pour éviter les confrontations. Confier les blessures au baume du temps. Mettre les ennuis sous le tapis. Espérer que les jeunes, comme leurs parents, se résigneront à courber l'échine, à se faire humbles, à se taire. Mais ils n'obtiendront rien ainsi. Le ressentiment grandit, se transforme en haine qu'ils ne parviendront pas à contenir quand elle explosera. Car elle explosera. Malgré les naïfs utiles comme nous.

La fumée des cigarettes ondule mollement au-dessus de nos têtes, masse opaque, presque compacte. La sono expulse péniblement une musique aux accents saturés. La fête ressemble à une surprise-party de collégiens : boissons non alcoolisées, cigarettes, mauvais matériel, bruit infernal, attitudes compassées, timidité masquée, rires exagérés. Mais l'ambiance est bon enfant. Tout le monde se croise, se sourit ou s'ignore, exprime du plaisir ou mime l'indifférence. Certains dansent discrètement. Je repère cependant quelques visages dubitatifs voire fermés, méfiants.

— Alors, tu en penses quoi ?

Je tends un verre en plastique rempli de Coca à Raphaël.

— Eh ben… trop d'Arabes ! répond-il.

— Ta gueule ou je prends le micro et je crie : « Mes frères, des juifs se sont infiltrés ! »

David mime l'effroi et nous rions. Je devine pourtant qu'ils ne se sentent pas à l'aise dans notre local. Mais, lorsque Raphaël a téléphoné, je préparais mon petit événement. Je l'ai invité en boutade, comme pour le défier, ou parce que j'étais joyeusement surpris qu'il prenne de mes nouvelles après d'aussi longs mois de silence. Parce que j'avais envie de le voir aussi. Il est venu avec David et Michel, l'un de ses nouveaux amis.

— Non, c'est sympa… ils ont l'air content d'être là, ironise ce dernier.

— C'est une première, je réponds. Ils sont prudents.

— Ambiance bien calme tout de même, remarque David.

— Ne te fie pas aux apparences, ça peut partir en banane à n'importe quel moment. Il y a des petits caïds capables de foutre tout en l'air pour un regard trop appuyé.

— Tu balises ?

— Non, j'ai confiance. Ils savent que si ça marche ce soir, on pourra remettre le couvert souvent. Ils ont besoin de moments comme ceux-là. Et ils nous respectent. On s'occupe de leurs petits frères et sœurs, de leurs parents aussi…

Un grand à l'allure dégingandée s'approche, il a la chemise ouverte sur un torse glabre.

— Pas mal la discothèque, Mounir ! Mais, elles sont où les gonzesses ? Tu as déjà vu des boîtes sans fille toi ?

— J'ai jamais vraiment vu de boîtes, akhoya, et vu ta tête, je pense que t'es dans le même cas.

Le grand s'esclaffe, me tape sur l'épaule et s'éloigne.

Il y a en effet très peu de filles. Sept ou huit, pas plus. Assises ensemble à une table et riant discrètement. Pas arabes. Les « mâles » coulent des regards hautains, presque agressifs, vers elles ou les ignorent.

— Ils ont interdit à leurs sœurs de venir. Mais bon, c'est une première. Ils souhaitent peut-être voir comment ça se passe. Je ne désespère pas de voir les filles du quartier participer à une prochaine soirée.

Nous promenons un regard attentif sur ces garçons et nous amusons des attitudes qu'ils adoptent.

— Alors ce sont eux les terreurs de Vaulx-en-Velin ? plaisante Raphaël. Eux dont la simple apparition fait trembler les Français du centre-ville ? Pourtant, là, ce sont juste des jeunes qui se la jouent Al Pacino dans *Scarface*. « Fuck You, son of a bitch ! »

Je pose une main sur son épaule.

— Merci de m'avoir invité, dit-il.

— Tu plaisantes ? C'est le meilleur guet-apens de juifs jamais organisé.

Je lui assène une petite claque derrière la tête et il fait mine de se lever, genre colère caricaturale de racaille.

— Tu as l'air bien, ici, dans cette association.

— Oui, je me sens utile.

— Et la politique ?

— La politique ? C'est ça la politique, mon frère ! J'en fais tous les jours de la politique. Et même de la diplomatie ! Certains, au centre, aimeraient que nous créions une association pour défendre les droits des habitants du quartier ou contre le racisme, mais je ne sais pas… J'hésite. Et toi ? On m'a dit que tu appartenais également à une association. Il faut que tu m'invites !

David et Michel paraissent embarrassés.

— Non, je milite au PS. Enfin, je milite… J'assiste à des réunions. Mais je ne suis pas encarté.

— Je ne parlais pas de ça. J'ai entendu dire que tu t'occupais de soirées juives également !

— Ah ! OK. Oui, je donne un coup de main pour l'organisation, c'est tout. Ça me fait un peu de fric.

Michel et David échangent un regard amusé. Me sentir exclu de leur complicité me touche.

Je suis sur le point de l'interroger quand un brouhaha émerge de l'extérieur. Tout le monde se dirige vers la sortie.

— Merde, à tous les coups ça se frite !

Je me précipite, Raphaël et ses copains m'imitent et nous parvenons à nous frayer un passage.

Une lumière bleue lèche les murs du local.

— Les flics ! annonce Mourad.

— Qu'est-ce qu'ils foutent là ?

Trois voitures sont stationnées à quelques mètres devant le bâtiment. Une dizaine de policiers en sortent. Un grondement d'insultes s'échappe de la masse des jeunes.

Un animateur tente de contenir les plus hardis, les empêchant d'avancer vers les intrus.

— Calmez-vous. Il n'y a pas de problèmes. On va juste discuter, c'est tout. Rentrez à l'intérieur de la salle.

Mais personne ne bouge.

Mourad et moi allons à la rencontre des policiers.

— Allez-vous faire enculer ! lance un jeune. C'est interdit de s'amuser ?

— Putain ! On peut même pas faire une fête dans notre local !

Les insultes fusent.

Je me retourne et, d'un geste, ordonne que les cris cessent. Après avoir palabré avec les policiers, je me dirige vers les plus enflammés. Raphaël m'interpelle.

— Qu'est-ce qu'ils veulent ?

— Ils disent qu'il y a eu des plaintes pour tapage nocturne. Des conneries ! La salle est éloignée des habitations. De la provoc encore ! Ils savent qu'en venant nous faire chier, ils excitent tout le monde. Ils espèrent que ça pète pour avoir le droit de nous rentrer dedans.

Je lève alors la voix.

— Ne tombez pas dans le panneau ! Ne dites rien ! Rentrez à l'intérieur. Nous avons le droit de faire cette soirée ! Aucun problème !

Durant un instant je pense avoir été écouté. Le silence se fait.

Puis une voix s'élève.

— Alors, si on a le droit, pourquoi y viennent nous chercher ? Moi je les emmerde, me font pas peur !

Des invectives éclatent.

— Allez vous faire mettre ! On est chez nous !

Les policiers se regroupent, se consultent.

Les insultes se multiplient. Je tente d'endiguer la colère mais des rebelles s'avancent.

Une pierre jaillit, puis une autre.

Les animateurs et quelques jeunes plus calmes tentent de s'interposer, mais il est trop tard.

Mourad nous pousse dans le dos, nous obligeant à entrer dans le local.

— Ils ont raison, ce sont des enfoirés. Mais ces cons tombent dans leur piège.

Dehors, le tumulte semble régner.

Révolté, j'ai envie de les rejoindre, de me battre avec eux.

Quelques minutes plus tard, le local est vide. Les flics partis, les jeunes rentrés chez eux.

— C'est dégueulasse. Ils cassent tout notre travail.

Des larmes perlent à mes yeux. J'en veux aux flics d'avoir sciemment troublé la fête. Aux jeunes de ne pas être parvenus à contenir leur colère.

— Tu vois, murmure David, c'est là toute la différence entre les Algériens et les Marocains. Les Algériens ne savent pas parler, discuter, parlementer. Ils réagissent tout de suite.

— Tu ne peux pas parler ainsi, je réponds. C'est dangereux d'utiliser de tels clichés.

— Arrête de jouer l'animateur sociocul épris d'équité ! Tu sais très bien qu'il existe une différence entre les immigrés de ces deux pays, comme entre tous, d'ailleurs. On n'est pas semblables, homogènes parce que les statistiques nous mettent dans la même case. Les Marocains ont hérité des valeurs d'un pays développé, dans lequel on a favorisé la culture, l'éducation. Ils sont plus instruits, plus polis, plus… occidentalisés.

— C'est du racisme, ce que tu dis. Et tu ne sais pas ce que vivent ces mecs au quotidien ! Il y a de quoi péter un plomb, je te jure.

— Je ne nie rien. Je dis juste que, dans ton quartier, il y a surtout des fils d'immigrés algériens et que ces mecs ne savent pas se tenir. Putain, s'ils avaient fermé leurs gueules et t'avaient laissé parler aux flics je suis sûr que ç'aurait calmé le jeu et que la fête aurait pu continuer. Mais ils se sont tout de suite emballés.

— Ce que tu ne comprends pas, c'est qu'ils n'ont pas réagi subitement sur le coup de cette provocation-là. Mais à cause d'une accumulation de brimades, d'injustices, de frustrations. Tu te rends compte que la plupart renoncent à aller se promener dans le centre-ville par peur d'être contrôlés à tout bout de champs, pour échapper aux regards craintifs ou haineux de certains commerçants et passants ? As-tu entendu parler de ces flics qui descendent des Arabes comme on écrase des araignées ? Tu penses vraiment que les rodéos en 1981 étaient motivés par la seule volonté d'exprimer une... sauvagerie innée ou culturelle ? Si tu crois ça, c'est que tu es devenu aussi con que les racistes qui nous pourrissent la vie.

J'ai dit ça sans haine, comme on parle à un ami. Mais David est touché.

Je reprends :

— Les Algériens ne veulent plus être des citoyens de seconde zone en France sous prétexte qu'ils n'auraient pas, comme certains l'avancent, une mentalité suffisamment occidentale.

— Mais ils ne peuvent pas demander aux Français de s'accommoder, voire de s'adapter à leur façon de vivre, rétorque David. Regarde en Israël, les Marocains ont fait des efforts et ils se sont intégrés.

— Putain, arrête de me citer Israël comme un exemple de société empreinte de justice et de valeurs sociales, s'il te plaît !

— Pourquoi ? Qu'as-tu contre ce pays ? se glace David. Allez, explique.

— Bon, les mecs, on arrête, intervient Raphaël. Vous réalisez qu'on est partis des problèmes de ce soir et qu'on se retrouve en Israël !

— Non, laisse-le exprimer le fond de sa pensée, insiste David.

— Raph a raison, reconnais-je. Nous sommes allés trop loin. Et nous sommes énervés et fatigués.

— Tu vois... Ça, c'est une réaction de Marocain ! s'exclame Raphaël en riant trop fort : sagesse et diplomatie.

Mes amis sourient mais le cœur n'y est plus. Michel a assisté à l'échange sans y prendre part, comme s'il était vain de remuer ces idées dans un tel contexte.

Je pensais renouer avec Raphaël ce soir-là, mais je me rends compte que nous nous sommes sans doute un peu plus perdus.

Moustapha est silencieux. Il garde la tête baissée, les bras croisés hauts sur le torse, comme pour mettre en valeur ses imposants pectoraux, les jambes allongées. Taleb pose un café dans un gobelet en plastique sur la table devant lui.

— Raconte ce qui s'est passé.

Moustapha ne répond pas.

— Écoute, mon frère, on ne t'a pas demandé de passer nous voir juste pour t'emmerder. On veut savoir s'il est possible de t'aider.

Moustapha lève ses grands yeux noirs et les pose dans ceux de Taleb. Des marques strient son visage. Sa lèvre inférieure est fendue et sa pommette droite enflée.

Ayant la réputation d'être un garçon solide et juste, un mec tranquille mais capable de se défendre, la nouvelle nous a tous surpris et bouleversés.

— Tu sais ce qu'il m'est arrivé, alors pourquoi tu me demandes ?

Taleb opine du chef.

— Tu connais le quartier. Une vérité qui passe par cinq personnes donne dix versions.

Moustapha jauge Taleb puis baisse à nouveau la tête.

— Je me suis fait bastonner par cinq mecs, dit-il avant de replonger dans sa mémoire.

— Eh bien tu vois, on nous a dit sept, puis dix et vingt.

J'admire la finesse de Taleb, parti le chercher au milieu de la scène pour le ramener ici. Moustapha l'observe à nouveau et amorce un petit sourire.

— Non, ils étaient cinq.

— Comment ça a commencé ?

Il respire profondément.

— J'étais seul dans une petite rue de Saint-Jean. J'avais passé la soirée chez des copains et me dépêchais d'attraper le dernier bus. Une voiture s'est arrêtée devant moi, les portières se sont ouvertes.

Cinq mecs sont sortis. Avec des barres à mine dans les mains. J'ai tout de suite compris. Ils m'ont insulté d'abord. Les trucs classiques : « bougnoule », « raton », « retourne dans ton pays »... Je n'ai pas répondu. J'essayais de trouver une solution pour me tirer de ce foutu piège. L'un s'est avancé. Il m'a dit : « Alors, le crouille, tu réponds pas ? » Il était petit, un peu gros, le visage rouge et des yeux de lâche. Sa gueule ne m'a pas plu. Je lui ai répondu d'aller se faire enculer. Il a levé sa barre au-dessus de ma tête mais, comme il était trop lent, lorsque son bras s'est baissé j'ai esquivé et saisi la barre. Je la lui ai arrachée et je leur ai fait face. Alors, ils m'ont entouré. Le premier a frappé, j'ai eu le temps d'éviter le coup mais les autres ont lancé leurs assauts en même temps. J'ai senti les coups, réussi à me défendre, à cogner. Et je suis tombé. Ils m'ont tabassé en m'insultant toujours. Ensuite, ils se sont arrêtés. Chacun son tour, ils m'ont craché dessus. Ils sont remontés dans leur bagnole et repartis.

— Tu as pris leur numéro d'immatriculation, demande Taleb ?

Moustapha hausse les épaules.

— Non, c'est un truc de flic ça. J'y ai pas pensé.

— Tu es allé porter plainte ?

Il fronce les sourcils.

— T'es sérieux là ?

— Oui. Quand on se fait agresser, on va chez les flics porter plainte.

Il ouvre un peu plus son sourire et je vois du sang coagulé dans la fente de sa lèvre.

— T'as raison. Et ils vont se mettre à leur recherche... À la limite, s'ils les trouvent, ils les féliciteront.

— Tu te trompes. On est dans un pays de droit.

Je regrette aussitôt ma réflexion.

Moustapha ne sourit plus. Il se lève et se met à marcher en gueulant.

— Putain, les mecs vous m'avez fait venir ici pour me balancer ce genre de conneries ? Dans un pays de droit ? De quel droit tu parles ? Du droit de ratonnade ? Les flics nous tirent comme des lapins ! Ils en ont crevé combien, ces dernières années ? Et ils sont tous en liberté ces enculés d'assassins ! Même les Français nous canardent, certains que la justice sera de leur côté ! Vous avez entendu parler d'Abdenbi à Nanterre ? Un mec tranquille, un étudiant je crois. Abattu comme un chien par un taré ! Et Wahid Hachichi ! Vous le connaissez ? Il était du quartier, un mec tranquille. Il s'est fait descendre par un type parce qu'il traînait autour de sa voiture. Et Mahmoud Sharouf mort à l'hôpital après s'être fait tabasser par des CRS parce qu'ils le trouvaient suspect ? Y a un mort par mois maintenant ! Les politicards s'en tapent ! On respecte plus les animaux que les Arabes dans ce pays !

Taleb me regarde et hausse les sourcils. Que répondre ? Les noms cités réveillent en nous des blessures récentes.

— Non, la solution c'est d'aller en bande traîner dans le coin pendant plusieurs jours. Et, avec de la chance, je les retrouverai.

— Parce que tu penses qu'ils viennent régulièrement par là pour casser de l'Arabe ? S'ils étaient armés de barres à mine, c'est qu'il s'agissait d'une expédition. Ils en feront d'autres ailleurs. La seule possibilité de les arrêter, c'est de donner leur signalement aux flics.

Momo s'agite.

— Oh, les mecs, faut sortir de votre bocal ! Arrêtez avec vos idées à la con. La vraie vie est différente. Dans la vraie vie les flics ne défendent pas les Arabes ! Dans la vraie vie ce sont les Français qui portent plainte contre nous. Pas l'inverse. Vous les avez vus, les flics, l'autre jour, lors de la soirée. Ça ne vous suffit pas ?

Il s'arrête, nous considère un instant.

— Allez, merde, je me casse. Merci pour le café.

Inutile de tenter de le retenir. Il sort et nous demeurons silencieux. Un silence comme un souffle froid. Un silence accablant. Un silence confirmant qu'en effet nous ne savons rien. D'un coup, je me sens impuissant, inutile.

Ils lui ont craché dessus. Chacun à leur tour.

— Mounir ! Agi lahna yawouldi. Viens ici, mon fils.

Papa m'appelle toujours deux fois. En arabe puis en français.

L'arabe et le français stoppent leur élan vers le frigo. Quand papa coupe la musique, je comprends que l'instant est grave. Je reste debout, face à lui. D'un geste il me désigne le fauteuil. Je m'assois.

Mon père penche la tête sur le côté et me dévisage comme s'il me découvrait.

— Tu as grandi, mon fils. Tu es devenu un homme.

Je ne sais trop quelle attitude adopter. Un silence s'appesantit durant lequel il baisse les yeux et paraît m'avoir oublié. J'hésite à me lever et partir, mais je sais qu'il a quelque chose à dire.

— Et ton… association ?

L'hésitation révèle sa véritable préoccupation.

— Ça se passe bien.

Il n'est jamais venu au local. Je l'ai espéré au début, pensant qu'il serait fier de me voir endosser de telles responsabilités. J'ai même imaginé le voir participer à certaines activités, retrouver le goût de sortir, d'aller vers les autres. Illusions éphémères.

— Tu donnes des cours de lecture, c'est ça ?

— Oui. On apprend à certains adultes à lire… Mais nous proposons aussi des animations pour les enfants.

— C'est tout ?

J'ignore où il veut en venir.

— Non, d'autres choses aussi. Comme aider les personnes à engager des démarches administratives, écouter les problèmes, délivrer quelques conseils…

— Des conseils ? Toi ?

Aucune ironie dans sa question. Pourtant, elle écorche ma fierté.

— Oui, parfois.

Il hoche la tête, pensif. Je le scrute pour découvrir une expression capable de révéler ses intentions, mais papa est seulement pensif.

— Au pays, c'étaient les vieux qui donnaient des conseils. La sagesse venait avec l'âge. Chaque village, chaque famille avait son sage et il était consulté pour toutes sortes de problèmes. Les jeunes n'auraient jamais pris le risque de faire part de leur avis. La France… Tout marche à l'envers ici. Les femmes travaillent, les enfants décident, conseillent, les hommes boivent… Koulchi m'gloub.

— Nous le faisons sur des sujets que nous maîtrisons et que les anciens ne peuvent pas connaître.

Ma réponse est vive. Je suis vexé de son jugement, même s'il n'y investit aucun sentiment négatif.

Il opine à nouveau.

— D'accord, souffle-t-il.

Il attend quelques secondes encore avant d'ajouter :

— On m'a dit que vous avez eu des problèmes avec la police il y a quelques semaines.

— Rien de grave. Nous avions organisé une fête et une patrouille est venue nous demander d'arrêter. Il y a eu un peu de bousculade.

Il m'interrompt.

— On m'a aussi dit que vous vous occupiez de défendre des victimes du racisme ?

— Oui. Enfin, on les dirige vers des associations plus spécialisées.

— C'est un peu une épicerie, votre truc. Une épicerie à conseils. Vous vous occupez de tout.

Si la remarque peut sembler ironique, le ton ne l'est en rien.

— Nous essayons d'être utiles. Il y a tellement de choses à faire…

— Quand on fait tout, on fait tout mal.

— Tu as peut-être raison. Mais le meilleur moyen de ne pas mal faire est encore de ne rien faire du tout.

Je regrette d'emblée cette réponse. Elle ne le vise pas. Répartie automatique. Je ne prends jamais assez de temps pour évaluer les conséquences de mes propos. Mais il ne semble pas affecté outre mesure.

— Tu sais, mon fils, je veux juste que tu évites les problèmes. Cette histoire de lutte contre le racisme… je ne pense pas que ce soit une bonne chose. Tu ne peux rien faire. Au contraire, tu prends le risque de te retrouver un jour face à des policiers et des juges qui n'aimeront pas d'où tu viens.

— Papa, nous ne pouvons peut-être pas changer la société, mais nous la ferons douter. Nous la ferons réfléchir sur ce qu'elle est, ce qu'elle produit, ce vers quoi elle se dirige.

Propos présomptueux de sociocul ! Je rougis.

— Je vais te dire une chose... La France, c'est comme un adulte violé dans son enfance qui n'aurait jamais voulu en parler. Elle marche la tête droite, le menton levé, et nous la croyons prétentieuse. Elle a le regard dur et nous pensons qu'elle est hargneuse. Elle répond non à toutes les questions, toutes les invitations, et nous sommes persuadés qu'elle est sévère. Mais c'est seulement un enfant violé qui joue à être adulte. Tu sais, un homme qui ne s'aime pas ne peut pas aimer les autres. Et les Français ne s'aiment pas. De quoi peuvent-ils être fiers ? De leur histoire ? Quand ils se retournent ils peuvent apercevoir les ombres des musulmans torturés et exécutés, un peu plus loin celles des juifs livrés. Bien sûr, plus loin encore il y a les princes, les rois... Mais ils les ont décapités. Alors, ils ne se retournent pas. Ils ne veulent pas de leur passé. Mais ceux qui n'ont pas de passé n'ont pas d'avenir. Les Noirs leur rappellent qu'ils ont été esclavagistes, les Arabes qu'ils ont été tortionnaires, les juifs leur lâcheté. Nous sommes les ombres de leur passé. Ils n'ont pas compris que nous étions au contraire une chance pour eux de renouer avec leur histoire.

D'un coup, lui qui s'exprime peu et court, a parlé comme un sage, plein d'une certitude rassurante. Je médite son propos dont la sobriété cache une logique féroce. Et s'il avait raison ? Et s'il suffisait que chacun prenne conscience de cette vérité pour que nous puissions écrire tous ensemble les prochaines pages de ce livre d'histoire ?

Comme s'il avait deviné mes réflexions, papa continue.

— Mais tu vois, ce ne sont que des mots. La réalité n'est pas simple. On ne peut pas forcer des hommes à parler de leurs fautes, de leurs douleurs, à expier leurs péchés. Les Français peuvent devenir méchants. Méfie-toi, mon fils. Si ta cause est juste, elle te dépasse. Et je n'aime pas l'idée de te voir les affronter. Il vaut parfois mieux laisser les choses avancer doucement avec le temps.

— Mais on n'a pas le temps, papa. Chaque jour des Arabes se font tabasser, insulter. Nous ne pouvons pas baisser la tête et attendre. Votre génération a pris ce parti parce que vous pensiez que votre temps, ici, était compté. Nous, nous savons que nous devrons vivre ici. Nous sommes français et nous voulons grandir en France en toute quiétude.

Mon père hoche la tête.

— Wakha akhouya. D'accord mon fils. Je joue mon rôle de père en te parlant. Tu joues celui de fils en me répondant. Si l'avenir a besoin de toi, alors avance. Tu as un avantage sur eux : tu as une histoire et tu peux en être fier.

Il laisse son dos retomber doucement contre le canapé et me sourit.

Pourquoi ne suis-je pas capable de le prendre dans mes bras et de le serrer fort ?

Peut-être parce que la vie m'appelle.

Sans doute aussi parce que j'ignore comment faire.

L'avenir avait-il besoin de moi ? Je le pensais alors. Ou j'aimais y croire afin de trouver l'énergie d'avancer. Les choses devaient pourtant changer. La situation était intenable, insupportable. Je m'épuisais chaque jour un peu plus à tenter de colmater les brèches d'un navire dont je n'entrevoyais qu'une infime partie. C'était de la folie, de la prétention, car il fallait être fou ou prétentieux pour se penser utile dans une époque en proie à toutes les crises et tiraillements. Il y eut d'ailleurs d'autres morts, d'autres acquittements d'assassins, d'autres révoltes. Je fulminais, enrageais de ne pouvoir agir. Alors, je plongeais dans mes livres. Je devais m'en sortir, réussir mes études, penser à moi pour, ensuite, venir en aide aux autres.

J'étais épuisé quand naquit un mouvement porteur d'espoir.

XX

Ensemble pour exister

Mounir

Décembre 1983

J'exulte ! Ils sont des centaines et arrivent sous les hourras et les applaudissements. Je crie et applaudis avec eux. Certains affichent un sourire embarrassé, d'autres expriment une liesse plus démonstrative et esquissent des gestes de victoire. Un courant frais me parcourt le dos. J'ai envie de rire, de sauter de joie. Mais les attitudes dignes imposent une certaine retenue. Je sais déjà que je rejoindrai la marche. Je continuerai avec eux, jusqu'à Paris !

Les journalistes sont venus ! Enfin, nous sommes écoutés ! Il y a du matos, du lourd, et un intérêt autre que la curiosité inquiète qui, jusqu'à maintenant, poussait les médias dans nos quartiers afin de traquer les clichés qui confirmaient leurs craintes. Nous ne sommes plus une minorité négligeable, génératrice de troubles à l'ordre public, de délinquance et d'agressivité, nous passons des rubriques « faits divers » et « justice » à celles « événements » et « société ».

Les leaders du mouvement répondent aux questions. Les autres se dispersent. Nous allons à leur rencontre. Tapes dans le dos, dans la main. Nous tendons des boissons, des sandwichs. Des groupes se forment. Discussions, anecdotes. Les plus volubiles racontent pendant que les autres sourient. Ils étaient trente-deux à partir de Marseille, dans l'indifférence la plus totale. Une seule personne les attendait à Salon-de-Provence. Contrairement à ce qu'on raconte, le téléphone arabe ne marche pas…

Et il y eut un article, puis deux, une radio, deux, trois… Et les voici à Lyon, nombreux, exaltés. Près de mille personnes.

Ils marchent pour nous, disent notre ras-le-bol : la justice partiale, la violence des flics, le dédain des politiciens, les ratonnades, les humiliations quotidiennes… Dès qu'un micro se tend, ils expliquent, témoignent, tentent de réveiller les consciences d'une France bien-pensante, indolente, parfois malveillante. Ils essayent de lui faire toucher du doigt notre réalité, de jeter sur nos vies un autre éclairage que celui imposé par la xénophobie. Nous ne sommes pas les petits voyous pleins de haine, de rancœur qui se réunissent pour préparer des mauvais coups présentés aux journaux télévisés en permanence, mais de jeunes Français en quête d'une vie paisible.

Quelle pitié que de devoir expliquer cela ! Quand la plus évidente des vérités est bafouée, l'expression directe et spontanée devient parfois la violence. Mais, cette fois, la réflexion a précédé les actes et les initiateurs de la marche ont préféré la méthode Gandhi. Agir pacifiquement, autrement, était la seule manière de nous rendre visibles, audibles. Marcher donne le temps d'organiser ses pensées, de modérer ses émotions. Je marcherai donc avec eux jusqu'à Paris. J'aurai enfin le temps de réfléchir.

Cent mille marcheurs à la Bastille ! Paris nous accueille en héros. Cris de joie. Taleb, parti avec moi, me prend par les épaules. La police est là… pour encadrer la manifestation. « Rengainez, on arrive », dit l'une des banderoles. Je passe devant un flic, le fixe. Son regard est dur. Il ne m'aime pas. Je ne l'aime pas non plus. Pourtant, aujourd'hui, il suffirait de si peu pour que nous puissions enfin nous parler… Je ressens à peu près la même joie qu'en mai 81. Mais, cette fois, je suis au cœur de l'action. Cette foule me ressemble. Elle parle de moi.

Il n'y a pas que des Arabes. Des associations nous ont rejoints, des partis politiques aussi, tardivement certes, mais ils sont là et se disent solidaires, concernés. « Vivre ensemble, avec nos différences, dans une société solidaire », est l'un des slogans de la mobilisation. Trop long je trouve. *Ce qui se conçoit bien s'énonce clairement,* paraît-il. Nos idées ne sont peut-être pas suffisamment claires, car trop chargées d'émotions. Les slogans sont bien loin des formules lapidaires de Mai 68. Mais nous avons tellement de choses à dire.

Le groupe Carte de Séjour est annoncé pour le concert qui clôturera la soirée. J'ai croisé Rachid Taha au lycée. Il venait y rencontrer ses amis. Son physique de rocker, ses longs cheveux noirs et bouclés, son regard rieur plaisaient aux filles. Et nous étions fiers de son succès. J'ai également fait la connaissance de Djamel Dif, le batteur, alors qu'il accompagnait un petit groupe qui, entre autres, jouait dans les fêtes de famille. Leur talent a rencontré le désir de la gauche de voir émerger des symboles d'une immigration capable d'exprimer sa rébellion autrement qu'à travers l'opposition frontale. Et ce même espoir semble porter les observateurs de la marche. Cette jeunesse, à l'image de ses leaders, est pacifiste. Elle crie ses aspirations à travers des slogans bon enfant. Il ne s'agit pas d'une bande de racailles venue des banlieues mettre en coupe réglée la capitale d'un pays qui les rejette et rêve d'en découdre avec les forces de l'ordre.

Pourtant, il me faut l'avouer, je ne croyais pas à l'initiative de Toumi Djaïdja et ses amis. Voir des Arabes unis par une cause me paraissait illusoire. Le manque d'organisation, les dissensions, l'incapacité à formuler une revendication commune enfermaient nos discours dans une logique de refus ou de résignation. Comme quoi, je suis moi-même victime des préjugés que je fustige chez d'autres.

Une délégation sera reçue à l'Élysée. C'est ce que nous apprend Fadila, une fille de Dijon ayant rejoint la marche en compagnie de quelques amis et avec lesquels j'ai sympathisé.

— L'Élysée ! hurle Taleb. On ne rentre pas au Palladium mais à l'Élysée, t'imagines !

— C'est quoi le Palladium ? s'enquiert Fadila.

— Une discothèque à la mode, à Lyon. Où on n'accepte pas les Arabes.

— Tu es arabe toi ? demande-t-elle non sans malice.

Ses cheveux noirs ondulent sur ses épaules. Elle a une bouche charnue et de belles dents blanches. Je crois que j'en tombe amoureux. Enfin, je ne sais pas… il y a tellement de sentiments mêlés dans cette aventure.

— Non, suédois. Mais je suis solidaire.

Nous rions. Ce n'est pas vraiment drôle mais nous sommes d'humeur à rire pour rien, ou juste pour vider un trop-plein de joie.

— Je suis sérieuse. Le mot arabe désigne les habitants de la péninsule arabique. Les Algériens, les Tunisiens et les Marocains ne sont pas arabes.

— Fadila, tu fais chier là. Tu ne vas pas nous asséner un cours de sémantique non ?

— C'est important. Les mots sont importants.

— Nous ne sommes donc pas des beurs ? questionne Taleb.

— Des beurs… La Marche des Beurs. C'est n'importe quoi ! Beur est le verlan d'un mot qui ne nous désigne pas. Vous avez vu avec quel plaisir ces connards de journalistes et de politiciens le prononcent ? Ils ont l'impression que le terme résume la totalité du phénomène, un mot magique pour rattraper leur retard sur une société qui se transforme plus vite qu'ils ne l'imaginent. Et puis, beur ça salit moins la bouche qu'arabe.

— M'en fous s'ils parlent enfin de nos problèmes. Nous sommes reçus à l'Élysée, Fadila ! Ce n'est pas rien quand même.

— Et alors ? Vous pensez sincèrement que notre cause deviendra l'une des principales préoccupations du président ? C'est de la communication tout ça ! Nous sommes reçus parce que les caméras sont là. Les beurs à l'Élysée ! Dites, j'y pense… Beur… beur… c'est pas du beurre que Brando utilisait pour se taper Maria Schneider dans *Le Dernier Tango à Paris* ?

Je n'apprécie pas ce genre de référence dans la bouche de Fadila. Un silence gêné s'ensuit. Taleb le brise.

— Tu tiens absolument à gâcher cet instant de pur bonheur ? Moi j'y crois au changement. J'ai voté pour. Et c'est pour ça que j'ai marché. Et là, j'ai envie d'être heureux, Fadila. Si, pour toi, ce monde n'est qu'un leurre, il ne fallait pas te joindre à la marche.

— Mais non, idiot ! Tu ne comprends pas ! Moi aussi je suis heureuse. Mais ce qui compte, ce n'est pas que les portes de l'Élysée s'ouvrent devant nous comme la mer devant Moïse, ni que ces idiots de journaleux soient heureux de se retrouver au milieu des Maghrébins sans craindre de se faire tirer leur caméra… pour moi, c'est toi, lui, moi, nous, ici, tous ensemble réunis qui vaut le coup ! Nous nous sommes reconnus et avons pris conscience de ce qui nous lie. Notre faiblesse, c'était l'absence de lien. Nous étions algériens, tunisiens, marocains. Et encore l'Algérois se sent si différent du Constantinois ou du mec venu d'un bled paumé dans les montagnes de Kabylie. Différences invisibles, dissensions ou indifférences. Et je ne parle même pas de notre manque d'intérêt pour les Palestiniens, les Libanais, les Iraniens... Grâce à cette marche, nous sommes enfin plus proches, solidaires...

L'argumentation est simpliste, mais convaincante. Elle ne fait pas dans la finesse, Fadila ; je la devine plus nuancée mais elle veut sans doute nous faire réagir.

Taleb s'emballe :

— De quoi tu parles ? La grande nation arabe ? Je ne me sens pas vraiment concerné par le sort des Palestiniens, c'est vrai. Ni par celui des Libanais. Encore moins par celui des Iraniens. En tout cas pas plus que par celui des Roumains, des Cambodgiens ou de je ne sais quel autre peuple. Pourquoi le serais-je ? Parce qu'ils sont musulmans ? Je ne suis pas pratiquant ! Et même si je l'étais : un Français se sent-il proche d'un Chilien ou d'un Péruvien parce qu'ils sont catholiques ?

Fadila hoche la tête pour exprimer sa lassitude, hausse les épaules et regarde la foule en mouvement.

— Laissez tomber, les mecs. Vous êtes trop jeunes et trop cons. Vous y viendrez. Pas par conviction sans doute. L'échec et l'humiliation seront... les lumières qui vous guideront dans l'obscurité.

Elle ne nous regarde plus, esquisse un signe de la main à destination de quelqu'un que je ne vois pas et s'éclipse. J'ai envie de la rattraper pour lui faire ravaler ce dédain.

Ou pour l'embrasser.

J'ai rendez-vous avec Raphaël au Café de la Poste. Nous ne nous sommes pas vus depuis des mois. Il m'a appelé quelques jours après la Marche.

— J'ai trouvé ça beau, Mounir.

— Moi aussi, cousin.

— C'est porteur d'espoir.

— Je l'espère, réponds-je, songeur. Tu sais, quand tu participes à ce genre d'événement, tout semble possible sur le moment. Mais je crains qu'une fois l'agitation terminée, nous ne soyons plus que quelques-uns à relever nos manches.

— Tu me parais néanmoins apaisé.

— Peut-être parce que je me suis exprimé. Comme dit ton vieil oncle ashkénaze, j'avais trop longtemps refoulé. Là, pas de divan mais des banderoles, des caméras, des micros... Et je t'assure, c'est efficace.

— Hasta la victoria, siempre !

— Inchallah.

Je lui parle alors de Fadila.

— T'es en train de me dire que tu es tombé amoureux ?

— Peut-être. Je te la présenterai. Elle est géniale.

— Fais gaffe, tu connais mes talents de séducteur.

— Aucune chance cette fois.

— Elle n'aime pas les beaux gosses ?

— Elle n'aime que les Arabes.

— Tu es tombé amoureux d'une raciste ?

Je ris et nous prenons rendez-vous.

Assis depuis dix minutes, je vois Raphaël apparaître. Je suis d'abord heureux de le retrouver mais son attitude me paraît froide.

— Salut mec !

Nous nous serrons la main.

— Qu'est-ce que tu as ? Pourquoi cette tête ? T'as pas l'air content de me voir.

— C'est ton foulard.

— Un cadeau de Fadila. Je lui ai demandé de m'accompagner mais elle était occupée.

Je n'avais pas pensé à ce détail. Je porte le keffieh parce qu'il s'agit du premier cadeau que ma nouvelle conquête m'a fait. Parce que c'est la mode, également, dans le quartier. Je le lui dis et il accepte l'explication. Mais je me sens soudain lâche d'avoir à me justifier. Si je ne suis pas aussi militant que Fadila, la cause palestinienne me touche. Cela dit, inutile de polémiquer avec mon pote.

— Bon, on se parle ou on se dispute ? je demande.

Il hausse les épaules.

— Tu es vraiment amoureux alors ? questionne-t-il, pour changer de conversation.

— Oui, je pense. C'est une fille spéciale. Et toi ? Tu t'es trouvé une jolie petite juive ?

— Non. J'ai des aventures, c'est tout.

— Avec des juives ou des goyas ?

— Des goyas.

— Tu es… sentimentalement antisémite ?

Il se marre.

— En fait, les filles juives de mon âge sont surtout à la recherche d'un mari. Elles ont toutes en tête le même parcours : trouver un mec gentil, le présenter à leurs parents, réaliser le plus beau des mariages, avec henné en tenue orientale et fête occidentale en robe de mariée hors de prix, faire des enfants, partir passer les vacances en Israël. Mais, auparavant, le prétendant aura dû réussir un test.

— Lequel ?

— Danser un slow romantique sur *Si j'étais un homme* de Diane Tell en regardant amoureusement sa gonzesse dans les yeux.

J'éclate de rire.

— Sans dec ! Diane Tell ?

— Ouais, il y a des icônes musicales dans le monde juif : George Benson, Gilbert Montagné, Steevie Wonder… Ce genre-là, quoi. Alors, tu imagines quand je leur parle de Led Zep, des Who, de Queen ou d'ACDC ?

— Bon, d'accord, mais à part cette différence, qu'est-ce qui te tient éloigné d'elles ?

Il réfléchit.

— Le respect. Je ne veux pas me moquer d'une petite feuj, sortir avec elle, éventuellement me la taper et ensuite la virer.

— Mais ça ne te dérange pas de te comporter comme ça avec des goyas !

— Sincèrement… non.

— Ça, c'est du racisme !

— Les Françaises sont émancipées. Elles couchent facilement. Par plaisir. Elles ne te réclament pas le mariage dès le premier soir.

— Alors que les feujs n'aiment pas baiser, c'est ça ?

— Arrête de m'emmerder ! Tu sais très bien de quoi je parle ! Les gonzesses chez vous sont pareilles !

— C'est cette culture orientale... On a tellement de choses en commun.

— Et pourtant... rien n'est comme avant, entre les juifs et les Arabes.

Raphaël devient d'un coup sombre et distant, comme s'il craignait que le sujet ne ternisse à nouveau notre relation.

— Tu sais... je crois qu'on s'est plantés toi et moi, dis-je. Pendant notre enfance puis au lycée, on s'est inventé une histoire de liens privilégiés unissant les Arabes et les juifs. Mais je crois qu'on décryptait notre propre relation en la généralisant.

— Mais nous n'étions pas les seuls à être amis ! répond-il. Au lycée, les deux communautés s'entendaient à merveille.

— Ouais, mais le lycée n'était pas le vrai monde. Pour un Arabe qui le fréquentait combien se retrouvaient en LEP ou déscolarisés ? Ceux qui, comme moi, ont eu cette chance se sont plus facilement rapprochés des juifs que des autres. Nous avions en commun une culture, une soif de réussir, un déracinement.

— Tu penses qu'il y avait déjà de la haine des deux côtés ?

— De la haine ? Non, c'est trop fort. Mais j'ai vu des mecs au quartier déblatérer sur vous. Ne me dis pas que tu n'as jamais entendu des feujs insulter les Arabes ? Tant que nous avions les fachos comme ennemis commun, ces ressentiments n'avaient pas de portée. Mais ce qui arrive en Israël a libéré la haine et la parole.

— Je ne comprends toujours pas pourquoi les musulmans de France se sentent concernés par ce qui se passe à des milliers de kilomètres d'ici alors que les pays arabes voisins s'en foutent.

— Je pourrais retourner l'argument : pourquoi les juifs de France sont-ils aussi solidaires d'Israël ?

— Parce que c'est notre pays ! Enfin, notre pays de cœur. Parce que nous y avons tous de la famille, des amis ! Parce que si, un jour, on veut encore s'en prendre aux juifs, Israël sera là pour nous accueillir. Vous ne pouvez pas dire la même chose concernant ce que vous appelez la Palestine.

— C'est vrai. Mais la souffrance des Palestiniens fait écho à la nôtre.

— Ah OK, c'est vrai que la compassion est l'une des valeurs fondamentales des musulmans. Il y a plein de peuples qui souffrent dans le monde ! Et aucun n'a la chance de susciter votre empathie.

Je ne réponds pas. Le terrain est miné.

— C'est tellement compliqué, finit par dire Raphaël… Enfin, le vrai danger aujourd'hui, c'est Le Pen.

Manière habile de dévier la conversation. Vers un sujet sur lequel nous ne pourrons qu'être d'accord. Pourtant, une gêne émerge. Plus même, je comprends qu'il a changé et que ce changement nous éloigne l'un de l'autre. Définitivement ? Je ne le sais pas encore.

Octobre 1984

Il fallait que la Marche accouche de quelque chose de concret. Quelque chose de suffisamment fort pour clamer aux racistes et au Front National que nous serions toujours là pour nous opposer à la haine qu'ils colportent. Car si le mot beur était devenu populaire, à la mode, derrière il se passait quoi ? Certes les élus se gargarisaient du terme, trop heureux d'avoir trouvé une expression moins sale, moins ambiguë, pour nous désigner. Un peu comme on prend un mouchoir pour saisir du bout des doigts un objet suspect. Pour autant, il fallait aller plus loin.

Alors, un mouvement structuré, ambitieux, revendicatif, aux accents agressifs est né : SOS Racisme. Où beurs, feujs, Blacks s'unirent contre leur ennemi commun, oubliant les problèmes qui, hier, les séparaient.

Nous allions repenser les banlieues, créer une nouvelle société, loin des discriminations, forte de nos différences. Moi, j'allais bientôt terminer mes études et la création de ce mouvement laissait espérer qu'une place m'attendait quelque part.

— Touche pas à mon pote ! Dire en si peu de mots la volonté de s'opposer aux racistes, de défendre ses amis quels qu'ils soient, en présentant une main protectrice… Ça, c'est un putain de slogan !

— Mounir ! m'admoneste ma mère qui n'apprécie pas que je prononce de gros mots.

— Désolé, ça m'a échappé.

— Mets-lui de la harissa sur la langue, maman ! plaisante Djamila.

Papa reste indifférent à la discussion. Les événements glissent sur lui. De plus en plus désabusé par sa situation économique, il se replie sur lui-même.

Nous sommes en train de dîner en famille, avec Fadila comme invitée. Elle s'est rapidement fait accepter par les miens. Seul papa paraît ne pas apprécier son tempérament fougueux, sa façon de prendre part aux discussions, son engagement. Pour lui, une femme doit rester discrète, et surtout ne pas se mêler de sujets politiques ou économiques. Alors, quand elle se trouve parmi nous, il se contente d'écouter et d'observer.

— Ça va rien changer, déclare Tarik.

— Tiens, le pessimiste de service…

Mon frère n'est pas tant pessimiste que pragmatique. Inscrit en fac de droit, il travaille dur afin de devenir avocat. Pour lui, les combats se gagnent avec des lois, non des symboles ou des déclarations d'intention.

— De nombreux Français sont racistes, explique-t-il. Et c'est pas en t'accrochant une main jaune sur la veste que tu vas les faire changer de nature.

— Je suis d'accord avec le petit ! clame Fadila.

Une forte complicité s'est nouée entre ma petite amie et mon frère. Celle que tout le monde considère déjà comme ma fiancée et Tarik, qu'elle aime appeler « le petit » car il nous dépasse d'une tête, partagent le même virus militant.

— La création de cette association exprime précisément qu'il existe un problème de racisme dans ce pays, je réponds.

— C'est de la naïveté, de l'angélisme.

— Au contraire ! Ils ont compris que l'efficacité de l'antiracisme passe par la médiatisation. Le slogan, cette main, sont des moyens d'être vus, entendus. Ils utiliseront leur notoriété pour défendre les victimes, révéler les injustices. Il sera beaucoup plus dur aux flics et aux juges de trouver des petits arrangements et de laisser en liberté les assassins d'Arabes.

— Peut-être, dit Tarik, touché par mes arguments. Mais ça ne tuera pas le racisme.

— Évidemment. Mais si la justice est rendue, au moins un grand pas en avant aura été accompli. Ça calmera, peut-être, les tarés qui prennent les Arabes pour des cibles mouvantes. Le changement de mentalité viendra plus tard, avec les nouvelles générations.

Tarik pose un regard tendre sur moi.

— Mon idéaliste de frère, sourit-il en me tapotant l'épaule.

Il adore inverser les rôles et jouer au grand frère, abusant de son physique plus costaud que le mien. En homme de décisions, il avance dans la vie sans illusions mais avec conviction. Il va jusqu'à moquer ce qu'il nomme mon « utopisme » non sans une condescendance plutôt agaçante.

Est-ce utopique de penser que chaque action engagée à partir de valeurs humanistes représente un pas vers une société plus juste ? Oui, si nous en venions à constater le peu d'effets des événements sur lesquels j'ai jusque-là fondé mes espoirs. Pas vraiment, si nous considérons qu'il faut du temps pour que les changements opèrent.

— Je n'aime pas ça du tout, murmure alors papa.

Ses interventions étant rares, nous sommes suspendus à ses lèvres, attendant qu'il en dévoile plus. Mais il paraît résolu à nous laisser nous débrouiller avec ces quelques mots.

— Vous n'aimez pas quoi ? monsieur Basri, relance Fadila. La création de cette association ?

— Non. Je n'aime pas... vos certitudes.

— Mais… nous avons des idées, des convictions ! se défend ma jolie fiancée.

— L'homme sage n'a que deux convictions : il mourra un jour et seul Dieu sait quand, comment et ce qu'il vivra avant. Ces certitudes rendent humble.

Fadila s'apprête à répondre mais je l'en dissuade d'un coup d'œil. Tarik sourit. Les incursions de notre père dans les conversations sont toujours des adages ou des pensées qui nous laissent sinon dubitatifs souvent songeurs.

Djamila se lève, se place derrière lui et pose sa tête sur son épaule. N'aimant pas le voir si défaitiste, si triste, l'entendre parler de mort, elle nous toise pour interdire la moindre réplique qui reviendrait à lui manquer de respect.

Touche pas à mon père !

XXI

Intégration, désintégration

Mounir

Maman pleure. Est-ce seulement la tristesse d'une longue séparation ou imagine-t-elle que je cours au-devant de grands dangers ?

Papa, lui, semble déconcerté. Je crois qu'il est fier de me voir effectuer mon service militaire « comme tous les Français » et, en même temps, étonné de réaliser à quel point son désir de trouver du travail en France, vingt ans plus tôt, nous a emportés plus loin qu'il l'envisageait.

Quant à moi, je suis anxieux, excité et plein de doutes.

— T'es sérieux ? Tu vas y aller ? avait demandé Lagdar alors que je revenais du quartier Général-Frère avec mon petit papier où un tampon rouge me déclarait apte après une journée et demie d'examens.

— Oui. Pourquoi ?

Le regard étonné de la plupart des mecs de la bande ne m'avait pas surpris.

— Mais t'es ouf ! C'est l'armée française ! T'es pas français, t'es arabe. Marocain quoi.

— J'ai la nationalité française.

— Et alors ? Tu te vois porter leur uniforme ?

— Pourquoi pas ?

J'essayais de paraître sûr de moi mais leurs remarques réveillaient la culpabilité que je ne pouvais m'empêcher de ressentir. Je m'étais toujours dit antimilitariste. Et l'armée française, eu égard à son passé, ne m'inspirait aucun sentiment positif. Mais je ne voyais pas comment lui échapper. Et, d'une certaine manière, le service militaire représentait une étape importante du processus d'intégration. De plus, l'idée de tenter une expérience aussi étrange ne me déplaisait pas. Partir loin de chez moi, découvrir un nouveau mode de vie, rencontrer des jeunes venus d'autres horizons, constituaient une aventure.

— Alors, si demain la France déclare la guerre au Maroc, tu combattras les tiens ? Tu feras comme les harkis ?

La question m'avait sonné.

— Heu... non. Bien sûr que non !

— Mais pourquoi t'as pas essayé de te faire réformer ? a demandé Farouz. Tout le monde y arrive. T'aurais fait le maboul, ils t'auraient classé P4 et t'étais tranquille.

— C'est ça ! Et je n'aurais plus eu la moindre chance de trouver du travail avec un dossier P4 ! avais-je rétorqué.

— T'as aucune chance de trouver du travail de toute façon, avait ironisé Lagdar.

J'aurais pu répondre que je comptais devenir enseignant et que mieux valait avoir effectué son service miliaire pour entrer dans la fonction publique, mais je n'avais aucune envie de partager ce projet avec la bande.

Beaucoup, au quartier, tentaient le tout pour le tout afin d'échapper à « l'année perdue ». Raphaël avait réussi à se faire réformer grâce à un dossier médical bidonné ; il avait prétendu être atteint de la « maladie périodique », une affection génétique qui touchait principalement les populations méditerranéennes. Pour lui, pas question de perdre du temps à jouer les soldats.

— Et puis ils sont racistes, à l'armée ! avait relancé Farouz. Tu vas te retrouver en compagnie de campagnards qui n'auront jamais vu d'Arabe et te détesteront quand même.

— Je suis d'accord avec Mounir, était intervenu Toufik.

— Ça m'étonne pas, ricana Farouz. Genre vous êtes des intellos et vous avez tout mieux compris que les autres.

— Il faut savoir ce que l'on veut ! s'était-il exclamé. Soit t'es marocain, algérien et tu es en France temporairement, donc tu peux t'en foutre de faire l'armée ; soit tu sais que tu vas faire ta vie ici et tu rentres dans les clous.

Les visages des copains avaient exprimé le dépit qu'ils éprouvaient devant une telle conception de l'existence. « Rentrer dans les clous »... Même ceux qui espéraient devenir français n'auraient jamais utilisé une expression aussi conventionnelle ; mieux valait conserver une attitude rebelle, montrer une part d'insoumission.

— Il a raison, avais-je alors enchaîné, afin de couper court aux moqueries. Je suis français. Mon père touche le chômage et les allocs. J'ai pu faire des études gratuitement et même bénéficier d'une bourse. Alors, si ça m'arrange d'être « dans les clous » pour en profiter, je dois aussi accepter d'effectuer mon service militaire... Même si ça ne m'emballe pas vraiment... comme tous les jeunes.

— Oh les bouffons ! s'était alors écrié Farouz, entraînant une salve de vannes.

Toufik avait haussé les épaules et nous nous étions éloignés.

Fadila s'était également moquée de moi, de cette insistance à vouloir m'intégrer coûte que coûte. Mais elle avait fini par comprendre ou, en tout cas, me l'avait fait croire. Bien entendu, cette séparation m'inquiétait. Elle pouvait se lasser de mes absences, rencontrer quelqu'un, m'oublier. Cependant, j'envisageais cette distance comme une épreuve. Si nous nous retrouvions dans un an aussi amoureux, cela montrerait combien nous étions faits l'un pour l'autre.

— Bon, on y va ? propose Tarik. Tu vas rater ton train !

J'embrasse mes parents, serre ma sœur dans mes bras. Elle sanglote, dit qu'elle m'écrira, qu'elle m'aime. J'ai la gorge serrée.

Dans l'ascenseur, l'ambiance, pesante, se charge de la peine de ma mère et ma sœur. De l'embarras de mon frère aussi, qui ne sait comment manifester son amour et sa tristesse de me voir m'éloigner.

— Tu vas être incorporé dans quel régiment ? demande-t-il, histoire de meubler le silence.

— 110e régiment d'infanterie.

— Et c'est quoi déjà, le nom du patelin ?

— Donaueschingen. Près de Fribourg, dans la Forêt.

— Putain, ça fait film d'horreur !

Nous rions.

— Fadila t'attend à la gare pour te dire au revoir ?

— Non, elle m'a exliqué ne pas aimer ce genre d'adieux.

— Moi non plus. Mais j'allais pas te laisser partir seul.

Décembre 1986

Un nouveau martyre. Une nouvelle entaille dans nos esprits. Profonde, sanguinolente. Malik Oussekine ne participait pas à la manifestation étudiante contre la loi Devaquet. Il sortait d'un club de jazz, rentrait tranquillement chez lui. C'était un garçon sérieux, un étudiant cultivé. Mais son physique l'a transformé en victime. Un Arabe, en pleine nuit, à proximité des lieux de la contestation étudiante contre la loi Devaquet, ne pouvait être qu'une racaille, un casseur. Des flics l'ont poursuivi jusque dans une entrée où il tentait de se réfugier, ne comprenant pas l'assaut de ces voltigeurs. Et là, ils l'ont massacré à coups de pieds, de poings, de matraques. Que s'est-il passé dans la tête de Malik. La douleur, la peur, l'incompréhension… J'essaye d'imaginer ces instants et les larmes, la rage me montent aux yeux.

Malik est mort à l'hôpital. Et rien… pas de regrets de la part des politiques, aucune condamnation. Ou si peu. Au contraire, les ministres de l'Intérieur et de la Sécurité ont pris la défense des flics ; le second a même fustigé les parents de Malik pour l'avoir laissé sortir le soir malgré son insuffisance rénale. Comme si ce genre de maladie condamnait à vivre reclus. Cette même nuit, Abdel Benyahia s'est fait descendre dans un bar par un autre flic, ivre lui, alors qu'il tentait de s'interposer dans une dispute. Je suis écœuré, révolté. Ça ne finira donc jamais ? Tous les espoirs suscités par l'élection de Mitterrand, par la Marche, puis par la création de SOS Racisme, étaient-ils voués à être si vite réduits à néant ?

Au quartier, les esprits s'échauffent, les insultes fusent, les promesses de vengeance se multiplient, toutes aussi crues et haineuses, pour extérioriser la colère, tromper la trouille d'être un jour une de ces victimes dont personne ne parlera et dont les agresseurs resteront impunis. Car nous ne doutons pas une seconde que la justice se rangera une énième fois du côté des bourreaux.

Les flics assassinent, la justice est corrompue… Comment imaginer que les plus désespérés, les plus perdus d'entre nous, puissent entrevoir un autre avenir que celui de piétiner les lois ? Quels messages leur envoient les tenants du pouvoir ? Quelle définition leur donnent-ils du bien et du mal ?

— Tu vois, rien ne bougera jamais, déclare Tarik en posant *Libé* devant moi, ouvert à la page relatant les faits.

Il a raison. Tant d'espoirs et si peu de changements. Faudra-t-il plus de temps pour percevoir les premiers signaux de l'évolution des mentalités à laquelle nous aspirions tous ? C'est ce que j'aime habituellement croire, mais j'avoue avoir, là, épuisé ma réserve d'optimisme. L'espoir réclame quelques faits victorieux pour subsister.

— Enculés de flics, vocifère Lagdar. Pour eux, un Arabe reste une cible. Tu peux créer tous les SOS Racisme que tu veux, ils ne changeront pas.

— Un jour, il y aura des Arabes dans la police, intervient Tarik. Et les choses évolueront peut-être.

— Oh ! Mon frère verse dans l'utopie, je m'exclame.

— Ce n'est pas de l'utopie, mais la logique des choses. Le jour où nous réussirons à nous imposer dans toutes les institutions, nous saurons enfin faire valoir nos droits.

— Ouais, ben c'est pas près d'arriver, clame Lagdar. Vous voyez beaucoup d'Arabes entreprendre des études pour passer les concours de l'administration ? La plupart sont en situation d'échec et dirigés vers les lycées professionnels. Quand ils ne sont pas exclus du système scolaire.

— C'est vrai, j'interviens. Nous avons eu la chance d'avoir des parents attentifs à notre avenir. Ils nous ont donné une éducation stricte, nous ont poussés à travailler à l'école. Mais beaucoup de nos copains se sont trouvés livrés à eux-mêmes. Parce que leurs parents ne comprenaient pas la France, ne savaient pas la décoder, préféraient se concentrer sur la nécessité de travailler, de ramener de quoi nourrir leur famille.

— Une génération a été sacrifiée, confirme Tarik, mais ce n'est pas seulement de la faute des familles. La France a toujours montré qu'elle ne voulait pas de nous. Quand tu es exclu et sans cesse humilié, tu finis par vivre en marge. Mais je suis certain que la génération qui suivra saura saisir les opportunités. Et il y aura des avocats, des juges, des médecins, des profs, des flics musulmans.

— Inchallah.

Novembre 1989

La question du foulard islamique embrase l'opinion publique et fait vaciller l'équilibre de ma relation avec Fadila. Nous avons des opinions divergentes à ce sujet. Elle défend le droit des gamines à se rendre à l'école la tête couverte. Plus même, elle enrage de les voir exclues, se révolte contre cette ségrégation qui fait des petites musulmanes les nouvelles cibles d'une partie de la population voyant dans l'islam une menace.

— Je trouve normal qu'on leur demande d'enlever le foulard dans une école publique, ai-je asséné durant l'une de nos frictions.

— Te voilà censeur maintenant, toi, le défenseur de la liberté d'expression ? rétorque-t-elle, hargneuse.

— Il ne s'agit pas de liberté d'expression ! Elles n'expriment rien.

— Elles expriment leur foi !

— Justement ! Nous sommes toi et moi des musulmans respectueux des principaux rites et traditions. Nous jeûnons pour le Ramadan. Mais nous faisons tout ça chez nous ! Parce que nous vivons dans un état laïc. Ces filles n'ont pas à exprimer leur foi dans un établissement public.

— La laïcité, c'est empêcher l'influence des religions dans les institutions publiques, pas leur négation.

— Mais le port du voile est visuellement invasif !

— Comme les minijupes ou la kippa ! Ce qui n'empêche pas qu'on laisse des ados aller à l'école en portant des tenues impudiques.

— Tu mélanges tout.

— Non, c'est toi qui mélanges tout. Tu t'es battu contre le racisme, l'ostracisme et aujourd'hui tu te ranges du côté de ceux qui, hier, étaient tes ennemis !

— Je me range du côté de la logique, Fadila. On ne peut pas demander à la France de faire des efforts pour faciliter l'intégration des populations d'origine étrangère et, dans le même temps, lui imposer ce genre de signes religieux. L'ostracisme, c'est le port du voile ! Tu sais très bien que c'est plus qu'un signe religieux, la revendication d'une différence !

— Une différence religieuse uniquement. Et de quelle laïcité parles-tu ? De celle qui nous contraignait à fêter Noël, à dessiner des barbus en traîneau et des sapins quand nous étions petits ?

— Le père Noël n'est en rien l'expression d'un rite religieux ! Et la fête de Noël à l'école se résumait à un moment de détente, de plaisir. On ne nous demandait en aucune manière de prier !

— Eh bien, moi, ça m'emmerdait Noël !

— Moi aussi. Au début du moins. Ça me renvoyait à ma différence.

— Ah, tu vois !

— Mais après, j'ai compris que c'était aussi un moyen de goûter à la France. D'ailleurs, tu le sais, pas mal de musulmans prenaient du plaisir le 25 décembre à partager un bon repas et même des cadeaux pour les plus chanceux.

— Ouais, mais aujourd'hui de plus en plus de jeunes Français musulmans retrouvent le chemin de la foi.

— Et c'est ce qui m'inquiète. Des imams à la ramasse s'insinuent dans leurs cerveaux avec des idées de merde qui n'augurent rien de bon.

— Les jeunes cherchent une identité, Mounir. Et l'islam leur en propose une. Il n'y a pas que des tarés chez les imams.

— Il y en a !

— Sans doute, mais les gamines qui veulent porter le foulard voient une nouvelle fois leur particularité rejetée. Tu imagines le traumatisme que de se voir désignées, à cet âge-là, comme ennemies de la République ?

— Est-ce la faute de la France ou celle des religieux qui leur demandent d'imposer leur foi en classe ? Elles sont instrumentalisées !

Elle jette sur moi ce regard que j'abhorre où elle fait mine de découvrir une face décevante de l'homme qu'elle veut épouser.

Mais c'est sans doute moi le plus étonné. Je la découvre toujours plus engagée et de plus en plus à l'écoute du chant de l'islam. Et ma seule crainte est de la voir s'éloigner, un jour, de moi.

XXII

Construire une vie

Mounir

Le mariage a lieu demain. Certains membres de la famille, venus assister aux cérémonies, sont hébergés à la maison, d'autres ont trouvé asile chez des cousins, oncles et amis. Dans la cuisine, les femmes préparent, en chantant et riant, des gâteaux. Les hommes, eux, sont allés se promener afin d'échapper à l'hystérie ambiante. C'est mon frère qui m'accueille, tout sourire et visiblement ému.

— Alors, comment te sens-tu ? demande-t-il en me gratifiant d'une tape sur l'épaule.

— Ben… Je sais pas… intimidé, stressé et en même temps heureux.

Il rit et me pousse vers la cuisine. Dès qu'elles m'aperçoivent, ma mère, mes tantes, cousines, voisines lancent des youyous, tapent dans leurs mains et entonnent des chansons dans une réjouissante cacophonie.

Maman m'observe avec fierté.

— Alors, comment te sens-tu ? interroge Djamila, comme s'il s'agissait de la seule question à poser à un futur marié.

— Il est intimidé, stressé mais heureux, répond Tarik à ma place.

Une tante approche, me serre contre elle et fait claquer deux énormes bises sur mes joues.

— Zine tahé ! Comme tu vas être beau en marié ! s'exclame-t-elle en agitant ses mains comme si elle s'éventait.

— Hey, hey, monsieur le professeur se marie, plaisante une autre en adoptant un air altier.

C'est mon surnom : « Monsieur le professeur. » Je suis devenu enseignant, mais tous me bombardent de ce titre. Pour eux, intégrer l'Éducation nationale procure une noblesse ayant pour blason le fonctionnariat, donc l'assurance de toujours posséder un emploi, la culture, qui permet d'accéder à un niveau de connaissance partagé par tous les Français, et la responsabilité, puisque l'avenir des élèves dépend de mon travail. Ils ne savent pas que ce fut pour moi un choix par dépit. Parce que je n'avais plus assez de volonté ni d'espoir pour aller jusqu'au doctorat ou tenter l'agrégation ; parce que je refusais de rester des années de plus à la charge de mes parents. Si ceux-ci n'ont jamais émis la moindre remarque, je savais à quel point leur situation financière s'avérait difficile. Il m'a donc fallu monnayer ma maîtrise d'éco et ma licence de socio contre un poste d'enseignant en techniques commerciales en LEP. Au début, je l'ai mal vécu. J'avais envie d'échapper à l'univers des banlieues, aux problèmes des jeunes, ayant suffisamment donné, y ayant en outre laissé forces militantes et illusions. Je pensais ne plus avoir l'énergie d'affronter les mêmes difficultés dans un lycée n'accueillant presque que des recalés de l'enseignement général. Fadila, elle, affirmait au contraire que je serais à ma place, que cette fonction représentait une opportunité d'aider des jeunes dont je connaissais le parcours, les craintes comme les problèmes. Elle avait raison. Et je me suis vite senti à l'aise dans ce rôle.

— Tu veux que je te dise une chose ? lance une tante, les mains dans la pâte à chbakya.

Elle n'attend pas ma réponse.

— Ta fiancée, elle est très jolie et très intelligente mais… elle a un gros défaut.

Ma mère fronce les sourcils.

— Lequel ?

— Elle est algérienne !

Les autres femmes éclatent de rire ou la rabrouent.

— Comment oses-tu dire ça la veille de son mariage ? Matahcheumch ? Laisse-le tranquille.

La tante, hilare, se rengorge.

— Et alors ? J'ai le droit de parler non ? Moi, vous ne m'enlèverez pas de la tête qu'il aurait mieux fait de se trouver une gentille Marocaine !

Le sujet n'a jamais été abordé avec autant de naturel. Une grande partie de la famille aurait, en effet, préféré que je trouve une femme parmi « les nôtres ».

— Les choses ont changé ! s'interpose maman, un peu piquée par la remarque de sa sœur. Ici, Algérien, Tunisien, Marocain, on s'en moque ! Tout le monde est pareil.

— Arrête… pas Tunisien quand même ! plaisante une amie.

Et toutes éclatent à nouveau de rire.

Djamila vient vers moi et m'entraîne loin de la cuisine.

— N'écoute pas leurs bêtises. C'est comme ça depuis qu'elles ont débarqué. Et encore, si tu savais de quoi elles parlent quand il n'y a pas d'hommes !

Elle pouffe.

— Tout est prêt ? Ton costume ? Tes chaussures ?

— Oui, petite sœur. Où est papa ?

— Au potager. Il a proposé aux hommes de montrer le résultat de ses talents de jardinier.

Depuis que la mairie lui a octroyé un petit bout de terre dans un jardin ouvrier, mon père y passe le plus clair de son temps. Personne n'y trouve à redire tant cette activité lui est bénéfique. Il s'y est fait des amis, déjeune souvent sur place et revient le soir avec des légumes qu'il pose fièrement sur la table.

— Tu crois qu'il est heureux que je me marie ?

— Et comment ! Tu le rends fier. Ton boulot, ton intelligence, ta prestance. Il ne dit rien, cache ses sentiments, mais je l'ai entendu parler à maman.

— Tu écoutes aux portes ?

— Forcément ! Histoire de ne pas me retrouver un jour dans l'avion pour Casa, livrée à un mari de cinquante ans ! s'esclaffe-t-elle.

Je la serre dans mes bras.

— Tu sais… je l'aime bien, Fadila, confie ma sœur. J'aimerais lui ressembler.

— Elle t'aime bien également.

Fadila exerce une certaine fascination sur ma sœur et nombre de membres de la famille. Son militantisme au sein de différentes associations et sa licence de droit en imposent. Sa liberté de parole intimide ou embarrasse, dans un milieu où les femmes ont plutôt tendance à faire profil bas et à se cacher dans l'ombre de leurs maris. Beaucoup pensent qu'elle n'est pas faite pour moi, me rendra la vie difficile, ne sera pas une bonne épouse, selon leur définition de ce rôle. Mais pas Djamila. Ma sœur a trouvé en ma future femme une confidente, un guide pour atteindre une vie dégagée des contingences et contraintes de la tradition. Certaines filles sont encore envoyées au pays pour être mariées à des hommes choisis selon des critères n'ayant rien à voir avec les sentiments ou la compatibilité d'humeur. Djamila n'encourt pas ce risque, mes parents ayant échappé à l'emprise des anciens et adopté un mode de vie occidental. Mais le retour à la religion opéré par papa a tout de même ranimé la crainte qu'il ne cède aux demandes des proches qui, dès que le corps de ma sœur s'est transformé, ont suggéré des cousins, des frères, des amis comme époux potentiels. Bien entendu, papa ne l'aurait pas forcée à se marier contre son gré mais il aurait exercé des pressions pour qu'elle accepte de rencontrer les prétendants.

— Elle m'a assuré qu'il y aurait de beaux garçons demain, glisse-t-elle en riant.

— Hey ! Tu veux que je joue le rôle du grand frère ? dis-je en montrant une main menaçante.

Elle la saisit, l'embrasse.

— Je suis tellement heureuse pour toi.

J'aurais aimé partager ces moments avec Raphaël, l'avoir à mes côtés le jour de mon mariage. Mais nous n'avions plus repris contact depuis la rencontre au Café de la Poste. Marié l'année précédente, il ne m'avait pas invité. J'en avais éprouvé de l'amertume. Je pensais que les seuls véritables amis étaient ceux que l'on se faisait durant l'enfance ou l'adolescence. Une amitié inamovible, ancrée dans les souvenirs, indifférente à l'éloignement et susceptible d'être ravivée à l'occasion de tout événement important.

Apparemment, il en avait trouvé d'autres et m'avait oublié.

J'aurais pu renoncer à la rancune et profiter de l'occasion pour renouer, mais des connaissances communes m'avaient rapporté qu'il militait dans une organisation sioniste, était devenu pratiquant. Il avait changé et je n'étais pas certain d'apprécier sa nouvelle personnalité. Lycéens, nous avions un jour évoqué nos mariages, et ri en imaginant la scène. « Un juif témoin du mariage de son ami musulman, ça aurait de la gueule, non ? » s'était esclaffé Raphaël.

C'était il y a longtemps. Et nous étions alors différents.

Partie 4

Le doute
Années 1990

Raphaël

Les années quatre-vingt-dix auraient pu être celles de la stabilité. Je m'installais dans mon statut d'adulte, en adoptais les postures et les responsabilités, goûtais au bonheur d'une vie de famille dont l'aventure allait s'enrichir de la naissance de trois enfants.

Je me sentais fort car j'avais une famille, un travail et un avenir. Mais l'antisémitisme allait ressurgir et troubler cette sérénité balbutiante. Un antisémitisme multiforme, capable de se réinventer pour décupler ses capacités de nuisance et instiller son poison dans les esprits.

Les événements réveillèrent mes doutes, mes craintes et écornèrent mon rêve d'un futur paisible.

Durant ces années j'allais devoir me résoudre à admettre une vérité : le judaïsme est incompatible avec l'insouciance.

XXIII

Les nouvelles expressions de la haine

Raphaël

Mai 1990

À quelles ignominies peut conduire l'antisémitisme ?

La question est caduque : l'histoire a déjà répondu. Après les horreurs perpétrées par les nazis, l'antisémitisme avait un temps fait profil bas, prenant soin de s'exprimer sournoisement, avant de relever la tête et de frapper les esprits à travers des insultes, des agressions physiques, des propos négationnistes… Après l'aube des espoirs, de 1981, une brume brune s'était répandue sur la France, où certains « disaient tout haut » ce qu'avant ils pensaient tout bas, répertoriaient les noms juifs dans les médias, qualifiaient les chambres à gaz de « détail de l'histoire », faisaient des jeux de mots répugnants, libérant la parole de beaucoup. Certes, avec de tels tribuns haineux, nous connaissions nos ennemis, savions de quoi ils étaient capables et avions appris à nous en protéger. Mais personne n'aurait imaginé que la haine donnerait un jour la main à la lâcheté pour investir un cimetière juif, en profaner des tombes, aller jusqu'à déterrer des corps et en empaler un ! Carpentras venait de nous montrer que la bête immonde, comme on disait autrefois, se réveillait.

— Ça ne peut pas être les Arabes, a affirmé Marc. Ils ont des valeurs et respectent les morts.

Dan a ouvert la bouche pour le contredire, mais s'est ravisé.

— Des petits nazillons, sans doute. Il n'y a qu'eux pour être aussi cons et lâches. S'attaquer à des morts…

Impossible de dire quoi que ce soit de plus sur un tel événement. Aucun mot n'aurait pu exprimer ce que nous ressentions.

Et, pour une fois, l'opinion publique paraissait compatir sincèrement.

Aussi, quand les appels à manifester avaient été lancés, nous avions pris rendez-vous : nous allions marcher ensemble, en silence, et écouter l'écho de nos pas nous dire si la terre de France continuerait à nous rejeter, vivants ou morts.

Janvier 1991

Des missiles pleuvent sur Israël. Saddam Hussein a mis sa menace à exécution.

Les amis que nous comptons là-bas nous avaient fait part de leurs craintes ou de leur confiance. Si certains redoutaient les dégâts possibles des scuds, d'autres se fiaient à Tsahal et à leurs gouvernants pour les préserver de la folie du dictateur irakien. En France, la peur au ventre, nous écoutons les informations, prions pour que les Israéliens ne soient pas touchés.

Jérusalem, Tel Aviv n'ont rien à voir avec cette guerre, mais Saddam Hussein, qui vient d'envahir le Koweït, pense atteindre et affaiblir les États-Unis en causant des dégâts à son allié dans la région, il espère également que son assaut, s'il réussit, lui ralliera les ennemis de l'État hébreu. La haine pour ce pays serait, selon lui, le plus petit dénominateur commun des musulmans, un atout qu'il compte exploiter à son avantage. Les Israéliens, eux, ont promis à Washington qu'ils ne réagiraient pas, ne se laisseraient pas prendre au piège du fou. Alors ils attendent.

Et nous avec. Nous prions et espérons que le système Patriot sera suffisamment efficace pour détruire les missiles lancés contre le pays. Je réalise, une fois encore, qu'Israël catalyse une grande part de mes peurs et espoirs, qu'il m'est impossible de me désintéresser du sort de ces lointains coreligionnaires. Contradiction : la religion et l'histoire me relient à ce pays, or ses habitants, pour la plupart, se sentent plus Israéliens que juifs. Et ils continuent à écrire leur histoire au risque de leurs vies alors que, moi, je suis confortablement installé dans mon salon.

Septembre 1995

L'école juive de Villeurbanne a été visée. Nous sommes une nouvelle fois sous le choc. La bombe se trouvait dans une voiture garée près de la sortie de l'établissement. À quelques minutes près, au moment de l'explosion des centaines d'enfants auraient déferlé dans les rues. Combien auraient été tués, blessés, mutilés ?

Nous savions tous qu'un tel attentat arriverait un jour. Après celui du métro Saint-Michel et ceux qui avaient suivi en ce mois de septembre, nous n'avions aucun doute sur le fait que les barbares s'en prendraient à nous. Pourtant, nous ne devions pas être suffisamment sur nos gardes puisque les terroristes ont pu abandonner sur place une voiture piégée pour commettre le plus horrible des actes. Comment imaginer qu'on puisse s'en prendre à des enfants ? Comme si ces fous avaient plus de scrupules que ceux qui sévissent en Israël ou ailleurs dans le monde.

Jusque-là, la menace était un concept qui attisait nos craintes, un sujet exploité par les médias. Désormais, elle est une réalité qui s'impose, froide, cruelle, terrible.

Je suis devant la télé et je serre Orène contre moi. Mon fils se dégage de mon étreinte pour continuer à construire une tour de Kapla. Plus loin, Aaron a entrepris de terminer une assiette de chips que personne n'a touchée. Ils ne fréquentent pas cet établissement, contrairement à de nombreux enfants de la famille et d'amis. Je tenais à ce qu'ils aillent à l'école publique, qu'ils apprennent la République, connaissent la diversité de notre société. La religion, les traditions se cultivaient, selon moi, au sein de la famille.

Ma femme téléphone à ses proches, ses amis. Elle veut être sûre que les journalistes ne mentent pas, que personne n'a été touché par l'explosion, prend des nouvelles des enfants qui fréquentent l'école, demande s'ils n'ont pas été traumatisés.

À mes côtés, David, Michel et Dan, venus dîner ce soir-là, accompagnés par leurs épouses, retiennent leur souffle jusqu'à la fin du reportage diffusé par le journal télévisé.

— Pourritures ! s'exclame David. Ces mecs-là n'ont aucune morale. S'en prendre à des enfants…

— Le GIA a massacré des femmes, des vieillards, des enfants en Algérie. Ils ont même éventré des femmes enceintes. Alors, pour eux, des juifs…

— Mais là ce sont des jeunes d'ici ! s'étrangle Dan. Ce Khaled Kelkal habitait Vaulx-en-Velin !

— Et alors ? C'est la même merde ! éructe David.

Aaron se retourne, surpris par la violence des propos.

— David ! Les enfants ! intervient Betty, son épouse.

Il offre une mimique d'excuse.

— Dieu était avec nous, lâche-t-il alors. C'est un miracle : la bombe n'a pas explosé au moment où ces… enfoirés souhaitaient qu'elle fonctionne. Celui qui ne voit pas la main de Dieu est aveugle !

— La force de David a toujours été de pouvoir passer de l'insulte à l'évocation de Dieu sans ressentir le moindre malaise, plaisante Michel.

— Toi, tu n'as de juif que le nom, lui rétorque David sur le même ton. Il ne mange pas cachère, ne respecte pas le shabbat et veut me donner des leçons de morale !

— Je suis sioniste avant tout.

— Moi je suis sioniste parce que juif. Merde, il faut se casser de France, les mecs ! Nous n'avons plus rien à faire ici.

— Et allez, c'est reparti ! je m'exclame.

Le rituel est, désormais, bien ancré dans la culture des juifs français. À chaque agression, chaque acte antisémite, le départ pour Israël squatte les conversations. Beaucoup l'évoquent, peu ont le courage de plier bagages. Comme si cette perspective était devenue une manière de jeter un sort à la haine, un moyen de nous souvenir qu'il y aura toujours une ultime solution, une position de repli.

Personnellement, je refuse cette option. Si je me dis sioniste convaincu, c'est parce que je reconnais à Israël le droit de vivre en paix et de se protéger, mais je suis avant tout français. La France est mon pays, celui dans lequel j'ai grandi, trouvé une femme fantastique et vu naître mes fils. Je m'y sens bien. En outre, fuir la haine relève de l'utopie, tant elle est ici, là-bas, partout.

Mais ce soir, la mort me paraît proche.
Et j'ai deux enfants.

Novembre 1995

Un juif a tué un juif. Pour des divergences politiques, un fanatique a ouvert le feu sur Yitzhak Rabin. Trois balles dans le dos. La nouvelle nous a frappés au cœur. L'assassin était-il fou pour oser éliminer un frère, fût-il son ennemi idéologique, et faire l'aveu au monde d'une faille dans le ciment de notre peuple ? Celui qui n'est pas juif ne peut pas comprendre notre stupeur, notre écœurement et la crainte nouvelle qui, soudain, nous étreint.

Lucien, un collègue, m'interroge.

— Bon, c'est terrible évidemment, mais l'histoire est jalonnée d'assassinats politiques ! Pourquoi êtes-vous si... choqués ? Parce qu'il s'agit de Rabin ?

— Non, parce qu'un juif a tué un autre juif dont il ne partageait pas les opinions.

Ma réponse le fait sourire. Il y voit sans doute l'expression de la prétention de ce peuple qui se pense doté d'une noblesse particulière, noblesse fondant sa prétendue élection.

— Il n'y a donc jamais eu de meurtres en Israël ? demande-t-il, malicieux.

— Bien sûr que oui. Mais... laisse tomber, c'est compliqué.

Lucien ne sait s'il doit voir dans mon renoncement la victoire de sa sagacité ou une nouvelle manifestation de mon arrogance. Mais je n'ai aucune envie d'expliquer. J'ai passé des années à tenter de sensibiliser, d'argumenter, défendre, justifier. Jusqu'au jour où un ami, juif de naissance et philosophe de formation – ce qui le rendait à la fois brillant et névrosé – m'a demandé pourquoi je perdais temps et énergie à essayer de convaincre les autres de l'intérêt de ma religion, de mon sionisme, de mon identité.

— Tu vois, avait-il dit, tout ira mieux pour les juifs le jour où ils cesseront de vouloir être aimés.

Devant ma mine interdite, il avait continué.

— As-tu remarqué à quel point les juifs veulent magnifier leur religion aux yeux des autres ? Comment ils essaient de convaincre de la beauté d'Israël, de son bon droit, de sa noblesse ? « Aimez-nous ! » supplient-ils. « Donnez-nous raison ! Voyez à quel point nous sommes gentils, respectueux, bien élevés ! » Et les voilà en train de démontrer aux profanes la sagesse du shabbat ! De pérorer sur la beauté des fêtes ! De discourir sur l'âme juive ! De s'enorgueillir des prouesses agricoles et technologiques des Israéliens, de la valeur du système démocratique du pays. Souvent, même, avec des arguments faux. Connais-tu d'autres peuples, races ou religions prompts à vouloir autant se faire apprécier ?

— Aucun peuple n'a subi tant d'oppressions durant toute son histoire ! avais-je opposé. Aucun peuple n'a connu une telle profusion de persécutions, ni de drames aussi absolus que la Shoah ! Parce que les goyims ne savaient pas qui nous étions. Parce qu'ils ne comprenaient pas notre religion, notre manière de vivre. Les juifs tentent peut-être seulement de dissiper les doutes, d'expliquer qui ils sont.

— Justement ! Prenons acte de cette incompréhension ! Partons du principe que jamais personne ne nous comprendra ni ne nous aimera. Que nous représentons, pour les nations, une énigme dont l'impossible résolution conduit toujours à la crainte, à la suspicion, au rejet ! Les Israéliens l'ont compris, eux ! L'avis de l'Occident leur importe peu. Pour quelles raisons devraient-ils se soucier de l'amour de ceux qui, hier, savaient ce qui se passait dans les camps mais ont continué à livrer leurs juifs ou ont refusé de bombarder les chemins de fer, les camps eux-mêmes ? Sincèrement, si nous devions être victimes d'un nouvel holocauste, qui s'en émouvrait ? Oh, bien sûr, il y aura toujours des justes et quelques bien pensants pour nous défendre. Mais sois sûr que l'indifférence finirait par gagner, que l'oubli viendrait et que le pardon serait accordé à nos meurtriers. Un juif qui cherche à être aimé est un juif qui n'a tiré aucune leçon de l'Histoire, qui ignore qui il est. Aujourd'hui, nous devons être forts, sûrs de nous, tournés vers l'avenir et le déchiffrer en songeant au passé, ne nous soucier que de nous, de notre sécurité, de notre devenir. Ne pas compter sur les autres, ne pas nous soucier de ce qu'ils pensent.

Ses remarques m'avaient occupé l'esprit plusieurs jours. Je refusais tout d'abord de considérer mon besoin de reconnaissance autrement qu'à travers la volonté d'être compris, un goût pour la dialectique, voire un sens profond de la sociabilité. Puis, analysant les comportements de mes coreligionnaires, et les miens, je dus reconnaître qu'ils trahissaient sans doute, en effet, un besoin d'amour, de reconnaissance, irraisonné qui, parfois, confinait à la servilité. Nous avions besoin d'attester notre loyauté, de prouver les valeurs qui nous animaient, de nous éloigner des caricatures diffusées par les antisémites d'hier et d'aujourd'hui. Nous ouvrions nos synagogues aux élus, les accueillions avec déférence, courbettes et sourires aimables, récitions la prière pour la France afin de témoigner de notre loyauté. Nous étions excessivement heureux de découvrir un article favorable aux juifs ou à Israël écrit par un goy tout en nous emportant à la moindre critique extérieure, vécue comme un déni d'identité, quand elle n'était tout simplement pas interprétée en expression d'antisémitisme. Bref, l'avis de « l'autre » nous importait. Trop. Cette attitude faisait de nous des quémandeurs d'amour (des « mendiants de l'amour », fredonnait un chanteur adulé de nos parents) ou des opposants vindicatifs à toute forme de critique.

J'avais donc fini par me ranger à son opinion : je ne me justifierai plus. Je poursuivrai ma vie sans me soucier une seconde de ce que les autres penseraient. Ma différence serait une richesse, relèverait de ma vie privée.

Alors, pourquoi tenter d'expliquer à Lucien les raisons pour lesquelles l'assassinat de Rabin me plonge dans cet état d'hébétude ? Il écouterait mes explications, ne les comprendrait pas, les oublierait pour ne retenir que l'avis qu'il m'a opposé. Oui, avec le temps, j'avais admis l'impossibilité de convaincre une personne aux idées opposées aux nôtres ou, tout au moins, fondées sur d'autres logiques.

Comment aurait-il pu comprendre que cet acte m'effrayait car il symbolisait ce que les juifs redoutent le plus : les luttes fratricides ? Ce que la Torah appelle la « haine gratuite », ces dissensions qui conduisent les juifs à se détester, se nuire, s'opposer pour des raisons factuelles, tronquées, élaborées hors des principes du Livre sacré. Or cette « haine gratuite » avait, voici près de deux mille ans, conduit à la destruction du second temple et à l'exode. Ashkénazes et Séfarades, religieux et laïcs, loubavitchs, breslev, harédims, Marocains, Algériens, Tunisiens, Oranais, Constantinois, béchariens… les divisions donnaient lieu à d'autres divisions, qui elles-mêmes se décomposaient en partitions qui, à l'extrême, pouvaient conduire à penser que seuls les proches méritaient considération et amour.

Mais ces oppositions, parfois extrêmement virulentes, s'évanouissaient face à l'ennemi commun. Tous unis contre les antisémites, les anti-Israéliens ! Et, jusqu'alors, elles ne conduisaient pas au meurtre.

Or là, un juif religieux, séfarade, partisan du grand Israël, avait tué un autre juif, ashkénaze, laïc, partisan de la paix. La Torah l'interdisait, mais lui l'avait fait.

Nous, juifs de la diaspora, confortablement installés et éloignés des fureurs de la guerre, nous avions conservé un idéalisme, des aspirations. À nos yeux, Israël n'était pas un pays comme les autres et ses habitants des êtres courageux, exemplaires ; des héros. Juste après la déclaration d'indépendance, Ben Gourion avait accueilli l'annonce d'un premier délit en s'exclamant : « Un vol ? Nous sommes enfin un peuple comme les autres. » Mais là, un père venait de tomber sous les balles d'un de ses enfants. Et je souffrais. Parce que nous devenions un peuple comme les autres.

XXIV

Tourner la page

Raphaël

Quand son regard se plante dans le mien, je comprends qu'il m'a convoqué pour une discussion musclée. Merde, que les patrons sont prévisibles ! Je sais même l'objet de l'affrontement.

J'aborde donc les sujets auxquels notre rendez-vous doit être consacré comme si de rien n'était. Je montre des maquettes, des projets de publicité. Il opine du chef, s'abstient de commenter, tente de faire comprendre par son air absent que ces questions ne l'intéressent en aucune manière. Je pourrais attendre qu'il prenne l'initiative mais je préfère le provoquer.

— J'ai l'impression que vous vous foutez de ces projets.

Interloqué, il perd un peu de sa superbe.

— Tu sais pertinemment que j'ai peu de choses à redire de ton travail. J'apprécie ton professionnalisme.

— Mais ?

Son tic, un clignement exagéré des yeux, trahit sa nervosité.

— C'est ton engagement religieux qui, aujourd'hui, pose problème.

Il voudrait que je réagisse, lui demande de préciser, mais je me contente d'attendre. Pas question de lui faciliter la tâche.

— Tu n'es pas sans savoir que ton shabbat crée des conflits.

Depuis quelque temps, certains salariés contestent le fait que les séminaires, dont raffole Armand Leduc, notre vénéré patron, se déroulent le samedi. Désireux de disposer de la totalité de leurs week-ends, face à son intransigeance ils utilisent mon cas pour obtenir gain de cause. « Nos raisons familiales sont aussi légitimes que celles, religieuses, qui permettent à Raphaël de ne pas être présent le samedi », grognent-ils.

Leduc va donc oser remettre en question notre accord. Si je parle, ma colère me trahira et lui en profitera pour rejeter la faute sur moi ! Muet, rester courtois et muet.

Confronté au silence, ses tics s'accentuent : nouveaux clignements d'yeux et mouvements du cou laissant penser que son col de chemise l'étrangle. D'un coup, il se lève et se met à arpenter le bureau.

— Tu comprends, ta situation me met en porte-à-faux vis-à-vis de certains salariés ! Ils savent que nous avons une relation privilégiée et pensent que je te couvre, que je fais une exception à cause de l'amitié qui nous lie.

L'imbécillité de la manœuvre me vexe. Comment ose-t-il penser que quelques compliments, des mensonges, excuseront sa trahison ? Et la fausseté des arguments ?

Il s'arrête et me considère, attendant une réaction.

— Que penses-tu de tout cela ?

— Je ne sais pas où vous souhaitez en venir.

À son tour d'être offensé par cette fausse naïveté.

— Ne joue pas à l'imbécile, Raphaël.

— En fait, je ne suis pas certain d'avoir compris. A priori, vous me demandez de laisser tomber ma pratique religieuse et de venir travailler le samedi. Mais j'ose espérer me tromper.

— Tu oses espérer ? répète-t-il en me caricaturant. Et pourquoi cela te paraît-il si inconcevable ?

— Parce que cela voudrait dire deux choses. Premièrement, qu'en dépit de nos relations privilégiées, de cette... amitié, vous me connaissez mal. Deuxièmement, que vous n'avez pas de parole puisque vous m'aviez assuré, lors de mon entretien d'embauche, que vous m'accorderiez tous mes samedis. Vous vous en êtes d'ailleurs vanté auprès de relations ou de journalistes pour démontrer la dimension éthique de votre management éclairé. Aussi, revenir sur cette promesse signifierait que vous avez perdu la mémoire ou... votre honneur.

Les muscles de sa mâchoire se durcissent brusquement.

Il fulmine et cherche ses mots.

— Mais… Je… je ne te permets pas de me parler sur ce ton. Tu es insultant ! Tu évoques des faits vieux de cinq ans. À une époque où nous étions une cinquantaine dans la boîte. Aujourd'hui l'effectif est quatre fois plus important. L'entreprise a changé, Raphaël.

— Non, c'est vous qui avez changé. Vous sacrifiez toutes les valeurs qui vous ont permis d'accomplir ce parcours au nom d'une autre, unique et absolue : le fric.

Armand Leduc ne tient plus. Il se penche sur son bureau, menaçant, et frappe du poing devant moi, attitude qui trahit sa fureur.

Je parviens à me maîtriser. Ma cause est juste, je le sais. Lui aussi. Et c'est la raison pour laquelle il s'emporte.

— Mais pour qui te prends-tu ? Tu n'as aucune leçon à me donner ! Tu es arrogant, prétentieux ! Comme tous les tiens d'ailleurs ! Votre religion est arrogante !

Son visage se tord.

— De toute façon, vous, les juifs, vous êtes sur terre pour faire chier le monde !

Si ses propos m'horrifient, ils ne me surprennent pas vraiment. J'ai toujours su qu'il portait ce genre d'idées en lui. Qu'il ne les divulguait pas car elles contrariaient son image de patron ouvert d'esprit, contredisaient la pseudo-charte éthique sur laquelle il désirait édifier l'aura de sa boîte. Mais ses incessantes remarques sur Israël, ses blagues douteuses, ses questions perfides constituaient autant d'indices du véritable fond de sa pensée, antisémitisme hérité d'une culture catholique intégriste réac. Mais je l'avais classé parmi ces antisémites qu'entre nous nous baptisions les « refoulés positifs ». Des individus de droite ou de gauche, qui souhaitent d'abord faire valoir leur tolérance, leur ouverture d'esprit, prétendant partager certaines de nos valeurs, font mine de s'intéresser à notre judaïsme, posent des questions sur les rites, la pensée juive, écoutent les réponses avec une attention exagérée, sourcils froncés, regard perçant. Des faux-culs qui parlent d'Israël, expriment leur soutien à ce pays « qui a su faire pousser des vergers en plein désert » et « sait se défendre contre les pays arabes agressifs » ; vont jusqu'à vous avouer leur racisme anti-Arabe, imaginant que, par définition, tous les juifs détestent les musulmans. Des pervers qui, pensant avoir endormi toute méfiance, commencent à asséner des propos sournois mariant assertions positives et questions vipérines, plaisanteries grossières et interrogations révélant le fond de leurs âmes. Du genre : « Moi ce que j'admire chez les juifs, c'est leur culture de la réussite. L'histoire vous a permis de gagner de l'argent et vous y avez pris goût » ; « Certains vous trouvent orgueilleux mais je pense que c'est une mauvaise perception de votre ambition, de votre soif de pouvoir » ; « Vous êtres vraiment solidaires les uns des autres (propos accompagné d'un geste de deux mains se serrant), je trouve ça très beau, mais peut-être cela dérange-t-il ceux qui pensent que vous complotez entre vous » ; voire : « On ne peut quand même pas vous tenir rigueur du fait que vos ancêtres aient tué Jésus. »

Armand Leduc appartient à cette catégorie. Issu d'une famille de catholiques proches de jésuites extrémistes, il s'est émancipé de son milieu mais son esprit n'a jamais réussi à évacuer les souillures de son éducation étriquée et sectaire.

Le boss réalise soudain la portée de ses phrases, bafouille quelques mots qui paraissent être des excuses, se rengorge, récupère l'attitude du patron éclairé.

— Bon, on s'énerve… et on en vient à dire n'importe quoi.

Cette rémission rapide réactive ma colère. Pourquoi ce « on » ? Je me lève, le cœur battant, la rage cognant contre mes lèvres, que je maintiens closes.

— Où vas-tu ? demande-t-il, inquiet.

Je ne réponds pas, je marche jusqu'à la porte.

— Nous n'avons pas fini de discuter ! lance-t-il d'un ton qu'il veut ferme. Viens t'asseoir.

Je fais volte-face, avance vers lui. Dans ma tête, le sang afflue. Je serre les poings. Ma vision se trouble. Je suis redevenu un gamin de quartier prêt à se battre. « Ne le frappe pas ! Fais pas le con ! Ne le touche surtout pas », m'intime une voix intérieure.

Je me penche sur le bureau :

— Ne me donnez pas d'ordre ! Ne m'adressez même pas la parole ! Je me casse pour éviter de vous péter la gueule.

Mes paroles l'effraient, ma voix glaciale l'hypnotise. Sans doute ne reconnaît-il plus le cadre qu'il a recruté car, je le sens, les traits de mon visage, la férocité de mon regard ont fait de moi un autre homme. Le genre d'individu dont il s'est toujours tenu éloigné.

Il balbutie et tous les tics qu'il était parvenu à dompter ressurgissent en même temps, anarchiquement.

Sa trouille honteuse sera ma victoire.

Quand je relate à ma femme la dispute et la nécessité de quitter la boîte, elle m'approuve avec un calme rassurant.

— Tu n'as pas peur que nous nous retrouvions au chômage ? je lui demande, étonné par son absence de réaction.

— Non. Tu as toujours dit que tu voulais créer ton agence de communication avec ton frère Olivier. Et tu as toujours eu envie d'écrire. Le moment est venu. Tu sais, je pense que les juifs ne sont pas faits pour être salariés. Du moins, quand ils sont pratiquants. La volonté des patrons est toujours de faire croire que l'entreprise prime sur tout le reste ; eh bien, ce n'est compatible ni avec nos croyances ni avec nos rites. Ne pas travailler le shabbat et les jours de fêtes finit toujours par causer des problèmes.

J'envisage ses propos et les trouve sensés.

— Le respect du shabbat nous extrait du monde matériel pour nous rappeler combien nous sommes avant tout des êtres spirituels. Le fait que votre conflit soit né sur ce sujet indique qu'il faut partir.

Leduc a laissé passer deux jours avant d'entrer dans mon bureau et me présenter de longues excuses. « Je me suis emporté. Je ne pensais pas ce que j'ai dit, tu sais. Tu connais mes valeurs. » Puis il a tenté de se racheter en me proposant un poste plus important, un salaire plus conséquent. Sa bêtise l'a-t-elle conduit à imaginer que, pour un juif, tout pouvait forcément se résoudre avec du fric ?

— « Gam zou lé tova », a lancé Ghislaine quand je lui ai annoncé être définitivement sans emploi. Tout ce qui nous arrive est pour notre bien. Ta position est juste et il ne peut en ressortir que de bonnes choses. Notre troisième fils va bientôt arriver et on dit que chaque enfant amène avec lui une chance de renouveau.

La bonté de mon épouse, son désir de ne pas considérer les obstacles comme des épreuves mais de les voir en opportunités capables de nous rendre plus forts, suscitent sans cesse mon admiration. Elle consacre son énergie aux siens, pardonne leurs erreurs, n'a pas d'ennemis parce que la haine et la rancœur sont des sentiments négatifs qui empêchent d'avancer, de se construire. Je me sens souvent ridiculement insignifiant devant sa grandeur d'âme.

J'ai donc rejoint mon frère et notre agence s'est développée. Et, profitant de cette indépendance, j'ai entamé l'écriture d'un roman.

Juillet 1999

Papa écrase discrètement une larme sur sa joue.

Maman et lui sont venus passer shabbat à la maison et, malgré le fait que nous suivions les lois propres à ce jour, il a allumé la télévision.

— Pas grave, c'est moi qui commets la faute, s'est-il défendu. Et je n'oublierai pas de l'éteindre avant de partir.

Ghislaine a lancé un regard désapprobateur mais n'a rien dit. Elle ne comprend pas que mes parents s'évertuent à ne pas respecter le shabbat. Ni leur attachement au Maroc et l'importance que revêt la nouvelle de la mort du roi Hassan II pour des juifs. Certains membres de sa famille n'ayant jamais pardonné aux Algériens de les avoir contraints à partir et considérant l'Arabe comme un ennemi potentiel éternel, se lancent, lorsqu'ils sont chez nous, dans un concert de récriminations limites dès que surgit le moindre problème dans les banlieues. Il faut que je hausse le ton pour leur interdire de parler ainsi en présence des enfants. Ghislaine m'emboîte le pas, soucieuse de donner aux garçons une éducation solide, exempte de haine. Mais de là à admettre l'amour de mes parents pour le Maroc et la famille royale… Et à voir mon père défier le shabbat pour pleurer devant les dernières images de son roi… elle s'avoue dépassée.

— C'était un grand roi ! proclame papa, comme s'il fallait se justifier.

— Oh oui. Il a protégé les juifs, comme son père le lui a demandé sur son lit de mort, précise maman.

On connaît l'histoire, tant de fois racontée. Vont-ils à nouveau la dérouler dans le détail ?

— Il aimait les juifs et les juifs l'aimaient.

— On sait, papi, on sait, maugrée Ghislaine, ironique.

— Quand les juifs ont quitté le Maroc, l'économie s'est effondrée. Les Marocains nous en ont voulu de les avoir abandonnés, d'avoir cru qu'ils seraient capables d'agir comme les Algériens.

Ghislaine coule un regard las vers moi.

— Voici quelques années, le roi a rendu visite à la communauté juive de Montréal pour demander à ses membres de revenir au pays. Il a prononcé un très beau discours, les a fait pleurer en expliquant que leur place était au Maroc, auprès de leurs frères musulmans.

— Vous nous l'avez déjà raconté papi, répond respectueusement Ghislaine.

— Des dizaines de familles l'ont écouté et sont retournées au Maroc, continue-t-il, comme s'il n'avait pas entendu sa belle-fille. Et elles vivent très bien là-bas, au milieu des Arabes. Les Marocains sont des gens corrects, respectueux des valeurs humaines.

— Papa, Hassan II a quand même été dénoncé par les associations humanitaires pour des exactions, des crimes.

Il ne me laisse pas terminer et s'emporte.

— Qu'est-ce qu'elles comprennent ces associations ? Ce sont les mêmes qui dénoncent Israël à chaque guerre. Des crétins qui prennent le parti de ceux qui se plaignent ou se disent victimes !

Inutile d'entrer dans cette discussion avec lui. Je camperai sur les faits, lui usera du registre émotionnel.

— Il y a une chose qu'il faut que tu comprennes, confie-t-il alors. Les Arabes ont besoin d'être tenus ! Les pays musulmans qui réussissent à créer des richesses sont ceux qui possèdent des régimes durs. Libère-les, donne-leur la liberté et tu verras ce qu'ils en feront. Ils se révolteront, s'entre-tueront. Regarde l'Iran. Tout allait bien sous le Shah. Mais depuis l'avènement du nouveau pouvoir c'est le chaos : la guerre contre l'Irak, l'exécution des opposants, la torture… Ils lapident, coupent des mains, fouettent.

— Papa… sous le Shah des horreurs ont été commises.

— Bon, et si nous passions à table ? intervient Ghislaine, agacée par ce débat sans fin. En bons juifs, nous devons faire le kiddouch.

Papa baisse le son du poste. Je lève la coupe de vin, récite la prière. Il répond amen tout en continuant à fixer l'écran.

Orène se lève, trotte jusqu'à la télé et l'éteint.

— Faut pas regarder, c'est shabbat.

Ghislaine, dépitée et amusée à la fois, me lance un regard qui semble exprimer à quel point il est difficile de donner une éducation religieuse à ses enfants quand certains membres de la famille s'enlisent dans les chemins de l'Histoire.

Mounir

Durant les années quatre-vingt-dix, j'ai vécu à la périphérie de mes rêves, comme en banlieue de mes aspirations. Certes, j'étais enseignant, poste honorable au regard des représentations sociales véhiculées par le racisme. Mais je travaillais dans un lycée professionnel et mes élèves étaient les enfants du désordre et de la déception. J'avais parfois l'impression d'avoir seulement changé d'environnement… et pris de l'âge. Au local de l'association s'était certes substitué une salle de classe, mais le public était identique et réclamait une attention, une dévotion de chaque instant dépassant de loin mes attributions professionnelles. J'étais enseignant bien sûr, et aussi assistant social, psychologue, diplomate. Et je pense avoir été apprécié grâce à mon expérience associative. Car je savais écouter ces jeunes, leur parler.

Fadila eut du mal à tomber enceinte. Durant des années, nous sommes allés d'espoirs en déceptions, de recettes de grands-mères en fécondation in vitro. Notre couple évoluait. Si les épreuves nous rapprochaient, elles nous incitaient également à chercher l'apaisement hors de l'atmosphère étouffante du foyer. Fadila se transforma en militante chevronnée, prête à s'engager dans tous les combats, tandis que je me consacrais totalement à mes élèves.

La naissance de Souria fut pour nous un indicible bonheur. Dès lors nous nous consacrâmes à elle, sans pour autant renoncer à nos luttes.

XXV

Bouleversements

Mounir

Février 1991

Le changement s'est opéré lentement, sournoisement je dirais. Enfin, c'est ainsi que j'explique ne pas m'en être aperçu avant que les événements le révèlent. Mais peut-être l'évolution fut-elle plus franche, sur un temps très court, et n'avais-je rien vu venir.

Je vieillissais, les temps changeaient, les gamins du quartier devenaient grands... Il était donc normal qu'une autre dynamique apparaisse et génère ses propres forces, codes et angles de perception.

Bien sûr, je remarquais de temps en temps des mots, des gestes, des pratiques que je ne connaissais pas, des rituels de reconnaissance inédits, clés d'un langage silencieux capable de créer du lien. Mais rien n'apparaissait éloigné de mon vécu.

Et puis, la guerre du Golfe m'a fait découvrir des évolutions, des bouleversements même, plus radicaux chez les jeunes, liés à l'approche manichéenne de ce conflit.

Qu'on s'en souvienne. À entendre les médias et les gens, il y avait d'un côté les forces alliées, de l'autre Saddam Hussein, dictateur soudainement honni par le monde occidental, envahisseur d'une terre inconnue mais riche, suspecté de détenir des armes chimiques et bactériologiques, accusé d'exactions que personne n'avait voulu voir jusque-là. Autrement dit, les bons dans un camp, brandissant l'étendard de la justice, de la liberté, de la démocratie, et les mauvais de l'autre, sanguinaires, incultes et... musulmans.

L'affaire semblait entendue puisque, même si les ficelles tirées par les Américains et leurs alliés semblaient bien grosses, tout le monde paraissait s'accorder sur la nécessité de libérer un peuple du joug de la dictature. Je n'éprouvais évidemment aucune sympathie envers ce despote et me réjouissais de voir les populations asservies disposer à nouveau de leur destin, fût-ce au prix d'une allégeance aux États-Unis (que j'espérais provisoire). Quant à la menace que Saddam faisait peser sur l'État hébreu, elle ne me semblait pas de bon augure. Le voir s'ériger en défenseur du peuple palestinien relevait d'une manipulation aussi machiavélique que celle des Américains parlant de liberté quand leur préoccupation était le pétrole.

Mais en arrivant à l'école, un jour de février 1991, je compris que tout deviendrait beaucoup plus compliqué.

J'entre dans la salle de classe et m'étonne de trouver les élèves calmes. Je les salue et me tourne vers le tableau. Je découvre alors un dessin que je ne comprends pas immédiatement. Puis, des mots, inscrits comme des tags, m'aident à déchiffrer la fresque. « Vive Saddam ! Vive les scuds ! À mort les USA ! À mort Israël ! »

Le croquis montre une pluie de scuds se déversant sur un drapeau américain et une étoile de David.

Je reste un instant interdit, hésite sur l'attitude à adopter. Mon premier réflexe est d'effacer immédiatement ces messages et de poursuivre le cours, mais le déni n'est jamais une solution.

— Qui a fait ce dessin ?

Les élèves gardent le silence. Question stupide : il n'y a pas de balance ici.

Je fais alors mine d'observer la classe avec attention, cherchant à me composer une attitude responsable. Du doigté s'impose.

— Cela me donne une idée : laissons un moment le cours de côté et parlons des événements.

Les élèves échangent des regards circonspects.

— Qui défend Saddam Hussein dans cette classe ?

Ils hésitent.

— N'ayez pas peur de vous prononcer ! Je souhaite juste que chacun ait le courage de ses opinions et les explique.

L'appel au courage les incite à se manifester. Des mains se lèvent. Celles de quelques beurs et de deux élèves qui, je pense, ne font que suivre les caïds.

— Farès, tu peux expliquer pourquoi tu soutiens Saddam Hussein ?

Je m'adresse au garçon considéré comme le leader. Pour une fois que je dispose d'un sujet capable de susciter sa participation.

— Parce qu'il a pas peur des Américains ! répond-il.

— Et parce qu'il veut défoncer les juifs ! ajoute Abderaman, son lieutenant.

— Pas les juifs, les Israéliens, je corrige.

— C'est pareil.

J'ignore l'amalgame.

— Donc, c'est parce qu'il s'oppose aux USA et à Israël qu'il est un héros ?

— Ouais. Ils croient quoi les Américains ? Qu'ils vont diriger le monde ?

— Mais… cela ne vous ennuie pas qu'il soit dictateur ? Qu'il opprime son peuple ? Qu'il ait envahi le Koweït, un pays musulman ?

— Et alors ? Le Koweït c'est que des mecs blindés qui s'en foutent des autres. Et puis vous croyez quoi ? Que c'est mieux aux USA qu'en Irak ? Bush aussi c'est une sorte de dictateur.

Quelques élèves paraissent vouloir réagir, mais n'osent pas s'opposer à Farès.

— Oui, je crois. Bien sûr, tout n'est pas parfait aux USA mais au moins les gens sont libres et il y a une justice.

— Les Américains détestent les musulmans !

— Les Français aussi, ajoute Slimane, un jeune et discret élève.

Les « Français » présents dans la classe s'offusquent de cette affirmation.

— De toute façon, moi je suis du côté des Arabes ! tranche Farès. Toujours.

— Ah. Et tu étais de quel côté quand l'Iran et l'Irak se faisaient la guerre ?

Il fronce les sourcils.

— N'essayez pas de m'embrouiller. Pour l'instant, c'est les Américains et les juifs contre les musulmans.

— Je ne pense pas. Ce n'est pas une guerre de religions mais un conflit entre des systèmes différents.

— Ce que les Américains veulent, c'est le pétrole, intervient Slimane.

— Là, je suis d'accord avec toi.

L'élève se montre satisfait. Ma réponse lui laisse penser qu'il m'a convaincu.

— Voilà un conflit difficile à comprendre. Il y a plusieurs enjeux. OK, pour dire que les Américains souhaitent juste prendre possession du pétrole et que leur discours sur la liberté, la démocratie est sans doute hypocrite. OK, pour admettre aussi que leurs justifications concernant les armes chimiques et bactériologiques sont vraisemblablement un moyen de manipuler l'opinion. Vous voyez, comme vous, je ne me fais aucune illusion sur leurs véritables motivations. Mais Saddam Hussein n'est pas plus honnête. Il a envahi le Koweït pour prendre, lui aussi, les puits de pétrole. De plus, il opprime son peuple. Enfin, il m'apparaît tout autant manipulateur que Bush. Croyez-vous vraiment qu'il s'inquiète du sort des Palestiniens ? Il s'en est foutu jusqu'à maintenant et, tout à coup, il menace de lancer ses scuds sur Israël afin de libérer la Palestine ? Que cherche-t-il ? Juste le soutien des musulmans du monde entier. Or le soutenir, c'est accepter d'être manipulé.

— Ça veut dire qu'on se fait bai... avoir des deux côtés ? s'enquiert Slimane.

— En quelque sorte.

— Oui, mais même si ce sont des enfoirés dans les deux camps, je peux quand même avoir une préférence, reprend Farès. Et moi je préfère que Saddam explose les Américains et Israël.

J'abandonne. Je suis allé au bout de ce que je peux développer dans ce cadre-là sans tronquer les faits ni verser, moi-même, dans la manipulation. Je pourrais aisément contredire et ridiculiser Farès, mais il n'est pas concevable de lui faire perdre la face devant ses camarades. Pour l'heure, je me contente donc de l'espoir d'avoir semé le doute dans leurs esprits. Sans toutefois me leurrer.

Mon expérience m'a permis d'appréhender une vérité : les jeunes tels que lui sont hermétiques aux logiques argumentées dès lors qu'elles vont à l'encontre d'une opinion édifiée sur leur définition du bien et du mal. Ils se construisent un raisonnement purement affectif, défensif aussi, et décodent les informations qui leur parviennent selon le schéma (binaire) ami/ennemi. Ils se posent au centre des combats, repèrent leurs alliés et rejettent tous ceux suspectés de ne pas être dans « leur camp ». En logique de guerre permanente, sans connaissance de l'Histoire ou de la stratégie, ils mélangent tout, ne voient pas certaines subtilités mais pensent avoir raison et s'accrochent à cette certitude. En fait, ils agissent ou réfléchissent à travers les schémas qui leur ont permis de rester debout jusqu'ici dans leur quartier, opposant la fierté au déni. Une fierté de l'instant, contre l'Histoire, contre le sens, contre tous. Et Saddam est le héros du moment, le nouveau Che. Celui qui défie les Américains.

Je clos donc le sujet en leur suggérant d'écouter les avis émis par les deux camps, de sortir d'une vision simpliste des événements pour se forger leur propre opinion. Mais n'est-ce pas déjà le cas ? Ils ont échappé à la propagande, au déferlement des informations anti-Saddam et pris le contre-pied de l'opinion publique. Peut-être parce que l'opinion publique a toujours été contre eux.

Septembre 1995

Les extrémistes du GIA ont exporté leurs horreurs en France. Les attentats se sont succédé, révélant une barbarie qui me paraissait ne jamais pouvoir atteindre l'Europe. Je suivais, bien sûr, les tueries de ces sauvages en Algérie, doutant pourtant parfois des médias tant les faits étaient ignobles, refusant surtout de faire partie de la même race humaine que ces êtres assoiffés de sang, m'offusquant qu'ils puissent se réclamer de l'islam. Quels esprits malades peuvent utiliser la religion pour justifier de tels agissements ? Mais je me disais que, au moins, en France jamais ce genre d'attentat ne surviendrait.

Et puis, les exactions débutèrent. Le 11 juillet, l'imam Sahraoui fut abattu dans le 18e arrondissement de Paris. Le 15, une fusillade éclata à Bron, près de chez nous. Le 25 juillet, une bouteille de gaz bourrée d'écrous explosa à la gare Saint-Michel du RER parisien. Huit morts, 117 blessés. Le 17 août, c'est une bombe cachée dans une poubelle qui fit seize blessés près de la place Charles-de-Gaulle. Le 26, tentative déjouée sur une ligne TGV ! Le 3 septembre, attentat raté au marché Richard-Lenoir. Le 7, une voiture piégée explose devant une école juive de Villeurbanne. L'horreur…

Une horreur renforcée par les révélations de la police suite à l'opération manquée contre le TGV. Et pour cause : l'organisateur de ces attentats, membre du Groupe Islamique Armé, n'est autre qu'un jeune du quartier des Barges, voisin du mien ! Un mec normal qui fut un gamin espiègle, sympathique, bon élève en primaire, puis au collège. Un garçon admis dans un lycée lyonnais de qualité pour passer un bac scientifique. Un jeune qui a soudain dérapé, sombré dans la petite délinquance, s'est retrouvé en prison et a laissé des fous de Dieu lui retourner le cerveau, y semer les graines d'une haine qui l'a conduit à s'en prendre à des innocents.

Un effroi amplifié lorsque je découvre que Vaulx-en-Velin est une des bases des terroristes. Si je ne connaissais pas Khaled Kelkal, certains de mes amis l'ont côtoyé. Tous se disent choqués, tant le portrait brossé par la police et les médias contredit ce qu'ils savent de lui. Certains en viennent même – oh le poison du complot – à douter de la véracité des accusations, le désignant bouc émissaire d'une machination organisée par le pouvoir algérien ou français au nom de raisons qu'ils argumentent avec difficulté.

La traque de Kelkal s'est terminée ce matin. La police l'a descendu. Les images sont crues, trop vraies, trop proches.

J'observe son visage et y reconnais les traits de tous les jeunes que je croise, ceux auxquels j'enseigne. Il n'exprime pas la haine, pas la folie. Tout juste la défiance que l'on apprend à afficher lorsque le regard des autres peut écorcher votre âme.

Fadila soupire à mes côtés.

— Combien de frustrations, de brimades, d'injures a-t-il fallu pour transformer ce jeune en tueur ? demande-t-elle.

— Tu tentes de justifier ses actes par le racisme qu'il a subi ?

— Je ne justifie pas, je l'explique ainsi. Un mec qui a une vie normale ne tombe pas dans la délinquance, ne se laisse pas avoir par le discours d'illuminés.

— Mais nous sommes des milliers à avoir grandi dans les mêmes conditions que lui ! Il y en a qui ont sans doute vécu des situations plus dramatiques que la sienne ! Kelkal était apparemment un enfant heureux. Et si quelques-uns défient les lois, volent des voitures, font des casses, personne n'est allé aussi loin dans ce qui serait, selon certains, une révolte contre la société.

— Que veux-tu dire ? Qu'il était foncièrement mauvais ?

— Je ne sais pas... Mais rien ne peut justifier ses actes ni le fait qu'il ait épousé la cause des barbares du GIA.

Elle me caresse le visage. Une manière de m'expliquer que ma naïveté l'émeut et mon conformisme l'amuse.

— Et à cause de lui et de ceux qui l'ont endoctriné, les jeunes vont subir plus de contrôles, plus d'humiliations. Le regard des Français ne leur dira plus que la peur ou la haine qu'ils inspirent.

— Sans doute, Mounir. Tu sais bien que je réprouve ces actes, leurs fondements, l'idéologie qui les porte. Mais, si on analyse froidement les faits, on peut établir une autre vérité : toutes les révolutions, ou les tentatives de renverser un ordre établi, ont débuté dans le sang, fait des victimes innocentes et ont été dénoncées comme des actes de barbarie par les pouvoirs en place.

Les réflexions de Fadila me font parfois frémir. Elle parvient à vivre le présent, à lutter concrètement, tout en portant un regard froid sur la réalité. Mon trouble l'interpelle.

— Ne te trompe pas : le GIA est également, à mes yeux, un ramassis de vermines. Mais je pense que nous commettons toujours une erreur en nommant folie ce que nous ne comprenons pas.

— Je vois ce que tu veux dire. En fait, ce mec pourrait être n'importe qui. C'est précisément ce qui m'effraie.

— Oui, il y aura d'autres Kelkal si les choses ne changent pas. Nous sommes seulement au début des tourments du monde.

— Ce que les médias et les hommes politiques ne comprennent pas. Ils s'interrogent sur les raisons ayant fait dévier Kelkal du « droit chemin » et le transforment en cas unique. Toi et moi avons eu la chance d'avoir une famille unie, de recevoir une éducation et avons pu résister à la haine, aux tensions. Mais des milliers de désespérés cherchent une voie, une idéologie capable de leur proposer une issue. Donc tu as raison, d'autres Kelkal émergeront.

Notre fille Souria dort paisiblement dans sa chambre, inconsciente des affres de notre époque. Quel sera son avenir ?

Papa devait être malade depuis quelque temps déjà, mais nous avions imputé les symptômes à la dépression dans laquelle il se laissait dériver à cause de son licenciement. Perte de poids, fatigue, manque d'appétit relevaient, pensions-nous, d'une sorte d'abandon.

Quand le cancer fut détecté, il était trop tard. C'est à moi que le médecin avait révélé les résultats des analyses.

Métastases.

Cancer généralisé.

Ils allaient tenter l'impossible.

Un nouveau protocole de soins.

Chances minimes.

Six mois.

Peut-être plus.

Être forts.

Chaque phrase était un coup de poing. Je n'avais jamais appris à me battre contre un ennemi invisible.

Je connaissais ce type de propos pour les avoir entendus dans des films, des séries, lus dans des romans, imaginés dans des cauchemars, mais, là, ils m'étaient adressés et parlaient de mon père. De son départ imminent. Ils donnaient le signal de la fin d'une vie, de l'imminence d'une autre, d'une transition douloureuse. Ils annonçaient des jours difficiles, des heures trop longues, des mois trop courts, de vraies larmes, de faux sourires, d'intenses espoirs, une attente résignée.

Assommé par ces révélations, en sortant de l'hôpital, je m'étais assis à la terrasse d'un café, effaré.

J'avais appelé Tarik, demandé qu'il me rejoigne. Mon frère avait pleuré.

Je m'en étais voulu d'oser délester le poids de mon chagrin sur ses solides épaules. D'autant que je ne me sentais pas plus léger qu'avant. Sa peine indiquait ce que seraient les jours suivants.

— Maman le sait ? avait-il demandé.

— Non, pas encore. Je propose de parler du cancer, mais de lui cacher que… le médecin laisse peu d'espoir. Pour la préserver. Pour protéger papa aussi. Maman est son miroir. Il saura lire en elle.

— Et Djamila ?

— Elle doit savoir. Je m'en charge.

C'est ainsi que se sont déroulés les derniers mois de la vie de notre père. Maman prenait soin de son mari avec une fougue qui me faisait craindre de la voir s'effondrer à tout moment. Elle restait confiante, savait trouver chaque jour des indices traduisant l'amélioration de l'état de papa. Était-elle sincère ? Se voilait-elle la face ? S'avérait-elle meilleure comédienne que nous ?

Djamila fut héroïque également. Elle allait et venait en riant, remplissait l'espace de sa présence, de sa bonne humeur, éloignait la mort en mimant la vie à la perfection.

Tarik et moi rendions visite à papa tous les jours. Nous devions trouver le juste équilibre entre la prévenance de fils inquiets pour leur père malade et l'insouciance raisonnable suscitée par une maladie qui finirait évidemment par céder.

Au bout du compte, quel paradoxe, cette période fut pour papa l'une des plus heureuses de sa vie. Il se retrouvait au centre des attentions, recevait ses amis, sa famille, jouait les hôtes accueillants.

Pour nous, ces mois furent donc aussi beaux que douloureux. Nous étions réunis, à l'écoute les uns des autres, conscients de la valeur de chaque minute passée ensemble.

Le soir, papa parlait comme jamais. Il évoquait ses souvenirs d'enfance, nous confiait sa vision de l'existence. Ces moments d'intimité, si rares quand chacun se croit éternel, étaient chargés d'une solennité aussi belle que confondante. Papa nous transmettait notre héritage.

J'aurais aimé que Raphaël soit à mes côtés durant cette période. J'y pensais parfois, regrettant de n'avoir quiconque avec qui parler de ces moments pénibles. J'aurais aimé pleurer dans les bras de quelqu'un sans craindre de l'affecter plus que de raison. J'aurais aimé entendre des paroles sages, une vision de la vie capable de dépasser le présent. Les amis ne sont-ils pas censés jouer ce rôle ? Mais Raphaël n'était pas là. Et je ne me voyais pas reprendre contact avec lui à ce seul motif. C'est Lagdar qui m'épaula. À défaut de mots justes, il m'offrit sa présence, ses sourires, sa main sur mon épaule.

Papa nous a quittés un matin. Nous étions tous rassemblés auprès de lui.

— Voilà, nous avons su le faire espérer jusqu'au bout, a dit maman, avant de partir pour l'enterrement.

Je l'ai serrée dans mes bras. Maman, si courageuse. Nous avions cru la berner, mais elle avait joué le jeu afin que chacun tienne son rôle jusqu'au dernier instant.

Il y avait du monde à l'enterrement. La famille, les amis, les voisins.

Quand le cercueil a lentement amorcé sa descente dans le trou de terre, Tarik, Djamila, maman et moi nous sommes blottis les uns contre les autres. En pleurant discrètement, comme pour continuer à duper papa.

Juillet 1999

Hassan II mourut l'année suivante. Je n'avais aucune raison objective de m'en attrister, mais l'annonce de son décès me plongea pourtant dans une certaine mélancolie. Une époque s'achevait : papa et son roi s'étaient retirés et le monde moderne, vorace, paraissait capable d'engloutir le présent, l'avenir et de nier le passé.

« Un despote de moins ! » se réjouit Fadila, dans la cuisine, lorsque je lui annonce la nouvelle.

— Eh bien, pourquoi cette tête ? demande-t-elle en me découvrant triste. Vous êtes marrants, les Marocains ! Vous critiquez le roi au cours de crises paroxysmiques ou en baissant la voix, vous souhaitez des années durant le voir partir et le jour où il s'en va définitivement, vous pleurez.

— Je ne pleure pas.

Je ne pleure pas, en effet.

Mais j'ai le cœur lourd et mes poumons semblent vouloir se libérer d'un reste de sanglots. Je pense à papa, à sa dévotion envers le roi, son roi. À son impassibilité quand Fadila dénonçait les exactions de Hassan II. « Et l'assassinat de ses opposants ? Et Ben Barka ? Et Oukfir ? » Papa se contentait de fixer la tapisserie, la nuque droite, prenant ces attaques comme des injures personnelles. « Et la prison de Derb Moulay Cherif à Casa, celle de Dar El Mokri à Rabat ? Vous savez comment y sont traités les prisonniers ? » Parfois il affichait un sourire condescendant qui semblait dire : « Ah, les femmes et la politique ! » Une attitude qui exacerbait la colère de mon épouse. Aussi papa, qui le savait, en jouait. « Et Tazmamart et ses habitants luttant contre la vermine et la faim quand la famille royale se prélassait dans ses somptueux palais ? » Mon père aurait pu lui donner les mêmes réponses que celles qu'il me faisait quand, plus jeune, je le cherchais, très prudemment, sur le sujet : les grandes villes, l'éducation, les écoles, les infrastructures, l'art et la culture, le rayonnement international. Mais avec elle il n'en faisait rien, préférant laisser son mutisme entamer l'énergie et la patience de Fadila, jusqu'à épuisement. De mon côté, je feignais de sourire de cette scène tant de fois jouée, lançant de rapides œillades à ma femme pour la supplier de se taire, apostrophant mes neveux et nièces pour faire diversion. Parfois, papa, irrité, m'interrogeait du regard : « Comment peux-tu laisser ta femme me parler ainsi ? » paraissait-il me reprocher. J'aurais pu lui demander de se taire, en effet. Lever la voix, jouer l'homme ! Elle aurait obtempéré pour ne pas me faire perdre la face devant les miens, remettant à plus tard l'expression de son désaccord. Mais je n'en faisais rien. Qui sait, peut-être étais-je satisfait de la voir utiliser les arguments sur lesquels j'avais autrefois buté, par respect de mon géniteur ?

Aussi, quand, ce matin, elle a raillé ma « sensiblerie », j'ai senti la colère monter. « Mais laisse mon père tranquille ! ai-je eu envie de crier. Il n'est plus de ce monde ! »

Le roi est mort et mon père me manque terriblement. Je ressens le besoin de voir maman. Comme on rend visite à la famille endeuillée après le départ d'un proche.

Lorsque j'arrive chez elle, je la trouve assise sur le bord du canapé, un chiffon à la main devant la télévision, donnant l'impression d'avoir volé quelques secondes à son activité ménagère.

Elle m'accueille en haussant les sourcils, expire et pose sa main sur sa joue.

— Tu es au courant ?

— Oui.

Elle guette une expression sur mon visage. Comprenant mon embarras, elle se rabat sur la seule certitude que nous partageons à propos de l'événement :

— Ton père aurait été tellement triste.

Papa aurait pleuré, en effet. Quand Hassan II apparaissait à la télévision, il nous appelait, voulait que ses enfants soient là, près de lui. Son visage exalté révélait l'importance de l'instant. Nous devions accourir, nous asseoir à ses côtés et supporter ses commentaires. Toujours les mêmes.

« Je l'ai vu un jour à Casa. Il passait en voiture. Il m'a fait un signe de la main. »

« Son papa, Mohamed V, était un grand roi. Il lui a tout appris. »

« Regardez comment le président français le reçoit. Quel autre roi ou président musulman est reçu ainsi ? »

« Un président, c'est moins qu'un roi. Ça dure moins longtemps. Ça s'oublie. »

Je regardais le petit homme qui gouvernait le Maroc et peinais à éprouver la même fierté. Mes supers héros ne portaient pas de gandoura ni de turbouch sur la tête. Et où était sa couronne ? Ses chevaliers ? Ses épées et ses chevaux ? Non, franchement, ce roi-là m'embarrassait un peu. Je pouvais voir, sous sa gandoura, son costume et sa cravate. Alors pourquoi ce déguisement quand il s'agissait de se montrer à la télé avec le président français ?

Maman passe le chiffon à poussière au coin de son œil. Elle pleure doucement. Sans doute ces souvenirs l'assaillent-ils.

— C'était un grand homme, lance-t-elle comme pour me braver.

Un hommage à la mémoire de mon père.

— Oui, tu as raison maman.

Elle sourit, me prend la main, la serre.

— Ton père avait raison.

Papa avait-il raison ? Je m'interroge. Je suis arrivé à l'âge où l'on confronte ses opinions à celles inverses. L'urgence de la vie : gagner la certitude d'être dans le vrai pour ne pas continuer à se tromper jusqu'à la fin de ses jours. Prendre l'avis opposé, la perspective de l'ennemi et l'envisager. Difficile mais nécessaire exercice.

Papa avait-il raison ? Si la royauté marocaine disparaissait, serait-elle remplacée par une république identique à celle de la France ? Le modèle démocratique est-il adapté à tous les pays ? Il y a l'exemple de l'Iran, celui de l'Afghanistan. Faire tomber une dictature pour la remplacer par une autre, encore plus sanglante ? Les Iraniens sont-ils plus heureux sous l'obscurantisme meurtrier des ayatollahs que sous la férule mégalomaniaque du Shah ?

Des questions et des doutes. Des questions à travers lesquelles filtre parfois la lueur d'une réponse. Une lumière qui perce l'esprit, l'éblouit et le laisse aveugle.

Partie 5

Désillusions
Années 2000

Raphaël

Le bug de l'an 2000 n'avait pas eu lieu. Comme presque toutes les prédictions qui, durant notre jeunesse, avaient cristallisé les espoirs, les angoisses et les rêves les plus fous. Pas de voitures volantes, pas de voyages touristiques dans l'espace, pas de solutions définitives à la famine, ni de victoire totale contre le cancer.

La nouvelle décennie s'annonçait sous le signe de la désillusion.

Les négociations de paix entre Ehud Barak et Yasser Arafat, au mois de juillet de l'année 2000, allaient donner le ton.

XXVI

L'impossible paix

Raphaël

Juillet 2000

La paix. Une paix sans joie. Tout au plus un soulagement. Comme l'annonce d'une guérison après une longue maladie. Enfin, une réminiscence plutôt. Une paix au goût amer, exempte de sérénité.

Parce que Ehud Barak a tout concédé.

— C'est une belle connerie ! fulmine David. Il leur a tout donné ! Jusqu'à Jérusalem !

— C'était le prix de la paix, souffle Marc, fataliste.

— Mais tu sais très bien qu'ils ne veulent pas de la paix. Ils veulent juste une base solide pour rassembler leurs forces et déferler ensuite sur tout Israël. Ils l'ont dit clairement !

— Je ne pense pas. Je ne suis pas aussi pessimiste que toi, dis-je.

— C'est ce qu'ils racontent en Israël en tout cas.

— Oui, ce que disent les extrémistes israéliens ! je corrige, excédé. Explique-moi une chose : pourquoi ici, en France, vous analysez la moindre parole des politiques en regard des partis auxquels ils appartiennent alors que, lorsqu'il s'agit d'Israël, à vos yeux, toutes les opinions se valent ? Il y a aussi, là-bas, des extrémistes de gauche et d'autres de droite, une multiplicité de partis avec avis contraires et même haine de certains envers d'autres ! Non, pour toi, comme pour beaucoup de juifs français, dès que c'est israélien c'est vrai !

— C'est ça, traite-moi de con tant que tu y es !

Michel intervient.

— À mon avis, si Barak a tout concédé c'est qu'il a subi des pressions de Clinton. L'Américain veut terminer sa présidence sur une victoire personnelle.

— Encore une fois, nous parlons sans rien savoir de précis. Nous possédons des informations parcellaires, qui plus est véhiculées par les médias. Que savons-nous précisément des tractations ? Des menaces qui pèsent sur Israël et dont seul l'état-major gouvernemental doit être informé ?

Dan, jusqu'alors silencieux, s'étonne.

— Et alors ? On doit fermer notre gueule ? Nous n'avons pas le droit d'avoir ou d'émettre un avis faute d'infos classées top secret ? Quel argument foireux !

Je déteste que Dan me prenne de front. Depuis quelque temps, ses prises de positions me sont devenues insupportables. Dans la bande, une séparation assez nette est apparue. D'un côté David, Dan et Michel, proches de la droite israélienne. De l'autre Nathan, Marc et moi, plus sensibles aux arguments des travaillistes. À l'intérieur de ces groupes des avis plus ou moins marqués, des sensibilités plus ou moins exacerbées se développent.

— Je ne dis pas ça, tu le sais bien. Je suis juste fidèle à ma position : si Barak agit de la sorte, c'est qu'il a de bonnes raisons de le faire. Je lui fais confiance, voilà tout. Ce mec-là a un passé héroïque. Il a prouvé je ne sais combien de fois son amour pour sa patrie. Crois-tu qu'il prendrait le risque de donner une chance aux Palestiniens d'exterminer son propre peuple ?

Dan sourit dédaigneusement. Il adresse un regard de connivence à David qui, gêné par cette complicité les liant contre moi, s'abstient de réagir. Je suis son ami d'enfance. Et même si nous ne sommes pas d'accord il ne souhaite pas en venir à la querelle.

— Ehud Barak pouvait résister au sujet de Jérusalem. Putain, un Premier ministre d'Israël est en position de force ! Jérusalem, tu te rends compte ?

Marc s'avance au-dessus de la table, paumes ouvertes. Je le connais trop pour ignorer qu'il va tenter une opération conciliation.

— Écoute, il y a un avantage à sa position. Tactiquement, Barak montre sa volonté de conciliation, les Palestiniens signent, le monde entier applaudit la sagesse des Israéliens. Première hypothèse, positive : les Palestiniens restent tranquilles. Super ! Les Israéliens apprennent à vivre avec eux, commercent, échangent… et c'est la paix assurée dans la région. Bon, ça nous aura coûté une partie de Jérusalem. Mais si la paix est totale, nous y aurons accès. Seconde hypothèse, pessimiste : les Palestiniens créent leur État, s'arment, s'entraînent et déclarent la guerre à Israël. Pensez-vous que les Israéliens se laisseront surprendre ? Ils les écrasent, reprennent le contrôle des territoires et annoncent au monde : « Vous avez vu ? Nous vous l'avions dit ! Nous avons essayé mais ils n'ont pas tenu leurs engagements. Alors maintenant allez vous faire foutre ! »

L'argument nous impose quelques secondes de réflexion.

— Troisième hypothèse, réaliste, annonce Dan. Nous commençons par dire au monde « Allez vous faire foutre ! » et nous renvoyons les Palestiniens dans leur pays d'origine, la Jordanie. Putain, vous rendez-vous compte que vous avez accepté leur manipulation ? Il n'y a jamais eu d'État palestinien ! Ils étaient Jordaniens ces mecs ! La Palestine était un territoire, pas un pays doté d'une administration, d'une culture, d'une histoire… Ils sont où les vestiges de ce vaillant peuple ? Elles sont où les ruines de la culture palestinienne ? Allez, citez-les moi ! Tous les peuples qui ont une histoire dans une aire géographique précise ont laissé des traces de leur passage.

Je suis soufflé par la virulence du propos, déjà entendu par ailleurs. Tout comme Marc et Nathan, qui haussent les épaules et secouent la tête.

— Peu importe. On ne peut pas réaliser la paix en se référant au passé, à l'histoire. Il faut prendre en compte la situation actuelle et tenter des concessions.

— Pas de concession avec les Arabes ! crie-t-il. Faut se débarrasser d'eux, un point c'est tout. Et arrêtez de me regarder comme ça. Vous êtes choqués ? Ne vous la racontez pas les mecs ! Les Arabes sont des traîtres ! Ce sont les premiers révisionnistes de l'histoire. Ils ont réécrit la Torah en se l'appropriant, ont renommé les acteurs, se sont attribué le beau rôle. Ils nient la Shoah, vivent dans le mensonge. Je ne leur accorde aucune confiance. Regardez-les ici ! Quand tu en croises un, il est gentil et souriant. Quand ils sont plusieurs, ils te tombent dessus. Ils ne peuvent pas nous saquer !

J'en ai assez entendu.

— Bon, allez, je me casse. Tu donnes dans le racisme primaire, Dan. Inscris-toi au FN, ils ont besoin de mecs de ce style, de juifs-caution. Sincèrement tu m'écœures.

— Tu as raison, je vais peut-être adhérer au FN. Eux, au moins, ont les couilles de dire ce qu'ils pensent.

— Pauvre taré. Ils s'occuperont des Arabes et, quand ils en auront fini avec eux, ils s'occuperont de toi, de nous.

Dan se redresse brusquement.

— Qui est taré ? Moi, au moins, je n'ai pas voté Mitterrand. Tu sais, Mitterrand, ce grand homme qui a serré la main de Kadhafi, permis au Front National de se développer, qui était le pote de Bousquet et a même embrassé Arafat. Moi, je n'ai pas de copain qui porte de keffieh. Mais pour qui tu te prends, Raphaël, à toujours nous regarder de haut ? Tu penses incarner la raison ? Je t'emmerde !

David et Marc s'interposent.

— Hé, ça va pas non ? Putain, vous n'allez pas vous battre quand même ?

Le sang cogne à mes tempes. J'ai les muscles bandés et la gorge nouée. Je pourrais le frapper mais je sais que je me détesterais d'avoir levé la main le premier. Peut-être ne suis-je qu'un con de gauche, en effet.

Je me détourne et m'en vais. Les autres m'appellent.

— Attends, Raphaël, reviens ! Putain, Dan va le chercher ! Mais qu'ils sont cons ces deux-là !

Pendant quelques instants, je maugrée contre Dan en marchant d'un pas lourd. Puis je m'assois à la terrasse d'un café. Pourquoi cette colère ? Pourquoi suis-je autant remonté contre mon ami ? À cause de ses positions ? Non, je les connais. De son attitude ? Peut-être. Puis je me remémore un cours de pensée juive durant lequel l'orateur avait abordé le thème de la colère. « Analyser notre colère c'est remonter aux sources de nos propres maux. Sachez que nous nous emportons seulement face à ceux qui nous ressemblent et nous renvoient l'image de ce que nous sommes, étions ou craignons devenir. » Oui, sans doute est-ce cela. Dan exprime une part de ma conscience. Ses vérités sont mes doutes. Il exprime des ressentiments que je tente d'étouffer. Nous avons grandi avec les mêmes craintes, les mêmes questions mais elles nous ont portés sur des chemins différents. Et nous avançons chacun de notre côté, incertains de la pertinence de nos choix.

Coup de théâtre : Yasser Arafat ne veut pas la paix. Ehud Barak lui a tout concédé mais le leader palestinien réclame plus encore. Il lui a offert un État avec Jérusalem comme capitale, est allé au-delà de ce qu'aucun chef de gouvernement israélien n'avait jamais osé offrir, s'est fait insulter par nombre de ses concitoyens et juifs de la diaspora, mais Arafat balaie tout sous prétexte que le droit au retour des réfugiés palestiniens n'a pas été accepté.

Pour nous, juifs aspirant à la paix, les concessions paraissaient énormes, presque aberrantes, mais nous nous étions rangés derrière le leader travailliste parce qu'elles nous semblaient le prix à payer pour une paix nécessaire et durable. Désormais nous nous sentons floués. Et en venons à reconnaître, non sans amertume, que les partisans d'une position dure avaient raison : Arafat ne vise pas la paix, il veut la destruction de l'État d'Israël. Il est resté le terroriste sanguinaire d'autrefois, celui qui lançait ses troupes à l'assaut des écoles. Il a juste appris à manier le double langage, s'est composé une image de diplomate pour duper les gouvernements et institutions internationaux tout en continuant d'attiser la haine du juif. Il a accepté de retirer de la charte de l'OLP l'appel à la destruction de l'État d'Israël par stratégie mais poursuit toujours cet objectif.

Résultat, nombreux sont ceux qui se réveillent aujourd'hui le cœur lourd, déçus de s'être fait berner. Furieux, aussi, d'avoir trop espéré.

J'évite pendant quelques jours ma bande d'amis. Dan ne manquerait pas de se foutre de mes illusions. Pas envie, pas le goût, pour le moment.

Je suis pourtant prêt à reconnaître m'être trompé. Prêt à ce qu'un homme fort prenne le pouvoir. Prêt à voir un guerrier courageux préparer Israël aux affrontements à venir. Prêt à soutenir un politicien assez buté pour résister aux pressions des gouvernements et de l'ONU.

Oui, je dois changer. Fini l'idéalisme, la mesure, la raison. Je vais me mettre au diapason de mon pays de cœur, être du côté de ceux que l'on veut exterminer, de ceux qui se sont laissés prendre à un jeu de dupes, de ceux qui voulaient la paix, ont tendu une main hésitante et ont failli se faire broyer. Mes idéaux ? Mon goût du dialogue ? À quoi servent-ils, là-bas ? Seule doit compter la sécurité d'Israël. Et tant pis si je ne me fais pas que des amis !

Octobre 2000

Bien que nous soyons réunis pour l'anniversaire de Michel, l'ambiance est au deuil. Les larmes aux yeux, nous essayons d'évacuer de nos esprits l'horreur qui vient de s'y imprimer.

Deux Israéliens qui s'étaient trompés de route sont tombés entre les mains de membres de la police palestinienne. Aidés de civils, ces derniers les ont torturés, défigurés et tués, le tout avec une sauvagerie dont je n'aurais cru aucun homme capable. Quand la femme d'un des prisonniers a téléphoné pendant qu'on martyrisait son époux, un des tortionnaires a pris le portable de sa victime et hurlé : « Nous sommes en train de tuer ton mari. » Elle a entendu les cris de douleurs. Un des bourreaux est apparu à la fenêtre du poste pour montrer ses mains pleines de sang, visiblement fier. Une foule, qui attendait, a applaudi, scandant des Allahou akbar. Les corps lui ont été jetés en pâture. Ils ont été piétinés, démembrés par des monstres exultant, heureux de s'en prendre à des cadavres.

— Ces hommes sont des animaux, lance Dan, la voix cassée.

Personne ne le contredit.

— Et on voudrait forcer les Israéliens à faire la paix avec de tels barbares ? continue-t-il, soudain survolté. Peut-on faire confiance à des bêtes féroces ?

— Et dire qu'Israël a contribué à créer la police palestinienne ! reprend Michel. Il y avait même des patrouilles mêlant Israéliens et Palestiniens, soi-disant le symbole d'une entente à venir ! Des conneries oui !

— C'est une illustration de ce que sont les Arabes ! Ils n'ont pas de cœur, aucune valeur ! Ils sont prêts à faire exploser leurs enfants pour tuer, heureux de les voir mourir en lançant des pierres. Ce ne sont même pas des animaux, les animaux protègent leurs petits !

Il y a quelque temps, j'aurais hurlé contre ce genre de propos radicaux, caricaturaux, mais l'acte est si ignoble, l'ambiance si délétère qu'aujourd'hui, il n'y a pas de camps, pas d'opposition. Je me radicalise. Personne ne tient à nuancer sa colère, à la modérer, à trouver des explications, défendre une cause. L'horreur nous a frappés, nous avons envie de frapper à notre tour.

Je suis maintenant convaincu d'une chose : ma génération ne verra jamais la paix.

XXVII

Ne plus comprendre

Raphaël

Octobre 2001

Le match de la réconciliation.

— Réconciliation ? Quelle réconciliation ? Qui était fâché ? Qui s'excuse ? Les Français pour avoir occupé l'Algérie et torturé des innocents ? Ou les Algériens parce qu'ils nous ont envoyé toute leur racaille ?

Dan paraît fier de sa vanne.

— Attendez les mecs, si c'est pour entendre ce genre de commentaires, je préfère rentrer voir le match chez moi ! s'indigne Marc.

— Arrête, rétorque Dan, tu ne pensais quand même pas qu'on se contenterait de boire des bières et d'échanger des commentaires gentillets sur le mode « le sport rapproche les hommes » ?

— Perso je trouve l'initiative intéressante, assure Marc. La France n'a jamais voulu regarder son Histoire. Questionne un gamin sur la Seconde Guerre mondiale, il te dira que les Français c'était la résistance, de Gaulle et tout ça. Quant à la guerre d'Algérie, il pensera – s'il la connaît – que tu fais référence aux événements de Vaulx-en-Velin.

— Alors là… Je trouve ton humour déplacé, feint de s'offusquer Dan.

— Celui qui ne sait pas scruter le passé ne sait pas regarder l'avenir, professe Michel.

— C'est de qui ? Lao Tseu ou Bataille et Fontaine ?

— Ma grand-mère. Maintenant va savoir qui elle a pompé, répond-il placidement. Tiens, les joueurs entrent sur le terrain.

Les deux équipes s'alignent.

— Ah, l'hymne français, levez-vous les mecs, ordonne Dan.

— Mais non, babo, c'est l'hymne algérien ! fait remarquer Marc.

— C'est bien ce que je disais. Enfin, tout est question de temps. Au fait, vous savez quelle sera la deuxième langue étrangère parlée par une majorité de Français dans dix ans ?

— Ta gueule !

— Facile ! L'algérien.

— Non, le français.

Rires.

— T'es trop con, tranche Marc, culpabilisé d'avoir ri.

Au moment où *La Marseillaise* retentit, des sifflets résonnent au Stade de France. Éberlués, nous nous penchons vers le téléviseur.

— Putain, tu entends ? Ils sifflent ! J'y crois pas ! s'étonne Michel.

Les présentateurs continuent à asséner des platitudes, feignant de ne rien percevoir.

— Regarde ces connards de journalistes incapables de réagir : ils sont super emmerdés !

— Ils ont baissé le son ! s'esclaffe Michel. Vous vous en êtes rendu compte ? Ils ont baissé le son d'ambiance !

Nous tendons l'oreille. Les commentateurs, embarrassés, avancent enfin une remarque.

— Quelques sifflets ! Ils ont dit quelques sifflets ! crie Dan. On leur crache à la gueule et ils s'essuient le visage en haussant les épaules ! Vive la France !

Il ne rit pas du tout, éructe, se lève, fait un pas, se rassoit.

L'excitation est à son comble dans mon petit salon. Je me sens moi-même meurtri sans trop savoir pourquoi.

Le match débute mais il ne nous intéresse plus.

C'est Michel qui, quelques dizaines de minutes plus tard, remarque l'incident.

— Regardez ! Ils envahissent le terrain !

— Oh putain, le bordel ! s'exclame Marc, accablé.

Dan a un rire hystérique.

— Comme dirait Marc, nous pouvons voir là un symbole : les Français accueillent amicalement les Algériens. Ceux-ci crachent sur leur hymne, sur le règlement et envahissent le terrain. L'avenir de la France résumé en quelques minutes.

Michel l'interrompt.

— Oh, merde écoutez les commentateurs ! « Il ne s'agit que de quelques manifestations de joie » !

— Incroyable ! Surréaliste ! Ils baissent leurs frocs !

— Je ne comprends pas pourquoi vous vous réjouissez de cette merde-là ! rétorque Marc.

Dan, consterné, lève les yeux au ciel.

— Mais parce qu'enfin nous voyons le véritable visage des Arabes et des Français ! En direct ! Et parce que tu peux maintenant comprendre pourquoi nous n'avons plus notre place ici.

— Tu vas trop loin, répond Marc. On ne peut pas être aussi catégorique. Ni tout mélanger. Ni faire une généralité du comportement déplorable de petits cons qui se la jouent rebelles.

Il a dit cela pour défendre une position. Par principe plus que par conviction. Quelque chose d'important vient d'arriver : un mur est tombé. D'autres déjà, les jours précédents, s'étaient fissurés. Mais il semble que celui-ci ait une importance particulière. Est-ce le dernier ? Juste avant l'innommable ? Avant le grand n'importe quoi ?

Le lendemain, les journaux se confondent en formules alambiquées pour minorer la portée des faits. Je suis au café. Je feuillette les quotidiens avec un léger espoir. Non, tous me renvoient à mon angoisse. Ai-je le droit de penser que les journalistes français portent le masque indigne de la partialité ? Le droit d'espérer qu'ils soient seulement vrais, justes, qu'ils fassent leur boulot ? J'ai envie de croire que leur réaction n'est pas motivée par la peur. Celle d'être taxés de racistes s'ils portent un regard simplement factuel sur ce qui est arrivé durant cette rencontre.

Pourquoi cela me concerne-t-il après tout ? Quand la France laisse piétiner par aveuglement son honneur, pourquoi ai-je l'impression que le mien est en jeu ? Réponse logique : parce que je suis français ? Parce que cet hymne est le mien ? Non. Je ne peux pas l'affirmer ainsi. Plus maintenant. Enfin, plus avec la même foi. Autre réponse plus plausible : parce que lorsque la France brade sa dignité, elle est capable du pire. Et le pire finit toujours par concerner les juifs.

Mars 2002

S'habitue-t-on à l'horreur ? Hélas, oui !

Le premier à apprendre la macabre nouvelle informe les autres : « Il y a encore eu un attentat. »

Alors nous nous asseyons devant la télévision ou écoutons la radio en attendant les explications et, surtout, le décompte des victimes. Mais les chiffres ne veulent plus rien dire : ils arithmétisent la réussite de chaque attentat et masquent les drames humains.

En vérité, de plus en plus gagnés par le sentiment d'être désinformés, nous traquons dans les médias les preuves de la partialité des journalistes et des élus. Guère difficiles à identifier tant les observateurs cherchent sans cesse à minimiser l'horreur, quand ils ne tentent pas de la justifier. Les Palestiniens sont, pour beaucoup d'entre eux, des résistants, les terroristes des désespérés, les Israéliens des colons, les victimes des chiffres.

Sur une chaîne publique, un reporter annonce qu'un Palestinien s'est donné la mort en actionnant une bombe, occasionnant ainsi le décès des personnes se trouvant près de lui. L'homme n'était donc pas un terroriste mais un être désespéré peu précautionneux qui, souhaitant se suicider, a mal choisi son lieu.

Des reportages empathiques sont consacrés à la première femme terroriste pour comprendre comment une infirmière en est arrivée à se faire exploser au cœur d'Israël. Faut-il que les Israéliens soient des suppôts de Satan pour transformer une femme fantastique en désespérée prête à mourir afin de défendre son peuple ? Mais, ceux qui lui ont lavé le cerveau et l'ont convaincue de porter une ceinture d'explosifs ne sont pas mentionnés ou, au mieux, voient leur rôle minimisé. Pas de doute, le véritable artisan de ces crimes reste Israël.

Autre manœuvre syntaxique qu'affectionnent parfois des journalistes : compter les terroristes parmi les victimes. Dire « L'explosion a causé la mort de dix personnes dont le porteur de la bombe » n'est pas, en soi, inexact mais confond les rôles, dilue les responsabilités, ne transforme pas les instigateurs en tueurs puisqu'ils sont, en définitive, également victimes de leur acte. Et cela banalise tout. La répétition des attentats en atténue la portée. C'est oublier qu'ils font vingt à trente morts chaque semaine en Israël, chiffre qui, rapporté à la France, reviendrait à deux cents ou trois cents morts ! Quels mots utiliseraient-ils, ces reporters gênés aux entournures, engagés ou aveugles, pour nommer les terroristes s'ils s'en prenaient à nos concitoyens ? Comment traiteraient-ils l'information ?

Peu importe : le coupable désigné est « l'entité sioniste ». Israël est devenu chez beaucoup un mot grossier, Tsahal une insulte.

Pour nous, les médias ont clairement choisi leur camp. Quelle autre guerre, dans le monde, suscite-t-elle autant d'adjectifs « disqualificatifs », d'invectives, de haine ? Cette dynamique de la diatribe annihile la lucidité, anéantit la capacité de raisonnement, pervertit la vérité.

À la conférence de Durban, la surenchère d'invectives et d'accusations a conduit certains à oser comparer Israël aux pires régimes dictatoriaux, allant chercher des mots et des images jusque dans les barbelés sanguinolents de l'Histoire.

Et, après les combats entre Israéliens et Palestiniens au sein du camp de Jénine, d'autres se sont empressés de parler de massacre, évoquant plus de mille morts. Quand la vérité sera révélée, et que l'on découvrira que le nombre des victimes était plus proche de cinquante, rares sont ceux qui reconnaîtront leur erreur. Et, de toute façon, il sera trop tard : l'opinion publique aura jugé Israël à la lumière du mensonge.

Israël et son peuple transformés en bourreaux ; quelle ignominie ! Une manipulation qui attise, en France, la haine des juifs. Car, après tout, si les mots n'ont plus d'importance et que tout s'avère égal par ailleurs, pourquoi certains musulmans radicaux devraient-ils faire la différence entre les juifs et les Israéliens ? Conséquence de ce fatras d'idées bousculées, de ces valeurs bafouées, de cette confusion totale, la parole la plus noire se libère et la violence ressurgit.

Parfois, le doute s'installe. Sommes-nous réellement objectifs dans ces analyses ? Certes non, mais nos excès visent à contrebalancer ceux de la presse. L'injustice génère de l'injustice. Et si tout le monde ne soutient pas la politique d'Ariel Sharon dans la communauté juive, tous comprennent qu'il n'est nul besoin d'en rajouter. Pour autant, face aux attaques, elle se soude, se regroupe autour de ses valeurs, se radicalise aussi, et défend son pays de cœur.

Car, entre-temps, les agressions antisémites se multiplient. Dans l'indifférence générale. On voit des musulmans s'en prendre aux juifs afin de venger les Palestiniens. Leur colère, entretenue, alimentée, devient haine et trouve un exutoire. Mais les médias n'en parlent pas. Parce qu'ils se sentent coupables ? Non, parce qu'il ne faut pas stigmatiser une partie de la population issue de l'immigration, déjà en proie aux injustices sociales et prompte à s'emporter. Surtout, ne pas réveiller les banlieues. Quant à nous… peu importe.

« Mal nommer les choses, c'est ajouter au malheur du monde », a dit Albert Camus. Des journalistes et des hommes politiques détournent le sens des mots, les affadissent, les vident de leur sens et, ainsi, effacent les repères capables de nous guider dans le sens des faits. Pire, ils ne nomment pas. Or, ne pas nommer les choses, c'est ajouter de la confusion et de l'injustice.

Ne savent-ils pas que la vérité est une frontière qui contraint chacun à clairement se positionner ? Sans cette ligne de démarcation, chacun s'enhardit à avancer dans le brouillard, c'est-à-dire à émettre ses propres vérités, fruit de ses fantasmes ou de ses velléités. Et les non-dits, les rumeurs, les incompréhensions forment le terreau de la haine.

Notre position au sein de la société française a irrémédiablement changé. Français ou juifs ? Juifs français ? Sionistes ? Futurs Israéliens ? Victimes ou barbares ? Nous ressentons tous le besoin de nous questionner mutuellement, de nous rapprocher les uns des autres, de revenir aux fondements de notre identité.

Car comment continuer à se sentir citoyen d'un pays qui, au mieux, vous ignore ?

Avril 2002

Le cours va s'achever. J'ai déjà noirci une page de notes, tentant de réduire la pensée du rabbin à quelques phrases clés. Écrire permet d'ancrer les idées plus profondément dans mon esprit avide de sens. La richesse de la pensée juive me surprend, m'émeut même parfois. J'ai commencé à assister à ces séances pour trouver des réponses à des questions « existentielles » puisqu'elles interrogent les fondements de mon être : mon rapport à la religion, à la société, à ma famille, à mon travail. Qui suis-je en train de devenir ? Quel genre de juif, de mari, de père ? Mon judaïsme ressemble à un iceberg dont je me suis longtemps contenté de parcourir la surface modelée par les rites, les traditions et par un sionisme convaincu mais peu engagé. Or j'éprouve désormais le besoin de plonger sous l'eau pour explorer la masse sur laquelle reposent ces certitudes.

Je pense également qu'il s'agit d'une réaction contre tous ceux qui considèrent ma foi comme une menace. Dès lors, il me faut comprendre ma différence, savoir ce qui les inquiète.

J'ai réussi à convaincre Michel de m'accompagner. Michel, l'antireligieux, le fervent sioniste, celui hissé au sommet de l'iceberg qui souhaite que les courants le mènent jusqu'en terre promise.

Le rabbin, quant à lui, est un petit homme sec, nerveux, au visage émacié. Son front est barré d'une veine bleue qui semble capable d'éclater sa peau fine et blanche à chaque fois qu'il s'emporte pour marteler un argument. On le connaît pour l'intelligence avec laquelle il conduit ses interventions.

Il a fini son cours, nous a expliqué la notion de peuple élu. Au sens totalement différent de celui dont les antisémites se prévalent pour dénoncer notre orgueil et nous accuser de vouloir nous élever au-dessus d'eux et autres conneries destinées à légitimer leur rejet.

Le public se lève. Michel reste assis, absorbé par une pensée. Je vais l'interroger quand il se redresse et interpelle le rabbin.

D'abord surpris par cette tardive apostrophe, ce dernier, d'un signe de tête, lui donne la parole. L'assistance se fige et fait silence.

— Participerez-vous à la manifestation contre l'antisémitisme du dimanche 7 avril ?

Je reconnais bien là Michel. L'actualité, la politique, la défense d'une identité juive fondée sur l'histoire récente, priment sur tout. Sa question me paraît cependant déplacée. Apparemment, compte tenu des moues qu'ils affichent, les religieux présents ont le même avis. Mais je finis vite par la trouver perspicace. Les juifs, tous les juifs, doivent être unis dans la lutte contre l'antisémitisme. Car l'union est l'un des fondements du judaïsme.

Le rabbin le regarde sans manifester la moindre expression.

— Non. Le rôle d'un religieux n'est pas d'aller adresser des vœux, des prières aux gouvernants. Nous n'avons pas pour vocation de pousser des cris dans le vent. Notre rôle est de prier Dieu dans les synagogues.

Michel, désappointé, hoche la tête.

— Avec tout le respect que je vous dois, je pense que le problème fondamental de notre communauté peut se résumer à cette position. Vous venez d'expliquer que la notion d'élection exprime une énorme responsabilité : celle d'avoir un comportement exemplaire à travers lequel nous démontrerions la valeur de la Torah. Vous avez également dit que les religieux doivent, par leur mode de vie, avoir un rôle de rassembleurs. Or, l'une des principales valeurs de notre religion est l'unité. Tous les juifs seront présents à cette manifestation, au-delà de leurs différences, de leurs divergences. Pas vous. Qu'en pensera la communauté ? Elle jugera qu'il s'agit d'un abandon.

Michel a prononcé ses mots avec une rage à peine maîtrisée. Il fait un geste de la main pour dire qu'il renonce à aller plus loin, avant de se raviser et de lancer, en dernière remarque :

— Je fais partie des juifs qui ne s'étonneront même pas de votre absence. C'est ma présence à ce cours qui me surprend.

Le rabbin, interdit quelques instants, se contente d'annoncer la fin du cours et de saluer l'auditoire. Il n'a pas répondu. Sûrement a-t-il jugé l'atmosphère inapte à la discussion ? Ou alors s'est-il senti offensé par les remarques ?

Je pense plutôt que Michel l'a touché. Si les religieux veulent être un exemple, ils doivent eux-mêmes cesser de regarder le reste de la communauté de haut. Et mériter les voix qui feront d'eux les élus du peuple élu.

Mai 2002

Benny Lévy, Alain Finkielkraut et Bernard-Henri Lévy. Les trois réunis à l'appel d'une association villeurbannaise. Thème de la conférence : La confusion des temps.

Une conférence organisée suite aux débats suscités par les remarques de Michel, à la fin du cours de Torah. Alors que nous sortions, un religieux s'était adressé à lui.

— J'ai compris ce que tu as dit. J'y suis sensible. Je souhaite que nous nous revoyions pour penser à une manifestation symbolique de l'unité dont tu parlais.

— Tu viens à la manifestation ? avait demandé Michel, d'un air de défi.

— Oui, bien entendu. Mais cela ne suffit pas. Comme tu l'as exprimé, il convient de heurter les consciences. Or je pense que les consciences sont sensibles aux idées.

Tous deux se sont revus et ont organisé la manifestation en s'appuyant sur une association communautaire locale. Un véritable événement.

D'abord parce que les trois intellectuels n'avaient pas été réunis depuis de nombreuses années.

Ensuite, parce qu'ils ont accepté de bousculer leur emploi du temps, de trouver une date et de participer à cette conférence pour répondre à l'urgence de la situation. Un soulagement donc : la situation est bel et bien critique, il ne s'agissait pas d'une simple vue de l'esprit, d'un délire de juifs paranos en proie au complexe de persécution.

Enfin, parce qu'il s'agit de trois figures de la pensée juive contemporaine. Benny Lévy, dernier secrétaire de Jean-Paul

Sartre, devenu un érudit en matière de Torah. Bernard-Henri Lévy, l'homme aux chemises d'apparat et à la coupe de cheveux soignée, qui n'a vraisemblablement pour les synagogues qu'un attrait esthétique mais qui, pourtant, répond présent à chaque appel de la communauté afin de débattre de l'identité juive. La communauté l'aime sans comprendre, bien souvent, ses propos, sans avoir lu ses livres, juste pour son engagement, sa capacité à toujours être à ses côtés. Alain Finkielkraut, enfin, philosophe au comportement tourmenté dont les idées tortueuses finissent toujours par accoucher de pensées lumineuses.

Trois figures emblématiques, réunies pour nous dire qu'il est normal que nous soyons perdus dans cette France qui ne sait plus décrire les événements, nommer les acteurs, designer les responsabilités et dire clairement son rôle. Trois types de juifs face à une multitude d'autres : étudiants, commerçants, mères de famille, enseignants, forains, religieux, traditionnalistes, intellectuels, retraités, célibataires, timides, frimeurs... Tous présents pour espérer obtenir des réponses à leurs questions, comprendre le nouvel antisémitisme, déceler des raisons d'espérer. Espérer que Durban n'était qu'une farce, que les médias vont comprendre leurs erreurs, que nous ne serons pas contraints de partir à l'étranger ou de faire notre Alya, un fusil pointé dans le dos.

Quand nous sortons de la réunion, tout le monde affiche une mine réjouie. Nous ne sommes pas seuls. Nous avions besoin de nous rassembler, de sentir la chaleur propre à notre communauté en ces périodes de doutes, de nous rassurer quant à la validité de nos craintes. Je traverse des groupes de personnes, capte leurs propos.

Deux femmes âgées, sous le charme :

— C'était bien, hein ? Bon, j'ai pas tout compris mais j'ai bien aimé.

— Qu'il est beau Bernard !

— Qui ? Bernard-Henri ?

— Non, Bernard. Son prénom, c'est Bernard et son nom de famille Henri-Lévy.

— Pas du tout ! Il a deux prénoms et il a fait genre je les mets ensemble comme ça, c'est plus classe…

— En tout cas, il est beau.

Des trentenaires, ironiques :

— Bon alors… on reste et on lutte ou on se casse ?

— Israël ?

— Ben oui. Tu veux aller où toi ?

— Au Canada.

— Tu rigoles, avec le froid qu'il fait en hiver ?

Deux étudiants :

— Ça m'a fait du bien d'entendre BHL parler de Jénine. Quand tu penses à ce que les médias ont pu débiter comme conneries. Ils ont parlé de massacres, de génocides. Lui, il y était. Il est crédible.

— Tu as assisté à la conférence de Frédéric Encel ?

— Oui, génial. Il est prof à l'ENA, le mec. Balèse, quoi !

Une fausse blonde, caressant la joue de son fils de vingt ans :

— Mon fils il fera philosophe plus tard. Hein, c'est vrai, mon fils ?

— Maman…

— Eh ben quoi, c'est vrai ! Oui, madame, il va devenir comme Bernard Harry Lévy.

— Maman… Arrête…

— Pourquoi tu rougis ? Il est en première année de philosophie. Et après il va écrire des livres, faire des conférences.

— À la grâce de Dieu ! Que tous les enfants d'Israël réussissent, c'est ce qu'il faut souhaiter.

— Amen, amen.

— Bon, j'avance maman.

— Vas-y mon fils. C'est une tête, si vous saviez… Il tient de son père, pas de moi, la vérité.

Deux hommes, costume et cravate :

— Il y a une autre possibilité. Tu installes ta famille en Israël, tu travailles en France et tu rentres le jeudi soir. L'avion d'EL AL est plein d'hommes d'affaires qui vivent comme ça. On appelle ça « l'Alya Boeing ».

— Je ne suis pas d'accord. Tu dois faire un choix. Ici ou là-bas.

— Ça peut être une situation transitoire. Le temps de voir venir, de monter ton affaire en Israël.

— Monter une affaire en Israël ? Tu plaisantes ! Tu crois qu'ils nous ont attendus ? Impossible de se faire une place. Ce sont des requins !

— Il doit y avoir des créneaux quand même !

Une vieille femme croise mon regard :

— La vérité, j'ai rien compris. Rien du tout. Mais je suis contente. J'aime voir les juifs réunis. Ça fait chaud au cœur. Les Français ne nous aiment pas. Les Arabes nous détestent. Nous n'avons qu'une seule solution : nous passer de leur amour ou nous aimer entre nous.

La France est malade de ses juifs. La France est malade d'Israël. Nous ne sommes plus des Français de confession juive mais des juifs de France. Des juifs en France.

Mars 2003

Sitôt la porte ouverte, mes parents glissent un regard par-dessus mon épaule. Ils répondent à mon salut en déposant rapidement deux bises sur mes joues puis pénètrent dans l'appartement.

— Où sont les petits ?

— Moi, ça va, merci.

Maman ne m'écoute pas. Orientée par des éclats de voix et des rires, elle se dirige vers la cuisine suivie de près par mon père.

— Mamie ! Papi !

Les enfants leur sautent aux bras.

— Mchekpara !

En vieillissant, ma mère a renoué avec l'habitude d'utiliser des mots arabes pour exprimer son affection. Ça amuse les petits qui tentent de l'imiter. Moi, ça m'émeut ou m'agace, selon l'humeur.

Une fois autour de la table, je la sens nerveuse. Elle prête une attention distraite aux propos de mon épouse. Papa, penché sur son assiette, s'absente quelques instants dans des pensées qui n'appartiennent qu'à lui. Je comprends que maman a quelque chose à nous dire et attend le moment propice. Quand les enfants se lèvent de table, elle se décide à lâcher le morceau.

— Nous voulions vous parler d'un sujet important.

Les prises de paroles déclarées annoncent toujours un événement majeur. Papa hoche la tête pour indiquer qu'il est l'un des éléments du « nous » et réellement partie prenante de ce qui va suivre.

— Voilà, nous avons bien réfléchi à la situation, et nous avons décidé, enfin, pensé que… nous devrions partir.

Pensant la déclaration suffisamment explicite, elle attend nos réactions.

— C'est-à-dire ? Qui part ? Et où ?

Mon père affiche un air navré.

— Ben oui, il a raison ! s'exclame papa. Tu n'as pas bien expliqué. Partir en vacances ?

Maman, contrariée d'être reprise, hausse les épaules.

— Nous devons quitter la France. Tous. Toute la famille.

J'ai du mal à réaliser. Le silence qui s'installe l'encourage à argumenter.

— Nous ne pouvons pas rester en France. Les événements que nous connaissons se répéteront, s'aggraveront. Nous pensons à vous et aux enfants. Aux enfants surtout. Que deviendront-ils dans un pays qui tremble devant la racaille ? Les juifs ne seront jamais en sécurité. C'est une décision qu'il faut prendre, maintenant. Avant qu'il ne soit trop tard. Tu es l'aîné. Si tu pars, tes frères suivront.

Je suis sidéré. Jamais je n'aurais pensé entendre mes parents défendre une telle option. Retraités, bien installés dans leur maison, entourés d'amis, ils sont incapables de partir en vacances plus de quinze jours tant ils aiment la vie qu'ils se sont difficilement construite. Je regarde tendrement ma mère, petite dame mince au regard acéré, puis mon père, dont la force est encore perceptible malgré les kilos en trop, placidement calés sur leur chaise.

C'est Ghislaine qui réagit la première.

— Tout le monde ne parle que de ça ! Les juifs se précipitent à l'Agence juive pour se renseigner sur les conditions d'immigration vers Israël. Mais nous n'avons pas envie de quitter Lyon : partir pour faire quoi ? Aller mourir de faim dans un pays ravagé par le terrorisme et la crise économique ? Et puis, et surtout : nous sommes français !

Le ton de ma femme est progressivement monté, exprimant son exaspération. Elle ne veut plus entendre ce genre de discours. Elle le redoute même. Comme si chaque parole constituait un pas de plus vers une fin dont elle commence à percevoir l'inéluctabilité. Nous en avons d'ailleurs déjà parlé et nous sommes mis d'accord : nous ne fuirons pas. La France est notre pays. Mais Ghislaine devine combien la suggestion de mes parents ouvre une brèche dans le mur de justifications que nous avons édifié. Si des membres de la famille décident de s'en aller, ils initient un précédent avec lequel il faudra vivre. L'onde deviendra un courant qui nous forcera, à terme, à nous accrocher aux rives des certitudes et peut-être un jour, la force et la détermination nous abandonnant, nous contraindra à lâcher prise pour les rejoindre.

— Qui a parlé d'Israël ? Pensez-vous que nous vous encouragerions à envoyer les enfants à la guerre ? Surtout quand on voit de quelle manière ils nous traitent lorsqu'on y va en vacances ! Je pense plutôt au Canada ou aux États-Unis. Nous y avons de la famille. Elle nous aidera sans doute, au début.

Le Canada, les États-Unis. J'essaye une seconde de nous projeter dans les paysages qu'évoquent ces pays, mais les images se brouillent.

— Mais qu'irions-nous y faire ? La langue… mon métier… enfin, je n'arrive pas à comprendre…

Ma mère sourit.

— S'il s'agit des États-Unis, nous apprendrons tous la langue. Ton métier ? Tu trouveras quelque chose sur place. Tes frères et toi, vous êtes suffisamment intelligents et débrouillards pour dénicher un emploi.

— Ce sera difficile les premiers temps, poursuit papa. Mais la sécurité des enfants vaut tous les sacrifices.

Ghislaine se lève pour débarrasser quelques couverts, souhaitant marquer la fin de cette conversation.

— Les États-Unis, le Canada… balbutie-t-elle. Mais je n'ai aucunement envie de vivre dans ces pays ! Et puis, penser être en sécurité aux États-Unis… un pays où le moindre petit voyou possède une arme, où les meurtriers inspirent les scénaristes tant ils sont créatifs et où la justice envoie à la chaise électrique des innocents…

Ma mère esquisse une mimique.

— Enfin, Ghislaine, ce sont des clichés…

Ma femme, en proie à un soudain abattement, repose ses couverts sur la table, se rassoit lourdement et me dévisage.

— Et toi, tu ne dis rien ?

J'ai l'impression d'être le spectateur d'un mauvais sitcom et d'entendre l'un des acteurs m'interpeller.

— Nous avons toujours dit, Ghislaine et moi, que nous ne partirions pas.

— Ce pays nous crache dessus ! assène alors papa d'une voix calme mais ferme. Et notre histoire… notre histoire ne s'appréhende pas sur vingt ou quarante ans.

— Mais vous… Comment pouvez-vous envisager de changer de pays, de quitter votre maison, vos amis et de vous transplanter dans un autre univers, totalement inconnu ? Y survivrez-vous ?

— Pour nous, la question n'est pas pertinente. Notre histoire est derrière. Notre avenir, c'est vous, déclame maman.

Papa, lui, a un mouvement de tête signifiant son étonnement.

— Si nous y survivrons ? Mais ne l'avons-nous pas déjà fait ? N'avons-nous pas déjà tout quitté ? N'avons-nous pas déjà tout reconstruit ? Tu parles d'histoire… n'oublie pas la nôtre.

Je me sens d'un coup stupide de ne pas avoir compris tout de suite d'où venait leur force, leur courage.

L'expérience.

XXVIII

En rire ou en pleurer

Raphaël

Février 2004

Quand Olivier et moi arrivons devant la bourse du travail de Lyon, la situation est calme mais l'atmosphère pesante. Nous nous interrogeons sur la pertinence de notre présence dans ce lieu quadrillé par les CRS, puis avançons vers le bâtiment. On nous regarde étrangement. En sommes-nous déjà arrivés là ? Le combat tant redouté contre la bête immonde a-t-il commencé ?

Sur les marches, devant l'entrée de la salle de spectacle, un groupe d'étudiants juifs s'est installé. Ils portent une bannière sur laquelle deux Blacks semblent se défier : Martin Luther King et Dieudonné. « L'antisionisme est antisémite par essence », dit le premier au second. Je trouve le visuel maladroit : le pseudo-humoriste ne mérite pas de se retrouver face au pasteur afro-américain. D'une manière générale, les juifs ont perdu le sens de la communication. La plupart de leurs tentatives pour interpeller l'opinion sont plates, gauches, maladroites, quand elles ne s'avèrent pas simplement contre-productives. Nos ennemis savent mieux s'exprimer que nous. Peut-être parce qu'ils ont quelque chose à dire, un cri à pousser, une stratégie à développer alors que nous avons juste des jérémiades à opposer. Les attaques de Dieudonné font mouche dans une société friande de formules incisives, de moqueries acerbes et de rires sournois. Notre défense laisse indifférent, tant elle ressemble aux sempiternelles lamentations sur notre sort d'éternelles victimes. Je ne voulais pas venir manifester mon aversion envers ce triste clown, mais l'insistance de mes amis a fini par me décider. Alors je me suis trouvé une raison : aller devant la salle de spectacle pour voir à quoi ressemble le public de Dieudonné, qui sont ces nouveaux antisémites à la conscience tranquille, ces collabos du XXIe siècle.

Je repère les membres du Mouvement, le groupe auquel j'appartenais quelques années auparavant. Je reconnais quelques anciens, toujours prêts à reprendre du service dans les occasions importantes. Les autres, je les identifie à leur allure. Une discrétion… ostentatoire : mâchoire serrée, regard profond, épaules voûtées, hésitant entre la nécessité de l'anonymat et l'affirmation de leur rôle. Ils observent discrètement les éléments perturbateurs. Ceux de la communauté, venus là pour en découdre, qu'ils connaissent et parfois apprécient mais qu'ils ont l'ordre de contenir, et les autres, inconnus menaçants, aux intentions et motivations difficilement identifiables.

Entre le mouvement régulier des passants, je peux suivre le ballet électrique des forces en présence. Je sais que le moindre éclat de voix, le plus petit déplacement brusque peut servir de détonation qui conduira à une situation difficilement gérable. J'éprouve donc le besoin de préciser à Olivier notre point de vue.

— Soyons clairs : nous ne sommes pas venus nous battre. Si je vois que ça bouge, je me casse. Et tu me suis. C'est pas à quarante berges que l'on va jouer les militants musclés.

Olivier sourit.

— OK grand frère. De toute façon, je partage ton opinion sur cette manifestation.

Michel nous interpelle.

— Alors, en fin de compte, vous êtes venus ? Qu'est-ce qui vous a fait changer d'avis ?

— Nous n'avons pas changé d'avis, répond Olivier. Nous sommes là pour manifester dans le calme, dire que nous sommes choqués par Dieudonné et restons vigilants. Faire interdire son spectacle, c'est lui offrir le statut de martyre. Et la presse n'attend que ça pour tailler à nouveau la communauté.

Michel hoche la tête, pas d'accord.

— Et toi, que comptes-tu faire ? je lui demande.

Il hésite. Opération secrète. Puis, conscient qu'il parle à ses amis, il se confie.

— Nous allons entrer à l'intérieur et foutre le bordel. Suffisamment pour faire réfléchir les maires des villes dans lesquelles cet abruti veut présenter son spectacle.

Il a pris l'air grave que nous affichions jeunes militants avant une action spéciale. J'éclate de rire. Il se redresse et me regarde, vexé.

— Excuse-moi, mais… je trouve ça grotesque. Tu as quarante ans, Michel !

— Et alors ? Penses-tu que les années aient diminué ma détermination, réduit ma force ? L'âge n'a rien à voir ! Regarde, tu es resté aussi con qu'à vingt ans.

Un appel téléphonique. Il répond, lance quelques mots et nous quitte.

Le public commence à arriver. Des sifflets retentissent. Un membre de l'UEJF (Union des Étudiants Juifs de France) saisit un porte-voix et interpelle les spectateurs. La plupart avancent tête baissée. D'autres nous toisent, sourire aux lèvres. Quelques manifestants se mêlent aux spectateurs et tentent de discuter.

« Pensez-vous aller assister à un spectacle comique ou à un show politique ? »

« Qu'avez-vous pensé des propos de Dieudonné ? »

« Son dernier sketch vous a-t-il fait rire ? »

« C'est honteux, votre présence cautionne les discours de cet antisémite. »

Les réactions sont variées, affectées par la peur, la timidité, la colère, la bêtise ou le parti pris.

« Je souhaite me faire un avis. »

« C'est de l'humour, simplement de l'humour. Comme Coluche avant lui ou Desproges. »

« Pourquoi vouloir nous imposer votre opinion ? La démocratie implique la liberté d'expression ! »

« De toute façon on ne peut pas parler des juifs sans être taxé d'antisémitisme. »

Les débats naissent un peu partout, menaçant à chaque instant de virer au pugilat. Soudain une rumeur.

En haut des marches, une fille, écharpe palestinienne au cou, fait le salut nazi, sourire narquois aux lèvres. Mouvement de foule. Olivier et moi sommes emportés vers les marches. Non, nous faisons partie de l'élan qui, rage au cœur, tente de s'approcher d'elle et la saisir. Un CRS agrippe le blouson de la provocatrice et la pousse à l'intérieur. Cris, insultes, bousculades. Les organisateurs de la manif tentent de ramener le calme. De leur côté, les gars du Mouvement ceinturent quelques excités et les emmènent plus loin.

En tentant de retrouver mon calme, je prends conscience d'une chose : l'incroyable impulsion de haine qui m'a porté vers cette fille. L'aurais-je frappée ? Une femme ?

— Si on s'en tient à nos résolutions, il est temps de se casser, me dit Olivier.

J'hésite un instant. Que faire ? Que penser de tout cela ? Humour, liberté d'expression, démocratie... des mots. Des valeurs ? À la fin du sketch de Dieudonné diffusé dans l'émission de télévision de Marc-Olivier Fogiel, nous avions compris. Tous les juifs avaient compris. Nous sentons ces choses-là. Vous pensez bien, l'humour, nous l'avons pour ainsi dire inventé ! L'humour noir également, ce refrain léger de la fable tragique qui trame notre histoire. Nous avons déposé tant de brevets ici et là : dans un commerce allemand, un Kheder russe, un call d'Espagne, un grenier hollandais, une ferme française...

Mais l'antisémitisme caché sous couvert d'ironie, nous l'avons décelé sur le visage du pseudo-comique : il y avait un sourire, un rictus, une fourberie dans le regard. Paranoïa ? Peut-être. Expérience aussi. Une intonation, une hésitation, un voile dans le regard et nous savons qu'une blague ne se réduit pas à sa seule justification caustique, qu'une expression n'est pas innocente.

Nous décidons de partir quand deux policiers se fraient vigoureusement un chemin dans la foule, encadrant une personne que nous ne voyons pas. Ils la bousculent et la poussent dans la rue. Je la reconnais immédiatement. La provocatrice s'est fait éconduire. Espérant ne pas avoir été remarquée, elle tente de fuir. Je la rattrape, lui agrippe l'épaule et la force à se retourner.

« Salope ! »

Une insulte. Je n'ai réussi à formuler qu'une insulte. Mais mon visage doit exprimer d'autres choses car, sitôt face à moi, le sien se décompose. Sa peur est telle qu'elle se fige et, durant deux ou trois secondes, nous nous dévisageons.

— Tu voulais exprimer quelque chose tout à l'heure ? Ta haine des juifs ?

Elle remue la tête et balbutie.

— Non, non… C'était pour rire.

— Pour rire ?

Décidément un humour français est en train de naître auquel je ne suis pas sensible.

— Non, ce n'est pas ce que… Je voulais juste…

Elle est effrayée. J'aimerais tellement me voir à cet instant pour observer le masque terrifiant que j'ai l'air de lui opposer. Et elle se met à pleurer, regarde autour d'elle en tremblant, cherchant un appui ou est, peut-être, apeurée à l'idée que d'autres la reconnaissent également.

— Pardon, pardon… Je ne voulais pas… Laissez-moi partir.

Olivier me rejoint. Il réalise la situation.

— Lâche-la, Raphaël.

Je réalise alors que ma main enserre son bras.

— Lâche-la. Tu vois, c'est ça la France. Aucun courage, aucune fierté, aucune pudeur.

Elle baisse les yeux. La peur étant plus forte que sa honte, elle veut nous échapper. Elle acquiesce en reniflant.

Je relâche l'étreinte. Elle bafouille un merci et s'éloigne.

Je sais que nos visages hanteront ses pensées à jamais, que nos paroles résonneront en elle pour toujours. Sans doute s'arrangera-t-elle avec sa honte, se racontera-t-elle une autre histoire pour ranger ce souvenir minable au rayon des conneries à oublier.

— On rentre ? propose Olivier.

— Oui, on n'a rien à faire parmi ces cons.

Octobre 2004

Journal du matin. Yasser Arafat vient se faire soigner en France. Les médias couvrent l'événement. Oui, pour les leaders d'opinion, c'est un événement. On jurerait que le pays tout entier s'enorgueillit d'avoir été choisi par le vieux chef de l'OLP. Jubilation de cette presse qui ne sait plus faire la part entre l'homme et le terroriste, le politicien et le propagandiste, le symbole de la résistance et l'affameur du peuple, le chef de gouvernement et le pillard de subventions, l'homme de paix et l'interlocuteur du Hamas et du Djihad islamique. Le fait et l'événement.

Arafat s'apprête à embarquer. Il sera dans quelques heures à Paris. Le présentateur du journal appelle son envoyé spécial, présent à l'aéroport.

Un jeune reporter apparaît à l'écran. Derrière lui, l'avion que prendra le leader palestinien. Il est visiblement très fier de se trouver là. Ses copains de l'école de journalisme doivent être fous de jalousie de le découvrir à Ramallah, assurant un direct. Commentaires, platitudes, radotages. Il faut tenir l'antenne. Oui, il va prendre l'avion. Non, nous ne savons pas de quel mal il souffre. Oui, il a choisi la France, les hôpitaux français, la médecine française ! À bout de souffle le garçon rend l'antenne. Non, une dernière phrase, une belle conclusion. « Nous avons tous, ici, le sentiment de vivre une page d'histoire. » Tête d'ahuri, shootée à la propagande humanitariste, sourire de collégien.

Une page d'histoire ? Quelle page et de quelle histoire ? Pourquoi cette fierté ? Arafat serait-il soudain devenu un homme si grand qu'il faille dérouler un tapis rouge afin de le remercier d'avoir choisi la France pour son hospitalisation ? L'homme riche de plusieurs centaines de millions d'euros, suspectées provenir, pour une grande part, du détournement des subventions internationales destinées à son peuple, celui qui a refusé la paix quand Ehud Barak était prêt à presque tout concéder, s'est transformé en héros pour les médias français.

Puis, des questions m'assaillent. Toujours les mêmes. Suis-je réellement lucide ? Mon regard n'est-il pas partisan ? Peut-on avoir raison contre tout le monde ?

Janvier 2005

Mon roman a été retenu par une maison d'édition. Autour de moi, c'est l'euphorie. Et l'enthousiasme de mes proches me fait réaliser, petit à petit, l'incroyable nouvelle. J'ai passé un an à écrire ce premier livre, en dehors de mes journées de travail à l'agence, me contentant de quatre heures de sommeil par nuit, brûlant du désir de retrouver mon texte, mes personnages. J'étais comme pris par une passion amoureuse.

Et pourtant, je ne destinais pas ce texte aux éditeurs. Je voulais juste me prouver que j'étais capable de parvenir à tenir la distance d'un si long récit. Et je me promettais qu'une fois cette histoire folle achevée, j'en écrirais un autre, plus traditionnel, qui mériterait d'être présentée à un éditeur. Mais mes proches l'ont découvert, l'ont aimé et m'ont poussé à soumettre le manuscrit à des professionnels. J'ai d'abord refusé puis, devant leur insistance, j'ai cédé.

Et voilà mon roman accepté. Une histoire inspirée par mes cours de Torah, empreinte de mysticisme. Une histoire si folle que je doute qu'elle puisse trouver un public.

XXIX

De la haine à l'horreur

Raphaël

Janvier 2006

Le corps d'Ilan Halimi a été retrouvé. Un corps martyrisé, brûlé, abandonné en pleine nature, agonisant.

Ce que nous pressentions, redoutions, vient d'arriver sous la forme la plus immonde. Et, aujourd'hui, les juifs de France, en larmes, comprennent qu'une époque se termine et qu'une autre, débordant d'horreurs, débute.

À partir d'aujourd'hui, être juif ne signifie plus la même chose. Être français non plus. Nous allons devoir repenser notre position, notre identité, notre rapport à l'autre.

Il y avait si longtemps que je n'avais pas pleuré. Si longtemps que je n'avais pas ressenti une telle colère, une aussi grande haine. Si longtemps que je ne m'étais pas senti à ce point désemparé. Cette fois, le drame n'a pas eu lieu en Israël. Il n'a pas été perpétré par des Palestiniens. Il s'est déroulé ici, en France, et les assassins sont français. Français comme moi ? Non, justement.

J'écoute les informations qui décrivent la longue agonie d'Ilan Halimi et je sens sur ma peau les tortures qu'on lui a infligées, dans les plis de mon âme la peur et le désespoir qu'il a dû ressentir pendant les trois semaines durant lesquelles des animaux à visage humain l'ont humilié, affamé, martyrisé. Trois semaines les yeux bandés, la peur au ventre. Vingt-quatre jours à osciller entre l'épouvante de mourir et l'espoir d'être libéré. Que s'est-il passé dans sa tête, durant ces milliers de minutes ? À quoi a-t-il pensé ? Pressentait-il qu'ils le tueraient ? Se réfugiait-il dans ses souvenirs d'enfance, au creux de l'épaule de sa mère ou dans le sourire de sa sœur ? Espérait-il que la police finisse par retrouver sa trace et le libère ? Quels scénarios défilaient dans son esprit ?

Et sa mère, sa sœur, ses proches… Comment pourront-ils vivre en pensant à l'agonie d'Ilan ?

Je suis persuadé que chaque juif ressent exactement la même chose que moi. Parce que chacun d'entre nous aurait pu être choisi par cette vermine aux facultés mentales altérées. Non, ce ne sont pas des êtres humains, pas même des animaux. Voir le portrait de Youssouf Fofana me soulève le cœur et la rage me submerge. Je n'ai pas envie de l'endiguer, de me raisonner, de trouver des explications. Je serais capable de le tuer s'il se trouvait en face de moi. Il a lacéré le corps d'Ilan avec une lame, l'a arrosé d'essence et brûlé avant de l'abandonner, agonisant, en pleine nature. Même dans le meurtre il s'est montré indigne, lâche et primitif.

Je sais désormais que la mort d'Ilan deviendra, pour nombre d'entre nous, le point d'orgue de la haine entre les juifs et certains musulmans, le symbole d'une confrontation qui, jamais, ne cessera.

Le paysage social vient de changer. Les lignes de démarcation ont bougé. Elles n'opposent plus les extrémistes musulmans et juifs. Elles opposent les musulmans des banlieues et tous les juifs. Tous les musulmans des banlieues par principe de précaution ? Tous les juifs car il suffit de l'être pour devenir une victime potentielle ? Opinion injuste confinant au racisme ? Sans doute, mais en ce jour, je ne suis plus capable d'être objectif. Je ne suis que colère et ressentiments.

Les Français de religion juive sont redevenus des juifs vivant en France. Nous savons maintenant que nous pouvons être torturés et assassinés parce que nous sommes juifs, parce que nous sommes suspectés d'être riches. Notre citoyenneté ne nous préserve plus des fous.

Il y a désormais deux camps, appelés à s'opposer, à se battre, à se complaire dans la haine des uns contre les autres. Et comme dans toute guerre, chacun doit compter ses alliés, ses ennemis, identifier les collabos.

Je vais ranger mes idéaux, mes idées humanistes et me préparer à combattre. Je vais en finir avec mon désir de faire primer la raison et l'esprit critique sur mes actes. Quelle raison ? Quel esprit critique ? Ceux des gouvernants dont les valeurs varient au fil des sondages et des intérêts personnels ? Ceux des journalistes qui cèdent à la compassion et ont pour seule éthique d'être appréciés du plus grand nombre ?

Je ne suis plus l'étudiant en psychologie capable d'expliquer les dérives par des causes sociales ou psychologiques érigées en circonstances atténuantes. Je me fous de savoir ce qu'ont vécu Fofana et ses complices, d'où ils viennent, quelles ont été leurs influences, les traumatismes qu'ils ont endurés. Devrais-je continuer à répondre à ces questions pendant qu'eux s'évertueront à torturer, à tuer ? Aujourd'hui ils sont mes ennemis. Je leur voue une haine incommensurable et cette haine me permettra de rester vigilant, de ne jamais les laisser approcher de mes enfants, de mes proches.

Je dois identifier mes adversaires, ceux dont les discours, les actions ont favorisé la haine des juifs : les imams radicaux, l'extrême gauche, les racailles des banlieues, les mystificateurs de Durban, Dieudonné. Et les collabos, ceux dont les positions plus ou moins ambiguës ont constitué un terrain propice au développement de la haine : une partie des socialistes et des verts, certaines franges de la gauche de la gauche, ceux qui rient de l'humour nauséabond de l'humoriste antisémite, les bobos frileux et tant de journalistes irresponsables, sans culture ni conscience…

Tous responsables de la mort d'Ilan. Tous suspectés d'œuvrer, consciemment ou non, pour l'assassinat d'autres juifs.

Position extrême ? Sans doute. Mais l'assassinat d'Ilan nous annonce le déclenchement d'une guerre.

David fut le premier de mes proches à partir.

Jusqu'alors, l'Alya était juste un sujet de discussion récurrent pour juifs concernés, un exutoire aux névrosés, une solution éventuelle pour les pragmatiques, l'ultime recours de ceux qui voulaient encore croire en la France, y tenter leur chance jusqu'au bout.

L'Alya se déclinait en chiffres. Elle prenait la forme d'un graphique dont les pics épousaient la recrudescence des actes antisémites, leur gravité ou les accès de partialité des médias, des élus.

Mais personne, dans mon entourage, n'avait sauté le pas. On citait des cas, des amis d'amis, des petits-cousins. Mais aucun proche n'était directement concerné. Il m'arrivait même de penser que les annonces de l'Agence juive visaient à impulser une dynamique du départ, tirs de missiles censés créer la panique mais qui, à chaque fois, manquaient leur cible et s'écrasaient dans des zones inhabitées. Un peu comme les scuds de Saddam. Et voilà que mon ami se préparait à donner corps au concept.

David avait toujours jusque-là fait partie des éternels candidats au départ, qui ne franchissaient pas le pas, des sionistes prosélytes et virulents dont nous nous demandions ce qu'ils faisaient encore en France. Peut-être, comme les autres, attendait-il une ultime impulsion pour remplir son dossier et prendre ses billets. L'attitude des médias et la mort d'Ilan Halimi servirent de déclencheur.

Sa femme et lui nous annoncèrent leur départ un soir de dîner au restaurant.

— C'est sûr ? Tu as entrepris les démarches ?

— Oui, nous sommes allés à l'Agence juive il y a deux mois, et avons rempli un dossier.

— Mais… Tu ne m'en as pas parlé !

— Nous avons préféré demeurer discrets tant que tout n'était pas plié. Inutile de subir la pression des amis, les conseils à la con…

— Les amis te remercient.

— Tu as tout à fait compris mon propos. L'Alya étant une décision personnelle, je n'avais pas envie de me laisser polluer par les avis de ceux pas prêts à partir comme de ceux revenus déçus.

Il a raison. Aborder le sujet en société revient à recevoir une kyrielle d'anecdotes évoquant le manque de savoir-vivre des Israéliens, les difficultés à s'adapter aux conditions de vie là-bas, la quasi-impossibilité d'y trouver un boulot.

— Et tu sais ce que tu vas faire ?

— J'ai deux ou trois idées… Mais nous allons tout d'abord faire un oulpan pour apprendre la langue. Et cela me donnera l'occasion d'étudier les opportunités.

Je trouve la démarche irresponsable mais ne dis rien.

— Et tu as déniché un logement ?

— Oui, à Netanya, pour quelques mois. Puis nous irons dans un Ichouv.

Nombreux sont les juifs de France ayant acheté un appartement à Netanya, cette petite ville proche de Tel Aviv située au bord de la mer, pour y passer les vacances ou préparer leur Alya. Ils en parlent avec passion, la décrivent comme une station balnéaire charmante, offrant toutes les commodités, possédant tous les atouts. Curieux, lors de nos dernières vacances en Israël, nous nous y étions rendus. Quelle surprise ! Quelle déception aussi ! Nous avions découvert une ville délabrée, aux immeubles tristes, avec façades écaillées, fissurées, défigurées par des aménagements sauvages, des installations anarchiques de climatisations et d'imposants faisceaux de câbles électriques qui couraient d'un toit à l'autre. L'infrastructure hôtelière était à l'avenant. Hormis la superbe plage, Netanya ressemblait à un bourg de pays sous-développé. Fallait-il être profondément sioniste – ou aveugle – pour vanter sa beauté ?

Et puis, nous avions fini par comprendre l'atout majeur du lieu. Les immigrés de l'Hexagone, en s'installant dans cette ville habitée par de nombreux Français, évitaient les deux principaux problèmes posés aux émigrants : affronter la mentalité israélienne, très dure, peu encline aux « bonnes manières françaises », jugées superficielles et hypocrites ; s'affranchir provisoirement de la barrière de la langue qui imposait de suivre des stages longs et fastidieux pour acquérir un niveau censé permettre aux arrivants de faire leurs courses et discuter avec leurs voisins. Ils se regroupaient donc au sein de quartiers, continuaient à vivre entre eux, à parler leur langue, à se rassurer sur le bien-fondé de leur Alya. Comme tous les émigrés du monde. Les plus nantis s'installaient à Rahnana, Herzlia Pitouah ou Césarée. Ashdod et Netanya attiraient les revenus plus modestes. Ceux possédant peu de moyens se dirigeaient vers les petites villes intérieures ou dans les territoires occupés. Les religieux, eux, se décidaient selon l'équation budget / intérêt des écoles talmudiques.

David avait choisi un Ichouv, petite communauté située dans un territoire disputé, près de Ramallah. Sa décision m'avait effaré !

— Mais tu te rends compte qu'il n'y a rien dans ce genre de village ? Tu vas vivre dans un camping-car, au milieu des cailloux, à portée de tirs des Palestiniens ! Tes enfants devront se déplacer en bus blindés !

— Mais c'est ainsi que je veux vivre Israël ! Je ne quitte pas le confort de la France pour me réfugier dans celui des grandes cités modernes. Je veux sentir Israël, le découvrir comme un pionnier ! Et le camping-car, c'est provisoire. Nous pourrons ensuite faire construire une maison. Quant à la sécurité, ne t'inquiète pas, elle est assurée par l'armée.

— Bien sûr ! La famille Fogiel également se sentait en sécurité. Des terroristes ont égorgé tous ses membres une nuit. Le père, la mère, les enfants, dont un petit bébé.

Inutile d'argumenter. Les chantres de cette forme d'Alya ont fait leur travail. À coup de conférences, de voyages de découverte, de rencontres organisées avec les habitants de ces villages, ils font vibrer la fibre sensible des candidats au départ les plus sionistes et, souvent, les plus pauvres, parvenant à substituer au dépit la promesse d'un idéal. Alors tous s'imaginent pionniers, héros d'un pays en construction. Ils ne se rendent pas compte, pensais-je, que les vrais pionniers sont, depuis des dizaines d'années, devenus les citoyens d'un État fort tandis qu'eux se transforment en pions d'une politique expansionniste obéissant à des logiques qui, la plupart du temps, leur échappent.

— Si tu avais vu de quelle manière ceux déjà installés nous ont accueillis lors de notre voyage d'étude ! La gentillesse, l'hospitalité, la fraternité manifestées ! Ils sont heureux là-bas.

— On appelle ça le principe de réassurance.

— C'est-à-dire ?

— C'est comme quand tu achètes une voiture dont la marque n'est pas vraiment prestigieuse. Tu vas vanter ses qualités, tenter de convaincre tes proches de la pertinence de ton choix, les inciter à acquérir la même. Parce que cela te rassurera. Mieux vaut se tromper en groupe que tout seul. On a l'air moins con.

J'avais en effet plusieurs fois remarqué l'état d'émerveillement, quasi béat, à la limite de l'abrutissement, de ceux qui avaient fait leur Alya et s'efforçaient de persuader les récalcitrants de suivre leur exemple. À peine arrivés, ils inondaient les réseaux sociaux de messages : « Rejoignez-nous ! La vie est magnifique ici ! », « Je me sens enfin juif et libre ! », « Mais pourquoi restez-vous dans ce pays d'antisémites ? »... Le tout agrémenté de photos censées prouver leurs dires : une superbe plage, une famille réunie et souriante, un père mordant dans une pitah falafel, un fils priant sereinement sur un balcon, etc.

La propagande israélienne joue également un rôle important dans ces départs. Les médias du nouveau pays dépeignent la situation des juifs de France sous un jour catastrophique. Ils relatent systématiquement les agressions antisémites, hypertrophient les faits. Le message à destination des immigrants est clair : « Vous avez bien fait de venir en Israël. Vous avez échappé au danger. Bien entendu la situation est difficile ici, mais ne vaut-il pas mieux endurer ces difficultés qu'être livrés à la haine des antisémites ? »

Les valises de Dan et des siens sont prêtes. Ils sont excités, heureux. Nous sommes réunis, chez eux, pour une dernière soirée. Au menu : pizzas, sushis, boissons. Et discussion sur leur installation.

Je perds l'un de mes meilleurs amis. Il s'en va et je sais que je ne le reverrai pas de sitôt. Je sais également qu'il sera difficile d'échanger avec lui par téléphone ou via Facebook sans que ses avis réjouis ne me paraissent insupportables.

Nos trajectoires se séparent. Et dans quelques dizaines d'années, nos familles seront étrangères l'une à l'autre. Ses petits-enfants ne sauront rien de la France. Ils ne parleront vraisemblablement pas français, ne connaîtront pas mon existence ni celle de ma femme. Une autre réalité sera devenue la leur.

Ils seront israéliens. Les miens français.

Si je reste.

Avril 2009

Je suis invité à une émission de télévision importante pour présenter mon deuxième roman. Le premier a démarré timidement puis, relayé par des sites, des blogs, a fini par séduire un large public. Le second est un thriller qui aborde les thèmes de l'islamisme et du rôle des médias. Et les premiers retours sont mitigés. Mes lecteurs me reprochent ce changement d'univers, mais je ne me sens pas capable de me cantonner au confort d'un registre, d'une recette, destinés à capitaliser du lectorat.

C'est le branle-bas de combat à la maison. Les enfants sont excités, ma femme téléphone à la famille pour rappeler mon heure de passage. Mes parents ne cessent d'appeler afin de prodiguer maints conseils : « Pense à sourire ! La dernière fois tu étais trop sérieux » ; « Ne parle pas trop vite ! Articule, respire » ; « Mets ton costume bleu, celui dont la veste est cintrée. Sur Canal + ils sont tous très élégants. »

Sur le plateau, j'arrive stressé. J'ai déjà accordé des interviews radio ou participé à des reportages télévisés, mais je ne me suis jamais exprimé en direct sur une chaîne si importante, qui plus est à une heure de grande écoute. Et si je me plantais ? Et si je me mettais à bafouiller ou à dire des conneries ?

Une femme approche, casque sur les oreilles, micro devant la bouche. Elle indique où je dois prendre place.

— Vous resterez sur le plateau jusqu'à la coupure pub. Un autre sujet suivra le vôtre. Il est possible que l'on vous interroge à ce propos, compte tenu du thème de votre roman.

J'acquiesce, inquiet.

— Quel est ce sujet ?

— Le conflit israélo-palestinien.

Mounir

J'ai longtemps gardé l'espoir de voir un jour le racisme cantonné à une infime partie de la population, confiné dans une sorte de village d'irréductibles Gaulois à l'irréductible bêtise.

Éternel optimiste, je me focalisais sur les signes annonciateurs d'une France positive, ouverte, en devenir, d'une France capable de se penser autrement : la victoire de la gauche en 1981, SOS Racisme, l'avènement du rap et d'une culture des banlieues, reprise par les jeunes de toutes conditions et origines, la victoire de l'équipe black-blanc-beur au Mondial de 1998, et l'euphorie qui avait suivi... Tout laissait penser que les mentalités évolueraient vers une entente entre tous les hommes, quelle que soit leur couleur de peau ou leur religion.

Ce monde idéal ne concernerait pas ma génération, bien sûr, mais la suivante, voire celle d'après. Car il fallait du temps pour effacer les clichés qui prédominaient, pour rassembler les pièces du puzzle qu'est l'identité française. Un jour, il n'y aurait plus d'Algériens, plus de Tunisiens ni de Marocains mais seulement des Français.

Mais les années deux mille virent le fléau se répandre. Après avoir désigné l'Algérien, le Tunisien, le Marocain comme références du mythe de l'envahisseur, vite remplacés par cette entité généraliste baptisée « l'Arabe » – de quoi créer le portrait-robot du suspect idéal, tous mis dans le même sac des nuisibles – le racisme avait trouvé un autre moyen de redynamiser sa haine de l'autre. En puisant dans une nouvelle source de fantasmes : l'islam. Et les alliés des racistes, partageant la même volonté de rompre les relations entre les musulmans et le reste du monde, seraient les islamistes eux-mêmes. Tous les sujets susceptibles d'embraser la France, la planète, allaient être utilisés. À commencer par le confit israélo-palestinien.

XXX

Victimes, coupables

Mounir

Octobre 2000

Des enfants face à des militaires. Des pierres contre des fusils. La seconde Intifada a commencé et les images déferlent sur nos écrans. Ariel Sharon a provoqué les Palestiniens en allant se promener sur l'esplanade des Mosquées. Il a agi sciemment afin de contrer Ehud Barak, et pour enterrer définitivement les négociations de Camp David. Le guerrier préfère la confrontation, le boucher de Sabra et Chatila réclame plus de sang. Celui des Palestiniens qui, chaque jour, tombent sous les balles de Tsahal. Sa manière à lui de faire campagne pour prendre les rênes du pouvoir. Qu'adviendra-t-il s'il y parvient ? De quoi serait capable un homme de ce calibre s'il prenait la tête d'un pays de plus en plus affolé par la tournure des événements ?

La presse couvre largement le conflit et me semble globalement favorable aux Palestiniens. La dureté de la répression israélienne est soulignée, dénoncée. Mais les envahisseurs s'en foutent. « Un peuple sûr de lui et dominateur », avait dit de Gaulle. C'est un peu plus chaque jour l'image qu'ils donnent.

Au lycée, le conflit alimente les conversations. Bien entendu les ados, fils et filles d'immigrés, se rangent du côté de ceux qui ont le même âge qu'eux et se battent à coup de pierres pour continuer à exister.

Arafat est sans doute également responsable de cette situation. On raconte qu'il s'est montré trop inflexible durant les négociations, trop exigeant. Qui sait, peut-être voit-il dans cette guerre des cailloux l'occasion de mieux se faire entendre sur la scène internationale, de s'ériger en chef absolu des Palestiniens. Je le sens capable de ce genre de manœuvre. Les leaders arabes ont rarement eu des scrupules à sacrifier une partie de leur peuple pour récupérer les pleins pouvoirs. Mais à combien de martyrs s'élève le prix de la victoire ? Et quelle victoire ? Tout Israël ou seulement la partie définie par l'ONU en novembre 1947 ?

Je ne sais que penser de l'Intifada. Il semble que l'on ne nous donne à voir et à comprendre qu'une partie de la vérité, que les leaders des deux camps possèdent une vision différente de celle colportée aux médias et à leurs populations respectives. J'en suis là dans mes réflexions sur la situation, entre colère et doutes, quand Fadila m'appelle. Je sors de mon bureau et la rejoins dans le salon.

— Viens voir… c'est horrible.

Elle regarde le journal de France 2. Tout d'abord, je ne comprends pas ce qui l'émeut. Il s'agit d'une scène d'affrontement, comme dans les journaux télévisés des jours précédents.

— L'enfant, précise-t-elle en pointant l'écran du doigt.

Et je vois un petit garçon apeuré, se cachant derrière son père. Et je perçois le claquement des balles. Et j'entends le commentaire qui annonce ce que je ne veux pas croire : l'enfant va mourir. Nouvelle rafale. Ma femme se lève, les mains devant la bouche, retenant un cri. Le garçon ne bouge plus. Il est mort. Les balles israéliennes l'ont atteint. Fadila éclate en sanglots.

— Les salauds ! Les enfoirés ! crie mon épouse.

Je sens des larmes couler sur mes joues. Ils ont tué un enfant, sous les yeux de son père incapable de le protéger. Le petit devait avoir l'âge de Souria. M'imaginant dans la même situation, je frémis d'horreur.

Septembre 2001

« Ça va être encore plus difficile d'être arabe », a déclaré Jamel Debbouze chez Thierry Ardisson.

Si même les humoristes versent dans le défaitisme, nous avons tout lieu de craindre en l'avenir. « Plus difficile » ? J'essaie un instant d'imaginer une gradation. Va-t-on nous fermer plus de portes au nez ou avec plus de violence ? Va-t-on nous insulter plus fort ou à renfort d'injures réinventées et plus véhémentes ? Les videurs de boîtes nous signifieront-ils leur refus d'un poing dans la figure ou d'une balle dans la tête ? Les contrôles de police seront-ils plus fréquents, plus humiliants encore ? Chacun de nous sera-t-il un terroriste en puissance ? Sincèrement, il va falloir que les racistes fassent preuve de créativité pour nous faire sentir un tel changement d'humeur. Mais je leur fais confiance, ils ne manquent pas d'imagination.

Je ne sais pas qui est ce Oussama Ben Laden et ne comprends pas une seconde son objectif. Mais je présume qu'il se fout de nous compliquer la vie. Il sert sa cause, pas la nôtre. Mais si je le déteste, c'est avant tout parce que j'ai vu des gamins du quartier vanter ses exploits, l'ériger en héros. Des gamins perdus, sans repère, qui pensent le monde selon la logique de Bush : le bien et le mal. Ne leur demandez pas de se sentir coupables ! Pour eux, le jeu est clair. Parqués dans les quartiers sous la chaleur assommante de l'été, dans le déni total de leur identité, posés au milieu d'un silence qu'ils ne parviennent à rompre qu'à coup de barres de fer contre les vitres des voitures et des commerces pendant que d'autres se la dorent au soleil, s'adorent au soleil, ils rêvent d'exister. Et voient le monde en mode binaire. Un Arabe envoie des avions détournés sur le World Trade Center, il y a des milliers de morts, l'Occident a peur à cause d'un barbu qui prône une nouvelle guerre entreprise au nom de l'islam, eh bien ils gobent et même adhèrent.

Ne leur dites pas qu'ils sont dans l'axe du mal ! Des imams intégristes ont débarqué du fin fond de pays rétrogrades pour leur porter la bonne parole : « Vous êtes victimes des mécréants. Le djihad a commencé. Allah est à vos côtés. Allah, LUI, vous aime. » Enfin, pour les plus soft. Beaucoup de ces prédicateurs ne parlent pas français ; la France n'existe pas pour eux. Mais ils font traduire leurs prêches par des interprètes admiratifs, laissant penser que seule la religion – version dévoyée – va ouvrir les portes des ghettos et émanciper tous ces gamins perdus. Lesquels gamins ouvrent les yeux et les oreilles : enfin, on les aime, on les comprend et on leur dessine un avenir où ils seront les maîtres.

Que penser de tout cela ? Quel sens prend mon action, mon engagement politique ? Je ne sais plus. Les choses vont trop vite. Une seule certitude : la situation nous échappe. Les associations ne peuvent plus grand-chose. Une frange de musulmans verse dans une pratique radicale de l'islam et cherche une nouvelle fierté dans l'opposition au système qui les a rejetés, humiliés. Ça ne sent pas bon…

Octobre 2001

L'attitude des supporters algériens m'a d'abord irrité. Parce qu'ils servaient sur un plateau à la France une nouvelle occasion de les caricaturer en voyous indisciplinés, irrespectueux du pays et de ses valeurs.

Ma femme et moi regardions le match avec Tarik et Lagdar. Après l'invasion du terrain, je m'étais emporté.

— Je trouve ça normal, avait en revanche déclaré Fadila.

— Normal que l'hymne national soit sifflé ? Normal que ces mecs ne respectent rien ?

— L'hymne et le drapeau sont les symboles d'une France nationaliste, xénophobe. Comment veux-tu que des jeunes qui, chaque jour, affrontent le racisme, ne manifestent pas leur colère ?

— Parce que tu crois vraiment qu'ils manifestent une conscience politique ?

— Oui, je pense. Inconsciemment peut-être.

— Mais ces gamins n'ont rien dans la tête. Ils n'ont aucune vision de la société, des enjeux qui les concernent. Ils sifflent l'hymne et envahissent la pelouse juste parce qu'ils ont envie de foutre le bordel.

— Là, c'est ton racisme anti-Algériens qui s'exprime. On connaît la chanson : ils sont belliqueux, agressifs, irréfléchis…

— Je suis d'accord avec ta femme, était alors intervenu Tarik. Tu parles comme un sympathisant du FN.

— Je m'exprime avec impartialité. Ce que je vois me déplaît, me démontre que rien n'avancera jamais dans ce pays, que l'animosité entre les Français d'origine maghrébine et les autres s'accentue d'année en année.

— Et tu voudrais faire porter le chapeau aux Algériens ? Il y aurait donc les bons Arabes et les mauvais ? OK, leur attitude n'est sans doute pas l'expression d'une conscience politique étayée et n'arrange pas les choses, mais elle découle de décennies de déni social de l'État français, d'une absence criante de politiques de lutte contre le racisme efficaces, d'années d'exclusions et d'humiliation. Alors, oui, c'est vrai, c'est con que ça ressorte durant une rencontre sportive dite de « la réconciliation », mais c'est somme toute plutôt logique.

— Match de la réconciliation ! ironise Fadila. Pensaient-ils qu'on gommerait le passif français en jouant à la baballe ?

— Mais il faut bien qu'il y ait un début, avais-je défendu.

— Les Algériens ne veulent pas qu'on les prenne pour des abrutis ! On ne se débarrasse pas de siècles de colonialisme et de racisme avec un match de foot.

Avaient-ils raison ? Mon idéalisme m'avait fait voir cette occasion comme l'indice d'un renouveau. Mais combien de faits marquants avaient porté mes espoirs et s'étaient ensuite avérés vains ? En quoi une rencontre au Stade de France pourrait-elle être plus efficace qu'un changement de gouvernement, une marche, la création d'une association luttant contre le racisme ?

Mais quand même : n'avions-nous pas tous vibré en 1998, durant la Coupe du monde de foot pour notre équipe black-blanc-beur ? La population n'avait-elle pas célébré la victoire dans un déferlement de liesse, de fraternité, le pays se mettant à rêver d'une France différente, plurielle, où les dissensions auraient été aplanies par le souvenir de cette exaltation ?

Il ne restait plus rien de ce rêve, comme de tant d'autres.

Les jours suivants, les commentaires de la presse me navrent. Ils minimisent les incidents, négligent ceux qui dénoncent un outrage aux symboles de la France, s'inquiètent frileusement du manque de civisme des jeunes des banlieues sans en analyser les motivations. Si eux-mêmes ne défendent pas leur hymne, leur drapeau, leurs valeurs, comment les jeunes générations pourraient-elles les respecter ?

Je crois, en vérité, que le problème de la France est de ne plus savoir qui elle est, ce qu'elle veut être, de ne pas offrir de rêves à sa population, de n'avoir aucun modèle à proposer, d'identité porteuse de sens et d'avenir à offrir. Comment devenir français quand les Français semblent incapables de définir qui ils sont ? Papa avait sans doute raison.

Février 2002

Le monde musulman est en pleine ébullition. Mon quartier change, certains de mes élèves prennent des voies dangereuses, les pratiques et les relations évoluent. Pas forcément dans le bon sens.

Les attentats du 11 septembre, ceux du GIA en Algérie et en France, et le développement de sociétés revenant aux principes de la charia contraignent les musulmans d'ici et d'ailleurs à prendre position. L'opinion, qui s'exacerbe et s'hystérise, leur réclame également de s'exprimer, de choisir. Dans un étrange amalgame, nous sommes sommés de prouver notre innocence, notre opposition aux intégristes, notre capacité à accepter les mœurs occidentales. Comme si ce n'était pas notre cas depuis longtemps.

Je ne suis donc pas encore français, mais toujours un expatrié ramené à ses origines, incité à rendre des comptes, à dire ce qui me lie aux autres musulmans ou ce qui me différencie d'eux. Tout ça parce que, sans discernement, par défaut, tous les musulmans sont placés sur le même pied, jugés d'avance suspects ou complices éventuels. Il y a pourtant tant de manière d'être musulman, de lire et comprendre le Coran.

Nos détracteurs se gobergent des déclarations de quelques fondamentalistes, citent des extraits de textes appelant à la mort des juifs, des non-croyants ; pour croire et faire croire que nous avons tous le couteau entre les dents. Se réclamant d'un islam des origines, les salafistes lancent des attaques violentes contre les sociétés modernes, font la promotion d'une fierté retrouvée, d'une vérité trop longtemps étouffée car incompatible avec les systèmes qui organisent le monde et réduisent les musulmans à des sous-êtres. Leurs discours font mouche auprès des jeunes en mal d'identité, mais on demande à tout « Arabe » de se positionner par rapport à eux. En oubliant, gommant, toute la richesse, la diversité, de nos cultures, goûts, croyances. Et, parce que tout le monde est mis dans le même sac, je vois des musulmans, jusqu'alors indifférents, se réfugier dans une pratique rigoriste de la religion, vouloir rendre visible leur islam, le transformer en étendard. Les foulards se multiplient, les barbes poussent, les façons de se saluer deviennent signes de reconnaissance.

Conséquence : la peur des Français croît. Le cercle vicieux de l'incompréhension s'alimente des craintes des uns et de la recherche d'une nouvelle dignité des autres. Au final chaque camp est manipulé. Les premiers par l'extrême droite, les seconds par les imams intégristes, recruteurs d'âmes à la dérive. Pour être franc, je pense surtout que seuls les idiots s'expriment. Ils s'affrontent sans jamais se rencontrer, chacun dans sa bulle, obéissant à une logique prosélyte. En affirmant toujours plus leurs positions, en durcissant leurs discours.

Entre les deux, la masse silencieuse observe, s'interroge, se perd. Elle prône le dialogue, main tendue tardive auprès des jeunes des banlieues par exemple, afin de « les écouter, les comprendre », mais sans avoir les clés nécessaires et sans doute bien tard.

La semaine passée, un élève m'a raconté une réunion organisée par la mairie avec les jeunes.

— J'y suis allé parce que je croyais qu'ils nous annonceraient la construction d'un stade de foot, d'un terrain de basket, ce qu'on demande depuis des années. Et, là une bouffonne d'association dit : « Nous sommes ici pour vous écouter et vous comprendre. » Pendant dix minutes, elle explique qu'il faut « mieux se connaître pour bâtir un projet ensemble ». Et, enfin, elle nous passe la parole. « Je vais demander à chacun de partager avec les autres son identité. » Là j'étais mal. Comme si on avait l'habitude de parler de nous comme ça, devant tout le monde. La honte quoi. Et comme personne ne mouftait, elle a posé à la question qui tue : « Je propose que vous me racontiez vos coutumes, votre cuisine, vos fêtes, tout ce à quoi vous êtes attachés. » C'était mort. On s'est tous cassés.

Oui, entre les deux extrêmes, il y a sans doute beaucoup de bonne volonté. Mais tellement de stupidité aussi.

Avril 2002

L'armée israélienne a lancé une nouvelle offensive contre les Palestiniens. Ils appellent ça l'opération Rempart. Cette armée soi-disant défensive aime de plus en plus l'agression, sacrifiant à l'adage : « La meilleure défense est l'attaque. »

— Jusqu'où iront ces enfoirés ? s'emporte Tarik.

— Il y aurait des centaines de morts à Jénine, se lamente Fadila. La ville a été rasée. Des blindés et des avions de chasse contre des civils. C'est un massacre organisé.

Les informations sur ce camp de réfugiés sont alarmantes. Les ONG présentes sur le terrain lancent des appels aux pays, aux institutions européennes, à l'ONU. Mais rien ne semble pouvoir arrêter Sharon.

— L'ONU et l'opinion mondiale sont contre eux, répète Tarik, mais ils continuent à massacrer. Avec le soutien des Américains.

— Et les juifs de France applaudissent Sharon.

— Pas tous les juifs, je tempère.

— Les principales organisations représentatives se sont clairement rangées du côté du gouvernement sioniste.

— Mais des intellectuels et des personnalités juives ont fait entendre leur opposition dans des tribunes, des articles. Et en Israël, le mouvement La Paix Maintenant manifeste pour que l'armée se retire.

Depuis le début de la seconde Intifada, le conflit israélo-palestinien est devenu celui de tous les musulmans de France. Il alimente la plupart des discussions. Au début, le phénomène m'a étonné. Moi qui ne savais pas trop comment me positionner quand j'étais jeune, je ne comprenais pas cette passion pour une cause lointaine, sur la seule base d'une appartenance à une même religion. Si je trouvais normal que des militants engagés dans les luttes pacifistes, humanistes, comme Fadila, prennent à cœur ce combat, j'étais étonné de voir ma communauté soutenir les Palestiniens avec autant de fougue.

Au lycée, les élèves se focalisaient sur le conflit. La rage qu'il suscite chez eux est palpable ou, tout au moins, audible. Les insultes fusent, pas toujours heureuses et souvent mal ciblées. Ils s'en prennent aux juifs, d'une manière générale. Tous coupables. Personne ne parvient à cadrer leurs émotions, à les aider à réfléchir, à endiguer leur haine. Et, moi-même, que puis-je faire ? Il n'est pas dans mes attributions d'ouvrir des débats sur des sujets de ce genre, n'ayant ni la légitimité, ni l'autorisation, ni les moyens pour le faire. Et que leur dire ? De ne pas importer le conflit en France, de savoir différencier les Israéliens et les juifs français, le gouvernement sioniste et sa population ? Un discours inaudible quand les juifs eux-mêmes clament leur soutien à Sharon.

Et comment comprendre la nature du soutien des musulmans de France aux Palestiniens autrement que par leur volonté de faire de l'antisionisme une idéologie de substitution à l'idéal révolutionnaire ? Se révolter contre les sionistes et les Américains leur permet de revendiquer un combat, une identité, par procuration, de se sentir appartenir à une communauté, plus vaste, constituée des musulmans du monde et d'une partie de la gauche. De défendre plus faibles qu'eux. D'exister.

7 avril 2002

Par quelle aberration de l'esprit, abêtissement de l'intelligence, peut-on manifester à la fois contre l'antisémitisme et soutenir Ariel Sharon ? C'est pourtant le mot d'ordre qui a attiré des dizaines de milliers de juifs dans les rues des principales villes de France. Comment se plaindre d'être victime d'agressions et applaudir aux horreurs perpétrées par Tsahal dans les territoires occupés ? Comment, ensuite, expliquer à un gamin de banlieue qu'il ne faut pas confondre les juifs de France et les Israéliens qui approuvent la politique de leur Premier ministre ?

Il y a chez les juifs d'ici une schizophrénie de plus en plus inquiétante. Et un culot qui nous intime de considérer leur double identité indépendamment l'une de l'autre, dualité pourtant contestée aux émigrés maghrébins. Considérez-nous comme des Français lorsque nous sommes victimes d'actes antisémites mais laissez-nous nous exprimer librement quand nous soutenons les dérives de Sharon, semblent-ils vouloir nous dire. Quand ils n'exigent pas purement et simplement des médias, et des leaders d'opinion, qu'ils valident leurs prises de positions.

Lors de la manifestation, des drapeaux israéliens ont été brandis. Eux qui fustigeaient les musulmans de France soutenant leurs pays d'origine durant les matchs de football internationaux s'estiment avoir le droit de brandir un drapeau taché par le sang des civils palestiniens et se revendiquer français. Mais si vous osez pointer l'incohérence de ce comportement, vous risquez de passer pour un antisémite ! C'est kafkaïen.

Le deux poids-deux mesures ne s'est pas arrêté là : des jeunes juifs, appartenant à la Ligue de Défense Juive et au Betar, ont provoqué des bagarres à la fin de la manifestation, s'en prenant à des manifestants pour la paix et à des journalistes. Que n'aurait-on dit et entendu s'il s'était agi de musulmans des banlieues ! Ils auraient été immédiatement dénoncés comme étant des voyous, qualifiés de racaille.

Suis-je en train de me radicaliser, de devenir antisémite à mon tour ? Non, je m'efforce de conserver mon esprit critique à l'encontre de tous : les miens comme les autres. Mais dire « les miens et les autres » ne signifie-t-il pas que j'ai choisi un camp, dans lequel je m'enferme ? Se positionner ainsi, n'est-ce pas commencer à mettre des œillères et perdre sa capacité à rester clairvoyant ?

J'aurais aimé parler de tout ça avec Raphaël. Que devient-il ? A-t-il participé à la manifestation ? Que pense-t-il de la folie qui nous gagne ?

À cet instant précis, mon ami me manque.

XXXI

Controverses

Mounir

— J'aimerais que nous déménagions.

Fadila laisse tomber son livre sur le couvre-lit et m'oppose un visage perplexe.

— Déménager ? Mais… Pour aller où ?

— Je ne sais pas… Ailleurs.

— Tu veux dire… changer de ville ?

— Non. Simplement nous rapprocher de Lyon.

— À cause de ton lycée ? Il n'est pas si loin que ça ; tu en as pour quinze minutes en métro.

Je pourrais exploiter l'argument, prétexter que les trajets me fatiguent, qu'il serait plus agréable de me rendre à pied au travail, mais il me faut être sincère avec ma femme.

— En fait, j'en ai marre d'habiter Vaulx. J'ai l'impression d'y avoir passé toute ma vie et la perspective de la terminer ici ne m'enchante pas du tout.

— Enfin, chéri, nous n'habitons pas à la Grappinière ou au Mas du Taureau, quand même ! Le coin est assez joli.

— Joli ? Si la Grap ou le Mas sont tes seules références, OK. Mais ce n'est pas ça. Je crois que j'ai envie… d'autre chose.

— D'autre chose ? répète-t-elle en riant.

— Oui, j'en ai marre de ne côtoyer que des immigrés, des cas sociaux, des chômeurs, des révoltés, des résignés. Toujours les mêmes personnes, ici ou au lycée, les mêmes problèmes, le même désespoir. J'aimerais voir des gens… normaux, dont le seul souci est d'organiser leur temps libre, de choisir une séance de cinéma, de préparer les prochaines vacances... J'aimerais pouvoir descendre de chez moi pour m'installer à la terrasse d'un café, lire le journal, discuter avec des inconnus.

Elle me considère avec étonnement.

— Parfois tu me fais peur, plaisante-t-elle. J'ai l'impression de ne pas te connaître.

— Parce que j'aspire à une vie normale ?

— Mais nous avons une vie normale ! Et l'idéal que tu me décris me semble d'une banalité déconcertante !

— Nous n'avons quasiment aucune vie sociale ! Toi tu fréquentes tes copains d'association, moi deux ou trois potes et ma famille. Nous ne sortons presque jamais. Tu passes ton temps libre à manifester, concevoir des banderoles, distribuer des tracts et moi à corriger mes copies, lire et rendre visite à ma mère.

— Et tu penses qu'en déménageant, notre vie basculera du tout au tout ?

L'environnement influence-t-il le rapport aux autres ? Impossible de répondre alors que j'ai toujours vécu en banlieue. Sans doute, puisqu'il détermine la catégorie de population que nous côtoyons. Peut-être pas si nous estimons que notre situation résulte d'un choix. Fadila a choisi de militer et moi de passer le plus clair de mon temps libre à la maison. Mais s'agissait-il de décisions réellement volontaires ? Je ne compte pas engager la conversation sur ce terrain avec mon épouse. Elle ne comprendrait pas, elle si certaine de diriger son existence, d'avancer selon une logique, des valeurs, tandis que je suis une somme de doutes.

— Je l'ignore, mais je suis sûr de ne pas pouvoir supporter bien longtemps l'atmosphère étouffante de notre banlieue.

— Sortir du ghetto ? ironise-t-elle.

— En quelque sorte. J'aimerais que Souria connaisse autre chose que ce que toi et moi avons vécu. Qu'elle grandisse au milieu de jeunes ambitieux, s'engage dans une dynamique de la réussite plutôt que de risquer d'être aspirée par les problèmes qui ne manqueront pas d'amplifier.

— Tu parles de la réussite financière ? Tu veux qu'elle devienne amie avec des fils de familles riches, fréquente la bourgeoisie lyonnaise ?

— Ne te moque pas, s'il te plaît, tu vois très bien de quoi je parle. Ici, la plupart des jeunes aspirent juste à trouver, un jour, un boulot. Pour les plus ambitieux. J'aimerais donc qu'on lui dessine un autre horizon, qu'on lui ouvre un véritable champ de possibilités. Ensuite, elle fera ce qu'elle voudra mais, au moins, elle aura eu le choix.

Je songe à ce que m'avait un jour dit Raphaël ; comprendre le système, l'intégrer et ensuite l'utiliser.

— Ta vision est tendre et caricaturale à la fois.

— Je suis tendre et caricatural, tu le sais.

Ma femme paraît un instant dépitée, puis m'offre un visage plein de mansuétude.

Durant les semaines suivantes, je dévore les annonces sur Internet et dans la presse. Fadila a accepté la possibilité de déménager à condition que je m'en occupe et lui propose des appartements intéressants.

Dès les premiers coups de fil, je comprends que l'affaire sera compliquée. Sitôt mon nom décliné, les voix changent et les portes se ferment. « Je suis désolé, mais j'ai déjà sélectionné deux locataires éventuels » ; « Il est malheureusement déjà loué » ; « L'ancien locataire nous a fait part de sa volonté de rester. » Chaque réponse me crache au visage. Et si je me retiens de ne pas hurler, c'est uniquement pour éviter d'accréditer leurs préjugés. Sur Internet, je remplis des formulaires, stipule que je suis enseignant, ma femme fonctionnaire, espérant que notre stabilité professionnelle suffira à rassurer les propriétaires. Mais pas la moindre réponse. Les quartiers visés paraissent interdits.

— Alors ? Tes recherches donnent quoi ? interroge un jour Fadila.

— Pas grand-chose. Il n'y a rien d'intéressant dans nos prix.

— Tu laisses tomber ?

— Non. Mais je n'ai pas envie que cela devienne une fixette. Je continuerai à chercher, à mon rythme. Rien ne presse.

Elle ne me croit pas une seconde.

Décembre 2003

Ils crient au scandale, se disent outrés, révoltés… Les juifs ont un sens de l'exagération particulier : à la théâtralisation méditerranéenne, composée de cris et de gestes, ils ajoutent une connaissance du verbe et des superlatifs typiquement ashkénazes. Résultat : leurs cris d'orfraie sont excessifs et ridicules. Il s'agissait d'un sketch, rien d'autre ! Une suite de vannes plus ou moins marrantes mais pas de cette diatribe antisémite qu'ils dénoncent avec fracas aujourd'hui. Moi, Dieudonné grimé en juif orthodoxe, ça m'a fait rire. Et ça semblait également plaire à Jamel, à Fogiel, à Ariane Massenet, à Shirley et Dino, invités sur le plateau de l'émission. Mais les juifs se sont déchaînés. Une main sur le cœur, l'autre sur le front, ils réclament la tête de l'humoriste. Eux, les chantres de l'humour grinçant, voire corrosif, n'acceptent pas que l'on caricature leurs travers.

— Ils sont ridicules, s'énerve Fadila, après avoir lu les titres de la presse, les réactions sur Internet. Et démontrent leur manque de tolérance.

— Je ne comprends pas, en effet.

— On a le droit de faire de l'humour sur tous les sujets, toutes les races, toutes les religions, tous les groupes sociaux, mais interdiction de toucher aux juifs. Si c'est pas de l'orgueil, ça !

— D'autant que je ne vois rien d'offensant au truc. Dieudonné s'est juste un peu moqué des colons. Prendre appui sur les aspects les plus caricaturaux d'un groupe, c'est le propre de l'humour.

— Et quand Élie Semoun et lui raillaient respectivement les juifs et les Noirs, personne ne s'offusquait.

Dieudonné et Élie Semoun… Le duo me faisait hurler de rire. Leur humour était celui de la banlieue, leurs exagérations de la même veine que celle que nous utilisions avec mes copains. Une outrance propre à dédramatiser les sujets. J'aimais leur complicité qui me rappelait celle que nous entretenions, Raphaël et moi. Nous nous vannions volontiers sur la religion, nos goûts, chaque échange était une joute dont nous ressortions plus amis encore. Dieudonné et Semoun se sont séparés. Raphaël et moi ne nous voyons plus. Et l'humour ne sert plus à rapprocher les hommes.

Les récriminations incessantes des juifs agacent, irritent, lassent voire révulsent. Au gré de conversations, j'ai ressenti à quel point la levée de boucliers contre Dieudonné exaspère ceux qui nourrissent déjà, souvent à tort, des rancœurs envers eux et révèle chez d'autres une exaspération jusqu'ici tue.

— Ils font chier, franchement ! s'est emporté un collègue du lycée alors que nous étions en salle des profs. Ils ne sont pas les gardiens de l'ordre et de la morale, quand même. Ou alors de la morale judéo-chrétienne. Mais ils oublient que nous vivons dans un pays laïc.

— Ce qui m'attriste, c'est l'acharnement médiatique contre Dieudonné qui a suivi, ai-je répondu.

— On dit qu'ils détiennent une bonne partie des médias… a rétorqué l'enseignant en riant pour masquer la nature du propos.

J'ai senti qu'il attendait une réaction, tâtait le terrain pour savoir si je lui permettais de s'engouffrer dans cette voie. J'ai souvent observé la propension de certains à critiquer les juifs en pensant que cela me ferait plaisir ; comme je me doute que d'autres – ou les mêmes – agissent de la même manière avec les juifs (il y a une France qui se réjouit de nous voir nous opposer), je ne comptais pas lui accorder ce plaisir malsain. Feignant de n'avoir entendu, je me suis rendu à la machine à café.

Je sirote un expresso debout devant la télévision, manteau sur les épaules, prêt à partir. À coup sûr je vais être en retard au lycée. Mais le flash radio a attisé ma curiosité.

— T'es encore là ? s'étonne Fadila en me découvrant dans la salle à manger.

— Ils ont fait sauter une bombe artisanale pendant le spectacle de Dieudonné, à la bourse du travail, hier soir.

— Les sionistes ?

— Qui veux-tu que ce soit ?

— Il y a des victimes ?

— Une petite fille. Je ne sais pas encore si c'est grave.

Le journaliste attaque enfin le sujet. Après un résumé, précisant qu'il ne s'agissait pas d'un engin explosif mais du jet d'un mélange irritant, un suspect a été arrêté. Plan sur une bousculade, un homme ceinturé, qui se débat. Je sursaute.

— Putain, c'est Michel !

— Qui ?

— Le mec qu'ils ont arrêté !

— Tu le connais ?

Le zoom sur la personne interpellée a été rapide mais je suis certain de l'avoir reconnue.

— Michel Bensoussan. Un ami de Raphaël.

— Raphaël... ton pote d'enfance ?

Je hoche la tête pour dire oui, encore sous le choc.

— C'est un sioniste ?

— Raphaël ?

— Non, ce Michel !

— Je ne sais pas. Je ne l'ai vu qu'une fois. Il avait accompagné Raphaël à une fête de l'association pour laquelle je bossais. C'était il y a... longtemps.

— Donc, le meilleur ami de ton ex-meilleur ami, sioniste, pose des bombes dans une salle de spectacle et blesse une petite fille, résume-t-elle. Super !

Oui, l'ami de celui qui fut mon complice, presque mon frère, semble activiste. Consterné, je finis ma tasse et quitte mon domicile, perdu dans mes pensées. Il faudrait que je coure mais je ne m'en sens pas la force. Je songe à nos années d'amitié, aux promesses d'avancer ensemble dans la vie, à nos luttes, nos disputes, nos espoirs. C'était... hier. Ou presque. Lequel de nous deux s'est le plus éloigné des idéaux que nous portions ? Raphaël est-il réellement devenu sioniste ? Soutient-il le gouvernement israélien ? Après tout, presque tous les juifs sont, par nature, sionistes. Alors, pourquoi cela est-il si important à mes yeux ? Parce qu'il s'agirait d'une nouvelle preuve de l'action délétère du temps sur les idéaux de jeunesse ? Parce que cette dérive, ce reniement me renverraient à mes propres concessions ? J'aurais tellement souhaité que nous restions à la même place, arc-boutés sur nos idées. Je balaye ces pensées sombres. Ce n'est pas parce que ce Michel est devenu un activiste violent que Raphaël l'est également !

Arrivé au lycée je grimpe quatre à quatre les escaliers, entre dans une salle de classe où règne le désordre, regarde les visages de mes élèves et souris.

Je suis à ma place.

Avril 2004

Viols, torture, humiliations, meurtres : l'armée américaine révèle sa face sombre. Amnesty International avait lancé les premières accusations. Les médias américains confirment : la prison d'Abou Ghraib, à Bagdad, qui servait de centre de torture à la police de Saddam Hussein, est devenue celui de l'US Army. Censée libérer l'Irak de la dictature, libérer le peuple opprimé, instaurer la démocratie, les militaires de la première puissance mondiale se montrent aussi sauvages que les sbires du tyran déchu.

Les images sont révoltantes : une connasse au physique ingrat se fait prendre en photo avec des prisonniers tenus en laisse ou devant d'autres obligés de se masturber. Des corps suppliciés sont exhibés avec fierté… Les témoignages recueillis décrivent l'horreur, la barbarie, l'inhumanité.

— Les masques tombent. Voilà le vrai visage de ceux qui prétendent rétablir la justice dans le monde ! s'emporte Fadila.

— Le monde entier connaît leurs motivations profondes mais fait semblant de croire à leur discours moralisateur, renchérit Tarik.

— Oui, comme quoi ils ne sont pas moins barbares que ceux qu'ils désignaient comme tel.

— Attendez, il s'agit d'exactions commises par un groupe de militaires, pas par toute l'armée américaine, dis-je, autant révolté qu'eux, mais toujours réfractaire aux analyses globalisantes.

Il est nécessaire de voir clair, d'analyser la réalité en fonction des faits. Du moins, de ceux dont nous disposons. Le contraire conduit aux excès, à la haine, à la manipulation.

— Oui, tu as raison, répond mon frère. Mais il y a fort à parier que ces pratiques ne soient pas isolées. Elles sont peut-être même symptomatiques du véritable état d'esprit des Américains. Un discours moralisateur pour guider la population, une menace extérieure pour la mobiliser, un axe du bien et du mal afin de désigner l'ennemi ; voilà pour la communication. Et puis, vite on découvre que derrière la façade se cachent de sacrés intérêts économiques, des lobbies pétroliers, un désir hégémonique et la certitude qu'ils sont les meilleurs, et tous les autres des sous-hommes.

— D'accord avec toi, je réponds. Mais ça, en revanche, personne ne le reconnaîtra.

— Pas sûr. Je pense que le mythe américain est en train d'imploser.

— Tu te trompes, rétorque Fadila. Depuis le temps qu'on a eu des preuves de l'hypocrisie du système américain, de son injustice, il aurait déjà dû vaciller. Mais le monde occidental a besoin d'un leader et n'est pas prêt à désavouer le modèle sur lequel lui-même repose.

— C'est la notion d'axe du bien et du mal qui me révulse, relève Tarik. D'un côté des bons : les pays occidentaux rangés derrière les États-Unis, soi-disant humanistes, dévoués aux valeurs de liberté, d'égalité ; de l'autre le monde arabe, sauvage, ignare, cruel, despotique.

— Le problème, c'est qu'une partie des jeunes musulmans de France, et sans doute d'ailleurs, préfère le camp de ceux dont ils partagent les valeurs religieuses. Sans réaliser que ce n'est pas forcément mieux.

Novembre 2004

Yasser Arafat est décédé. Entre louanges et critiques, sincérité et hypocrisie, les hommages rendus ressemblent à ce que fut son parcours : une oscillation schizophrénique entre positions opposées.

Il part sans avoir atteint l'objectif auquel il avait dévoué sa vie.

Que vont devenir les Palestiniens sans leur leader ? Qui sera capable de s'imposer à leur tête et de les guider vers la paix ?

— Israël refuse qu'il soit enterré à Jérusalem, fulmine Fadila. Même mort, Arafat leur fait peur ! Ils ne veulent pas que des milliers de Palestiniens déferlent à l'enterrement.

— Non, ce qu'ils craignent c'est la dimension symbolique. Lui accorder des funérailles dans la ville reviendrait à reconnaître un lien entre le peuple palestinien et cette terre.

— Mais c'est leur terre !

Prudent, je ne me risque pas sur ce terrain. Nos discussions sur ce conflit nous conduisent de plus en plus à des disputes.

J'aimerais par moments être aussi sûr que Fadila, disposer d'une vision claire, d'une opinion tranchée sur les sujets qui affectent le quotidien. J'aimerais pouvoir me reposer sur son appréciation manichéenne des choses, me laisser guider sans état d'âme vers une position logique et défendable, avec les bons et les méchants de part et d'autre d'une ligne de démarcation, en deux camps opposés.

Si, évidemment, je suis résolument du côté du peuple palestinien, je me suis toujours interrogé sur la volonté réelle d'Arafat et de ses leaders de parvenir à une paix juste, d'accepter l'existence d'un État juif au côté du leur. Tout comme je m'interroge sur celle des dirigeants israéliens de parvenir à un accord.

Les peuples ont les dirigeants qu'ils méritent, paraît-il. Doit-on pour autant les juger à travers leurs leaders ? Pour moi, les populations sont plutôt victimes d'un jeu dont les règles leur échappent. Vision naïve et improductive, selon Fadila. Je le conçois mais ne peux m'en départir. Il me faudrait, sinon, renoncer aux valeurs auxquelles je m'accroche désespérément.

Devenir comme tout le monde et adopter des positions radicales, utiliser la véhémence pour porter un discours accusateur, très peu pour moi. Envers et contre tout, malgré le climat qui dégénère, je suis et demeure pacifiste, et même optimiste. Une position pas facile à assumer dans mon milieu et en ce moment.

Sans le militantisme forcené de mon épouse, voilà des mois que je serais suspect aux yeux de beaucoup des musulmans que nous fréquentons. Mais je bénéficie, par procuration, de son image de guerrière. Si bien que mon fameux pacifisme est mis sur le compte de mon « romantisme d'intellectuel » ou de ma « naïveté marocaine ».

Car ici, en France, les positions sont chaque jour plus radicales. Les juifs et les musulmans ne pactisent plus, ne cherchent plus à se retrouver en souvenir de leurs valeurs communes. Même si demeurent des îlots où ils s'entendent et se parlent, ici ils se défient, s'opposent, s'affrontent. Une confrontation dangereuse car la colère qui les anime n'est pas la leur, mais une haine empruntée, importée. Elle embrase les cœurs et nous nous retrouverons bientôt dans la situation de pompiers arrosant la lisière d'un feu immense alors que le foyer, lointain, sera inaccessible.

Janvier 2006

Révoltes dans le monde arabe.

Le monde arabe : voilà une expression qui m'a longtemps consterné tant elle était vide de sens. Quel lien existe-t-il entre les musulmans d'Arabie Saoudite, de Mauritanie, de Turquie, d'Irak, d'Iran, d'Algérie, du Niger, du Pakistan, d'Égypte ou du Soudan ?

L'oummat m'est toujours apparu comme un idéal impossible à atteindre lorsqu'on songe aux divisions politiques, culturelles et à la multiplicité des manières de vivre et de comprendre l'islam.

Le paradoxe est que les Occidentaux réussiront peut-être là où Lawrence d'Arabie et tant d'idéologues religieux ont échoué. En attaquant les fondements mêmes du monde arabe, leur plus petit (plus grand, devrais-je dire) dénominateur commun, ils parviennent à unifier les nations arabes dans un réflexe de colère.

C'est ce qui me vient à l'esprit en réfléchissant aux événements qui secouent les pays islamiques. Car ils ont touché au Prophète.

Manifestations, attaques d'ambassades, menaces de morts, promesses de vengeance, répressions meurtrières… Depuis octobre dernier et la publication de caricatures de Mahomet dans le quotidien danois *Jyllands-Posten*, les musulmans du monde entier font bloc et crient leur rage.

Au début de l'affaire, par principe je me suis rangé du côté de la liberté d'expression. Je ne comprenais pas la volonté de mes coreligionnaires d'imposer les règles de l'islam à l'ensemble du monde occidental. L'interdiction de représenter le Prophète ne valait, selon moi, que pour les pratiquants. J'aurais, à la limite, pu concevoir, sans l'accepter, que ceux-ci s'offusquent que certains des leurs puissent braver cet interdit. Aussi, exiger que tous les pays se rangent derrière cette loi me paraissait ubuesque. J'y voyais même une nouvelle occasion de donner de l'islam l'image rétrograde dont se gargarisent les médias depuis que l'Iran a rétabli la charia. Une image censée opposer des civilisations libres, éprises de justice et d'humanisme, à des sociétés islamiques désuètes, aux mœurs barbares.

Ma position a changé dès que j'ai vu les caricatures. Parce qu'il ne s'agit pas de représentations graphiques ou artistiques du Prophète mais d'une volonté d'insulter, d'humilier, en réduisant les fondements de l'islam, son humanisme, à l'expression d'une sauvagerie meurtrière.

Pourquoi détourner le Prophète pour dénoncer les exactions de certains illuminés qui, par manque d'intelligence ou désir de pouvoir, ont transformé notre religion en doctrine guerrière ? Pourquoi s'en prendre à la religion elle-même, à cette foi qui touche l'intimité de chacun, la bafouer donc humilier tous les croyants, sous prétexte de se moquer d'intégristes archaïques ?

N'ont-ils pas compris que, pour les musulmans, le dédain du monde chrétien, qui prit la forme des croisades puis de l'impérialisme et désormais s'arc-boute sur une prétendue supériorité de ses valeurs démocratiques, est insupportable ? N'ont-ils pas compris que la morgue moralisatrice et condescendante du monde occidental, qui croit posséder la vérité, qui voit ceux qui pensent autrement comme des sous-hommes, des arriérés, est désormais inaudible, rejetée, détestée ? Qu'à l'heure d'Internet tout mépris enflamme les âmes ? Ne réalisent-ils pas que la domination, sous quelque forme que ce soit, est inadmissible ?

Surtout quand sa légitimité peut être si facilement remise en cause ? Car ces pays ont montré leurs limites, prouvé leur incapacité à faire de la liberté, de l'égalité, de la solidarité les fondements réels de sociétés égalitaires. Les musulmans n'ont qu'à piocher dans l'actualité de ces États – corruption, dépravation, exclusion, Guantanamo... – pour élaborer un discours qui parle aux laissés-pour-compte.

On peut accepter de recevoir des leçons de ceux dont l'attitude a toujours été exemplaire et dont les actions s'appuient sur des valeurs toujours édifiantes. Pas de la part de ceux dont le passé est semé des pires exactions et dont le présent démontre combien l'histoire ne leur a rien appris.

Les imams intégristes ont beau jeu d'exploiter les travers de la démocratie. Liberté, égalité, fraternité ? Et ces SDF qui crèvent en pleine rue dans l'indifférence générale ? Et ces politiciens qui détournent du fric ? Et ces riches toujours plus riches ? Et ce système financier taillé sur mesure pour les escrocs en col blanc, les industriels de l'armement qui, avec l'aide et l'assentiment des gouvernants, vendent leurs matériels meurtriers sans considérations morales ?

Je le vois, je l'entends : nombreux sont ceux qui en ont marre de subir, d'être rejetés, humiliés par une société aux valeurs corrompues, aux failles béantes. Certains ont trouvé comme solution de repli, porte de sortie, le retour au fondement même de leur identité ; leur fierté, l'ultime ressource de leur espoir s'appelle l'islam. Comment pourraient-ils, aujourd'hui, accepter qu'au nom d'une morale bafouée on vienne porter atteinte à leurs croyances profondes ? Pour eux, la liberté d'expression n'autorise pas à insulter le Prophète, à le placer dans des situations si dégradantes.

Pour une fois, Fadila et moi sommes d'accord. Ils sont allés trop loin.

— *Celui qui enseigne le bien aux autres sans le faire est semblable à l'aveugle qui porterait une lanterne*, lâche-t-elle, comme si elle avait entendu mes pensées.

— C'est de ?

— Une traduction d'un proverbe arabe.

Un autre dit : *Quand deux hommes se disputent sur la religion, il y en a au moins un qui est fou.*

Qui est devenu fou ?

Je suis devant le poste de télévision quand, soudain, Raphaël apparaît. Je le reconnais immédiatement, malgré ses kilos en trop, ses cheveux plus rares et son air quelque peu emprunté.

— Fadila !

Elle apparaît, inquiète.

— Regarde ! Raphaël !

Elle s'assoit près de moi.

— C'est dingue, il passe à la télé.

— Pourquoi ? Qu'a-t-il fait ?

— Il a écrit un roman ! Enfin, il présente son deuxième. Je ne savais même pas qu'il était devenu écrivain.

Nous nous taisons et l'écoutons répondre aux questions. Et, d'un coup, je ressens une certaine fierté. Oui, je suis fier de le voir à la télé, de le savoir romancier.

— Il est un peu coincé, non ? remarque ma femme.

— Un peu stressé peut-être. Mais il se débrouille pas mal.

L'interview terminée, il reste sur le plateau.

— Ça te fait plaisir de le revoir ? interroge Fadila en serrant ma main.

— Oui, bien sûr. Je suis content de savoir que ça marche plutôt bien pour lui. Il était ambitieux. Et il a réussi.

— Tu l'étais aussi. Et tu as également réussi.

— Je suis prof…

— Et alors ? Tu es parvenu à le devenir ! Un prof respecté ! Et tu as réussi ta vie de famille. Tu as une fille brillante et adorable. Et une femme… merveilleuse.

Je ris et la prends dans mes bras.

Un autre sujet vient d'être lancé et les mots Israël et Palestiniens résonnent. Nous redevenons attentifs. Un intervenant s'exprime sur les chances de voir la paix aboutir un jour. Je guette les réactions de Raphaël. Il paraît absorbé par les propos du spécialiste.

L'animateur s'adresse alors à lui.

— Et vous, monsieur Levy, pensez-vous possible qu'un jour les deux ennemis signent un accord de paix ?

Je perçois l'embarras de Raphaël. Il ne s'attendait sans doute pas à être questionné sur ce sujet.

— Je pense être moins optimiste que vous, répond-il à l'expert en géostratégie. Pour qu'il y ait la paix, il faut qu'il y ait une volonté partagée. Je souhaite cette paix, bien entendu. Mais tant que les Palestiniens continueront à enseigner la haine des juifs dans leurs écoles, tant que le seul but du Hezbollah et du Hamas sera la destruction pure et simple de l'État d'Israël, toute avancée sera illusoire.

— La paix a toujours lieu entre des ennemis dont l'objectif était de s'entre-tuer, rétorque le spécialiste, un peu vexé d'être contredit par un inconnu.

— En effet. Mais c'est arrivé à des moments où une volonté de faire la paix ou une lassitude de la guerre émergeait des deux côtés.

— Et, pour vous, les partis en présence ne sont pas encore disposés à s'entendre ? relance l'animateur.

— On peut se poser la question différemment, réplique Raphaël. Si demain les Palestiniens renonçaient à la violence, que feraient les Israéliens ? Ils n'auraient pas d'autres choix que de faire la paix. Mais si les Israéliens déposaient demain les armes, que se passerait-il ? Les Palestiniens en profiteraient sans doute pour les exterminer.

Tandis que l'expert récuse la vision simpliste de Raphaël, ma bonne humeur s'effrite.

— Ton ami est un sioniste de la plus belle espèce.

— Ce qu'il a dit n'était pas complètement faux, Fadila.

— Pardon ! Donc les barbares sont les Palestiniens ? Il faudrait qu'ils se montrent compréhensifs et amicaux avec ceux qui ont volé leur terre et les persécutent depuis ?

— Ce n'est pas ce que je veux dire. Continuer à parler des causes du conflit ne permettra jamais d'avancer. Il faut oublier le passé, prendre appui sur la situation actuelle et tenter de rapprocher les bonnes volontés qui existent des deux côtés, et il y en a.

Mais le Hamas et le Hezbollah ne montrent aucun signe de conciliation.

Fadila se lève, me regarde froidement.

— Tu es trop naïf, Mounir.

Elle a peut-être raison. Est-ce la naïveté, l'angélisme, l'envie d'un monde idéal qui me conduisent à toujours refuser la confrontation, lui préférant la discussion ? Pour l'heure, avec ma femme, aucune discussion ne semble possible. Mais peut-être est-il encore temps de renouer celle interrompue avec Raphaël ?

Partie 6

La haine
Années 2010

XXXII

Querelles et révoltes

Raphaël

Février 2010

Une chaîne de fast-foods a décidé de proposer de la viande halal dans certains de ses restaurants. La nouvelle enflamme les réseaux sociaux et provoque de vifs débats au sein de la communauté juive.

— C'est un nouvel indice de la capitulation de la société française devant l'islam, fulmine Michel. Putain, il faut qu'on se casse ! On n'a plus rien à foutre dans ce pays !

— Arrête, tu ne vois pas la démarche opportuniste, le fruit d'une analyse marketing bien emballée dans un discours citoyen et éthique ?

Est-ce moi que j'essaye de convaincre en avançant ce genre d'argument ?

— Ça revient au même. Ils accordent si peu d'importance à la culture française, à ses spécificités, à ses valeurs, qu'ils sont prêts à les bazarder pour du fric. C'est indigne, écœurant. Les musulmans sont en train de s'emparer de la France. Ils imposent leurs pratiques, leur vision du monde, exigent que l'école distribue des repas halal et, dans le même temps, cesse de fêter Noël. Ils s'opposent à l'étude de la Shoah en cours d'Histoire et réclament la possibilité de porter le foulard. Et le pire, c'est qu'ils y parviennent ! Les profs abdiquent, les directeurs d'établissements râlent pour la forme mais finissent par se résigner. Et maintenant, les entreprises…

— Tu exagères. Ce que tu racontes est arrivé dans certaines écoles seulement. Et tu parles des musulmans comme d'un groupe uni, mu par une même logique. En globalisant, tu deviens raciste.

Depuis plus de dix ans, les anecdotes tendant à prouver le renoncement de la société française à défendre ses valeurs se multiplient çà et là et sont brandies comme des preuves d'une sorte de déliquescence par les chantres du pire. En 2002, le livre collectif *Les territoires perdus de la République* exposait au grand public ce que nous, juifs, présumions. Depuis, chaque atteinte à la République, ce mur érigé entre la barbarie et la justice, inquiète la communauté et toutes sont mises en avant comme autant d'indices de la reddition de la France devant le prosélytisme de certains musulmans.

— Les Français ne savent plus qui ils sont, ni où ils vont, reprend Michel. Les élus ont fait la preuve de leur impuissance, quand ils n'ont pas démontré leur propension à la corruption. Alors, comme d'habitude, les autres s'écrasent comme des merdes devant ceux qui parlent le plus fort.

Les diatribes de mon ami, je les connais par cœur pour les entendre depuis des lustres, mais force est d'admettre que sa thèse prime dans la communauté. Et encore, lui l'exprime de manière édulcorée quand d'autres deviennent beaucoup plus radicaux. Et moi ? Je ne m'y oppose plus tant… je ne sais plus où se trouve la vérité. La seule chose dont je sois certain c'est que la confusion règne, alimentée par la suspicion et la peur de l'autre. Cet autre que l'on ne comprend pas, que l'on ne connaît plus.

— Ils ne savent plus qui nous sommes, non plus, dis-je. Le patron de cette chaîne de restaurants, après avoir béatement récité aux micros des radios son couplet sur une nécessaire ouverture d'esprit, comme s'il était le prophète que le monde espère, a osé affirmer qu'en servant de la viande halal, les musulmans et les juifs allaient venir manger dans ses restaurants, se rencontrer, se parler. Ce con parle d'ouverture d'esprit mais ignore que nous mangeons cachère et non halal !

— De toute façon, dès qu'un leader d'opinion, un homme politique ou un journaliste parle aujourd'hui des musulmans, il se sent obligé de citer les juifs. Si on interdit le foulard à l'école il faut également bannir la kippa. Si on refuse les repas halal alors il faut dire non aux repas cachère. Mais les juifs n'ont jamais exigé tout ça !

Vraisemblablement le problème est là. Paumés, voulant satisfaire tout le monde pour ne paraître ni racistes ni antisémites, les « Français » – et leurs autorités avec – ne savent plus ce qu'ils sont en droit ou en devoir d'imposer dans l'espace public et laïc. Alors ils se résignent à accepter les moindres doléances sous couvert d'humanisme, de tolérance, et réduisent les communautés à des clichés pour se donner l'impression de maîtriser la situation.

Moi-même je me sens un peu perdu. J'approche de la cinquantaine et ne sais plus très bien ce que j'attends de ce pays ni ce que je suis prêt à y investir d'espoir ou d'ambition. Je me souviens d'avoir voulu devenir français, par amour et conviction, mais plus j'avançais vers cette France, plus l'image que j'avais envie d'embrasser se dissipait. La France telle que je la rêvais s'est-elle transformée en un fantasme passéiste et inconsistant ? Est-elle devenue un concept insaisissable ?

Beaucoup de juifs le pensent. Certains partent, d'autres votent pour le Front National, seul parti revendiquant, à les en croire, une idée forte du pays. Et nombreux sont ceux qui, comme moi, ne savent pas, ne savent plus.

Mounir

Décembre 2010

— Put… purée, ça bouge !

Fadila s'est rappelé la présence de Souria et a réprimé son enthousiasme.

L'Égypte, la Syrie, la Tunisie, même le Maroc ! La jeunesse arabe s'exprime, se soulève, revendique plus de libertés, exige la démocratie.

Ils ont appelé ce mouvement « Le Printemps arabe ». L'expression est belle, positive, optimiste. Elle raconte un renouveau possible, promet un avenir à créer.

Les dictateurs Moubarak, Ben Ali, Khadafi, tentent de négocier, paniquent, s'enfuient.

« Dégage ! » leur répondent les manifestants. Il n'y a plus rien à négocier. Les peuples ne réclament pas la satisfaction de revendications matérielles, ils veulent changer de vie.

Finis la dictature, la corruption, les brimades, les emprisonnements abusifs, la torture ! Ils exigent d'être libres, égaux, de pouvoir rêver, de s'inventer un futur.

Tous les musulmans, autour de moi, suivent l'évolution des événements avec fierté et circonspection, aussi. Car si nous partageons les espoirs de cette jeunesse courageuse, nous connaissons la violence des hommes de pouvoir, leur capacité de nuisance, leur hardiesse lorsqu'il s'agit de préserver leurs privilèges.

— Tu crois qu'ils vont réussir ? demande Souria.

Les idéaux de notre fille ont encore la naïveté de l'adolescence. Bercée par ces rêves empreints de ferveur, ces insurrections quasi romantiques, elle s'identifie aux jeunes, qui bousculent les potentats, défilent, occupent les places, fait sienne leur passion, goûte leurs slogans. Elle me rappelle celui que j'étais.

— Je l'espère.

— Moi j'y crois ! s'exclame Fadila pour effacer ma réponse trop prudente. Ils ont trop subi. Ils ne feront aucune concession.

Nous zappons, à la recherche d'autres images, d'autres témoignages.

Les médias sont gagnés par l'engouement et multiplient les reportages, donnent la parole à ces révolutionnaires flamboyants, jeunes, déterminés.

— Incroyable ! je m'exclame. Le sujet fait la une de presque tous les journaux.

— Moi je les trouve condescendants, rétorque mon épouse.

— De la condescendance ? Les démocraties sont heureuses de voir les dictateurs tomber !

— Mais il y a une forme de mépris dans cette joie. Un peu comme si les Occidentaux découvraient que les Arabes ont la capacité de penser, d'être autre chose que des sujets dominés. Comme s'ils se réjouissaient de les voir enfin accéder à une vérité dont ils se croyaient jusqu'alors les seuls détenteurs.

— Tu n'exagères pas un peu ? Les dictateurs tunisien, égyptien, libyen étouffaient leurs jeunesses, interdisant tout esprit critique, bridaient l'espoir qui anime chaque individu au sortir de l'adolescence et le porte à réclamer sa part de futur. Les médias et les politiques de tous bords sont surpris et heureux. Comme nous, en fait.

— Peut-être. Je dois être trop suspicieuse, répond-elle sans conviction.

— Ou pas habituée à voir les Occidentaux trouver des vertus aux populations arabes.

A-t-elle raison ? Peu importe, je n'ai pas envie de laisser sa vision manichéenne du monde ternir ma joie.

Je sais pourtant que l'histoire est jonchée d'espoirs brisés, d'aspirations broyées, de convictions sacrifiées.

Raphaël

Mai 2011

DSK entre dans le tribunal, raide, grave. Scène surréaliste. À l'incrédulité des premiers jours, quand toutes les chaînes d'infos ressassaient les mêmes faits, souvent au conditionnel, quand passaient en boucle les images du favori des sondages entravé, la mine défaite, puissant écrasé par le système judiciaire américain qui l'accuse d'avoir eu des rapports non consentis avec une femme de chambre d'hôtel, ont succédé la stupeur de découvrir la probable vérité, puis la colère face à l'inconséquence de l'homme. Face à la mienne également, qui avait cru en lui, en ses compétences, en son sens des responsabilités, en son statut d'homme politique providentiel. Au si beau couple qu'il formait avec cette brillante et sublime journaliste. Deux stars de la communauté.

— C'est un complot ! s'exclame Zeev, mon beau-frère.

Je préfère ne pas relever, me concentrer sur les images, m'affliger des propos creux du reporter tentant désespérément d'attiser les braises du sensationnalisme que son canal d'info en continu exploite avec cynisme.

— Oui, c'est sûr. C'est un coup de Sarko, pour empêcher Strauss-Kahn de se présenter contre lui ! argumente Aline, la nièce de ma femme.

La colère me gagne, je tente de la contenir. À quoi servirait-il de se lancer dans une nouvelle joute verbale avec eux ?

— Ou d'autres personnes influentes qui ne voulaient pas que le prochain président français soit juif.

Là, c'en est trop.

— Vous n'allez pas recommencer avec vos conneries !

Mon intervention ne les surprend pas, ne les intimide aucunement.

— Mais tu as vu toi-même la vidéo des membres de la sécurité de l'hôtel ! Ils étaient dans le coup, c'est évident !

— Et t'as vu la tête de cette Nafissatou ? Elle est laide ! Comment un homme marié avec une superbe épouse, qui peut se payer les plus belles escort-girls du monde, pourrait avoir envie de violer un thon pareil ! C'est trop gros !

— En fait, ce qui vous emmerde c'est qu'un juif soit accusé d'une telle saloperie, n'est-ce pas ?

— Ben oui. Moi je suis solidaire de tous les juifs qu'on agresse ! revendique Aline.

Je ne pensais pas qu'elle le reconnaîtrait si vite et aussi naïvement. Tant de bêtise m'afflige.

— Vous voyez, ce que je vous reproche à vous, et à tous les abrutis qui alimentent les réseaux sociaux de commentaires ridicules ou créent des groupes de soutien à DSK, c'est ce militantisme aussi inutile qu'aveugle.

— Mais c'est normal d'être solidaires, non ? oppose Aline.

— Non, ce n'est pas normal ! Il faut conserver sa lucidité ! S'il s'était agi d'un musulman, vous l'auriez déjà condamné ! Vous n'auriez eu aucun doute quant à sa culpabilité ! Les arguments que vous avancez aujourd'hui vous auraient paru incongrus, aberrants. Vous ne réfléchissez pas une seconde.

— Oui, mais il n'est pas arabe, c'est un juif ! Et on a suffisamment d'ennemis pour ne pas se tirer dans les pattes entre nous ! rétorque Zeev.

— Là n'est pas la question ! D'ailleurs, si je vais dans ton sens et que je considère le judaïsme comme critère fondamental pour juger les choses et les êtres, on devrait considérer ce mec comme une plaie ! Il nous joue quoi là ? Le rôle du juif avide de pouvoir, libidineux, dominateur ? Moi j'aimerais plutôt qu'on oublie qu'il est juif en ce moment !

— Mais c'est précisément parce qu'il est juif qu'il a tous ces problèmes !

— Ah oui, j'oubliais... Le couplet « tous antisémites ». Le complot : nous contre le monde entier. Celui-là même dont on nous reproche d'être l'auteur, tu noteras ! Zeev, si tu fermes les yeux sur la vérité sous prétexte qu'il ne faut pas condamner un juif ou parce que, selon l'adage de nos grands-mères, « qui n'est pas juif est antijuif », tu corromps toute notion de justice.

L'échange dure et chacun campe sur ses positions. Et, comme d'habitude lors de ces dîners, je finis par regretter de m'être une nouvelle fois laissé entraîner dans une controverse aussi stérile que stupide.

La communauté juive possède ses extrémistes. À part quelques idéologues à la pensée finement ciselée pour atteindre leurs cibles, la plupart sont des militants aux vues courtes qui voient chaque critique contre Israël, ou contre leurs « frères », comme des actes fondamentalement antisémites. Ils défendent Israël coûte que coûte, quelle que soit la couleur du gouvernement ou la décision prise. Ils aboient, hurlent, agressent sur les réseaux sociaux, déversent leur fierté déviante et outragée à grand renfort de phrases toutes faites, de propos injurieux – souvent lardés d'innombrables fautes d'orthographe. Ils s'attribuent le rôle d'ambassadeurs d'Israël et des juifs en France, de garde avancée de Tsahal en pays potentiellement ennemi, clament que la France est finie, que la seule issue est l'Alya, mais se contentent d'envahir les plages de Tel Aviv chaque été, repoussant leur propre émigration à une date ultérieure. Le pire, c'est qu'ils sont convaincus d'être utiles, pertinents, les détenteurs d'une vérité suprême. À les écouter, il est interdit de critiquer la communauté, de dénoncer les actes répréhensibles de certains de ses membres. Nul besoin de susciter de nouvelles vocations d'antisémites, ceux-ci prolifèrent suffisamment par simple contagion.

Des juifs organisent des escroqueries ? N'en parlons pas. Ils ne sont pas si nombreux ni si méchants que ça. Et chaque communauté possède ses truands, n'est-ce pas ? Non, je ne veux pas me résoudre à me taire, à fermer les yeux sur ce genre de pratiques, à croiser ces malfrats lorsqu'ils paradent dans les soirées ou à la synagogue. Je refuse de louer leur pseudo-réussite ou leur générosité malsaine. Ils ont gagné du blé en refourguant de faux espaces publicitaires dans de fausses revues, puis de faux contrats d'abonnements téléphoniques, avant de se lancer dans les fausses formations professionnelles ou d'exploiter les failles des mesures liées à l'installation des panneaux solaires ou à la taxe sur le CO2. Ils ont plongé des individus dans la détresse, jusqu'au suicide parfois, en les incitant à placer leurs économies sur des valeurs inexistantes, et croient se racheter une bonne conscience en distribuant du fric aux institutions religieuses ou caritatives.

Et des crétins les admirent. Les mêmes crétins, peut-être, qui exigent une solidarité sans faille afin de ne pas prêter le flanc aux attaques antisémites. Mais comment exiger la justice, l'impartialité, quand, dans le même temps, on refuse de dénoncer les délinquants sous prétexte qu'ils sont juifs ?

D'habitude, hors de chez moi, je laisse s'exprimer ces extrémistes de la cause. Mais, quand les propos sont tenus dans mon salon et risquent de polluer mes enfants, je considère comme un devoir de m'opposer. Je veux que mes fils apprennent le discernement, qu'ils comprennent que seules la justice et la pertinence permettent d'avancer, d'être écoutés.

En fait, si les extrémistes m'horripilent, c'est parce qu'ils me renvoient l'image de celui que je suis en train de devenir. On ne s'énerve que contre ceux qui nous ressemblent.

Mounir

Distribuer des tracts appelant au boycott des produits importés d'Israël me paraît une perte de temps et d'énergie. Mon objectif est de soutenir les Palestiniens, pas d'affaiblir les producteurs israéliens. Mais Fadila a pris fait et cause pour ce combat.

— Toutes les batailles doivent être menées ! Être en guerre, c'est occuper le terrain, partout, c'est harceler l'ennemi par tous les moyens, pour le démoraliser jusqu'à le faire douter, puis plier.

— Mais je ne suis pas en guerre, Fadila.

— C'est ce qui fera toujours la différence entre nous.

Sa réponse me blesse.

— Je veux dire que je n'ai pas de haine. Je soutiens le combat des Palestiniens, mais boycotter les produits israéliens relève du non-sens. En quoi cela va affaiblir l'économie israélienne ? Tu gêneras quelques producteurs agricoles et puis c'est tout. Et comme il y a de grandes chances qu'ils emploient des Palestiniens, tu peux être certaine qu'ils les licencieront en premier.

— Tu vois le problème par le petit bout de la lorgnette ! Aujourd'hui l'opinion publique est majoritairement hostile à Israël, à son occupation des territoires. Nous devons en profiter. Il faut causer le maximum de tort aux Israéliens. Il paraît qu'à Rungis, les produits sionistes s'entassent et pourrissent. Les épiceries arabes les refusent et les grands magasins situés dans les banlieues rechignent à les vendre. Et, sans aller jusque-là, peut-on accepter de voir les aliments d'un État barbare vendus sur les étalages de nos magasins ? Ils sont couverts de sang, ces fruits et ces légumes !

— Les produits « sionistes », mais tu t'entends ? Du sang sur les fruits… ne crois-tu pas que tu en rajoutes ? Est-ce que tu n'oublies pas la capacité de réaction de la communauté juive ? On m'a raconté qu'elle a créé un circuit parallèle pour écouler les produits « Made in Israël » auprès de ses familles. Donc le boycott est voué à l'échec.

— C'est ça, les crapules s'entraident.

— Ne parle pas ainsi. Tu sais combien je n'aime pas lorsque tu deviens insultante. Mon épouse vaut mieux que ça. Mais, OK, je t'accompagnerai demain. J'irai faire les courses pendant que tu distribueras tes tracts. Et je te promets de regarder les étiquettes !

Fadila se radicalise de plus en plus. Désormais militante farouche du droit des peuples arabes à exister dans la dignité, elle a paradoxalement vu sa révolte perdre de sa force avec l'émergence d'autres régimes dans ces pays. Résultat, elle veut être partout et ne prend plus le temps de la réflexion. Aux discours, elle préfère les slogans. Et moi, je ne suis pas d'accord avec toutes ses luttes. Mais elle est ma femme et la mère de ma fille. J'espérais que la naissance de Souria l'apaiserait, la retiendrait un peu plus à la maison. Je souhaitais même avoir d'autres enfants. Au moins un de plus. Un garçon, si possible. Mais Fadila n'est plus tombée enceinte. Elle l'a mieux pris que moi, investissant sa fougue dans le combat pour l'avènement d'un monde plus juste, un monde où sa fille pourra vivre sans subir la haine et la discrimination.

Nous sommes sur le parking du magasin Auchan, à Saint-Priest. Les tracts sont mal conçus, presque illisibles. Comme toujours, les concepteurs du document ont cru que le public connaissait le sujet.

Fadila rejoint les militants déjà à l'œuvre. La plupart portent le keffieh. Sept sont d'origine maghrébine. Trois des militants d'extrême gauche, altermondialistes bon teint, avec tenue et cheveux longs gaufrés adéquats.

Les clients à qui l'on impose le tract le jettent quelques mètres plus loin ou attendent d'être hors de portée de vue pour le froisser. La sécurité est venue s'assurer que nous ne créerions pas de troubles et nous a demandé de ramasser les papiers qui jonchent le sol.

Comme souvent, Fadila est la plus active. Elle tend le tract et, au moment où la personne le saisit mécaniquement, elle effectue un habile demi-tour pour se retrouver à ses côtés et l'accompagner pendant quelques mètres histoire de la convaincre de prendre le problème au sérieux.

Je m'apprête à entrer dans la grande surface, quand je l'entends crier.

— Connasse ! lance-t-elle à une femme poussant un chariot.

Celle-ci se retourne nerveusement :

— Comment ? Tu veux que je te les fasse bouffer tes prospectus ?

À ce moment, un homme rejoint la femme. Je le reconnais immédiatement et mon cœur s'emballe. C'est Raphaël. Il s'enquiert posément du problème tout en calmant celle qui doit être son épouse. Il ne m'a pas encore aperçu. Je me dirige vers eux.

— Elle a pris le prospectus, l'a froissé et me l'a jeté à la figure ! crie Fadila quand elle m'aperçoit.

Raphaël se retourne pour savoir à qui elle s'adresse. Et a une première réaction de surprise, qu'il maîtrise aussitôt. Nous hésitons puis avançons l'un vers l'autre.

— Salut Mounir.

— Bonjour Raphaël.

Nous nous adressons un sourire timide mais ne nous serrons pas la main. Il s'est épaissi, a perdu quelques cheveux mais possède un regard toujours vif.

La femme derrière lui l'interpelle.

— Tu salues ces gens-là ?

— C'est Mounir. Je t'en ai parlé, reprend-il, embarrassé.

Je me rends alors compte que le temps ne suffit pas à expliquer la distance qui, là, nous sépare. Tellement d'événements, de sentiments se dressent entre nous. Nos années d'amitié se sont transformées en images évanescentes que d'autres, plus tenaces, ont remplacées. Le présent occupe l'espace, empêchant un rapprochement.

— Mounir ? Ton ami d'enfance ? Ils sont beaux tes amis, vocifère-t-elle.

Fadila a compris la situation.

— Je suis Fadila, intervient-elle, la femme de Mounir. Votre épouse m'a agressée. Elle m'a jeté le prospectus au visage et…

Contre toute attente, le visage de Raphaël se durcit et il interrompt Fadila.

— Elle vous a agressé parce que vos tracts nous agressent. Et c'est vous qui l'avez insultée.

J'interviens.

— Raphaël, s'il te plaît.

— J'espérais te revoir un jour Mounir. Mais je ne pensais pas que tu serais devenu… ça.

Il fait un geste dédaigneux en me désignant.

— Ça quoi ?

— Un extrémiste. Appeler au boycott des produits israéliens… C'est n'importe quoi. C'est de la haine égarée… mais de la haine pure.

Ses paroles agressent mon amour-propre : la colère m'envahit.

— Tu t'entends parler ? C'est toi qui es plein de haine Raphaël. Tu as changé. Je t'ai connu plus pondéré.

— C'est vrai. Mais la retenue ne sert à rien face à la bêtise. L'antisémitisme se combat de front. Et ce sont des positions comme les vôtres qui l'attisent. Vous désignez Israël mais ce sont les juifs que vous haïssez.

— Comment peux-tu dire ça, toi qui connais les combats menés en commun dans le passé ?

— Et toi, comment peux-tu te complaire dans des actions aussi imbéciles ? Tu avais des ambitions plus grandes que celle d'empêcher les gens d'acheter des pamplemousses venus d'Israël.

Fadila intervient, furieuse.

— Ne réponds pas, Mounir. Tu vois bien que tu as en face de toi l'archétype du membre du Likoud, un juif de France prêt à subventionner la politique de Sharon.

— J'étais pour les travaillistes, rétorque mon ancien ami, jusqu'au jour où je me suis rendu compte qu'à travers Sharon, c'est Israël et les juifs que vous visiez. Les Français et les Arabes ont tout foutu en l'air. Vous avez fait passer Arafat, cet assassin, cet homme cupide et corrompu, prêt à s'enrichir personnellement en appauvrissant son peuple, pour un héros. Vous avez employé des mots inadmissibles pour parler des Israéliens. Vous avez brouillé le sens, perturbé la logique des choses pour parvenir plus vite à vos fins. Vous avez corrompu la raison. Alors, des gens comme moi ont préféré choisir le moins pire. Vous étiez à Durban sans doute ? Tous les connards de la terre y étaient.

La situation m'échappe. Je suis tout à la fois l'acteur bouillonnant de cette scène et son spectateur incrédule, effaré. Tout cela n'a aucun sens. Je suis prêt à lui sauter à la gorge, à le frapper, moi ! Mais merde ! Il s'agit de Raphaël, un ami…

— Casse-toi, Raphaël. Tu m'insultes et tu insultes ma femme. Allez, tire-toi !

Je pense qu'à cet instant il a réalisé être allé trop loin. Sinon il n'aurait pas accepté cette sommation et m'aurait balancé son poing dans la figure. Ses yeux sont plantés dans les miens et je n'aime pas ce que j'y vois.

Mais il s'en va.

Raphaël

Je garde les yeux ouverts dans l'obscurité de notre chambre et me repasse une énième fois la scène. Mon cœur s'emballe, mon esprit se voile, tout s'embrume. Arrêts sur image pour interpréter une expression, voir mon passé voler en éclats sur une réplique, me perdre dans une de ses insultes. C'est ma méthode : contraindre un tourment empoisonné à dégorger tout de suite son venin pour qu'il me martyrise moins. En expurger d'emblée la cruauté pour le jeter exsangue dans les caniveaux de la conscience. J'ai toujours préféré la douleur intense et immédiate à la souffrance prudente mais constante. L'alcool sur une plaie aux calmants, les ruptures sèches aux atermoiements, le coup de poing dans la gueule au « retenez-moi ou je fais un malheur », le paiement cash au crédit.

Alors, je me raconte mentalement la scène, je me décris la situation avec des mots différents, confronte les arguments. Dialectique interne pénible qui permettra peut-être que je m'endorme au petit matin.

Il était mon ami. L'était-il vraiment ? Non, sinon nous n'aurions pas accepté de nous perdre de vue si longtemps. Les amis sont comme les ombres : toujours devant ou derrière nous, impossibles à semer, utilisant les moindres reliefs de l'existence pour se hisser à nos côtés quand le soleil brûle ou étourdit.

Le juif et le musulman. Le musulman et le juif. Marocains de naissance, Français d'espoir.

Nous avions tellement de choses en commun. Oui, ne le nions pas aujourd'hui à cause de ces retrouvailles pénibles et humiliantes : il était mon ami.

Et alors ? Cela me lie-t-il à lui pour la vie ? Même les frères en viennent, parfois, à se haïr.

Mounir existe dans beaucoup de souvenirs. C'est un fait. Dois-je les renier ? Non. L'important est de distinguer celui qu'il fut de l'inconnu qui distribuait ces stupides tracts.

Nous étions des enfants, nous sommes des adultes. Il a changé. Point barre.

J'ai changé, moi aussi. En ayant conscience des concessions faites à mes idéaux. J'ai lacéré quelques icônes, attiédi pas mal de passions, affadi certains désirs. Mais dans d'autres domaines, c'est une dureté nouvelle qui est apparue. J'ai laissé la haine atteindre mon esprit, s'infiltrer dans les failles creusées par mes peurs et incompréhensions. Aux éléments qui me fragilisaient, me minaient, m'affaiblissaient, me laissant chaque matin plus hagard, j'ai préféré en substituer d'autres, plus rassurants. Plus dangereux aussi. À l'enchaînement incompréhension-doute-anxiété-peur-immobilisme, j'ai préféré l'engrenage irritation-colère-haine-intolérance. Par facilité ? Sans doute. Peut-être aussi parce qu'une colère est plus virile qu'une plainte. Parce qu'elle donne l'impression d'interpeller une force essentielle aidant à mieux affronter l'instant. Parce que la haine est un moteur autrement plus puissant et mobilisateur que l'anxiété.

Le syncrétisme des journalistes, l'aveuglement lâche des gouvernements, la bêtise de cette France malade de toutes ses minorités, car incapable de savoir qui elle est et ce qu'elle veut, m'ont fait basculer dans une paranoïa qui, paradoxalement, s'offre comme seule planche de salut vers plus de lucidité. Une lucidité partisane, certes, mais avec la capacité de réfléchir et d'agir. Envers et contre tout. Contre tous. Contre tous ceux qui pourraient me nuire.

De la haine ? Suis-je devenu raciste ?

À moi d'être honnête : aujourd'hui, en tant que juif, je me méfie des musulmans. Parce que certains ont allumé des feux qui trouvent, dans les cœurs secs des laissés-pour-compte des espaces d'embrasement. Parce que des imams intégristes et radicaux prêchent la mort des juifs, leur éradication de la planète, et que personne ne les fait taire. Parce que des jeunes reprennent leurs propos et se jettent, la bouche débordant d'injures, le poing fermé, sur les prétendus coupables de leurs maux. Parce que la France ferme les yeux, ne sait quoi faire ou, dans le meilleur des cas, feint de s'offusquer. Quant aux musulmans dits modérés, ils ne s'expriment pas. Existent-ils ? J'ose le croire. Mais où ?

« Si telle est la situation aujourd'hui, qu'en sera-t-il dans vingt ans quand les musulmans représenteront 20 % de la population ? Quand ils seront entrés à l'Assemblée nationale et voteront des lois ? Qui empêchera les agressions ? Qui s'opposera à l'extrémisme ? Les Français laïcs ? Ils n'osent déjà pas bouger. Les Français catholiques ? Ils existent si peu qu'ils se réfugient derrière des discours n'ayant de prise que sur eux. »

Voilà les propos entendus chaque jour, répétés par les chantres de l'Alya. Des paroles comme des coups de massues. Pour avoir haï Le Pen, je connais la facilité des raccourcis, la dangerosité des slogans, l'apparente évidence de vérités premières. Mais je sais aussi leur capacité à rassurer, à laisser entrevoir des jours meilleurs.

Mais enfin, quoi ! Quand un juif battu n'est qu'un élément statistique dont personne ne s'émeut ; quand, dans le métro, les têtes se baissent et les regards fuient face à la racaille qui insulte la France ; quand les Français, sourires béats et rires d'ados, se gargarisent de leur antiaméricanisme pour s'inventer une bravoure ; quand les Israéliens sont qualifiés de nazis et les terroristes palestiniens nommés résistants ; quand les possibilités d'exister en tant que Français de confession juive deviennent si problématiques que seule une position extrême est envisageable, que faire ? Que faire à part durcir le ton, bander nos muscles ?

Je délire ? Peut-être.

Je viens de perdre un repère de mon histoire.

Mon passé s'enténèbre, mon présent me noie, mon avenir m'inquiète.

Mounir

J'ai peu dormi. Fadila m'observe discrètement en préparant le café. En voyant dans la glace mes traits défaits, mes cernes, ma mine déconfite ce matin, je sens que la journée sera difficile : la fatigue ralentira mes mouvements, l'affliction ankylosera mes pensées.

— Pourquoi te morfondre ? Ce Raphaël est un con, un point c'est tout.

Loin de m'apaiser, le raccourci de ma femme m'irrite. Elle ne peut pas compatir à une peine qu'elle n'arrive pas à comprendre, donc ne trouvera aucune parole capable de me consoler. Sa vision du monde est simple et pragmatique : deux camps s'opposent et la lutte ne permet pas le doute. Prête à tout sacrifier pour sa famille, ses proches, sa cause, sa mobilisation militante est telle qu'elle exclue le moindre état d'âme concernant les autres, ceux « d'en face », ses « ennemis ». J'admire cette force de conviction tout en la redoutant.

— Enfin, tu ne vas tout de même pas considérer ce type comme un ami ?

— Il était mon ami, Fadila.

— Il l'était. Mais ne l'est plus. Il est devenu grossier. Un extrémiste de droite !

Je hausse les épaules.

— Tout n'est pas si simple, chérie. Il s'est énervé, c'est tout. Sous le coup de la colère, on dit des choses parfois…

Un sourire moqueur me répond.

— Tu lui cherches des excuses. Il nous a insultés, et toi tu lui cherches des circonstances atténuantes. Je rêve.

D'un coup, j'ai envie de me lever, de hurler que nous sommes tous des extrémistes capables de péter les plombs, de lui asséner qu'elle est une extrémiste de gauche incapable d'évaluer combien ses passions clivent et crispent, de sortir de la pièce en claquant la porte. Mais je n'en ai pas la force.

Souria entre dans la cuisine, balayant les tensions du souffle de sa jeunesse. Ses seize ans rayonnent dans nos yeux.

Elle vient s'asseoir sur mes genoux, m'enlace, m'embrasse.

— Pas la peine de me saluer, moi, lance sa mère.

Notre fille rit.

— Je vais vous servir votre petit-déjeuner, propose notre ado.

— Trop tard pour moi, je m'en vais. Occupe-toi de ton père. Il s'est levé du pied gauche ce matin.

Souria me regarde en fronçant les sourcils.

— C'est vrai que tu as une sale tête.

Une fois un bol de café-crème et deux tartines beurrées posées devant moi, elle s'assoit et sirote son chocolat.

— Et toi, tu ne manges rien ?

À son expression, je devine qu'elle n'en a pas envie. Elle surveille sa ligne. Je la sais courtisée au lycée mais préfère ne pas y penser. Mes démons orientaux ne sont pas loin et je pourrais rapidement me transformer en père protecteur, limite censeur.

— Alors, pourquoi tu fais cette tête ? demande-t-elle d'une voix douce.

Elle prend parfois, sur nous, l'ascendance dont sont capables les enfants matures ancrés dans la réalité. Et sa réalité, c'est l'amour qu'elle nous voue.

— À cause de… bêtises.

Souria relève la tête pour signifier son exaspération.

— Ah non ! Tu n'acceptes jamais ce type de réponse de ma part, alors s'il te plaît !

— Un ami que j'ai retrouvé hier et avec lequel je me suis fâché.

— C'est-à-dire ?

— C'était mon meilleur ami. Quand j'étais jeune. Nous nous étions perdus de vue. Il s'est énervé parce qu'il pensait que je distribuais des tracts appelant au boycott des produits israéliens. Il est juif.

Elle remue la tête pour expliquer qu'elle comprend.

— Tu avais des amis juifs avant ?

La question me heurte. Me croit-elle incapable d'entretenir de bonnes relations avec des juifs ? Juge-t-elle cette amitié bizarre voire « contre nature » ?

J'acquiesce.

— Pourquoi ? Tu n'en as pas toi ?

— Bah non. Y a pas de juifs au lycée.

La remarque ne m'étonne en rien. Les familles juives ont enlevé leurs enfants des écoles, collèges et lycées fréquentés pas les musulmans pour les inscrire dans des établissements publics ou privés situés dans des communes de la région ou des arrondissements lyonnais « bien fréquentés ». Fadila trouve ça révoltant. Moi je ne les blâme pas. Il est compréhensible que des parents nourrissent des craintes pour la sécurité de leurs gosses et prennent les mesures qui s'imposent. Et l'incompréhension entre les jeunes juifs et les jeunes musulmans est un fait. Ils ne s'apprécient pas, se méfient les uns des autres, s'affrontent parfois. Mais cet exode a accentué la méconnaissance et nourri la haine. Quand, plus jeune, j'entendais certains critiquer les juifs, les affubler de tous les défauts, je savais qu'ils se trompaient car mon meilleur ami n'était pas comme les caricatures décrites. Ni les autres juifs que je connaissais. Aujourd'hui, pour un jeune musulman, le juif se résume à des fantasmes façonnés par les radicaux ou les antisionistes. Et l'animosité des juifs à notre encontre s'alimente-t-elle sans doute à cette même source d'ignorance.

— J'en croise parfois, continue Souria. En ville. Ils sont toujours entre eux. Avec leurs codes, leurs tenues, leur style. Un juif, tu le reconnais de loin : jean Diesel, cheveux gominés genre « je viens de me réveiller », baskets Puma et tee-shirt Von-Dutch. Une sorte d'uniforme.

— Les jeunes de toutes les époques ont suivi des modes vestimentaires particulières. Toi, tu as le genre zonarde.

— Zonarde ? Non, moi j'appelle ça cool.

— OK, cool.

— Pas zonarde, reggae. Tu connais Bob Marley ?

Si je connais Bob Marley… Je souris.

— Trop bien Bob.

— Enfin, peu importe. Tu as un style, tu te soumets à un code.

Elle réfléchit.

— Bah oui, en fait. Mais j'ai choisi le plus cool. Les feujs, eux, ils se la pètent grave.

— Pas plus que les jeunes musulmans quand tu regardes bien ! Le style racaille, ça existe aussi. Avec casquette, pantalon de survêt, etc.

— Ouais, pas faux. Quand tu es rebeu tu as le choix entre racaille classe ou racaille-rap. Moi j'ai échappé à ça.

— Ce genre de look est également à la mode dans mon lycée.

— Le plus marrant, c'est qu'au lycée même les petites bourges se mettent à parler comme des filles de cité. Les « ouais zyva, qu's't'as à me mater comme ça bouffon ! » je les entends partout.

Elle accompagne son imitation de gestes drôles. J'éclate de rire. Heureuse de son effet, elle poursuit.

— J'ai même entendu des Français bien blancs jurer « sur La Mecque ! », ou dire « wallah ! » Sont graves. Aucune personnalité, alors ils empruntent celle des autres.

— À mon époque, les juifs terminaient toutes leurs phrases par « sur la Torah ». C'était devenu une expression réflexe. Un peu comme « bon sang ! »

— Ouais, ben le mec qui finit sa phrase par « bon sang » au lycée, j'te jure qu'il est mort dans les cinq minutes, lance-t-elle en riant.

— Et le foulard ?

— Ah oui, t'as raison, j'oubliais aussi que, pour les rebeus, il y a le style religieux. On en a quelques-unes. Bon y a rien à dire, elles ont fait leur choix.

— Le port du foulard au lycée… tu es pour ou contre ?

Ma fille lève les yeux au plafond, pour réfléchir. Une attitude qu'elle m'a empruntée.

— Au début j'étais pour, genre liberté d'expression et réflexe de défense des musulmans. Après j'ai douté : la laïcité a du bon aussi. Et puis, la religion me fait peur. En fait, je ne sais plus. J'aimerais être comme maman, avoir des idées tranchées, des certitudes et pleins d'arguments pour les défendre.

Souria a souvent assisté aux polémiques qui alimentent les discussions que ma femme et moi avons à table. Je l'ai toujours vue hésiter entre nos positions respectives. La plupart du temps elle m'adresse un clin d'œil discret pour expliquer qu'elle se rallie à mon avis sans que je sache vraiment si cela tient à son propre raisonnement ou si c'est pour me faire plaisir. Mais je pense que la mesure de mes démonstrations, la retenue de mes propos collent mieux à cette fan de reggae.

— Alors, tu t'es fâché avec ton ami juif et ça te prend la tête ?

L'anxiété ressurgit. Je soupire :

— Oui, c'est ça.

— Ben, si c'est vraiment un ami ça doit pouvoir s'arranger. Suffit que tu ailles lui parler.

Logique. Mais impossible. Pas maintenant. Tout est devenu trop… compliqué.

XXXIII

Assassins et héros

Mounir

Mai 2011

Ben Laden est mort. Un commando américain a fini par le dénicher, l'a abattu et s'est débarrassé du corps.

Vivant, le fondateur d'Al Quaïda était une menace. Mort et enterré, il devient un martyr. En jetant sa dépouille à la mer, les autorités de Washington espéraient éviter de faire de sa sépulture un lieu de pèlerinage pour les djihadistes en herbe.

Je devrais me réjouir de sa disparition, moi qui n'aimais pas sa vision du monde et moins encore sa façon de vouloir l'imposer, moi qui reprochais à ses actions terroristes de rendre la vie des musulmans vivant dans les pays occidentaux encore plus difficile. Pourtant, je vois dans l'opération qui a conduit à son élimination une sorte de revanche honteuse, l'expression d'une lâcheté idéologique.

Le capturer vivant et le traduire en justice comportait-il tant de risques ? Celui de voir des opérations terroristes menées partout dans le monde pour réclamer sa libération ? Celui de le laisser exposer sa haine de l'Occident et marquer les esprits des musulmans en quête d'idéal ? Celui de lui offrir une tribune et de l'entendre révéler des vérités sur le rôle joué par les États-Unis, la CIA, dans le développement des mouvements djihadistes ? En tout cas, sa mort laisse des questions en suspens qui continueront à alimenter les fantasmes.

La preuve ?

« Ils l'ont tué pour le faire taire ! C'est le Mossad et la CIA qui ont fait le coup du 11 septembre et ils avaient peur qu'il en donne les preuves. » Voilà ce que l'un de mes élèves confiait à ses copains, entre deux cours. La machine à fantasmes tourne à plein, le « conspirationnisme » diffuse son poison. Et, situation paradoxale, ceux qui disculpent Ben Laden de l'attentat ayant fait plier les États-Unis, crient au complot en s'appuyant sur les théories de pseudo-experts, l'adulent parce que les Américains l'accusent d'en être l'auteur.

Ce matin, au lycée, j'ai relevé la tristesse et la colère de quelques élèves. Des sentiments qui m'ont fait froid dans le dos. Ces gamins vivent les événements avec la même naïveté, la même immaturité que lorsqu'ils jouent à la Playstation ou regardent un film. Comme s'il s'agissait de faits virtuels, d'une « guerre pour de faux » dans laquelle les morts ne comptent pas, où il suffit de déjouer les pièges de l'ennemi et de penser différemment pour se croire stratège.

Je crains que ce jeu de rôles conduise les plus faibles à se laisser manipuler et à devenir les soldats de nouvelles armées incontrôlables.

Comme Kelkal, il n'y a pas si longtemps.

Raphaël

Mars 2012

L'abjection.

L'homme au scooter est entré dans l'école, casqué, a froidement abattu un père de famille et ses deux fils, de trois et six ans, puis assassiné une petite fille de huit ans en lui tirant une balle dans la tempe. Il avait auparavant tué trois militaires.

Le tueur est maintenant retranché dans un appartement de Toulouse, cerné par la police.

Nous suivons l'événement en zappant d'une chaîne à une autre, les larmes aux yeux, le cœur débordant de colère, l'esprit atterré.

Ainsi, il est devenu possible de s'en prendre à des enfants, parce qu'ils sont juifs, de leur ôter la vie sans éprouver le moindre remord, en s'appuyant sans doute sur les préceptes d'imams prônant la haine, proxénètes de vierges par lot de soixante-dix.

— Mais pourquoi ils n'entrent pas ? grogne mon fils aîné. C'est ça les super flics ?

— Ils attendent de savoir s'il a piégé l'appartement, je pense, répond sa mère.

— Qu'ils balancent du gaz paralysant ! Un truc pour l'endormir !

— Ils veulent le fatiguer.

— Mais ils sont en train d'en faire un héros là ! Toutes les racailles doivent jubiler de voir cet abruti tenir tête au RAID !

Je suis d'accord avec lui. La longue attente me paraît orchestrée pour créer un spectacle. Comme si on voulait nous démontrer que les autorités maîtrisent la situation, agissent avec perspicacité, redoutant un dérapage qui ferait de l'opération un fiasco. Mais ils oublient que l'ignominie de Mohammed Merah ne sera pas reçue comme telle par tous les apprentis rebelles, que nombre d'esprits faibles endoctrinés doivent vivre ces instants avec passion, se rangeant du côté du tueur, considérant chaque minute de négociation comme une mise en échec de la toute-puissance policière, comme une victoire.

Ilan Halimi et maintenant ces enfants, ce jeune père de famille…

Je regarde les miens et une boule gonfle dans ma gorge. Et si un jour… Non, ne pas y penser, ne pas tomber dans le piège de la terreur tendu par ces fous.

L'autre risque est de devenir progressivement aveugle, de s'accommoder de chaque nouvelle atrocité, de faire des concessions aux faits. C'est ce qu'un essayiste a nommé *La Cuisson du homard.* Comme les juifs allemands avant la guerre. Combien de signes, d'indices ont-ils eu de ce qui se tramait ? Pourquoi n'ont-ils pas fui avant le déchaînement irréversible de la folie nazie ? Sans doute ont-ils eux aussi nié la réalité, ont-ils cherché des raisons d'y croire encore, multiplié les arguments concrets pour ne pas céder à la panique qui, pourtant, les aurait sauvés ?

Voilà ce qui se dit dans le milieu juif. Et si, ici en France, nous étions les nouveaux juifs allemands ? Et si, nous aussi, nous refusions de voir ce qui se trame dans ce pays ? Par facilité. Par manque de lucidité. Par amour de la France.

Mounir

Mohammed Merah ressemble à tant de jeunes que je côtoie chaque jour. La différence, c'est que des fous l'ont récupéré, lui ont lavé le cerveau, l'ont rempli d'idées nauséabondes, de valeurs tronquées, le tout enrobé d'une pseudo-sagesse religieuse capable de justifier tous les combats, tous les meurtres, toutes les trahisons à l'islam. Comme Khaled Kelkal, il n'y a pas si longtemps. Quand ils l'ont abattu, j'ai poussé un soupir de soulagement. Parce qu'il fallait en finir. Et j'ai maudit tous ceux qui l'avaient endoctriné, armé et dressé en chien fou lâché à l'assaut d'ennemis désignés d'office.

Le gouvernement a demandé qu'une minute de silence soit faite dans les établissements scolaires et un débat engagé afin d'cxpli quer, d'informer. Dans la salle des professeurs, si tout le monde était convaincu du bien-fondé de l'initiative, beaucoup redoutaient la réaction des élèves. Car, aussi choquant que cela puisse paraître, certains n'ont pas lu les événements de la même manière que la plupart des Français. Des messages de soutien au tueur ont été graffités sur des murs, écrits aux tableaux.

Lorsque je demande à mes élèves de se lever pour la minute de silence, six restent assis et me toisent avec défiance.

— Je vous ai demandé de vous lever.

Les opposants font mine de ne pas avoir entendu. Je connais la situation, l'ayant déjà vécue. Mais cette fois, la colère m'envahit. Que leur a-t-on mis dans le crâne pour qu'ils soient insensibles à un tel drame ? Mieux vaut se calmer : les prendre de front serait la pire des stratégies.

— OK. Je suppose que vous ne voulez pas obéir pour exprimer votre opposition. Alors, on va faire autrement. Nous allons d'abord discuter de tout ça librement, vous laisser vous exprimer, puis nous suivrons cette minute de silence.

Ils échangent quelques regards, dubitatifs.

— Je vous autorise à dire tout ce que vous pensez. Je vous y encourage, même. Abdel ?

Même approche que durant la guerre du Golfe : je m'adresse à celui que je tiens pour le leader. Une forte tête, mauvais élève, provocateur mais ayant bon fond. Tout à fait le genre de victime des fanatiques.

Il hésite.

— Pourquoi je ferais une minute de silence pour ces juifs alors qu'on n'en a jamais fait pour les enfants palestiniens assassinés par les militaires israéliens ?

— C'est une remarque intéressante, dis-je en hochant la tête. Très intéressante même. Qui veut répondre ?

Certains élèves paraissent tentés de le faire mais personne n'osera affronter Abdel.

— Personne ? OK, alors je te soumets mon avis. Ce qui se passe entre les Israéliens et les Palestiniens nous concerne, bien entendu. Je crois qu'aucun d'entre nous ne peut être insensible à la mort de Palestiniens. Tout comme aucun d'entre nous ne peut être insensible à celle de n'importe quel innocent, quel que soit celui qui tue. Nous avons tous le devoir de nous élever contre l'injustice. Contre toutes les injustices. En tant que citoyens du monde. Mais, concernant les événements de Toulouse, nous avons également celui de réagir en tant que citoyens français. On ne peut accepter que des enfants juifs, ici, en France, soient tués pour se venger des Israéliens ou parce que des imams ont décrété que les juifs étaient nos ennemis.

Je vois des visages approuver mon discours. Les fortes têtes s'observent à la dérobée, attendant que le chef livre son avis.

— Quand c'est les juifs qui meurent, tout le monde est choqué. Quand c'est les musulmans, tout le monde s'en fout ! lance-t-il.

Un argument entendu tant de fois.

— Je comprends que tu penses ça, dis-je, diplomate. J'ai moi aussi grandi en pensant que la société française était injuste, qu'elle ne considérait pas les enfants d'immigrés comme elle devrait le faire. Quand j'étais jeune, des Arabes se faisaient descendre et tout le monde s'en foutait. Même la justice était corrompue et laissait les assassins en liberté. Et ça me rendait fou de colère.

Mon propos les touche. Ils ne connaissent pas cette page de l'histoire des banlieues, mais la colère que je leur raconte fait écho à la leur, plus diffuse, mal ciblée.

— Cependant je sais que les choses ont changé. En France, on ne peut plus tuer des Arabes et rester impuni.

— La justice est pas pareille pour tout le monde, clame un élève.

— OK, partons de l'idée que ce soit le cas et posons la question : que doit-on faire dans ce cas-là ?

— Foutre le bordel ! répond l'un des lieutenants du caïd.

— C'est une possibilité. La plus simple. Je suis en colère, alors je me révolte, je me bats, je fous le boxon. Certains de mes copains de l'époque ont choisi cette solution. Et je t'assure que la plupart ont mal tourné. Quand tu finis en taule, tu te rends compte que rien n'a changé et que plus personne n'est là pour t'écouter. Pire, tu donnes raison aux racistes qui pensent que tous les Arabes sont des délinquants. L'autre possibilité, c'est de transformer cette colère en force, de s'accrocher à ses rêves, de les poursuivre, d'acquérir une position sociale qui te permettra d'être entendu.

— Parce que vous croyez qu'en devenant prof dans un lycée pourri vous êtes devenu plus fort ?

La remarque m'atteint mais je n'en laisse rien paraître.

— Oui, je le pense. Car, en tant que prof, je peux parler à mes élèves. Je suis honnête donc respecté. Du coup, je peux discuter avec mes voisins, mes relations, et faire valoir mes idées.

— Mais moi, je me considère pas comme français ! ajoute un autre.

— En disant ça, tu fais une nouvelle fois le jeu des racistes. Eux ne te considèrent pas comme français. Mais toi, tu l'es, que tu le veuilles ou non. C'est ici que tu es né, ici que tu grandis, que tu apprends, que tu devras construire une famille. Je sais très bien ce que l'on raconte dans les quartiers. Je sais très bien toutes les conneries que déversent des imams.

— Vous savez rien. Ce sont des gens de religion !

— De quelle religion on parle, Abdel ? D'un islam qui demande de tuer ceux qui ne pensent pas comme eux ? Juifs, chrétiens et même musulmans ? Tu as vu cette mère musulmane, Latifa Ibn Ziaten, pleurer la mort de son fils, tué par Merah parce qu'il était militaire ? Tes parents t'ont-ils enseigné un islam aussi mauvais que celui-là ? Non, j'en suis certain ! Tes parents ont grandi dans une religion faite de sagesse, de compassion, d'entente, de charité, de partage, n'est-ce pas ?

Il opine du chef, penaud.

— Et je suis sûr que tes parents ont éprouvé de la peine pour ces enfants juifs tués de manière si lâche. Parce qu'abattre des gosses à bout portant, ce n'est rien d'autre que de la lâcheté. Quand j'étais jeune, le courage n'était pas de tirer sur des gamins mais de se battre en face à face.

— Vous vous êtes battu, vous ? questionne-t-il avec un petit sourire en coin.

— Oui. Contre des fachos. Les juifs et les musulmans se battaient ensemble contre les racistes.

Je vois son regard changer.

— Que dirais-tu si, demain, un mec entrait dans l'école de tes frères et les assassinait pour se venger des islamistes qui tuent au Pakistan ? Tu serais révolté ! Tu hurlerais que tes frères n'avaient rien à voir avec les fous qui se font exploser dans ce pays ? Tu crierais que c'est une injustice, que des enfants n'ont pas à payer pour les conneries des adultes ! Et tu trouverais normal que les Français, de toutes les religions, soient solidaires de ta douleur. C'est ça le sens de cette minute de silence. Nous ne voulons pas que des enfants payent pour les erreurs des adultes. Nous ne voulons pas que l'on prenne l'islam pour une religion de tueurs. Nous voulons que la justice triomphe, partout, et pour tous.

Je laisse quelques secondes passer.

— Maintenant, je demande à toute la classe de se lever. Et de penser à cette mère qui a perdu son mari et ses deux enfants, à ce père qui a vu mourir sa fille sous ses yeux, à ces familles musulmanes qui ont perdu leur fils.

La classe se dresse. Les six opposants restent assis et s'observent. Puis, Abdel se résout à bouger, à se lever, fier, droit. Ses copains l'imitent.

C'est un combat que je viens de mener. Un combat inutile, car je sais l'emprise des vendeurs de haine sur ces jeunes. Mais peut-être certains d'entre eux se souviendront-ils de mes mots, de cet instant.

Peut-être.

Raphaël

Un ami journaliste m'a alerté.

— Tu as un fils au collège Vendôme, n'est-ce pas ?

— En effet.

— T'a-t-il parlé de l'enseignante ayant demandé que la minute de silence soit dédiée aux victimes de Toulouse et Montauban mais également à Mohammed Merah ?

Je reste sans voix. Une affaire similaire a éclaté deux jours auparavant à Rouen, mais je n'ai rien entendu de tel concernant le collège que fréquente le plus jeune de mes fils.

— J'ai reçu cette information et j'enquête, précise-t-il. C'est assez urgent. Il faut que je boucle mon papier ce soir. Or le principal du collège refuse de me rencontrer.

— OK, je téléphonerai à Ethan vers l'heure du déjeuner.

Quand je réussis à le joindre et l'interroge, mon fils me répond vaguement, avec nonchalance, comme si c'était banal.

— Oui, j'en ai entendu parler. Mais ça s'est pas passé dans ma classe.

— Tu connais cette prof?

— Ouais, je l'ai en SVT. Elle est un peu bizarre.

— Et qui t'en a parlé, alors ?

— Des amis qui l'ont comme prof principale.

— Pourquoi ne m'as-tu rien dit ?

— Ben… Je l'ai appris ce matin seulement.

J'appelle mon ami et relate la conversation.

— M'autorises-tu à l'interroger ? Les réponses seront retranscrites anonymement.

— Oui, bien entendu. Mais je tiens à être présent.

Rendez-vous est pris dix minutes avant la fin des cours, devant l'établissement.

— Je suis écœuré, Raphaël, s'offusque d'emblée le journaliste. Cette histoire est tout simplement à vomir.

— L'attitude de la prof ?

— Pas seulement. La tuerie. La manière dont réagissent certains Français.

— Oui, à la manifestation qui a suivi il n'y avait que des juifs. Comme si ce massacre concernait uniquement la communauté.

— Pour moi, les Français pensent qu'il s'agit d'une histoire entre communautés, entre pro-Israéliens et pro-Palestiniens. Et ne se sentent pas concernés. Ou peu.

— Ils n'ont pas compris une chose : les juifs sont toujours les premières victimes de la barbarie, les premières cibles de ceux qui veulent saper les fondements de la société. Bientôt d'autres fous surgiront et tueront des juifs, mais aussi des musulmans, des catholiques, sans distinction. Et là, il sera trop tard pour réagir.

— J'étais au journal quand la nouvelle est tombée, confie-t-il. L'attitude de certains collègues m'a effarée.

— C'est-à-dire ?

— La première réaction de quelques journalistes ne fut ni professionnelle ni humaine, mais purement partisane. « Et voilà, on devra encore plaindre les pauvres petits juifs », « Tout le monde va s'indigner alors que personne ne dit rien quand il s'agit d'enfants palestiniens »… Ce genre de remarques quoi.

Je suis atterré.

— J'ai réagi, leur ai expliqué qu'il ne s'agissait pas de la même chose, que la France n'était pas en guerre et que ces enfants avaient été tués parce que juifs ! Du coup, certains se sont sentis merdeux et d'autres ont continué à nier la spécificité de l'attentat.

— Et ils sont journalistes…

— Oui, pour la plupart de gauche, voire d'extrême gauche et pro-Palestiniens. Et tellement cons qu'ils lisent ces événements uniquement sous le prisme de ce conflit.

Ethan apparaît. Il répond aux questions de mon ami, indique les noms de deux ou trois élèves témoins de la scène, en apostrophe un.

Le lendemain, un article paraît. En page intérieure. Mais l'affaire ne fera pas autant de bruit que celle de Rouen. L'enseignante du collège sera déclarée en maladie et le rectorat annoncera engager une enquête. La page pourra être tournée.

XXXIV

Le début et la fin

Mounir

Septembre 2013

Nous devenons enfin propriétaires !

Et je me trouve ridicule de ressentir autant de fierté en prononçant cette phrase, même si j'ai éprouvé une allégresse enfantine à la signature de l'acte d'achat. Moi, l'homme de gauche, je concrétise un rêve de propriétaire. Et maintenant, alors que Fadila, Souria et moi nous rendons à l'appartement effectuer une dernière visite avant d'emménager, j'ai peine à endiguer les vagues de joie qui font remonter mon cœur à la hauteur de ma gorge. En arriver là après quasiment cinquante ans en banlieue ! En arriver là parce que – à cause de – toutes ces années banlieue ? Sans doute.

Fadila s'arrête, lève les yeux, les laisse courir sur la façade cossue de cet immeuble de Villeurbanne. Elle m'adresse un clin d'œil où la défiance se mêle à la joie.

— Bourgeois !

Souria prend ma main.

— Nous allons être heureux ici.

— Ne l'étions-nous pas avant ? s'étonne sa mère.

— Si, bien sûr, mais j'ai l'impression que c'est ici que nous aurions toujours dû vivre.

— Fille de bourgeois ! ricane Fadila. À Vaulx-en-Velin j'étais chez moi, entourée des miens. Ici, nous entrons dans un environnement hostile ! Quels copains et copines penses-tu te faire dans un tel quartier ?

— Je n'ai pas besoin de nouveaux amis. J'ai les miens et je ne les lâcherai pas. J'ai juste le sentiment d'avoir également droit à tout ça, dit Souria, sentencieuse, en indiquant d'un geste large le bâtiment, le quartier.

Fadila la considère un instant avec une consternation… feinte.

— Tant d'années de lutte pour voir ma fille revendiquer sa part de bonheur capitaliste. Sais-tu qu'il n'y a sans doute pas un seul Arabe ni un seul Noir dans cette rue ?

— Soyons des pionniers ! Ouvrons la voie ! Colonisons les beaux quartiers ! Voilà un vrai combat !

Elles ouvrent la porte de l'immeuble avec des éclats de joie qui nous précèdent et résonnent dans le hall. Bon présage.

Pionniers ? Le mot m'emplit d'une certaine langueur. Je ne suis pas un pionnier. Je n'ai pas cherché à ouvrir une nouvelle voie, à découvrir une autre terre, juste tenté d'appartenir à la mienne. Devenir propriétaire n'est pas seulement le fruit d'une volonté personnelle, intime, c'est la conséquence d'un parcours. Quand on s'appelle Mounir Basri, que vos cheveux et le teint de votre peau attestent ce que votre nom traduit déjà, il est difficile d'habiter ailleurs que là où l'on vous destine à vivre.

Je n'ai jamais été pionnier. Je suis l'Indien, l'étranger sur sa terre. Je n'appartiens pas au parti des conquérants, mais, tout au plus, à celui des résistants.

« Je suis désolé monsieur… Basri, mais l'appartement vient d'être loué. » « Vos revenus ne vous permettent pas de prendre cet appartement. » « Oh, vous n'avez pas de chance vous, le trois pièces a été réservé ce matin ! » À combien d'excuses, d'arguments éhontés, de mines faussement attristées ai-je dû faire face ? À chaque fois, le même sentiment de rage, d'injustice et d'impuissance m'envahissait. Aussi fort que celui ressenti dans ma jeunesse, devant la discothèque ou lors des contrôles de flics. Seulement là, j'étais seul à ravaler ma rage et capable de la taire. Le téléphone raccroché, l'enfoiré ou l'idiote qui m'avait répondu n'existait plus. Pas de témoins directs. Putain, combien de portes devrais-je encore me prendre dans la gueule ? Combien de temps serais-je capable de résister au sentiment sournois de haine qui proposait son feu pour calmer l'embrasement de mon ventre ?

Un Arabe ne peut pas louer d'appartement dans certains quartiers. Sa place, il doit l'acheter. Alors je l'ai achetée.

— On m'a dit que beaucoup de juifs habitent par ici, déclare Souria.

Elle est à la fenêtre.

— Et ? répond Fadila.

— Rien, c'est tout.

— Ta grand-mère te dirait que c'est une excellente chose.

Elle se tourne et me dévisage, étonnée :

— Ah bon ? Pourquoi ?

— Je ne sais pas. Elle a toujours expliqué que les juifs savent où sont les bons endroits.

Ma femme sourit, magnanime.

— Va dire ça aux Palestiniens. Ça les fera rire. Tiens, en parlant de ça… sais-tu qui habite sur le trottoir d'en face ?

— Comment le saurais-je ? Je ne sais même pas le nom de notre voisin de palier !

— Ton… ami.

Le ton avec lequel elle a prononcé le mot et son sourire narquois me laissent penser que la présence de l'individu va gâcher mon plaisir.

Comme je ne réponds pas, elle poursuit.

— L'extrémiste. Le sioniste. Ton pote d'enfance, Raphaël.

Déconcerté, je ne dis rien.

— Tiens regarde, dit-elle en approchant de la fenêtre. Tu vois l'immeuble très cossu, sur la gauche. Je l'ai vu y entrer lors de ma dernière visite. Avec sa femme et ses enfants.

— Il se rendait peut-être chez des proches.

Je ne sais pas pourquoi j'avance cette hypothèse à la con ! La vérité est que je n'ai aucune envie de me retrouver voisin de Raphaël, de le croiser. Quelle attitude devrais-je adopter ? Lui dire bonjour ? Tenter de renouer ? Non, trop de chemins divergents parcourus, trop de mots ennemis prononcés nous séparent. Pourtant, le destin nous rapproche une fois encore. Ne devrais-je pas lire dans cet incroyable… hasard, le signe d'une fatalité qui enjoint de nous rapprocher ?

— Je ne pense pas. Ils donnaient l'impression de rentrer chez eux.

— Ben, il se gratte pas ton ancien pote ! Il est grave leur immeuble !

Fadila donne une légère claque sur le crâne de notre fille.

— Ne parle pas comme ça ! Va falloir changer de langage, nous faisons partie de la bourgeoisie villeurbannaise maintenant, mademoiselle.

Souria rit. Pas moi. Je fixe le bâtiment dans lequel Raphaël est censé habiter.

Il s'est mieux débrouillé que moi.

Raphaël

Juillet 2014

Tsahal est entrée dans la bande de Gaza. Nom de l'opération : Bordure protectrice. L'affrontement, que nous redoutions, a commencé. L'assassinat d'Eyal, Naftali et Gilad, trois adolescents israéliens, en juin, a bouleversé Israël et les communautés juives de la diaspora. Il ne s'agissait pas d'un crime banal mais d'une horrible manifestation de haine, confirmée dans les fêtes organisées par les Gazaouis afin de célébrer l'événement. Ensuite, le meurtre abject d'un adolescent palestinien par des extrémistes israéliens, même s'il n'a donné lieu à aucune réjouissance mais plutôt à une condamnation unanime de la société israélienne, a démontré l'ampleur du ressentiment. Quand le Hamas a multiplié les tirs de roquettes sur les villes israéliennes, la colère a atteint son paroxysme. La guerre paraissait inévitable.

Depuis, nous assistons au remake d'un film dont la fureur ne cesse de nous étonner. D'une guerre à l'autre, le suspense reste entier tant les réalisateurs et les acteurs semblent détenir le pouvoir de surprendre.

Tsahal a déjà failli lors de précédents affrontements, trahissant la confiance absolue que les juifs du monde lui vouaient, aussi nous voici anxieux de la voir trébucher de nouveau et perdre de nombreux soldats. De son côté, le Hamas n'a pas encore montré les limites de sa malveillance ni de sa détermination. Ce fanatisme sans foi ni loi, qui conduit le mouvement à sacrifier la vie de ses combattants et des civils, peut mener à l'horreur.

Une boule au ventre, nous restons connectés aux médias afin de suivre le déroulement des opérations.

Et c'est là qu'une première surprise nous attend. Quand, auparavant, la plupart des médias semblaient avoir seulement pour mission de montrer au monde les horreurs de la guerre en présentant les Israéliens en bourreaux, cette fois certains expliquent l'enchaînement qui a conduit Tsahal à se mettre en mouvement, les centaines de roquettes tombées sur le pays, les provocations du Hamas, l'intimidation exercée sur sa propre population, la stratégie des boucliers humains mise en œuvre pour protéger les combattants et accroître le nombre de victimes civiles. Les alertes lancées par Tsahal aux populations civiles pour les prévenir d'un bombardement, par SMS ou en larguant des tracts, sont également relevées. Même *Le Monde*, journal perçu profondément pro-Palestinien par de nombreux juifs, donne le sentiment de jeter un regard moins partial qu'à l'accoutumée sur ce conflit. C'est dire !

Mais il est trop tard pour les médias : impossible de se refaire une virginité déontologique auprès de la communauté après tant d'années de désillusions. Nombreux sont les juifs, d'ailleurs, qui ont décroché des médias classiques, préférant suivre les événements sur *I24 News* voire Internet, même si les sites les plus actifs sont d'extrême droite et très durs avec la France – pour cette raison peut-être aussi. De toute façon, chacun le dit : les médias traditionnels ont perdu. Le véritable combat se déroule ailleurs, une lutte sans règles, où tous les coups sont permis pourvu qu'ils atteignent l'adversaire. Internet est à l'information ce que le free-fight est à la boxe. Les stratégies propagandistes se sont déplacées sur Facebook et Twitter. Les statuts, les déclarations, les photos et vidéos sont lancés d'un coup de clic ou d'un glissement de doigts, et fustigent, hurlent, colportent, accablent ou défendent. La liberté d'expression propre aux réseaux sociaux laisse les dérives les plus incroyables se multiplier et se propager. Force est de constater que les pro-Palestiniens sont plus présents, actifs et mieux armés. Au-delà des insultes antisémites et des appels au meurtre qui inondent la toile, les vraies images fournies par les médias classiques n'étant pas suffisantes, ces propagandistes manipulateurs détournent celles de la guerre en Syrie pour les attribuer à Israël et vomir leur haine. Tous les coups sont permis, surtout les pires.

De mon côté, dans un tel contexte, j'essaye de rester pragmatique, de ne pas me laisser gagner par la folie partisane qui voudrait que l'ensemble du monde applaudisse toute action de Tsahal, chaque décision du gouvernement israélien. En vain. Car la guerre réclame que chacun se range dans un camp, s'engage sans réserve. Je ne peux être simple observateur. La haine me concerne, me vise. Et j'ai le sentiment que, derrière l'affrontement de ces deux armées, se joue un autre conflit, plus global, moins conventionnel, et dont nous pourrions être, nous, juifs de la diaspora, les victimes.

Mounir

Je suis révolté ! Tant de morts ! Tant de désolation ! Les images sont insupportables.

Les Israéliens rasent les quartiers, tuent des enfants, des femmes, des vieillards sous prétexte de traquer les membres du Hamas. Bien sûr, je déteste ce mouvement d'islamistes qui, jusque-là, n'a rien apporté de bon aux Palestiniens. Ou plutôt, je le détestais. Car, puisqu'il faut choisir un camp, j'en viens à les soutenir, à espérer qu'ils tiendront tête à cette armée de barbares, qu'ils leur feront payer tant de meurtres !

Non, Mounir, tu ne peux pas penser cela. Il n'est pas normal que l'indignation te submerge et te conduise à vouloir des morts pour venger d'autres morts. Ce n'est pas ta conception des choses.

Pourtant, c'est ce que je ressens à chaque fois que je regarde les informations, lis la presse ou vois les vidéos postées sur Facebook. La toute-puissance d'Israël et des juifs s'exprime dans ce conflit. Ils agissent avec impunité dans l'indifférence quasi générale. François Hollande les a soutenus aux premières heures, les médias se montrent compréhensifs envers les bourreaux, les pays occidentaux approuvent ou restent muets.

— Comment ne pas devenir antisémite quand on voit ça ! clame chaque jour Fadila, excédée.

Je devrais intervenir, lui redire de ne pas confondre les Israéliens et les juifs du monde, mettre dans le même sac les bourreaux sionistes et les partisans de la paix, mais je ne moufte pas. Sur les réseaux sociaux, les juifs se déchaînent, défendent leur « autre pays », justifient tous les actes de cette armée de malheur.

Pourquoi irais-je pinailler sur les termes, utiliser la sémantique, m'arc-bouter au vrai sens des mots alors que la plupart d'entre eux multiplient les amalgames ?

Parce que je dois rester lucide. Oui, il me faut conserver la part d'humanité qui, jusque-là, m'a permis de ne jamais être embrigadé. Mais, en ces moments précis, je me fous d'être lucide. Pour peu, je m'imaginerais combattre aux côtés du Hamas.

— Il y a un rassemblement de soutien à la Palestine samedi, annonce mon épouse.

Je ne l'ai jamais accompagnée à une manifestation. Mon seul contact avec son militantisme s'est soldé par une altercation avec Raphaël, j'en conserve un souvenir douloureux. Son engagement continue de m'inquiéter, tant il la transforme en pasionaria et laisse percevoir des traits de sa personnalité que j'apprécie peu. Quant à ses compagnons de lutte, je n'ai pas d'affinités avec eux et l'imaginer même en leur compagnie me surprend toujours. Mais je réalise maintenant qu'elle a sans doute raison. On ne peut pas indéfiniment étouffer sa colère au nom de valeurs bafouées par tous, sans que celles-ci finissent par se transformer en justifications de la lâcheté.

— Je t'accompagnerai.

Pas une seconde surprise de ma réponse, elle me prend la main et la serre.

— Souria sera là également, annonce-t-elle.

Notre fille vient parfois nous voir le week-end. Elle habite maintenant Paris où elle achève ses études. Elle a un fiancé, un petit ami devrais-je dire puisqu'ils n'ont jamais vraiment officialisé leur relation. Un musicien de studio rencontré durant un concert. Ils vivent une vie de bohème. Comme Fadila, elle est de tous les combats : contre la faim, pour le droit de vote des immigrés, contre l'islamophobie, pour la légalisation des sans-papiers. Est-elle entrée en compétition avec sa mère ?

Toujours est-il que : oui, nous irons ensemble crier notre colère contre l'État sioniste.

Raphaël

Je me connecte sur Facebook après quelques jours d'absence et, craintif, fais défiler les statuts de mes « amis », pour la plupart lecteurs de mes romans. Je sais d'emblée que je ne vais pas apprécier. De fait, certains ne se gênent pas pour éructer, utiliser des arguments faux afin de dénoncer Israël. Mais je me résigne : il faut accepter que ceux avec lesquels je partage des relations juste virtuelles, lecteurs ou amis d'amis, affichent des opinions différentes des miennes.

Je visite le profil de Mounir. Où je me rends, parfois, par pure curiosité. Et pour avoir l'impression que nous sommes encore liés. J'ai été tenté de lui écrire. Mais pour lui dire quoi ? Voudrait-il encore me parler ? Notre dernière rencontre m'a laissé un goût plus qu'amer. Et, pour avoir lu le profil de sa femme, je me doute qu'il milite… dans l'autre camp.

Contrairement à son épouse, il n'est en revanche pas très actif sur Facebook. Et quand il s'aventure à poster un message, c'est plutôt un extrait de roman, la pensée d'un philosophe ou la vision d'un économiste.

A-t-il, lui aussi, été emporté par l'indignation sélective qui paraît avoir gagné une grande partie des musulmans ?

Et là, je découvre un message posté la veille.

« Tous à la manif de soutien à Gaza ! »

Jeunes, nous étions dans le même camp et la frontière qui nous séparait de nos ennemis ne passait pas par Gaza. Les menaces, la peur, les incompréhensions suscitées par nos différences nous avaient incités à nous unir pour affronter nos ennemis communs.

Puis, les lignes avaient bougé. Revendiquant une identité individuelle, nous nous étions retrouvés face à face, aux avant-postes d'armées prêtes à se détester… mais encore capables de nous parler. Avant de lentement nous éloigner pour rejoindre les corps d'autres combattants. Et d'en arriver là.

Ceci dit, même si je l'ai un jour croisé distribuant des tracts sur un parking de supermarché, j'ai du mal à l'imaginer marchant au milieu de hordes d'altermondialistes virulents, de racailles de banlieue abêtis et de barbus surexcités criant tous leur haine d'Israël.

Je me résigne et continue à lire les statuts s'affichant sur mon mur Facebook. Et les propos d'une amie, musulmane, habitant à des milliers de kilomètres de chez moi, me sidèrent. Cette femme, que je n'ai jamais rencontrée *dans la vraie vie* mais avec laquelle j'ai passé de longs moments à parler littérature, politique, et autres sujets empruntés à l'actualité ou fruits d'une humeur, cette femme devenue une connaissance après avoir réagi à un article d'une revue de psychologie où je traitais de la possibilité qu'ont les êtres à changer de vie, cette femme avec laquelle nous avions évoqué notre culture commune, plaisanté sur nos religions respectives sur un ton apaisé plein d'humour, se lâchait.

La sage et douce Malika, celle qui écrivait de si beaux poèmes, de superbes nouvelles, que j'encourageais à persévérer, à qui je remontais parfois le moral, s'est métamorphosée en pasionaria virulente. Dans ses multiples statuts consacrés au conflit, elle traite les Israéliens de nazis, les juifs du monde de complices, appelle à la révolte contre les lobbies, au meurtre des Israéliens. Je suis atterré. J'avais pensé possible de discuter de ce conflit avec la même mesure que le ton employé pour parler de tant de sujets, mais impossible. Une bouffée d'écœurement me gagne. D'un coup, je me sens floué. Voici l'un des pièges de l'univers virtuel : faire d'inconnus des amis qui, à force de romancer leur vie, se transforment en personnages de votre histoire. Et quand, à la faveur d'un drame, l'intrigue se dénoue, leurs véritables visages surgissent et l'effarement succède à la complicité virtuelle. Quelle perte de temps ! Quelle désillusion !

J'hésite un instant à lui proposer une discussion dépassionnée, mais ses photos, ses partages, ses commentaires m'en dissuadent. Puis, je l'élimine de la liste de mes amis. Et, pas suffisamment calmé, je lui bloque l'accès à ma page.

Une élimination ciblée, une frappe chirurgicale…

Mounir

J'avance au milieu d'une foule compacte qui scande des slogans hostiles à Israël. La fureur, contenue, embrase les regards des manifestants, porte leurs voix. Elle me galvanise comme à l'époque de ma première manifestation, aux côtés de Raphaël. Il y a des Blancs, des Noirs, des Arabes, des modérés, des barbus, des jeunes, des vieux, tous heureux d'agir pour une juste cause. Pourtant, je sais que si la défense des droits des Palestiniens nous lie en cet instant, chaque groupe est animé de motivations différentes. Des motivations qui, sur d'autres terrains, à coup sûr s'opposeraient. D'où, sans doute, le plaisir de nous retrouver unis sur celui-ci.

Fadila et Souria marchent en se tenant la main, comme si ma femme craignait que sa petite fille se perde.

Les regards des passants lyonnais sont, pour la plupart, fuyants. Les Palestiniens ne les intéressent pas. Ou ont cessé de les intéresser tant il y a longtemps qu'ils en entendent parler. Ou alors, ils redoutent le pire ; je reconnais ces expressions inquiètes toujours suscitées par les musulmans marchant en bande : la peur, la défiance, l'exaspération aussi. Il y a sans doute, pour eux, dans le défilé, trop de barbus, trop de jeunes de banlieues pour que la manifestation ne dégénère pas.

Au lycée, hier, des élèves m'ont apostrophé.

— Hey, m'sieur, vous allez à la manif demain ?

J'ai regretté mon statut Facebook et répondu par l'affirmative.

— On y sera aussi !

Dans leurs yeux se lisait la satisfaction de partager avec moi une opinion forte, un combat.

J'en ai croisé quelques-uns dans le cortège. Timidement, ils sont venus me serrer la main, ont salué ma femme et ma fille, osant à peine les regarder. Puis ils se sont constitués en groupe homogène et, mains dans les poches, n'osant pas crier de slogans, se sont mis en marche, quêtant sur le visage des badauds un assentiment qui les rendrait fiers ou, au contraire, une réprobation susceptible de les défier.

Je me rends alors compte que rien n'a fondamentalement changé. Ces gamins sont isolés, perdus dans un univers qu'ils jugent hostile, en quête de raisons de se sentir acceptés ou aimés, prêts à en découdre avec ceux qui, du bout des yeux, oseraient attenter à leur dignité. La seule évolution, c'est qu'un prof, issu des mêmes quartiers, possédant la même culture, marche en leur compagnie.

Je les vois brusquement s'agiter, applaudir. Un groupe a déplié un drapeau du Hamas. D'autres portent des foulards à l'effigie de l'État islamique. Des fanatiques.

— Tu vois, ça, c'est une connerie, dis-je à Fadila.

— Le Hamas est le symbole de la résistance à Israël.

— Et l'État islamique ? Quel rapport avec ces fous qui tuent d'autres musulmans, égorgent, crucifient ceux qui ne sont pas de la même obédience ?

Mon épouse hausse les épaules.

— Tu ne peux pas totalement contrôler une manif. Il y a toujours des extrémistes. Qui viennent pour se montrer, recruter.

C'est justement ce qui m'inquiète. La réaction de mes élèves démontre combien, fragiles, ils peuvent être sensibles aux appels guerriers. Au lycée, nous avions le Che comme symbole de la révolte et du courage. Un héros mort. Et la technologie comme les transports n'offraient pas l'illusion d'une proximité suffisante pour nous inciter à rejoindre les armées révolutionnaires. Aujourd'hui, pour les jeunes, les imams et les djihadistes jouent le même rôle cathartique. La différence, c'est que ces derniers leur proposent d'entrer dans leur combat et qu'entre l'ici et l'ailleurs les distances se sont raccourcies. Au quart d'heure de gloire de Warhol s'est substituée l'éternité de félicité.

Soudain, le groupe de fanatiques s'arrête devant une boutique ; des cris et sifflets s'élèvent. Mes élèves les imitent.

— Que se passe-t-il ?

— C'est la boutique d'un juif, commente Fadila, embarrassée.

Je sens alors mon cœur se serrer. Mes élèves s'excitent, lèvent leurs poings. Non, je ne suis pas venu pour ça. Mon combat n'est pas celui-là. Le leur non plus.

— On ne peut pas, non plus, éviter ce genre de débordements, ajoute mon épouse, gênée.

Pourtant, il le faudrait. Car pour le commerçant, pour les passants, la manifestation se résumera à cet instant de haine.

Raphaël

À mort les juifs !

Un cri poussé par des manifestants. En plein Paris. Tandis que certains brandissaient des drapeaux du Hamas, d'autres de l'État islamique. Une synagogue attaquée. Et cela s'est passé ici, en France, dans l'indifférence générale. Barbès est en feu. Voitures renversées, vitrines brisées, mobilier urbain détruit.

Les médias et les hommes politiques minimisent les faits, parlent de groupes isolés. Surtout ne pas stigmatiser, ne pas « faire l'amalgame » entre islam et islamisme : voilà le mot d'ordre, toujours le même. La France craint toujours autant ses musulmans. Les élus et les journalistes, dans la même phrase, condamnent les agissements des extrémistes et incitent à ne pas confondre la pratique modérée d'une religion et les déviances de cas particuliers. Cet empressement a des effets pervers : il atténue la force de leurs condamnations. Et indique aux Français qu'ils ne possèdent pas, a priori, un discernement suffisant pour juger les événements et identifier les vrais responsables. Comme s'il fallait toujours tout décoder, mâcher, expliquer. Quant aux musulmans, ils vont aussi devoir affirmer le distinguo entre islam et islamisme, s'opposer fermement aux extrêmes qui s'expriment au nom de leur religion.

Ce midi, je déjeunais au restaurant avec Julien et nous débattions de ces tristes événements. À la table d'à côté, deux hommes d'affaires écoutaient notre conversation. Discrètement d'abord, puis plus ostensiblement. Une curiosité qui me parut si incorrecte que je baissais la voix pour m'exprimer librement. Jusqu'au moment où l'un d'eux nous a interpellés.

— Veuillez m'excuser, j'ai entendu votre discussion. Et je suis entièrement d'accord avec vous. Ce qui se passe aujourd'hui est tout à fait scandaleux.

— Oui, on ne peut pas laisser ces extrémistes nous défier ! a ajouté l'autre. Ils lancent des appels au meurtre, foutent le bordel et le gouvernement ne fait rien.

— Je vais vous confier une chose, a repris le premier, en se penchant comme pour révéler un secret. Je suis à fond avec Israël. Ce pays au moins a le courage d'agir contre les islamistes ! J'espère qu'il les exterminera tous !

— En France rien ne changera... À moins que Marine Le Pen devienne présidente, a conclu son compère.

Je suis resté sans voix, honteux de cette solidarité dont je ne voulais surtout pas. Ces hommes représentaient ce que j'abhorre : ne rien faire, ne rien dire, se contenter de s'offusquer, voire insulter, en privé, et confier au temps et à l'extrême droite le pouvoir de changer les choses.

Prudemment, j'ai préféré ne pas répondre et me suis détourné pour reprendre ma conversation.

— Ils ont raison, a alors murmuré Julien. Rien ne changera. Et seule l'extrême droite remettra ce pays dans le droit chemin.

Lui aussi ? La peste contre le choléra ? Les apprentis sorciers de retour ?

— Elle ne pourra rien faire de plus, ai-je commenté.

— Là, tu te trompes : elle agira avec force et détermination.

— Et tu penses que les juifs doivent voter FN pour assurer leur tranquillité ?

— Ce que font déjà beaucoup d'entre eux !

— Mais c'est un parti antisémite qui rallie le plus d'anti-Israéliens !

— Je sais. Mais Le Pen apparaît comme le dernier rempart contre la haine des musulmans. Et certains avancent que, perdu pour perdu, avant de quitter la France autant voter pour celle qui saura mater ceux les obligeant à partir.

— La politique de la terre brûlée...

— En effet. Autour de moi, beaucoup de juifs préparent leur Alya. Certains avec enthousiasme. D'autres avec le cœur gros.

Jusqu'ici, la plupart des candidats au départ répondaient à un appel mystique ou souhaitaient offrir à leurs enfants un avenir conforme à leur foi, à leur idéalisme. Peu s'en allaient contraints et forcés, pour des raisons de sécurité. Mais, désormais, le phénomène s'étend jusqu'à mon entourage. Des amis, des membres de ma famille s'informent, engagent les premières démarches, mettent en vente leur logement, effectuent de rapides voyages en Israël pour étudier les conditions d'une future installation. Avec des motivations en rien religieuses ou liées à un idéal sioniste. Selon eux, il faut partir avant la fureur, avant qu'il ne soit trop tard. Et une frénésie gagne la communauté. Chacun encourage l'autre à sauter le pas.

Partir en Israël ? Renoncer à la France ? Céder au vent de panique ? Ils ont crié « À mort les juifs », bientôt, ils passeront à l'acte !

Quitter l'insécurité en France pour une autre insécurité, plus concrète ? Donner mes fils à l'armée ? Suis-je lâche si je reste ? Suis-je courageux si je pars ? Suis-je un traître de ne pas vouloir voir mes fils s'engager dans une armée ? Ou un père soucieux de leur futur ?

Non, je suis encore un Français ancré dans sa terre, tourmenté par une situation alarmiste. Et plus assez lucide pour être certain de son jugement.

« Nous devrions partir. »

Cette phrase, lâchée par ma femme, me plonge dans l'hébétude. Comme si on m'avait annoncé : « La fin du monde est pour demain. »

— Il faut voir la réalité en face, ajoute-t-elle, devant mon absence de réaction. Les choses ne peuvent qu'empirer.

Les choses, c'est ce pan d'avenir qui nous échappe, sur lequel nous n'avons aucune prise et dont seul Dieu sait s'il est peuplé d'ombres ou baigné de lumière. Les choses, c'est notre peur, nos doutes, l'antisémitisme, l'islamisme, l'extrême droite, la miséricorde ou la rigueur divine, la vie ou la mort. Et ces choses dansent dans ma tête, m'étourdissent, m'empêchent de lui répondre. Alors, elle exhume une série d'arguments dans le désordre, les larmes aux yeux.

— Il y aura toujours plus d'extrémistes en France. Personne ne s'occupera jamais des jeunes des banlieues et ils grossiront l'armée des tarés de l'islam radical. Et les autres, ceux qui sont partis décapiter, assassiner, crucifier en Irak ou en Syrie reviendront ici. Penses-tu qu'une fois chez eux ils rangeront leurs armes, leur haine, leur folie et deviendront de bons citoyens ? Non, ils commettront ici ce qu'ils ont appris à faire là-bas. Et ils commenceront par les juifs. Tu sais comme moi qu'il n'y aura jamais de paix en Israël et qu'à chaque affrontement la chasse aux juifs s'ouvrira ! Et même si la paix était signée, cela ne diminuerait pas la haine des islamistes puisque le sort des Palestiniens, pour eux, est un prétexte. Quant aux Français, ils me paraissent trop inconséquents pour s'opposer aux musulmans radicaux autrement que par de vagues et prudentes déclarations.

Aucun de ses arguments n'est totalement récusable. C'est vrai, il n'existe pas de signe annonçant la moindre amélioration de la situation.

— Tu serais prête à partir ?

— Non, je ne serai jamais prête à quitter la France. Mais nous devons le faire, pour nos enfants, nos petits-enfants.

Nous y voilà donc.

— Aller en Israël ?

— Ou ailleurs. Dans un lieu où nous vivrons sans l'angoisse qui nous étreint chaque jour un peu plus.

— Et que ferions-nous… là-bas ?

— Ce que nous faisons ici. Tu pourrais créer une agence ou enseigner. On trouvera.

— Et les enfants ? Leurs études ? La langue ?

Je pose des questions dont je connais les réponses pour les avoir envisagées tant de fois déjà. Mais j'ai besoin de les formuler afin de savoir si Ghislaine et moi sommes en phase, comme on checke chaque point avant une mission importante. Car, cette fois, c'est sérieux.

Nous parlons de notre avenir.

— Ils se débrouilleront. Ils ont des ressources. Nous devrions au moins nous préparer. Au cas où. Se tenir prêts à partir du jour au lendemain.

De nombreux juifs ont déjà mis en pratique cette démarche. Ils appellent ça « être liquide », ce qui signifie vendre ses biens, son appartement ou sa maison, prendre une location afin de partir rapidement au cas où la situation dégénérait. La hantise d'être victime d'un bégaiement de l'histoire, de se retrouver dans la situation des juifs allemands qui ne surent pas agir au bon moment, restèrent pour de mauvaises raisons et périrent de ne pas avoir su lire les signes du destin poursuit toute la communauté.

Mounir

La manifestation parisienne a dégénéré. À cause d'une poignée d'abrutis ou étaient-ils nombreux, ces incontrôlés bien conscients de leurs actes ? Comment le savoir ? Sur Internet les partisans d'Israël parlent d'un mouvement important, d'une véritable chasse aux juifs, ceux des Palestiniens dénoncent les provocations de la Ligue de Défense Juive et les exagérations des médias. Quoi qu'il en soit, les images de ces casseurs, jeunes de banlieues et islamistes réunis, criant leur haine des juifs, portent atteinte à la cause palestinienne et à la dignité de tous les musulmans. Les Français retiendront ces caricatures de musulmans survoltés tant, dans leurs fantasmes, nous sommes toujours des extrémistes violents et irréfléchis.

Jeune, mal dans ma peau d'Arabe, je portais l'optimisme que confère l'âge quand il s'ouvre sur la vie. Je pensais qu'avec les années la perception qu'avaient les Français dits « de souche » des musulmans évoluerait dans le bon sens. Confiant au temps le soin de lisser les plis que l'histoire occasionne quand elle avance trop vite sur le tissu de la vie, je pensais que les Français s'ouvriraient à nos différences, sans crainte. Qu'ils cesseraient de voir dans les actes de quelques délinquants les traits fondamentaux de notre identité et en arriveraient à ouvrir les yeux, à ne pas tout mélanger ni tous nous confondre. Mais chaque année passée m'a prouvé la vanité de ces espérances. Alors, j'ai transféré ces illusions sur ma fille, m'accommodant de l'idée qu'il faut du temps aux idéaux pour devenir réalité.

Hélas, la perception caricaturale s'est transformée, nourrie d'autres fantasmes, d'autres peurs. Les attentats du 11 septembre, les exactions des islamistes dans le monde, la prise de conscience d'un ancrage des mouvements djihadistes en France ont attisé les rancœurs, amplifié la suspicion et dessiné un nouvel archétype musulman, plus effrayant encore que celui d'autrefois.

La France a changé, les musulmans aussi, mais il semble que les trajectoires de chacun dessinent deux lignes appelées à sans cesse s'éloigner. Nous aurons toujours à faire la preuve de notre honnêteté. Ils seront toujours les juges et censeurs de notre présence. Et nous des citoyens à la fois illégitimes, dangereux, stigmatisés, montrés du doigt. Jamais rien ne changera.

De quelle morale se prévalent-ils pour désigner qui sont les bons et les méchants, quelles sont les bonnes et les mauvaises valeurs ?

Ont-ils oublié les horreurs commises par le catholicisme ? Les croisades ? La persécution des juifs, les massacres de protestants ? Leur religion aussi fut dévoyée et utilisée comme moyen d'asseoir un pouvoir, de l'étendre, de dominer le monde et d'asservir les peuples. Puis ses sombres desseins ont été déjoués. Comme le seront ceux des islamistes. L'obscurantisme est toujours voué à l'échec.

En attendant, nous payerons tous le prix de leur prétentieuse méfiance.

Raphaël

J'ai posté ce matin un message sur Facebook exprimant mon incompréhension, ma colère. Je l'ai écrit rapidement, sous le coup de l'émotion. Parce que ne rien dire revient à faire le jeu des extrémistes. Parce que certains de mes « amis » ont voulu mon avis sur le conflit actuel. Parce qu'en ces temps troubles je suis juif avant d'être français.

C'était une connerie.

Chers amis,

Certains d'entre vous m'ont demandé de donner mon point de vue sur le conflit actuel. En tant que citoyen français ? Juif ? Écrivain ? Peu importe puisque je suis votre ami pour une ou plusieurs de ces raisons.

J'ai d'abord pensé qu'il fallait échapper aux polémiques qui sévissent sur les réseaux sociaux en restant silencieux. Pour ne pas perdre de lecteurs ? Peut-être. Pour ne pas troubler ma tranquillité ? Sans doute. Parce que ce n'est pas mon rôle ? Sûrement.

Pourtant je vis très mal ces événements. Et dissimuler ces sentiments revient à manquer de respect à tous ceux qui me considèrent comme leur ami, même si cette amitié est virtuelle et, bien souvent, uniquement liée à l'intérêt que vous portez à mes romans.

J'ai donc changé d'avis : il me faut exprimer avec sincérité mon opinion, quitte à en décevoir quelques-uns. Et je ne peux continuer à lire certains des commentaires publiés sans réagir.

Alors voilà :

À ceux qui ne connaissent que l'écrivain, je veux dire que je suis également juif et sioniste.

Nombreux sont ceux qui ont assimilé le mot sionisme à une insulte, l'ont fait honteusement rimer avec des idéologies haineuses et barbares, l'ont substitué à des idées qu'ils n'osaient exprimer, par crainte de la loi. Par lâcheté, tout simplement.

Je suis sioniste car je pense qu'Israël est le pays des juifs, que notre histoire y puise ses racines, que notre avenir y est inscrit.

Sioniste car j'aime ce pays d'un amour sincère, profond, mystique, sans pour autant vouloir quitter la France, que j'aime tout aussi passionnément.

Sioniste car je soutiendrai ce pays contre toutes les agressions visant à tuer des juifs parce qu'ils sont juifs.

Sioniste car sans Israël je tremblerai pour l'avenir de mes enfants. Israël les préserve de devoir un jour faire face à la haine séculaire des antisémites de tous bords.

Certains tentent de faire de ce mot une insulte ? J'en fais un titre d'honneur.

Ce sionisme ne me prive pas de ma lucidité et, loin des extrémistes de ma communauté religieuse, je ne suis pas prêt à défendre les décisions des gouvernements israéliens quand elles vont à l'encontre de mes idées.

Je suis pour la création d'un État palestinien aux côtés de l'État israélien mais je ne suis pas optimiste quant aux chances de le voir naître dans un avenir proche.

Pas tant que le Hamas ou le Hezbollah conduiront la destinée du peuple palestinien.

Comment faire la paix avec ces mouvements qui souhaitent clairement la destruction de l'État d'Israël ?

Alors que la vie des Palestiniens leur importe si peu qu'ils les utilisent comme boucliers humains ?

Alors que le Hamas lance des centaines de roquettes sur Israël en « période de paix » ? Puis s'offusque hypocritement qu'Israël réponde.

Comment faire la paix avec ces mouvements alors qu'ils commanditent des attentats, font assassiner sauvagement des adolescents puis invitent les Palestiniens à se réjouir de leurs morts en chantant, dansant et mangeant des gâteaux ?

Comment faire la paix avec les leaders palestiniens alors que ces dirigeants détournent les subventions européennes pour s'enrichir personnellement au détriment de ceux qu'ils disent vouloir défendre ?

Comment faire la paix avec de tels mouvements alors qu'ils enseignent à leurs enfants, dans les écoles et à la télévision, la haine des juifs et l'amour de la mort ?

Comment faire la paix avec les représentants d'un islamisme haineux et barbare qui sévit dans tant d'autres parties du monde ?

Vous me demandez de me positionner ? Je le fais.

Mais je me pose également des questions sur certains d'entre vous, amis français de religion musulmane et sympathisants de la cause palestinienne.

Pourquoi cette hystérie, cette subite indignation ? Quel est son fondement, sa motivation, son objectif ? Vous indignez-vous quand des musulmans massacrent par dizaines de milliers d'autres musulmans en Syrie, en Irak, et dans d'autres parties du monde ? Vous indignez-vous du massacre des chrétiens par les islamistes, brûlés vifs, torturés, décapités ?

Non, je ne vous entends pas. Je ne vous vois pas défiler avec la même fougue, le même désir de justice. Pourquoi ? Trois réponses sont possibles selon moi :

1/ La première concerne les victimes : les morts palestiniens valent plus que ceux syriens, irakiens.

2/ La deuxième stigmatise les agresseurs : il vaut mieux haïr des juifs que des musulmans, même si les crimes de ces derniers sont cent ou mille fois plus nombreux, plus atroces.

3/ La troisième est tout aussi scandaleuse et pourtant elle est ancrée dans l'histoire de la haine et a occasionné déjà nombre d'exactions : vous n'aimez pas les juifs et trouvez dans chaque occasion l'opportunité de les dénoncer, de les fustiger, de les désigner comme cause de tous vos maux. Quitte à brandir l'étendard des droits de l'homme, pourtant bafoués dans de nombreux pays musulmans, eux aussi ennemis d'Israël.

Peut-être ferez-vous appel à d'autres justifications car les miennes vous paraîtront partiales.

Je les attends. Car, jusque-là, vos positions ne me paraissent ni crédibles ni cohérentes.

Des commentaires apparaissent dans la minute qui suit la publication du texte, laissant supposer que certains lisent très vite ou réagissent aux premières lignes seulement. Rapidement, je me rends compte que seule la seconde option est vraie.

La quasi-totalité des remarques émane des extrémistes des deux bords. À croire que seuls les radicaux ont un avis dans ce pays ! Les musulmans se focalisent sur la revendication de mon sionisme puis commentent mon interpellation de leurs motivations : ils m'insultent ou réclament des comptes. Les juifs, eux, m'assènent leurs vérités : pas de compromis avec les Arabes, pas question de leur donner un pays. Puis les uns et les autres échangent des propos violents, à coups d'expressions chaque fois plus injurieuses. Une foire d'empoigne. Une guerre des mots et des insultes. Pourquoi tant de violences et de colères dans ce pays ?

Je regarde le fil de la discussion s'allonger, atterré. Et, lentement, ce flot de haine me dégoûte, me submerge, jusqu'à me noyer. J'ai l'impression d'avoir laissé entrer chez moi une horde de fous prêts à tout saccager, à s'entre-tuer et à me lyncher.

Je me lève, me rassieds, saisis une cigarette, la repose… Mon acte était stupide. Que pensais-je faire en jetant ces mots écrits à la hâte ? Me justifier ? Représenter le camp où je me range ? Inciter à un débat serein ? KO debout. Je n'ai fait qu'attiser le brasier des passions. Et m'y suis brûlé.

Puis, je comprends que tout cela ne sert à rien et… supprime ma profession de foi.

Mounir

Souria est abattue. La tête entre les mains, dans une attitude empruntée à sa mère elle semble redevenue la petite fille fragile que nous couvrions de notre affection il n'y a pas si longtemps. Mais, aujourd'hui, il ne s'agit pas d'une dispute entre copines, d'une hésitation à se rendre à une fête ou d'une déception amoureuse. La nouvelle est inquiétante : Slimane est parti en Syrie.

Son copain d'enfance, ce garçon si gentil osant à peine lever la tête lorsqu'il entrait chez nous, est djihadiste. Et elle n'a rien vu venir.

— Il est devenu très pratiquant. Il allait régulièrement à la mosquée, faisait ses cinq prières quotidiennes. Je trouvais ça bien. Il avait l'air plus heureux.

— Tu avais gardé des contacts avec lui ?

— Je ne le voyais plus. Après le lycée, nous nous sommes perdus de vue, mais nous échangions parfois sur Facebook.

— Et il ne t'avait pas parlé de son engagement ? questionne Tarik.

— Non. Il discourait sur la religion, tentait de me convaincre de pratiquer plus encore, de porter le foulard, me disait que respecter le ramadan n'était pas suffisant, mais je tournais toujours ses propos à la rigolade. J'ai récemment appris qu'il possédait un autre compte, sous un autre nom. Abou… je ne sais quoi. Et sur ce profil-là il se montrait, paraît-il, bien plus agressif.

Je frémis à l'idée que ma fille ait été liée à un sympathisant de l'État islamique, mais me rassure aussitôt : Souria est forte ; elle possède des valeurs solides et offre sans doute plus de résistance que tous les jeunes en manque de repères aux tentations éventuelles.

— Comment as-tu appris son départ ?

— Sur Facebook. Il avait posté un message étrange concernant un prochain voyage. Comme une imbécile, j'ai cru qu'il partait en vacances et je l'ai interrogé. Il n'a pas répondu. Hier, un ami commun m'a appris que Slimane se trouvait en Syrie depuis deux semaines.

Fadila est décontenancée. Quelque chose échappe à la logique de son engagement.

— À quelle mosquée se rendait-il ?

— Je ne sais pas. Mais il adulait son imam. Il disait que c'était un sage, un homme de foi.

— Je sais où il allait, intervient Tarik. Et je t'assure que le mec dont il parle est tout sauf un sage. C'est un illuminé.

— Comment le sais-tu ? je demande à mon frère.

— J'y ai accompagné un ami un vendredi. Pour voir. Le mec savait à peine parler français et il balançait des banalités avec l'importance d'un philosophe énonçant des vérités profondes. Il citait des exemples censés prouver l'échec de la démocratie, énumérait les humiliations infligées aux musulmans dans le monde et tentait de démontrer la perversion des Occidentaux. Son prêche avait tout de l'appel à la haine.

— Le problème, explique Fadila, c'est que ces prédicateurs réacs se mettent au niveau des jeunes qui viennent les écouter et parviennent à les atteindre. Ces mômes sont, pour la plupart, des crétins dont le cerveau mouline depuis des années dans le vide ou autour d'idées de revanche. Ils sont en quête d'affection, d'identité et d'avenir. Dès qu'un pseudo-penseur leur dit qu'ils sont aimés et propose un futur où ils seront importants, ils l'écoutent avec attention. Et en habillant ces conneries d'un blabla religieux, le manipulateur légitime ses propos et leur offre une place dans l'histoire. Et une autre au paradis.

— Ils se sentent vivre à nouveau. Ils pensent enfin avoir trouvé un idéal à défendre, complète Tarik.

— Oui, ces imams instrumentalisent les frustrations des gamins, exploitent leur rébellion naturelle en leur promettant un combat et un ennemi. C'est un peu comme les jeux vidéo : un scénario, un rôle valorisant, des ennemis et l'impunité.

— Quelle impunité ? demande Souria.

— Eh bien, ils leur font croire que ce monde est virtuel, qu'il ne peut donc rien leur arriver. Et s'ils meurent, ils auront accès à une autre vie.

Souria secoue la tête.

— Je suis dégoûtée. Slimane parmi ces fous… Ils vont lui apprendre à tuer. Et il mourra peut-être là-bas, loin des siens.

J'ai envie de répondre que Slimane est déjà mort. Que le jeune homme qu'elle appréciait n'existe plus. Et que s'il revient un jour vivant de cet enfer, il sera à jamais différent.

Raphaël

« Raphaël, le commissariat. »

Mon assistante est plantée devant moi, les yeux grands ouverts sur une peur qu'elle ne parvient à exprimer. Elle cherche ses mots et son souffle.

— C'est… au sujet de votre fils. Le grand.

Une seconde de panique, comme un tremblement épileptique pendant lequel des images terrifiantes cinglent mon esprit. Je me ressaisis. Après tout, je ne sais rien encore ! Il ne s'est rien passé ! Rien de grave.

Ma femme se précipite.

— Comment va-t-il ?

— Il est sous calmant. Il dort.

Pendant le chemin, j'ai essayé de vider ma tête de la peur qui la paralysait. De la colère aussi. Je priais et priais encore, remerciant Dieu qu'Aaron soit encore vivant. Ils étaient quatre à l'aborder. Et quand ils ont vu la Magen David autour de son cou, ils l'ont frappé. Les quatre. Dans la rue, personne n'est intervenu.

Lorsque j'entre dans la chambre, je réprime un cri. Vision effroyable. Un pansement couvre son crâne. Douze points de suture. Sa pommette est éclatée et son œil gonflé. Sa lèvre fendue.

Ghislaine sanglote à mes côtés.

— Regarde ce qu'ils ont fait à notre fils.

Aaron ouvre les yeux. Je me précipite. Il me tend la main, tente de me sourire et se rendort.

Des larmes glissent alors de mes yeux. Sans retenue. Je pleure sur mon fils, sur les instants d'horreur durant lesquels il a dû avoir si peur. Je pleure sur ma bêtise, mon attentisme, mon optimisme insensé, mon incapacité à me décider.

Je pleure sur la France que je vais quitter.

Mounir

Quand j'ai entendu parler de l'agression, je n'y ai pas prêté attention. Pour moi, il s'agissait d'une bagarre entre jeunes. Puis, en apprenant qu'elle avait opposé des musulmans à des juifs, j'ai grincé des dents. Les événements de ce genre sont devenus si fréquents qu'il est impossible d'en appréhender la réalité. Et comment savoir où sont les responsabilités ? À chaque incident, les communautés rejettent la faute sur l'autre, aux comptoirs des bistrots, à travers les réseaux sociaux, et sur des sites partisans, voire extrémistes. Les médias traditionnels relaient rarement les faits et, quand ils le font, nous leur accordons trop peu de crédit pour croire ce qu'ils relatent.

Une rumeur a circulé au lycée. De jeunes juifs avaient provoqué une bande de musulmans aux Gratte-Ciel, à Villeurbanne. Un affrontement avait suivi et un juif avait fini à l'hôpital, dans un sale état. Les lycéens se mobilisaient, craignant une riposte vengeresse.

Le lendemain, la presse locale couvre l'événement et diffuse une version bien différente. Un jeune juif a été pris à partie par quatre inconnus. Ils l'ont frappé et laissé à terre. Fébrilement, je continue à lire l'article et la suite m'arrache un cri.

Fadila m'adresse un regard incrédule.

— C'est le fils de mon ami… balbutiai-je, horrifié.

Elle fronce les sourcils pour m'inviter à être précis.

— Le jeune qui s'est fait agresser hier… c'est le fils de Raphaël.

— Ah, se contente-t-elle de répondre, surprise.

Puis, constatant mon trouble, elle s'approche.

— Qu'est-ce que ça change qu'il s'agisse du fils de Raphaël ? C'est une bagarre entre jeunes, point barre.

— Le journaliste écrit qu'ils étaient quatre contre lui. Qu'ils lui sont tombés dessus juste parce qu'ils ont su qu'il était juif.

— La presse dit ça, mais ce n'est pas ce que j'ai entendu...

Suis-je horrifié par l'agression ou parce que la victime est l'aîné de mon ancien ami ?

Les deux, peut-être. Je pense à Raphaël, à ce qu'il a dû vivre quand on lui a appris la nouvelle. Puis je me remémore ses mots durs, injustes, lors de notre dernière discussion. Depuis, nous nous sommes croisés de rares fois dans le quartier mais avons feint de ne pas nous voir. Une indifférence dont je ne souffrais pas vraiment tant il m'apparaissait, désormais, comme un étranger. Même ses romans me déplaisaient. Je n'aimais pas y trouver des morceaux de notre jeunesse, des éclats des valeurs que nous défendions ensemble. J'avais besoin de croire qu'il existait deux Raphaël, mon ami et l'inconnu que la notoriété avait rendu prétentieux. Pourtant, à la lumière de ce drame, mon devoir est de l'appeler, de prendre des nouvelles de son fils.

Aucun désaccord ne peut justifier l'indifférence.

Raphaël

J'avais passé la journée auprès d'Aaron et rentrais chez moi, encore sous le choc, révolté et débordant d'une colère trop longtemps retenue quand Mounir est apparu. Il sortait de l'allée de mon immeuble. Nos regards se sont croisés. Que faisait-il là ?

— Oh… Salut ! marmonne-t-il, surpris de tomber sur moi.

Encore noyé dans la torpeur que suscitent les drames quand ils touchent aux êtres les plus chers, je ne réponds rien. La politesse sied à ceux qui vivent dans le présent. Je barbotte depuis quelques heures dans une réalité nauséeuse qui me dépasse.

— Je… Je suis allé chez toi. J'ai appris pour ton fils. Je voulais… prendre des nouvelles.

Je devrais le remercier, lui proposer de monter prendre un café, répondre à ses questions.

— Il va mal, dis-je d'une voix trop forte. Les crapules qui lui sont tombées dessus l'ont salement amoché.

Il hoche la tête, embarrassé.

— Je suis désolé. C'est dingue toute cette haine… Ça me désole. Je ne comprends plus…

— Tu ne comprends plus quoi ? Qu'aujourd'hui les musulmans veulent tuer des juifs ? Que les islamistes rêvent de terminer le boulot commencé par les nazis ? Demande à ta femme ce qu'elle en pense ! Elle milite toujours pour les pauvres Palestiniens qui sont contre les méchants Israéliens ? Et toi, tu défiles encore aux côtés de ceux qui soutiennent les terroristes du Hamas ? Tu portes peut-être même le drapeau de l'État islamique dans ces manifs qui appellent au meurtre des juifs !

Mounir affiche une expression atterrée.

— Tu n'as pas le droit de dire ça, Raphaël ! Je te l'interdis !

— Ah bon ? Tu m'interdis ? Crois-tu que tu as ce pouvoir-là ? T'es pas encore chez toi ici ! Pas plus que moi ! La charia n'a pas été promulguée ! Elle le sera bientôt sans doute, mais je ne serai plus là. Je quitte la France ! Je vous la laisse, à tes amis et à toi. Si les Français sont suffisamment cons pour vous laisser faire, je ne courrai pas le risque d'offrir mes enfants aux débiles mentaux que tu fréquentes !

Je ne savais plus ce que je disais. Je voulais le blesser, et, à travers lui, tous ceux qui haïssent les juifs, ceux qui avaient battu mon fils. Comme s'il les représentait.

— Je ne fréquente pas…

Il suspend son propos, atterré, et scrute mon visage, comme s'il cherchait à y trouver des raisons de comprendre ma fureur. Sa main se lève, comme autrefois pour me saluer, signifier qu'il renonce à répondre, refuse de polémiquer.

— Je suis venu te dire mon soutien et toi tu n'as que des mots de haine à m'offrir ! murmure-t-il d'un ton conciliant.

Je devrais saisir l'occasion offerte d'apaiser l'échange, mais je ne me contrôle plus. J'ai envie d'en découdre.

— Qu'espérais-tu ? Que je te tomberais dans les bras, te remercierais et que nous parlerions du temps où nous étions amis, juifs et musulmans unis ? Tu te rends compte qu'ils auraient pu le tuer ?

— Oui, je m'en rends compte. Ils auraient pu… Mais qu'ai-je à voir avec eux ?

— Tu participes aux mêmes manifestations ! Celles où l'on réclame la mort des juifs.

— Je milite pour la paix. C'est tout. Je ne partage pas les idées de certains.

— Trop facile ! La paix ! Mais n'as-tu pas compris qu'il n'y aura jamais de paix ? Les Arabes ne veulent pas la paix. Ils veulent notre mort !

— Tu délires… bredouille-t-il d'une voix triste. La douleur te rend agressif et… stupide.

— Mais je t'emmerde, Mounir ! Je vous emmerde tous ! On ne peut pas défiler avec des fous et s'étonner ensuite que la haine fasse des victimes ! Vous êtes tous des faux-culs, des traîtres.

Il serre les mâchoires, retient sa colère, comprend peut-être la mienne.

— Tu ne sais plus ce que tu dis…

Et il me laisse là, écumant encore d'une rage incontrôlable.

Non, je ne savais plus ce que je disais.

Je ne savais plus qui j'étais.

Je ne comprenais plus ce que je vivais.

Épilogue

Bonjour Raphaël,

Je ne sais pas où cet e-mail te trouvera. Je sais en revanche que ma démarche te surprendra.

Je m'en veux de ne pas t'avoir rendu visite avant ton départ. Mais le souvenir terrible des propos tenus à l'occasion de notre dernière rencontre m'en a dissuadé.

J'aurais pu laisser le temps nous séparer plus que nos dissensions ne l'ont déjà fait. Avec l'espoir d'oublier. Cependant, je sais que les années sont impuissantes face aux sentiments contrariés. Et fuir la réalité s'avère toujours la mauvaise solution.

Alors, je me suis résolu à te pardonner. Tu vivais un drame et, parfois, dans de tels moments, les émotions prennent le pas sur la raison, les mots prononcés ne nous appartiennent pas. Mon ami ne peut pas penser ce qu'il m'a dit. Pas Raphaël, pas celui avec qui j'ai vécu de si beaux moments, partagé de si belles idées.

Voilà ce que j'ai songé.

Et j'ai eu l'intime conviction que la discussion était essentielle. Il fallait que nous tentions de comprendre ce qui était arrivé. Mais comment y parvenir puisque tu étais parti ? Écrire devenait la solution.

J'ai entamé plusieurs messages, les ai abandonnés. Je n'arrivais pas à formuler ce que j'avais à te dire. À cause de cette stupide pudeur qui, depuis si longtemps, m'empêche d'exprimer mes sentiments.

Puis, il y a eu ces événements. Les terroristes, Charlie Hebdo, *les fusillades en plein Paris, le magasin cachère... toutes ces victimes. L'horreur à nouveau. Et tout un pays qui s'est donné la main, a réveillé ses idéaux, a retrouvé le sens de l'honneur.*

Un moment de communion et d'espoir. Aussi fort que ceux que nous avions connus. Et sans doute voué au même échec.

Alors j'ai pensé à toi. Aux raisons de ton départ. À cette haine dont tu te méfiais tant que tu en étais venu à suspecter tous les musulmans de la véhiculer. Même moi.

Comment comprendre cela ? Pourquoi cette merde, Raph ? Les intellectuels tentent de trouver des réponses en disséquant les chiffres du chômage, ceux de l'échec scolaire, de l'immigration et en interrogeant l'islam, son contenu, ses déviances. Les journalistes, eux, se réjouissent d'avoir un sujet suffisamment fort pour alimenter leur machine à banalités.

Demain, tout sera oublié. Jusqu'au prochain événement. Car il y en aura d'autres, nous le savons tous et ne pouvons rien y faire. Impossible de résoudre les conséquences de dizaines d'années d'erreurs en quelques semaines.

Qu'en penses-tu Raphaël ? A-t-on une chance de sortir de ce bourbier d'idées nauséabondes, de haines injustifiées, de rancœurs fossilisées ? C'est avec toi que j'ai envie d'en parler. Toi, mon ami juif, mon ami marocain.

J'ai trouvé la force en même temps que les mots et je t'ai écrit.

La pudeur n'a plus sa place quand l'urgence annonce le drame.

Je peux donc te dire que, le jour de ton départ, j'ai pleuré. J'ai pleuré sur notre amitié. Sur les grandes idées que nous défendions et auxquelles la vie nous a condamnés à renoncer. Sur tous ces souvenirs dont tu es l'un des principaux acteurs. Sur ce que nous avions été et ne serions plus jamais.

Tu vois, je n'aurais jamais pu t'avouer mes larmes si, ce jour-là, j'avais eu le courage d'aller à ta rencontre. Oui, écrire était la solution.

Je doute parfois de notre amitié. Non pas qu'elle ne fût pas sincère et forte mais je la vois comme une belle histoire vécue par d'autres personnes que nous. N'as-tu pas, toi aussi, l'impression de ne pas être celui que tu étais à vingt ans ? Tous les hommes vivent-ils cette schizophrénie temporelle ou est-ce le propre de ceux qui se sont trop éloignés de ce qu'ils étaient ?

Je ne sais quelle place j'ai occupé dans ta vie. Peut-être suis-je naïf d'imaginer que nous avons compté l'un pour l'autre, idiot d'affirmer que nous nous sommes construits ensemble, fou de prétendre que nous sommes chacun une partie de l'autre. Mais je ne peux me résoudre à penser autrement. Je peux même t'avouer qu'il m'est souvent arrivé de penser à toi, de te parler comme si tu étais là, quelque part dans ma conscience. De chercher ton avis, d'essayer de deviner ton point de vue sur un sujet. Sans doute est-ce parce que nous avions appris à penser le monde ensemble, à le déchiffrer à travers nos discussions enflammées.

J'aurais aimé que tu restes Raphaël. Que tu continues à te battre pour tes enfants. Pour leur offrir un avenir là où toi-même tu as grandi. Que nous apprenions à nous parler, à nous comprendre. Que nous retrouvions le chemin de l'amitié.

Je ne sais pas vraiment à quel moment nos routes ont divergé. Je sais seulement que tu étais là, au cœur de ma vie, et que tu en es sorti. Je ne sais pas non plus comment sont nés tes ressentiments à mon égard ou envers les musulmans. Tout comme j'ignore à partir de quand j'ai commencé à m'éloigner des juifs, à m'en méfier et à les éviter.

Alors, pour le comprendre, je te propose de reprendre l'histoire ensemble, de refaire le parcours. Visiter chaque fait, chaque événement qui a contribué à forger nos personnalités, et ceux sur lesquels nous avons fondé notre amitié. Nous confier l'un à l'autre, au-delà de la pudeur et de la rancœur.

Raconter tout ce qui a existé… avant la haine.

Et comprendre comment nous en sommes venus à nous séparer et à nous détester, toi le juif, moi le musulman. Toi le youpin, moi le bougnoule.

Nous pourrions le faire en échangeant des e-mails. Chacun notre tour. Sans polémiquer. Raconter, c'est tout. Écrire est souvent mieux que parler, lire toujours mieux qu'écouter. Cela permet d'échapper aux éruptions du cœur, de refroidir les pensées, de faire le tour de chaque idée.

Nous réapproprier notre histoire nous ferait du bien, je pense.

Nous pourrions commencer par notre arrivée en France. Ou notre rentrée scolaire. Puis avancer dans le temps au gré de nos souvenirs.

Cette histoire ne sera pas universelle car nous avons longtemps refusé de nous laisser enfermer dans les stéréotypes de nos mondes respectifs. Nos propos ne seront pas ceux d'historiens et n'auront aucune valeur d'exemple. Il s'agira seulement d'une expérience, la nôtre, faite de confidences, de faits, d'anecdotes.

De tout ce qui fait qu'une vie est unique.

De tout ce qui fait qu'une amitié naît, s'installe et se délite… ou perdure.

Mounir, ton ami.

Note de l'auteur

Sans doute, ce roman a-t-il surpris mes lecteurs habituels.

Peut-être parce qu'ils n'y ont pas retrouvé l'auteur qu'ils pensaient avoir deviné derrière les personnages et intrigues de mes précédents ouvrages. Ce livre est pourtant, à mes yeux, le plus personnel que j'ai jamais écrit. Pour une raison majeure, simple : il touche à mon identité, révèle mon trouble et expose les multiples questions qui me hantent.

J'ai commencé à l'écrire voici plusieurs années. Un peu comme on entame un journal, histoire de tenter de mettre en mots des émotions impossibles à contenir. Je ne savais donc pas ce que deviendraient ces pages. Je rédigeais par nécessité, parce que l'actualité de l'antisémitisme ne cessait de bousculer mes certitudes, d'interroger ma situation de Français de religion juive né au Maroc.

Puis Ilan Halimi fut sauvagement assassiné.

Ce meurtre marqua un tournant dans ma vie comme dans celles de nombreux coreligionnaires. Nous pressentions le retour de la haine, la redoutions même, nous étonnions de l'indolence des leaders d'opinion face aux signes, aux faits, qui l'annonçaient. Mais les conditions dans lesquelles ce jeune homme, enlevé parce qu'il était juif, fut détenu puis exécuté provoquèrent notre effroi et notre colère. Et marquèrent un changement irréversible. Cet acte immonde fut suivi d'autres exactions tout aussi abjectes, qui constituèrent d'autres signaux de l'apparition d'une haine nouvelle et implacable. Elle s'exprima de manière paroxysmique à Toulouse avec Mohamed Merah, puis dans les rues de Paris, à l'été 2014, quand des manifestants crièrent « À mort les juifs » sous couvert de leur « attachement » à la cause palestinienne.

Or, mes souvenirs me racontaient une tout autre histoire : celle de l'amitié qui, durant mon enfance, liait de nombreux juifs et musulmans. Nous venions des mêmes pays, partagions des traditions, des mots, des doutes et l'ambition commune de devenir français. Plus tard, notre volonté de lutter ensemble contre le racisme d'extrême droite resserra nos liens. Puis il y eut les guerres au Moyen-Orient, et nos relations se distendirent avant… de devenir compliquées. Mais nous n'aurions jamais pensé, alors, que la confrontation des opinions se muerait, trente ans après, en haine capable de conduire au meurtre.

En dressant ce constat douloureux, j'ai repris mes notes et décidé de m'en servir dans un roman. Un roman singulier, hors des sentiers parcourus jusqu'alors. Au risque de surprendre mes lecteurs, voire de leur déplaire.

Pourquoi un roman ?

Parce que je ne sais parler de ce qui me touche qu'à travers des personnages.

Parce que je n'avais pas la prétention d'entamer un essai.

Enfin, et surtout, parce que cette forme de narration permettait de créer deux personnages : Raphaël et Mounir, un juif, un musulman.

Afin d'imaginer la vie, les réactions, les événements jalonnant le parcours du premier, j'ai puisé dans mes souvenirs d'enfance et d'adolescence ou utilisé les expériences de proches et connaissances. Concernant Mounir, l'enjeu fut plus difficile. Pourtant, il me paraissait essentiel de construire un roman à deux voix, d'investir la vie d'un jeune musulman, de tenter de comprendre ce qu'il avait vécu, entendu, enduré, de voir comment il décryptait les faits et événements qui le touchaient. Une plongée nécessaire tant les racismes se nourrissent avant tout de la méconnaissance de l'autre – et force est de constater que juifs et musulmans de France ne se connaissent plus. Pour ce faire, j'ai interviewé des Français musulmans, lu des témoignages. Si bien qu'au gré des pages, Raphaël et Mounir sont devenus réalité, m'ont raconté leurs amitiés, leurs dissensions et invité à voir les événements ayant forgé leur identité avec d'autres yeux.

Bien entendu, les parcours de Mounir et Raphaël n'ont pas la prétention d'être représentatifs de ceux des Français juifs et musulmans. Leurs pensées, convictions, regards sur les faits et événements sont romanesques même si ancrés dans le réel, mais ils permettent de définir les contours, querelles, visions qui animent les différentes communautés, de montrer et raconter les prises de positions qui se développent parfois... au point de créer des ressentiments.

Les opinions de Raphaël et Mounir sont parfois lucides, souvent partiales. Leurs propos et avis, comme ceux des autres personnages, sont empruntés à ce que moi-même j'ai pu entendre ici ou là. Ils sont parfois positifs, optimistes, porteurs d'espoirs, aussi désespérés, pessimistes, exagérés, caricaturaux. Mais n'est-ce pas de cette manière-là que tout un chacun s'exprime dans « la vraie vie » ?

Moi-même, je ne suis ni Raphaël ni Mounir. Mais j'ai aimé créer ces personnages, côtoyer ces cousins, leur prêter quelques-uns de mes sentiments, les amener à tenir des opinions parfois différentes des miennes.

Le propos de ce roman n'est donc pas « d'expliquer » la haine, mais de montrer comment elle grandit quand on ne se comprend plus. Il vise à raconter une histoire, celle d'une amitié, et à dévoiler les émotions, les emportements, les jugements (vrais, tronqués ou faux) qui conduisent à se construire, se forger des opinions et, parfois, à se tromper sur « l'autre ».

La nature humaine conduit souvent les individus à s'apprécier à travers ce qu'ils ont en commun. Et ne plus se parler revient à céder la place à l'incompréhension, à laisser gagner l'ignorance.

Or l'ignorance est le fondement même de la haine.

Remerciements

Je veux remercier ceux qui m'ont aidé à créer mes personnages, m'ont aidé à les enrichir en me confiant leurs avis, anecdotes, sentiments et ont répondu à mes questions : Nawel Driai, Akli Hassaoui, Rezak Hassaoui, Samy Dreyfuss, Mohamed Boudjellaba, Michel Bensoussan, Safae Kassou, Samia Kassou, Nadine Alezra… et tous ceux qui, au détour d'une conversation, m'ont confié leurs souvenirs.

Merci également à :

Ma mère, mes frères et ma sœur, premiers lecteurs et critiques avisés.

À mon père, ce héros.

Ma femme et mes enfants, toujours présents à mes côtés.

Mon éditeur, Thierry Billard, de m'avoir suivi dans cette aventure, qui pourtant paraissait hasardeuse, mais aussi de m'avoir permis de bénéficier de la finesse de ses jugements et de l'acuité de ses relectures.

À l'équipe de Flammarion qui a accompagné la naissance de ce roman, notamment Claire Le Menn, Nicolas Watrin et le studio de création.

À Agnès Abécassis et Tatiana de Rosnay d'avoir su dissiper mes doutes quant au bien fondé de ma démarche.

À mes regrettés grands-parents à qui j'ai emprunté des bouts d'histoires.

Aux libraires qui me soutiennent, m'envoient de gentils mots.

À mes lecteurs qui, quand plus rien ne va, savent m'insuffler la force de continuer.

Table des matières

Partie 4
LE DOUTE ANNÉES 1990

Partie 5
DÉSILLUSIONS ANNÉES 2000

Cet ouvrage a été mis en page par IGS-CP
à L'Isle-d'Espagnac (16)

Achevé d'imprimer en octobre 2015
dans les ateliers de Normandie Roto Impression s.a.s.
61250 Lonrai
N° d'impression : 1502844
N° d'édition : L.01ELIN000403.N001
Dépôt légal : novembre 2015

Imprimé en France